100가지
사례로
이해하는

글로벌 경영 CASE 100

제2판

권종욱
오대혁
이춘수

Global Management
CASE 100

도서출판
청람

제2판 머리말

초판 발행 이후 100개의 사례가 자의든 타의든 많은 변화를 맞이하였다.

특히 4차 산업의 기술발전과 스마트폰의 보급은 다국적기업들의 글로벌 경영활동에 엄청난 영향을 미쳤다.

이러한 영향과 사례를 간략히 집어보자면, 4차 산업 혁신 속에서 화려함을 뒤로 하고 역사 속으로 물러난 핀란드의 노키아 기업 예도 있고, 깊은 나락에 빠졌다가 기사회생한 일본의 소니사와 같은 기업도 있다. 삼성 같이 반도체와 가전 및 다방면에서 꾸준한 성장을 하는 자랑스런 글로벌 기업도 있다.

또한 회사이름을 바꾸어 새로운 시대 새로운 전략으로 성장하려는 SK에코플랜트(SK건설), 제이에스티나(로만손시계), SCK COMPANY(스타벅스코리아), 르노자동차(르노삼성자동차) 등 기업의 끊임없는 혁신이 보인다.

급격한 글로벌 경영환경의 변화 속에서 본서는 최신 통계지표로 업데이트하고 관련 글로벌 기업의 최신 동향과 전략을 찾아서 새롭게 수정하였다.

이번 개정판을 통하여 세계화수준의 변화, 다국적기업들의 글로벌 전략 현황과 동향, 그리고 새로운 전략들에 대하여 폭넓게 이해하는 계기가 될 것으로 기대한다.

본서의 개정판을 위해서 많은 도움을 주신 도서출판 청람 사장님과 관계자분들께 심심한 감사를 드린다. 또한 원고의 교정을 흔쾌히 도와준 정용기 박사, 성길용 박사, 이상하 박사에게 고마움을 전한다.

그리고 개정판을 낼 수 있게 힘을 실어주고 참고할 만한 좋은 내용이 많이 들어 있는 과제를 열심히 작성해준 국립부경대학교 학생들에게도 고마움을 전한다.

마지막으로 이 책의 독자와 가족들에게 감사함을 전한다.

2023년 1월

저자들 씀

초판 머리말

최근 정부는 중·고교 경제교육을 이론중심 교육에서 사례위주의 교육방식으로 전환한다고 밝혔다. 이를 위해 경제활동에 대한 풍부한 사례를 담은 보조교재를 개발해 배포할 예정이다. 사례중심 교육의 필요성이 반영된 정책이다.

글로벌 경영 교육도 사례중심 교육의 필요성이 강조되면서 많은 대학에서 국제경영론 혹은 글로벌 경영론 과목을 개설하고 있다. 저자들은 수년 동안 국제경영 분야를 강의해 오고 있다. 그러나 안타깝게도 학생들과 기업경영자들은 국제경영에서 다루고 있는 다양한 주제들을 이해하고 습득하는 데 어려움을 토로하고 있었다. 국제경영 관련 이론은 현장에서도 적극 활용할 수 있도록 쉽게 전달될 수 있어야 한다. 이러한 목적을 위해 글로벌 경영 사례집을 출간하게 되었다.

본 사례집은 두 가지 특징을 가진다. 첫째, 사례를 심도 있게 분석하기보다는 국제경영 관련 이론들을 보다 정확하고 쉽게 이해하도록 추려서 정리하였다. 둘째, 가급적 많은 수의 사례들을 개발하여 국제경영과 관련된 다양한 주제를 포괄하고자 하였다. 이러한 노력으로 100개의 사례를 주제별로 정리하였다.

본 개정판에서는 몇 가지 사항을 염두에 두고 보완하였다. 첫째, 최신 글로벌 경영 환경의 변화를 반영할 수 있도록 최신 자료를 사례 내용에 반영하였다. 둘째, 사례 관련 이론을 보다 쉽게 이해하도록 사례 내용을 보완하였다. 셋째, 각 장의 마지막 부분에 글로벌 산책 코너를 마련하였다. 글로벌 경영의 다양한 측면을 볼 수 있도록 글로벌 경영자, 글로벌 기업, 글로벌 연구소, 글로벌 대학 등을 간략하게 소개하는 코너를 추가하였다.

본 사례집을 어떻게 활용할 것인가? 기업관리자의 경우 먼저 각 장에서 소개하는 글로벌 경영 이론을 꼼꼼히 읽어봐야 한다. 그런 다음 각 이론과 관련된 사례를 살펴본 후 자신의 기업에서 유사한 사례가 발견되는지 분석해보자. 강의자는 글로벌 경영 핵심내용 및 주제별 사례를 요약하여 학생들에게 전달할 수 있다. 학생들은 본서에서 제시된 사례를 이해한 후 추가 사례를 발굴하여 비교·분석해볼 수 있다.

본서는 크게 11장으로 구성되었으며 총 100개의 사례가 수록되어 있다. 먼저 글로벌 경영 관련 주제를 간략히 소개한 후 주제를 이해하는 데 도움이 되는 사례를 소개하는 형식으로 구성되어 있다. 본 사례와 관련된 다양한 동영상과 파워포인트로 작성된 강의안은 본 사례집을 강의에 활용할 경우에만 제공할 예정이다. 따라서 본서는 국제경영 관련 수업의 부교재로 사용할 수 있으며, 학생들의 사례발표 자료로도 활용이 가능하다. 자세한 내용은 출판사에 문의 바란다.

본서의 내용 중에 미흡한 부분이나 잘못된 부분은 전적으로 저자의 부족에서 기인된 것이며, 부족한 부분은 개정판에서 수정할 것을 약속드린다. 아무쪼록 본서가 글로벌 경영 전반에 관한 지식을 보다 쉽게 이해하고 전달하는 데 길잡이가 될 수 있기를 바란다. 아울러 독자 여러분들의 아낌없는 조언을 부탁드린다.

끝으로 기꺼이 추천사를 허락해주신 어윤대 전 고려대 총장님, 박성경 이랜드 부회장님, 유지찬 페어차일드반도체 상무님, 김유숙 한국애보트 부장님에게도 깊은 존경과 감사를 표한다. 이분들의 추천이 큰 힘이 되었다. 또한 본서가 출판되기까지 수고와 인내로 격려해주신 도서출판 청람의 이수영 사장님을 비롯한 임직원 여러분께 심심한 감사의 뜻을 전한다.

2011년 8월

백령골에서 저자들 씀

차례

PART 1 | 세계화와 글로벌 환경

01 CHAPTER 세계화의 개념과 측정

02 CHAPTER 경제적 환경

Global Management
CASE 100

03 CHAPTER
정치적 환경

04 CHAPTER
글로벌 문화환경

Part 2 | 글로벌 기업과 해외 진출

05 CHAPTER 글로벌 기업

Global Management
CASE 100

06
CHAPTER
글로벌 기업의 해외진출

07
CHAPTER
해외직접 투자이론

Part 3 | 글로벌 경영관리

08 CHAPTER 글로벌 마케팅관리

09 CHAPTER 글로벌 생산관리

10 CHAPTER 글로벌 조직 및 인사관리

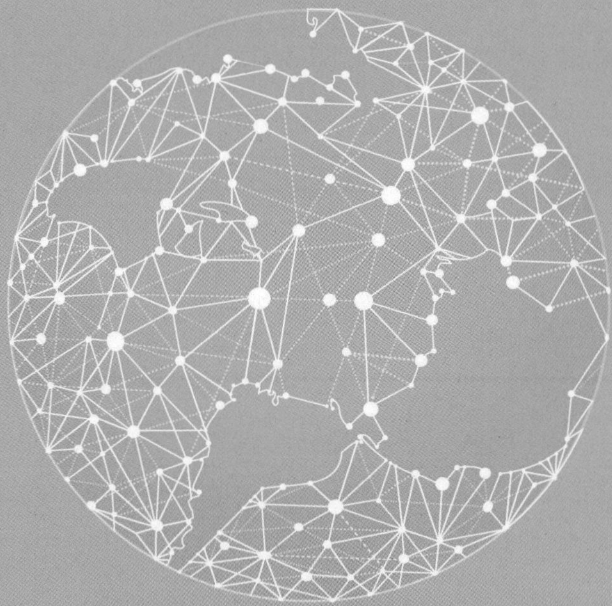

PART 1

세계화와 글로벌 환경

Global Management
CASE 100

CHAPTER

01

세계화의 개념과 측정

제1장에서는 세계화와 관련된 다양한 주제를 다룬다.
그리고 세계화의 개념과 원동력은 무엇인지 살펴본다.
아울러 세계화수준을 경제, 산업, 시장의 세계화로 구분하고 각각의
세계화의 측정방법이 무엇인지 알아본다.
즉, 본장의 사례들은 세계화를 추진하는 원동력, 경제,
산업, 시장의 세계화를 어떻게 측정하는지를
이해하기 위한 목적으로 정리되었다.

주요내용과 사례

요즘 세계화란 말을 많이 사용한다. 세계의 흐름을 이끌어가는 화두로 자리잡아가고 있다. 그러나 세계화의 개념은 여전히 다양한 영역에서 다양한 의미로 전해지고 있다. 따라서 본장에서는 세계화 개념에 대한 주요 정의와 사례들을 살펴본다. 또한 세계화를 기업경영의 관점에서 보면 크게 경제, 산업 그리고 시장의 세계화로 구분해볼 수 있다. 이러한 구분이 필요한 것은 특정 국가경제가 세계화되었다고 해서 특정 국가경제 내의 모든 산업이 세계화된 것은 아니기 때문이다. 따라서 현지에 진출하고자 하는 기업은 진출대상국가의 경제의 세계화가 어느 정도인지도 중요하지만 그 기업이 속한 산업의 세계화 정도가 어느 정도냐에 따라 산업 세계화에 따른 기회와 위협에 대한 대응은 달라질 수 있다. 우선 세계화 개념부터 시작해보기로 하자.

세계화 개념

CASE 001 세계화 개념과 원동력

세계화란 개념 CASE 001 이 포괄적으로 다양한 영역에서 사용되고 있어 개념적 정립이 어려운 것이 사실이다. 그러나 기본적으로 세계화란 국가 간 장벽이 낮아짐으로써 다양한 측면의 교류가 증대되고 상호의존성이 심화되는 현상으로 볼 수 있다. 그러면 왜 세계화가 지속적으로 확대되고 있는가? 이는 세계화를 강요하는 원동력을 살펴보면 쉽게 이해할 수 있다. 이러한 원동력으로 통신과 운송수단의 발달, 무역장벽의 감소, 수요의 동질화 등을 들 수 있다.

경제수준의 세계화

CASE 002 한국과 미국

경제의 세계화의 개념과 측정방법 CASE 002, 그리고 경제의 세계화를 추진하는 원동력에 대해 살펴보자. 경제의 세계화가 진전되고 있는지 혹은 후퇴하고 있는지를 어떻게 알 수 있을까? 이러한 질문에 답하기 위해 경제의 세계화수준을 측정할 수 있어야 한다. 또한 경제의 세계화가 가속화되면서 국제기업의 관리자들은 보다 복잡한 경영환경에 직면하게 되고 이러한 세계화된 환경 속에서 기업경쟁력을 강화하기 위한 방안을 고려하게 된다.

CASE 003 아일랜드와 싱가포르

국가 간 교역은 지난 몇 세기 동안 꾸준하게 증가하고 있다. 그러나 **한 국가의 경제가 글로벌화되고 있다** CASE 003 고 말할 때는 자국 경제활동에서 국경을 넘어 이루어지는 경제활동의 비중을 의미한다. 경제수준의 글로벌화를 측정하기 위해서는 한 국가의 전체 경제활동에서 차지하는 다른 국가와의 경제활동을 파악한다. 따라서 자국 내 경제활동에서 차지하는 다른 국가와의 경제활동 비중이 높을수록 그 경제의 글로벌화 수준은 높다고 볼 수 있다.

산업수준의 세계화

산업의 세계화 CASE 004는 글로벌 경쟁자를 기준으로 자동차산업을 포함한 주요 산업의 세계화수준을 비교해볼 수 있다. 다시 말해 산업 내 주요 기업들이 전 세계의 주요 시장을 대상으로 경쟁하고 있는가를 통해 측정 가능하다. 만일 소수의 글로벌 경쟁자들이 전 세계시장을 상대로 경쟁하고 있다면 그 산업의 세계화수준은 상당히 높다고 할 수 있다. 예를 들면, **자동차산업과 자전거산업을 비교해보자. 자동차산업의 경우 세계화수준** CASE 005이 높다고 볼 수 있다. 전 세계시장에서 소수의 자동차 업체가 경쟁하고 있는 반면, 자전거산업의 경우 글로벌 산업이라기보다 지역산업에 가깝다고 볼 수 있다. 즉 일부 자전거부품 제조분야에서는 글로벌 생산업자가 존재하긴 하지만 자전거산업이 세계화되었다고 볼 수는 없다. 왜냐하면 글로벌 시장을 대상으로 전 세계에서 경쟁하기보다는 특정 지역의 소비자들을 대상으로 자전거 완제품이나 부품들을 생산하기 때문이다.

CASE **004**
자동차, 항공, 의약품
컴퓨터소프트웨어, 화학

CASE **005**
자동차와 자전거
산업의 비교

시장수준의 세계화

과거에는 기업이 시장에 따라 가격을 차별화시켜 이윤을 극대화시키는 전략을 활용하였다. 하지만 최근에는 지역에 따른 가격차이가 감소하고 있는 추세이다. **시장의 세계화수준** CASE 006~009은 시장별 가격차이를 기준으로 파악할 수 있다. 다시 말해 제품의 시장 간 가격차이가 없을 때 그 시장은 세계화수준이 높다 하겠다. 예를 들면, 석유와 자동차시장을 비교해볼 수 있다. 석유시장은 고도로 글로벌화되어 있다. 지역이 달라도 수요조건이나 소비성향이 거의 동일하기 때문이다. 예를 들면, 원유값은 브라질, 인도네시아, 스페인 모두 동일하다. 반면 자동차시장의 세계화수준은 상대적으로 낮다고 볼 수 있다. 자동차 가격은 소비성향이 지역마다 다르고 도로사정, 연료가격 및 소득수준에 따라 소비자들이 요구하는 성능과 특징이 모두 상이하기 때문이다.

CASE **006** 자동차
CASE **007** 화장품
CASE **008** 와인
CASE **009** 의류, 액세서리

CASE 001 세계화 개념과 원동력

주제 세계화 개념

세계화의 개념은 다양하게 정의될 수 있다. 그러나 다양한 정의들을 종합해볼 때 국가 간 장벽이 낮아짐으로써 국가 간 교류가 증대되고 상호의존성이 높아지는 현상으로 정의할 수 있다. 세계화를 촉진하는 대표적인 원동력으로 무역자유화, 통신과 운송수단의 발달, 수요의 동질화 등을 들 수 있다.

무역자유화는 GATT 체제 출범 이후 전 세계적으로 무역장벽이 낮아졌고 이제는 WTO 체제 출범에 따라 글로벌화는 더욱 가속화되고 있다. WTO는 세계무역기구(World Trade Organization)로서 국가 간 무역을 관장하는 국제기구이다. GATT 자체가 갖고 있는 여러 제약 및 한계 등으로 인해 우루과이라운드 협상 결과 새로운 세계무역기구(WTO)가 1995년에 출범한 것이다. WTO는 부작용이 없는 범위 내에서 가능한 한 무역을 자유화하는 것을 최우선 목적으로 하고 있다.

GATT가 세계화의 토대로 마련하였다면, WTO는 본격적으로 세계화를 이끌어가고 있다고 할 수 있다. 왜냐하면 GATT는 강제성이 미비한 협정체제였으며, 주요 협상품목이 공산품이었으나 WTO는 강제성을 띤 무역기구로써 교역 가능한 모든 품목이 협상에 포함되었다. 즉, WTO 체제는 상품교역뿐만 아니라 서비스, 지적재산권, 무역정책검토제도, 복수국가간 무역 등 광범위한 분야를 관장하고 있다. 따라서 회원국 경제의 세계화를 주도하고 있다고 할 수 있다. 그러므로 각국의 정부, 특히 개발도상국과 신흥공업국은 WTO 체제에 편입하기 위해 시장의 개방화와 각종 규제의 철폐 등을 시행하였다.

현재 WTO는 국가 간 무역협상에 관한 유일한 국제기구이며, 세계의 교역국가들은 협상을 거쳐서 WTO 협정문에 조인을 하고 있다. 이러한 협정문은 비록 각국 정부가 조인을 하였지만 궁극적인 혜택은 세계화를 이끄는 다국적기업이 누리고 있다. 왜냐하면

WTO 협정문의 목표는 상품 및 서비스의 생산자, 수출자 및 수입자들이 상행위를 하는데 도움을 주는 것이기 때문이다.

WTO 체제의 출범이 그 가맹국 국민경제의 세계화에 결정적 영향을 미치고 있다. 그것은 WTO 협정이 경제적 의미의 국경을 붕괴시켰기 때문이다. WTO 협정이 발효됨에 따라 초래되기도 했다. 경제적 의미의 국경 붕괴가 세계 각국 국민경제의 세계화에 기본적 요인으로 작용하고 있다. 왜냐하면 WTO 협정은 세계교역상품에 대해 관세장벽과 비관세장벽 등 무역장벽을 철폐하거나 완화함으로써 그 상품이 국내시장의 경우와 마찬가지로 다른 나라의 국경을 거의 규제를 받지 않고 마음대로 이동할 수 있게 한 것이다.

또한 WTO 협정은 모든 서비스교역에 대해 내국민대우와 최혜국대우를 부여하며 그 규제조치를 철폐하거나 완화함으로써 서비스의 이동이 국경의 제한을 받지 않고 세계 모든 나라에 자유롭게 실현될 수 있게 하였으며, 외국인투자, 다국적기업 등 국제투자에 대해서도 서비스교역의 경우처럼 내국민대우와 최혜국대우의 원칙을 적용하여 그 규제조치를 풀어버리거나 줄임으로써 자본이동이 국경에 걸리지 않고 세계 도처로 자유롭게 이루어지도록 하고 있다.

상품, 서비스, 자본 등이 WTO 협정에 따라 다른 나라의 국경을 사실상 마음대로 들락거리면서 내국민대우와 최혜국대우를 받는다면 그것은 바로 경제적 의미의 국경이 소멸된 것을 의미한다. 이러한 경제적 의미의 국경을 국제적 협정에 따라 소멸시킨 것이 바로 WTO 협정이다. 이 협정은 세계무역의 방향을 제시하고 각국 경제의 세계화를 저해하는 대부분의 장애요인을 제거한 세계적 통상규범이다.

운송수단의 발달의 경우 크게 마차, 증기기관차, 프로펠러, 비행기, 제트비행기의 진행과정을 통해 세계화를 가속화시켰다. 예를 들면, 1500~1840년대는 주로 마차나 돛단배에 의존한 운송시대였다. 이 당시 마차와 돛단배를 활용한 인류의 최대속도는 시속 16km였다. 마차시대의 경우 서울에서 파리까지 논스톱으로 달리면 900일 정도 소요되었다. 만일 삼성전자가 냉장고를 한국에서 생산해서 프랑스에 판매하고 싶다면 마차의 시대에는 쉬지 않고 900일을 달려가야 한다. 현실적으로 세계화가 어렵다고 볼 수 있다.

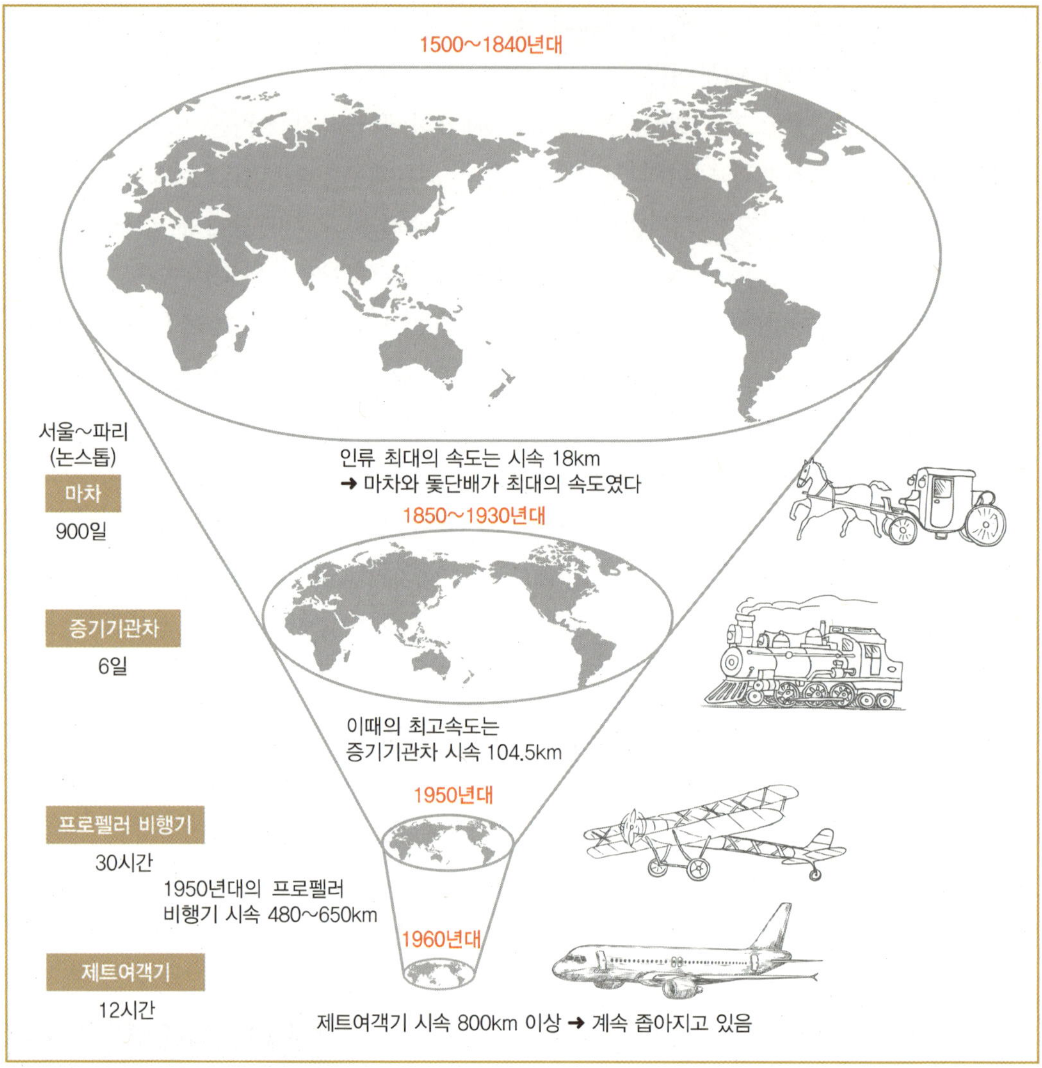

이후 1850년에서 1930년경에는 증기기관차가 발명되어 이때의 최고속도는 시속 104.5km였다. 마찬가지로 한국에서 파리까지 논스톱으로 달리면 6일이 소요된다. 따라서 기존의 마차시대에 900일에서 6일로 급격히 줄어든 점은 세계화가 급속하게 확산됐음을 알 수 있다. 그 다음으로 1950년대부터 시작된 프로펠러 비행기에 의한 운송시대를 들 수 있다. 이 당시 프로펠러 비행기의 속도는 시속 480~650km여서 한국에서 파리까지 30시간 정도 소요되었다. 마지막으로 1960년대 이후 제트여객기를 활용한 운송을 통해 시속 800km 이상의 속도가 가능하게 되었으며 한국에서 파리까지의 소요시간도 12시간에 불과하게 되었다. 결국 1500년대의 경우 한국에서 파리까지 900일이 소요되던 것이 12시간으로 줄어든 상황에서 당연히 제품, 서비스, 정보 등의 교류가 용이할 수밖에 없고 따라서 세계화의 원동력으로 작용했음을 알 수 있다.

다음으로 코카콜라가 전 세계적으로 각광을 받고, 맥도날드 햄버거가 러시아에서도 성공적인 이유는 글로벌 소비자들의 수요 동질화에 기인한 것으로 볼 수 있다. 소비자수요의 동질화가 가능한 이유는 세계 각국의 소득수준이 평준화되어 가고 있을 뿐만 아니라, 통신기술의 발달, 여행의 자유에 따라 각국의 소비자 간의 교류증대로 각국의 소비자 욕구가 유사해지고 있기 때문이다. 1971년 맥도날드는 제2차 세계대전 당시 적대국이었던 까닭에 미국 문화에 대한 반감이 만만치 않은 독일과 일본에 진출했다. 그리고 1977년에는 마침내 샌드위치 본고장으로 패스트푸드의 종주국임을 자부하는 영국에까지 진출했다. 미국의 뒷마당격인 남미에도 당연히 진출했다. 특히 1990년대 들어서는 동구 사회주의권 붕괴와 중국의 시장경제체제 도입 그리고 우루과이라운드 체결에 따른 아시아를 비롯한 개도국의 시장개방으로 맥도날드는 더욱 성장했다. 1990년 2월 1일 오픈한 모스크바의 맥도날드 체인점은 판매 개시와 더불어 "1인당 최고 10개 이상 팔지 않습니다"라는 판매제한 조치를 하지 않을 수 없을 만큼 선풍을 일으켰다. 모스크바의 맥도날드 점포 앞에만 연일 3만여 명의 시민이 장사진을 쳤다. 햄버거 한 개 값은 1.6루블, 우리 돈으로 환산하면 약 2,000원이다. 소련인의 평균 수입으로 따져보면 결코 만만치 않은 가격이었으나 "부자 나라 미국인들이 먹는 음식"이라는 호기심 때문에 인산인해 행렬은 멈출 줄 몰랐다.

개도국 등 신흥시장에서도 맥도날드의 열풍은 대단했다. 1994년 6월 쿠웨이트에 처음 식당을 열었을 때에는 입장하려는 차들이 장장 7마일이나 늘어서는 일대 장관이 연출되었다. 1970년대 해외 진출을 본격화한 이래 맥도날드의 연중 매출 신장률은 평균 21%였다. 현재 맥도날드의 전체 매출액 중에서 55%가 해외시장에서 벌어들일 정도다. 이렇게 놀라운 세계화를 성공시키고 있는 기업은 M자형 황금빛 아치 문양과 광대 모양의 로날드 맥도날드 캐릭터로 미국이 주도하는 '세계화'의 상징이자 최대 성과물로 평가되기도 한다. "미국의 정보원들이 뚫지 못하는 나라에도 맥도날드 영업사원들을 보내면 모든 일이 성사된다"고 말할 정도다. "미국 자본이 침투하기 전에 반드시 먼저 침투하는 두 가지 제품이 있으니, 맥도날드 햄버거와 코카콜라가 바로 그것이다"라는 이야기도 있다.

CASE 2

한국과 미국[1]

주제 / 경제수준의 세계화

경제의 세계화수준을 어떻게 구체적으로 측정할 수 있을까? 바로 다음과 같은 단계를 거치면 된다. 1단계: 국내총생산(GDP)과 수입을 합한 '총경제활동'을 파악한다. 2단계: 한 국가의 수출입을 총경제활동으로 나누어 '국제무역비율'을 계산한다. 3단계: 국내총생산(GDP)에서 수출을 제외한 값을 총경제활동으로 나누어 '국내경제활동'을 계산한다.

예를 들어, 한국의 경우 1단계, 2021년 통계를 기준치로 국내총생산(GDP)은 1조 8천억 달러 정도이고[2] 수출은 6천 4백억 달러, 수입은 6천 백억 달러 정도이다.[3] 따라서 국내총생산과 수입을 합하면 18,000+6,100=24,100이므로 총경제활동은 2조 4천억 달러 정도가 된다. 2단계로 수출과 수입의 합을 총경제활동으로 나누어서 국제무역비율을 계산해보면 (6,400+6,100)/24,000=0.52 또는 52%가 된다. 마지막 3단계로 국내총생산에서 수출을 제외한 값을 총경제활동으로 나누면 (18,000−6,400)/24,000=0.48 또는 48%가 된다. 따라서 한국의 경우 총경제활동에서 국제교역비율이 52% 차지하고 있고 이는 국내경제활동 비율인 48%보다 높다는 것을 알 수 있다. 이 기준만을 놓고 보면 한국은 경제의 글로벌화 수준이 높다고 볼 수 있다.

---

1) 부경대학교, 국제기업과경영환경, 김민지, 수업과제를 참고하였음.

2) KOSIS 연간지표(한국은행, 국민계정, 1953~2021)
https://kosis.kr/statHtml/statHtml.do?orgId=301&tblId=DT_111Y002&conn_path=I2

3) K-stat 국내통계, 수출입 총괄
https://stat.kita.net/stat/kts/sum/SumImpExpTotalList.screen

| 표 1-1 | 2021년 한국 국내총생산(GDP)

국내총생산(명목, 원화표시) (십억 원)	2,057,447.80
국내총생산(명목, 달러표시) (억 달러)	17,978.10

출처 : KOSIS 연간지표(한국은행, 국민계정, 1953~2021)

| 표 1-2 | 2021년 한국 수출액, 수입액

연도	수출		수입		수지
	수출액	수출 증감률	수입액	수입 증감률	
2021년	6,444	25.7▲	6,151	31.5▲	293

출처 : K-stat 국내통계, 수출입 총괄

앞에서는 한국의 국제교역비율을 국내경제활동과 비교해보았고 추가적으로 타국과의 국제교역비율을 비교해 경제의 세계화수준을 비교해볼 수 있다. 이는 한국경제의 글로벌화 수준이 미국경제의 글로벌화 수준보다 높은가에 대한 답을 제공할 수 있다. 예를 들어, 미국과 비교해보도록 하자.

먼저 미국의 2021년도 통계치를 기준으로 국내총생산은 22조 9천억 달러 정도이고[4] 수출은 1조 7천 5백억 달러, 수입은 2조 8천3백억 달러 정도다.[5] 앞에서 계산된 절차대로 적용해보면 1단계에서 국내총생산과 수입을 합한 총경제활동은 229,000+28,300=257,300이므로 25조 7천3백억 달러 정도 된다. 2단계로 수출과 수입을 더한 값을 총경제활동으로 나누어 국제무역비율을 계산하면 (17,500+28,300)/257,300=0.18 혹은 18%가 된다. 마지막 단계로 국내총생산에서 수출을 제외한 값을 총경제활동으로 나누면 (229,000−17,500)/257,300=0.82 혹은 82%가 된다. 따라서 한국의 경우 총경제활동에서 국제교역비율이 52% 차지하고 있고 이는 미국의 국제교역비율인 18%보다 높다. 그러므로 한국경제의 글로벌화 수준은 미국보다 높다고 할 수 있다.

4) IMF, GDP, current prices(2021)
https://www.imf.org/external/datamapper/NGDPD@WEO/OEMDC/ADVEC/WEOWORLD/USA/KOR

5) K-stat, 해외통계, 미국 https://stat.kita.net/stat/istat/uts/UsWholeList.screen

| 표 1-3 | 2021년 미국 수출액, 수입액

연도	수출		수입		수지
	수출액	수출 증감률	수입액	수입 증감률	
2021년 (1~2월)	17,539	22.5▲	28,329	21.2▲	−10,789

출처 : K-stat, 해외통계, 미국

추가로 한 국가의 경제의 글로벌화 수준은 시기별로 비교할 수 있다. 예를 들어, 한국경제의 글로벌화 수준은 높아지고 있는가에 대한 답을 제시할 수 있다. 2021년도와 2015년도 6년간의 한국경제의 글로벌화 수준을 비교해보도록 하자. 먼저 2015년도 한국의 GDP는 1조 4천 6백억 달러,[6] 수출은 5천 2백억 달러, 수입은 4천 3백억 달러 정도다.[7] 1단계로 총경제활동은 14,600+5,200=19,800이므로 1조 9천 8백억 달러가 되고 따라서 국제무역비율은 (5,200+4,300)/19,800=0.48 또는 48%가 된다. 결국 2021년 결과치와 비교해보면 한국경제의 글로벌화 수준은 2015년 0.48에서 2021년 0.52로 증가한 것을 알 수 있다.

---

6) KOSIS 연간지표(한국은행, 국민계정, 1953~2021)
https://kosis.kr/statHtml/statHtml.do?orgId=301&tblId=DT_111Y002&conn_path=I2

7) K-stat 국내통계, 수출입 총괄 https://stat.kita.net/stat/kts/sum/SumImpExpTotalList.screen

CASE 3

아일랜드와 싱가포르

주제 경제수준의 세계화

아시아에 '4마리 용'이 있다면 유럽에는 '켈틱(Celtic) 호랑이' 아일랜드가 있다. 아일랜드는 1990년대 초 세계시장이 단일화되는 세계화를 간파, 외자유치를 위한 적극적인 대외개방과 제도구비를 통해 10여 년이 지난 지금 유럽에서 가장 잘나가는 나라가 됐다. 아일랜드는 그동안 지속적인 경제성장을 이루었고 공장을 짓기 위한 세계 유수의 컴퓨터회사와 제약회사 등 해외 투자자본은 물밀듯이 들어오고 있다.

유럽 최대의 빈국 아일랜드가 최대의 부국으로 성장하는 데는 20년도 채 걸리지 않았다. 물론 최근에 세계적인 금융위기로 경제의 글로벌화 수준이 낮아졌지만 여전히 최상의 글로벌화 수준을 보이고 있다. 하지만 16년 전인 1987년 아일랜드는 실업률 17%, 국가채무 GDP의 120%, 1인당 GDP 8,000달러에 불과했으며 IMF에 구제금융을 신청할 정도로 유럽에서 가장 못사는 나라였다. 불과 10여 년 만에 아일랜드 경제가 성공한 데는 아일랜드인들이 적은 인구와 협소한 시장이라는 국내현실과 냉전 후 세계가 단일시장으로 통합되는 세계화를 바르게 인식해 외자유치에 국운(國運)을 걸고 세계화를 위한 변화를 시작했기 때문이다. 아일랜드가 성공적으로 세계화를 추진할 수 있었던 주요 요인은 정책의 일관성, 외자유치를 위한 노사정 협력, 외국투자자의 신뢰감을 들 수 있다.

경제정책의 일관성

아일랜드는 무엇보다 섬나라라는 지리적 위치를 감안, 물류비용이 적게 들며 고부가가치를 가져오는 정보통신(IT)과 제약을 국가발전전략산업으로 선택, 관련된 외국기업 유치활동을 벌였다. 이들을 유치하기 위해 아일랜드는 이른바 3C(Consistency · Cooperation · Confidence) 정책을 펼쳤다. 먼저 아일랜드는 정권교체와 상관없이 경제정책의 일관성(Consistency)을 유지했다. 1987년 경제위기 이후 1994년 공화당(Fina Fail)에서 아일랜드 통일당(FinaGael)으로 정권이 교체되었고, 1997년에는 다시 아일랜드 통일당에서 공화당으로 정권이 교체되었다. 이런 정권교체에도 불구하고 임금인상 억제를 통한 경쟁력 향상, 낮은 임금인상을 보전하기 위한 조세감면, 외국인 투자유치에 유리한 환경조성, 경제개방 등의 경제정책은 일관성을 유지하였다.

외자유치를 위한 노사정 협력

둘째, 아일랜드는 노사정 3자간 사회연대계약(Social Partnership Agreement)을 체결해 노사정 협력(Cooperation)을 유지했다. 1987년 경제위기에 직면해 노동자 · 사용자 · 정부는 고통분담을 통해 경쟁력을 향상시켜야 한다는 공감대가 형성되었다. 그래서 당시 노동자는 임금인상을 3년 동안 3% 이내로 억제하고, 사용자는 경영을 합리화하고 고용확대를 위해 노력하는 한편, 정부는 낮은 임금을 보전할 수 있도록 조세를 감면한다는 내용의 사회연대계약을 체결했다. 이때 사회연대계약 체결은 당시 노조측 대표였던 피터 카셀(Kasel)의 역할이 중요했다. 그는 "노동자의 권익도 중요하고, 사회적 가치도 중요하지만 이는 어디까지나 국가가 존립하고, 사회가 파괴되지 않는 기반 위에서 추구할 수 있다"며 미국의 대자본을 끌어들이기 위해 산하 노조를 설득했다. 이 연대계약은 3년 주기로 갱신되며 계속되고 있는데 현재는 임금문제에서 사회복지문제로 범위가 넓어졌다. 노사정 간의 이런 협력의 모습은 외국인투자를 촉진하는 요인으로 작용하고 있다.

외국투자자의 신뢰감

셋째, 아일랜드는 외국인투자를 위한 제도적 환경을 구비해 외국투자자의 신뢰감(Confidence)을 조성했다. 낮은 법인세가 대표적이다. 아일랜드의 제조업과 서비스업에 대한 법인세율은 12.5%로 벨기에 41%, 독일 39%, 스페인 36%, 네덜란드 · 프랑스 34%, 영국 30%, 한국 28%에 비해 낮은 수준이다. 아일랜드는 또 외국기업이 건물을 짓거나, 아일랜드 국민을 고용할 경우 이에 대한 보조금을 지급하고 있다. 산업개발청(IDA)의 One-Stop Service 역시 외국인투자를 돕는 대표적인 제도다. 아일랜드는 외국투자자가 한 번만 IDA를 찾아가면 담당자가 현지답사까지 해주며 아일랜드의 원하는 지역에서 기업할 수 있는 모든 지원을 다해주고 있다.

이 밖에 아일랜드 국민들은 영어를 모국어로 사용하고 있고, 24세 미만의 젊은 인구비율이 전체인구의 24%로 다른 유럽국가들보다 높으며, 이들 대부분이 대학 이상의 경제활동에 적합한 교육을 받아 외국투자 유치에 이점이 되고 있다. 또 지리적으로 아일랜드는 유럽 진출의 교두보로의 가치가 있어 외국인투자를 유치할 수 있었다.

싱가포르는 부존자원과 자본이 빈약하여 외국자본 유치를 통한 경제발전을 위해 외국인투자 유치를 위한 최적의 환경조성을 위해 노력해 왔다. 싱가포르는 2008년 포린 폴리시(Foreign Policy)의 조사에서 경제의 세계화 1위국가로 선정되기로 하였다. 이와 같이 싱가포르는 '세계화'라는 이런 국제적 흐름을 충분히 인식 · 대응해 국가발전을 이루어낸 모범사례로 꼽히고 있다. 오늘날 싱가포르는 매력적인 국제 비즈니스 센터로 인식되어 포천 500대 기업 중 300여 개사를 비롯하여 세계 유수의 다국적기업 대부분이 진출해 있으며 외국투자기업들은 싱가포르의 GDP, 고용, 수출 등에 크게 기여하고 있다.

이와 같이 정부의 적극적인 투자유치정책, 자본 및 외환시장 자유화, 인프라스트럭처 구축, 정치 · 사회적 안정성 등은 싱가포르의 투자매력도를 높이고 있다. 즉, 싱가포르의 기업 유치에 근간이 되었던 각종 제도에는 조세감면, 보조금 및 융자지원을 포함한 금융지원에 근거한 인센티브 제도가 구축되었고 아울러 제도적으로 지원을 강화할 수 있는 노력을 하였다. 또한 영어가 일반적으로 사용되며 전문가, 숙련기술자 등의 고급 기술인력이 풍부하다는 점도 장점으로 작용하고 있다. 이러한 개방정책과 투자환경은 싱가포르 경제의 세계화를 이끌고 있다.

CASE 4

자동차, 항공, 의약품, 컴퓨터소프트웨어, 화학

주제 / 산업수준의 세계화

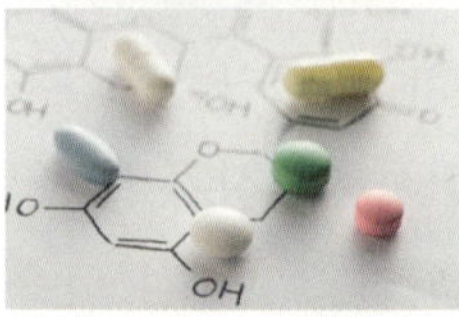

우선 자동차산업은 GM, 포드, 도요타, 폭스바겐, 다임러크라이슬러와 같은 5개 메이저 기업들이 북미, 남미, 유럽, 그리고 아시아시장에서 경쟁하고 있기 때문에 매우 세계화된 산업으로 볼 수 있다. 전 세계적으로 37개의 기업이 자동차를 생산하고 있지만 단지 5개의 대규모 기업이 산업 전체에서 총 71% 이상의 점유율을 차지하고 있다.

반면 컴퓨터소프트웨어의 경우 마이크로소프트, 오라클, 컴퓨터어쏘시에이트(CompAssoc), 샙(SAP), 컴퓨웨어와 같은 5개 기업들이 전체 산업에서 83% 이상의 높은 시장점유율을 차지하고 있다. 특히 마이크로소프트의 경우 1990년대 후반에 급격한 시장점유율의 증가를 보였다.

한편 항공산업의 경우 보잉이 22%의 시장점유율로 독보적으로 높긴 하지만 유나이티드 테크놀로지스, 록히드마틴, 헤니웰, 레이시온 등 5개의 글로벌 경쟁자의 전체 시장점유율 비중은 비교적 높은 64%를 차지하고 있다. 한편 화학은 잘 알려진 기업인 바스프가 가장 높은 수준을 보였고, 듀퐁, 바이엘, 다우, 노르스크 히드로 5개의 주요 경쟁자가 59%를 차지하고 있다. 의약품은 기업의 사회적 책임을 추구하는 기업으로 유명한 멀크를 비롯해 비아그라로 유명한 화이자, 존슨앤존슨, 글락소 스미스클라인, 노바티스 등의 5개 글로벌 경쟁자가 53%의 순을 보였다. 따라서 전체 산업에서 5개의 주요 경쟁자들이 차지하는 시장점유율을 기준으로 산업의 세계화수준을 보면 컴퓨터소프트웨어 산업이 가장 높고 그 뒤를 자동차, 항공, 화학, 의약품 순을 보여준다 하겠다.

| 표 1-4 | 산업의 세계화수준(5개 산업비교)

구분	산업 내 상위 5개 기업	매출액 비중	상위 5개 기업이 전체 산업에서 차지하는 시장점유율 비율
자동차	1. 지엠(GM)	18	71
	2. 포드(Ford)	18	
	3. 다임러크라이슬러(DaimChrysler)	15	
	4. 도요타(Toyota)	12	
	5. 폭스바겐(VW)	8	
항공	1. 보잉(Boeing)	22	64
	2. 유나이티드 테크놀로지스(UnitedTech)	12	
	3. 록히드마틴(LockheedMartin)	11	
	4. 허니웰(Honeywell)	11	
	5. 레이시온(Raytheon)	8	
컴퓨터 소프트웨어	1. 마이크로소프트(Microsoft)	40	83
	2. 오라클(Oracle)	18	
	3. 컴퓨터어쏘시에이트(CompAssoc)	11	
	4. 샙(SAP)	10	
	5. 컴퓨웨어(Compuware)	4	
화학	1. 바스프(BASF)	15	59
	2. 듀퐁(DuPont)	13	
	3. 바이엘(Bayer)	13	
	4. 다우(Dow)	10	
	5. 노르스크 히드로(NorskHydro)	8	
의약품	1. 머크(Merck)	15	53
	2. 화이자(Pfizer)	11	
	3. 존슨앤존슨(J&J)	11	
	4. 글락소 스미스클라인(GlaxoSmithKline)	10	
	5. 노바티스(Novartis)	8	

* 매출액 비중 단위 : 전체 산업에서 차지하는 %

CASE 005 자동차와 자전거산업의 비교

주제 / 산업수준의 세계화

산업의 세계화를 측정하는 방법은 다양하지만 경쟁요인의 하나인 글로벌 경쟁자를 기준으로 자동차산업과 자전거산업의 세계화수준을 비교해보자. 여러 요인 중에서 경쟁요인만을 기준으로 산업의 세계화수준을 비교해보면 산업 내 주요 기업들이 전 세계의 주요 시장을 대상으로 경쟁하고 있는가를 통해 측정 가능하다. 만일 몇몇 주요 글로벌 기업들이 전 세계시장을 대상으로 경쟁하고 있다면 그 산업의 세계화수준은 상당히 높다고 할 수 있다.

CASE 004에서 살펴본 대로 자동차산업의 경우 세계화수준이 높다고 볼 수 있다. 우선 자동차산업은 GM, 포드, 도요타, 폭스바겐, 다임러크라이슬러와 같은 5개 메이저 기업들이 북미, 남미, 유럽, 그리고 아시아시장에서 경쟁하고 있기 때문에 매우 세계화된 산업으로 볼 수 있다. 전 세계적으로 37개의 기업이 자동차를 생산하고 있지만 단지 5개의 대규모 기업만이 총생산의 75% 이상을 차지하고 있다. 이와 같이 자동차산업의 경우 주요 글로벌 경쟁자들이 전 세계시장을 대상으로 경쟁하고 있는 반면, 전 세계시장에서 경쟁하고 있는 자전거산업에 속하는 기업의 이름을 떠올리기는 쉽지 않다. 예를 들어, 한국의 자동차산업에 속한 현대의 자동차 글로벌 경쟁자를 떠올리기란 쉽지만 삼천리자전거의 글로벌 경쟁자가 어떤 기업인지를 파악하는 것은 어렵다. 따라서 자동차산업에 비해 자전거산업은 덜 세계화되었다고 볼 수 있다.

CASE 006

자동차[8)]

주제 / 시장수준의 세계화

'시장수준의 세계화'는 제품 시장의 지역 간 가격차이를 통해 파악할 수 있는데 과거에는 기업 차원에서 시장별 가격을 차별화시킴으로써 이윤을 극대화하는 전략을 이용하곤 했다. 그러나 오늘날에는 각국의 문화적, 제도적, 지리적, 그리고 경제적 차이의 완화로 인해 시장에 따른 가격차이가 점차 감소하는 추세이다.

현재 국내 등록차량 중 수입차 비중은 점진적으로 증가세를 보인다. 국토교통부가 제시한 자료에 의하면 2022년 1~3월, 자동차 누적 등록대수는 총 2,507만 대로 사상 최초로 2,500만 대를 돌파했음을 알 수 있다. 전체 등록 차량 중, 국산차는 2,206만 9천 대로 총 88%에 달하고, 수입차는 전체 12% 수준이다.

그림 1-1 수입차와 국산차 점유율

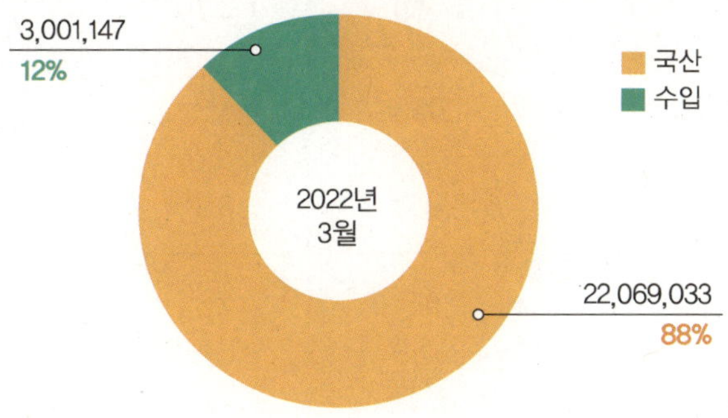

출처 : 국토교통부

8) 부경대학교, 국제기업과경영환경, 배소희, 수업과제를 참고하였음.

한국수입자동차협회(KAIDA)에 따르면 동 기간 중 수입차 브랜드 판매 순위는 독일 대표 자동차 브랜드인 메르세데스-벤츠가 8,767대로 1위, 벤츠와 마찬가지로 독일을 대표하는 자동차 브랜드인 BMW가 6,837대로 2위, 볼보가 1,309대로 3위를 차지했다. 국내 수입차시장에서 3위는 늘 아우디 혹은 폭스바겐 브랜드가 차지하곤 했으나, 최근 '안전성'으로 명성을 높이고 인프라 투자를 적극적으로 진행한 덕에 처음으로 3위권 내에 진입하며 안정적인 판매량을 기록하고 있다. 코로나19의 대유행으로 전 세계 자동차 생산량이 줄어든 바 있으나 2022년을 기점으로 수입차시장은 차츰 회복세를 보이고 있다.

2022년 1분기(1~3월) 기준, 위 세 브랜드 메르세데스-벤츠, BMW, 볼보 차량 판매가격을 통해 자동차시장의 세계화수준을 살펴보도록 한다. 국가별 자동차 판매가격을 비교해보면 자동차시장의 세계화수준을 가늠할 수 있다. 물론 가격을 비교하는 방법은 매우 다양하나, 비싼 가격과 최저가(가장 저렴한 가격)를 비교하는 방법을 선택하고자 한다.

| 표 1-5 | 2022년 3월 기준 수입차 브랜드 판매 순위

순위	브랜드	판매량	점유율(%)	전월 대비	전년 대비
1	벤츠	8,767	35.7	5,970 2,797▲	7,597 1,170▲
2	BMW	6,837	27.8	5,656 1,181▲	6,012 625▲
3	볼보	1,309	5.3	1,047 262▲	1,251 58▲
4	미니	1,273	5.2	732 541▲	1,224 49▲
5	아우디	1,155	4.7	1,227 72▼	2,737 1,582▼
6	폭스바겐	1,053	4.3	1,108 55▼	1,628 575▼
7	포르쉐	951	3.9	777 174▲	980 29▼
8	렉서스	554	2.3	474 80▲	860 306▼
9	Jeep 지프	541	2.2	441 100▲	1,557 1,016▼
10	토요타	526	2.1	279 247▲	544 18▼

출처 : 한국수입자동차협회(KAIDA)

그림 1-2 국가별 자동차 가격 비교

벤츠 E250	BMW 520	볼보 S90
유럽 5만 8,600달러 미국 6만 2,340달러 한국 8만 5,612달러	유럽 5만 2,170달러 미국 5만 5,500달러 한국 7만 9,130달러	유럽 4만 9,679달러 미국 5만 2,850달러 한국 5만 7,312달러

* 유럽 현지 자동차시장(ccarprice) 자료를 바탕으로 직접 제작하였음.
또한 국내 판매가격의 경우 네이버에 등록된 기준 시가를 따름.
부경대학교, 국제기업과경영환경, 배소희, 수업과제자료(2022)
https://www.ccarprice.com/eu/mercedes-benz-e-class-car-price-in-europe-193

먼저 벤츠 E250의 경우, 유럽 5만 8,600달러[9](한화 약 7,412만 9,000원), 미국 6만 2,340달러(한화 약 7,886만 100원), 한국 8만 5,612달러(한화 약 1억 830만 원)로 판매되고 있으며 유럽-미국-한국 순의 가격 분포를 이룬다. 유럽(최저가)과 한국(최고가)에서 판매되는 벤츠 E250 모델 가격은 약 1.46배 차이가 존재함을 알 수 있다.

다음으로, BMW 520은 유럽 5만 2,170달러(한화 약 6,599만 5,050원), 미국 5만 5,500달러(한화 약 7,020만 7,500원) 우리나라 7만 9,130달러(한화 약 1억 10만 원)로 판매 중이며, 앞서 제시한 벤츠 E250과 마찬가지로 유럽-미국-한국 순의 가격 분포를 이루고 있다. 유럽(최저가)과 한국(최고가)에서 판매되는 BMW 520 모델 가격은 약 1.51배 차이이다.

마지막으로 볼보 S90은 유럽 4만 9,679달러(한화 약 6,284만 3,935원), 미국 5만 2,850달러(한화 약 6,685만 5,250원), 우리나라 5만 7,312달러(한화 약 7,250만 원)로 판매 중이며, 유럽(최저가)과 한국(최고가)의 가격차가 약 1.15배 수준으로 앞서 설명한 세 브랜드 중에서 차이가 가장 적은 모델임을 알 수 있다.

다시 말해 위 표에서 제시된 세 종류의 차량을 기준으로 가장 저렴한 가격에 판매되고 있는 시장(유럽)과 가장 비싼 가격에 판매되고 있는 시장(한국) 간 평균 가격차는 메르세

9) 환율은 1달러=1,265원으로 계산/유럽 현지 자동차시장(ccarprice)에서 정기적으로 업데이트되는 가격을 바탕으로 함.

데스-벤츠 약 1.46배, BMW 약 1.51배, 그리고 볼보 약 1.15배로 평균 약 1.37배 수준이다.

한국 내 수입차 가격 구성은 과연 어떻게 이루어지는지 알아보도록 하자.

한국수입자동차협회와 수입차업계에서 취합한 자료를 바탕으로 자동차 가격 구성이 어떻게 이루어지는지 살펴보도록 한다.

먼저 수입차의 가격결정 구조는 매우 복잡하다. 수입차 업체가 해외에서 차를 들여오면 수입 원가에 관세가 붙는다. 예를 들어, 수입 원가를 100으로 봤을 때 8%의 관세가 붙으면 총 108이라는 값이 형성되는 것이다. 이후 수입 원가와 관세를 합친 금액에 10%의 개별소비세와 개별소비세의 30%인 교육세가 추가된다. 이렇게 되면 이미 수입 원가였던 100에서 22.04라는 금액이 추가되어 122.04로 불어난다. 여기에 수입사와 딜러 마진이 각각 12%씩 붙게 된다. 이는 수입차업계의 마진폭이 10~14% 안팎임을 고려해 평균을 낸 수치이다. 이 단계에서 24%가 추가되어 값이 껑충 뛰게 되고, 마지막으로 부가가치세인 10%가 추가되어 168.38이라는 최종 판매가격이 결정된다. 일각에서는 이러한 수입차 가격결정 구조가 비정상적이라며 개선될 필요가 있다고 비판한다. 뿐만 아니라 딜러사별 혹은 업체별로 할인폭에 있어서 차이가 크다 보니 구매 시 불만을 가지는 소비자 역시 많은 것으로 드러났다.

그림 1-3 수입차 가격 구조

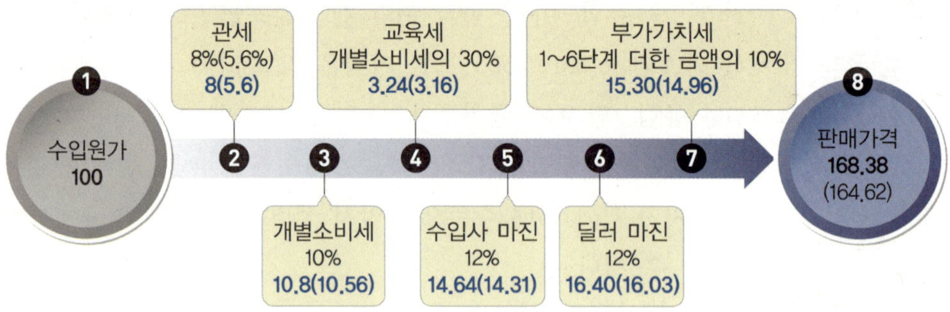

*( )안은 유럽산
출처 : 한국수입자동차협회 및 수입차업계

CASE 007

화장품[10)]

주제 / 시장수준의 세계화

화장품 가격 도시별 비교를 온라인 판매사이트를 활용하였다. 일본, 유럽과 북미지역은 아마존, 호주는 이베이, 중국과 동남아시아 지역은 징동닷컴, 한국은 11번가에서 가격정보를 가져왔다. 6가지의 상품들을 4개의 권역별로 가격을 비교해본 결과 아이크림 1.83배, 로션 1.21배, 립스틱 1.15배, 향수 1.67배, 파우더 1.17배, 스킨 1.89배로 최저가와 최고가의 차이가 1.15에서 1.89로 평균 1.49배의 가격차이가 존재하였다. 과거보다 세계화 정도가 높아졌지만, 특정 상품은 아직 시장 간 가격차이가 큰 제품이 남아 있다.

표 1-6 화장품 가격 판매사이트별 비교 (단위 : 달러)

구분	아이크림①	로션②	립스틱③	향수④	파우더⑤	스킨⑥
11번가	51.10	47.41	57.79	235.59	53.22	55.75
징동	28.43	–	55.65	208.71	62.48	65.91
아마존 재팬	52.11	–	50.58	153.22	61.15	52.26
아마존	34.99	57.4	55.79	182	54	37.91
이베이	29.80	50.26	49.99	141.42	61	34.86

① 에스티로더 '어드밴스드 나이트 리페어 아이리커버리' 15ml
② 랑콤 'Nutrix Royal Body intense nourishing&restoring' 200ml
③ 샤넬 'rouge allure velvet #38'
④ 샤넬 '넘버 5' 100ml
⑤ 디올 '포에버 익스트림 컨트롤 파우더' 10g
⑥ 랑콤 '토닉 컴포트 리하이드레이팅 드라이 스킨', 400ml(단, 한국의 11번가 개인판매사업자는 제외)
출처 : 2022.4.28. 각 홈페이지 / 환율은 1$=1,270원, 130¥ 및 6.6RM¥으로 계산 / 부경대학교, 국제기업과경영환경, 남종안, 수업과제자료(2022)

10) 부경대학교, 국제기업과경영환경, 남종안, 수업과제를 참고하였음.

한 · 미 FTA로 화장품에 부과되던 8%의 관세가 사라지고 기술은 발전했으나 여전히 시장 간 가격의 차이가 나는 이유는 소비자특성에서 나타난다. 한국의 경우 다른 나라보다 가격이 높은 것으로 나타났는데 아직 몇몇 브랜드의 경우 다른 국가들보다 가격이 높은 데는 고가 전략을 펼치고 있기 때문이다. 예로 많은 제품들이 고가 전략을 위해 온라인을 통해 판매하지 않고 백화점이나 명품 브랜드관을 통해서만 판매하고 있다. 수입화장품이 이런 럭셔리 전략을 사용하는 이유는 '고가의 제품=고품질'이라고 인식되기 때문이다. 이런 제품들은 생산할 때 원가는 많이 들어가지 않지만 최고급 이미지를 만들기 위한 비용이 가격에 반영된다.[11] 과거 중국증권보의 자체조사에 따르면 SK-Ⅱ의 어떤 제품은 시장판매가는 10만 원 선이지만 실제 제조원가는 포장비용 포함 2,000원이었다.[12] 소비자가격의 나머지는 유통과정 속 여러 요인들에 의해 더해진다. 특히 유통과정에서 65~70% 정도가 추가된다. 한국은 올리브영, 이니스프리 등 일반 브랜드 매장이 많이 증가하고 시장구조가 변했지만, 여전히 고가 전략을 활용하는 시장특성을 갖고 있다.[13]

---

11) 김주덕 · 김지영 · 김선희, "수입화장품의 마케팅 전략에 관한 연구", 대한화장품학회지, 2006.

12) 이슈메이커; http://www.issuemaker.kr/news/articleView.html?idxno=677

13) http://mbiz.heraldcorp.com/view.php?ud=20160926000248

CASE 08

와인[14)]

주제 / 시장수준의 세계화

2020년 코로나가 장기화되고 집에서 술을 마시는 '홈술'이 하나의 문화로 자리잡으면서, 와인의 수요가 급증하였고 국내 와인 수입량이 4년 연속 증가하였다. 관세청에 따르면 지난해 국내 와인 수입액은 5억 6,000만 달러로 전년 대비 69.7% 증가했고 와인 수입량도 7만 6,575톤으로 41.47% 늘었다. 수요의 증가로 인해 와인을 구매할 수 있는 경로도 다양해졌고 와인시장도 급성장하였다.[15)]

그림 1-4 연도별 와인 수입액

출처 : 관세청

14) 부경대학교, 국제기업과경영환경, 김수민 · 박창현, 수업과제를 참고하였음.

15) 정채희, "맥주 제친 와인, 홈술 문화가 바꾼 '와인' 지형도", 한경BUSINESS, 2022.4.15. https://magazine.hankyung.com/business/article/202204068845b(그래프, 사진 활용)

▎표 1-7 ▎세계 주요 도시의 와인가격 비교 (단위 : 달러)

지역/와인종류	몬테스 알파 카바르네 2018(칠레)	샤토 무통 로칠드 2018(프랑스)	샤토 탈보 2018(프랑스)	캔달 잭슨 빈터너스 리저브 카베르네 쇼비뇽 2019(미국)	제이콥스 크리크 카베르네 시라즈 2018(호주)
서울	22	–	99	30.6	–
뉴욕	18	758	85	11.9	–
LA	18	750	78	13.9	10.9
도쿄	15.1	704	97	–	–
런던	–	660	54	22.6	–
파리	–	817	69	26.1	–
홍콩	–	690	60	27.7	12.6

출처 : 부경대학교, 국제기업과경영환경, 박창현, 수업과제(2022)를 참고하였음.
https://www.wine-searcher.com/에서 주요 도시별 와인가격을 찾음.

와인가격의 시장 간 가격비교를 통해 와인시장의 세계화수준을 살펴보자.

우선 비교대상 지역은 서울, 뉴욕, LA, 도쿄, 런던, 파리, 홍콩, 시드니시장으로 몬테스 알파 카바르네 쇼비뇽2018(칠레)의 경우부터 살펴보자. 이 제품은 도쿄에서 15.14달러로 가장 저렴하고 한국의 경우 22달러로 도쿄의 1.4배에 해당된다. 또한 프랑스 보르도 와인인 '샤토 무통 로칠드 2018년산'의 경우 제일 가격이 낮은 곳은 런던으로 660달러이고 파리의 경우 817달러로 런던의 1.2배가 넘는 가격이다. 프랑스산인 '샤토 탈보 2018년산'은 런던은 54달러이고 서울은 99달러 수준을 보여 1.8배 정도 높은 수준이다. 캔달 잭슨 빈터너스 리저브 카베르네 쇼비뇽 2019년산의 경우 뉴욕이 11.9달러 정도인 데 비해 서울은 30.6달러로 2.5배의 가격이다. 상대적으로 가격이 저렴한 와인인 호주산 '제이콥스 크리크 카베르네 시라즈'의 경우 뉴욕은 10.9달러인데 홍콩에서는 12.6달러이다. 결국 제품에 따라서 서울이 다른 시장에 비해 1.4배에서 2.5배 높은 수준이며 3개 제품을 기준으로 볼 때 평균 1.9배 높은 가격임을 알 수 있다. 따라서 와인의 경우 보통 한국시장이 다른 시장에 비해 2배 정도 비싸다고 보면 와인시장이 비교적 더 세계화된 것으로 판단할 수 있다.

와인의 수요증가와 시장수준의 세계화 증가 이유

- **구매 방식의 다양화** : 2020년 3월 주세법이 개정되면서 주류를 온라인으로 사전에 예약, 구매하고 원하는 매장에서 찾아갈 수 있는 '스마트 오더' 시스템이 가능해졌다. 스마트 오더가 허용됨에 따라 전국 어디서든 5,000여 종의 와인을 포함한 다양한 주류를 구매할 수 있게 되었다. 매장에서 직접 고르고 결정해야 하는 번거로움이 줄어들고 와인을 쉽게 구매할 수 있어서 수요가 늘어난 것이다. 또한 예전에는 주로 백화점이나 와인 전문 판매점에서만 살 수 있었다면 이제는 대형 마트, 심지어 편의점에서도 와인을 볼 수 있어서 접근성이 좋아졌다. 전국 오지에도 점포가 있는 편의점을 통해 다양한 와인을 구매할 수 있게 된 것이다.
- **대기업의 와인사업 진출 증가** : 와인의 수요가 증가하자 유통 3사 현대, 롯데, 신세계는 본격적으로 와인산업에 뛰어들었다. 신세계그룹은 나파밸리를 대표하는 컬트 와이너리 '쉐이퍼 빈야드'를 3,000억 원에 인수했다. 이곳에서 와인을 직접 생산해 와인 수입 역량을 대폭 확대할 전망이다. 현대백화점그룹은 지난 3월에 신규 와인 유통사를 설립했으며 롯데마트는 서울 잠실과 창원, 광주지역에 와인 전문 매장 '보틀벙커'를 연이어 선보이기도 했다. 코로나 이전 2019년, 이마트는 와인에 대한 심리적 장벽을 깨기 위해 4,900원짜리 칠레산 와인을 선보였다. 가격은 초저가지만 산지에서 판매하는 가격이 2배가 넘는 다른 1만 원 중 · 후반대 와인과 비교해도 손색이 없을 수준으로 품질을 갖췄다. 이마트는 일반적으로 와인 수입시 개런티는 3,000병의 300배가 넘는 100만 병을 한 번에 기획해 가격을 대폭 낮추었다. 계속되는 와인의 수요로 인해 대기업들은 와인사업을 더 확장할 것이고 한국에서 와인이 대중화되면서 점점 세계화될 것으로 전망한다.

CASE 009 의류, 액세서리[16)]

주제 / 시장수준의 세계화

제품의 시장별 가격차이를 기준으로 그 제품 시장의 세계화수준을 파악할 수 있다. 시장의 세계화수준이 높다는 것은 제품의 시장 간 가격의 차이가 거의 없다는 것을 의미한다. 그렇다면 남성의류와 액세서리시장의 세계화수준은 어느 정도일까?

먼저 코로나19 이후 해외 명품 브랜드의 국내 가격 변화에 대해 알아보자. 코로나19 이후 해외 명품 브랜드가 주요 제품의 국내 판매가격을 평균 50% 정도 인상한 것으로 분석된다.

금융정보분석업체인 밸류챔피언에서 2020년 15개 국가를 대상으로 샤넬의 주요 상품

그림 1-5 국가별 샤넬 주요 제품 평균 가격 인상률

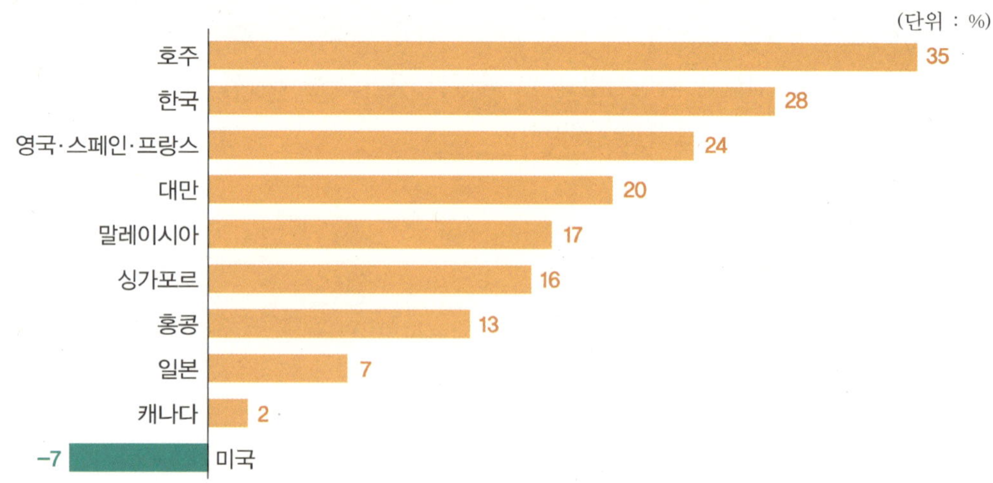

출처 : 밸류챔피언코리아

16) 부경대학교, 국제기업과경영환경, 박조은 · 박도영, 수업과제를 참고하였음.

가격 변화를 비교해본 결과 평균 가격 인상률이 17%로 나타났다.17) 15개 국가 중 호주가 35%로 가장 크게 상승하였고 한국은 28%를 기록하여 두 번째로 샤넬 가격 상승폭이 큰 국가였다. 영국 · 스페인 · 프랑스 · 대만 등도 가격이 올랐으나 20%에 머물렀다. 반면 캐나다의 경우 가격 인상폭이 2%에 그쳤으며, 미국 내 샤넬 가격은 오히려 7% 감소한 것으로 나타났다.

루이비통도 코로나19 이후 총 8번의 가격 인상이 있었고, 디올 역시 총 3번의 가격 인상이 있었다. 그렇다면 코로나19와 명품의 국내 가격의 인상 사이에는 어떤 관계가 있을까? 코로나19로 인해 해외여행에 제약이 생기자, 소비의 대상이 명품으로 옮겨갔다. 명품의 소비 증가로 인해 작년 매출이 1조 원을 넘은 국내 백화점이 11곳이다.

그러나 국내 판매가격은 현지보다 적게는 10~20%에서, 많게는 30~40% 비싸다. 명품에 대한 수요가 증가하자 명품 브랜드들은 여러 차례의 가격 인상을 통해 매출을 올렸다. 이는 소비자들에게 '하루라도 빨리 사는 것이 가장 싸다'라는 인식을 심어주었고, 소비자 사이의 구매 경쟁이 이전보다 더욱 치열해졌다.

톰 브라운

톰 브라운은 남성들이 많이 선호하는 미국의 명품 패션 브랜드다. 톰 브라운 미국 공식 온라인 스토어에서는 네이비 브로드리 앙글레즈 재킷을 2,490달러, 한화로 약 314만 원에 판매한다. 그러나 국내 판매가격은 417만 원으로 미국과 비교했을 때 100만 원이 넘게 차이 난다.

출처 : 톰 브라운 공식 온라인 스토어

톰 브라운은 의류뿐만 아니라 향수도 미국 판매가격과 국내 가격의 차이가 크다. 2020년 삼성물산의 패션 부문이 국내 최초로 톰 브라운 향수 수입을 전개했다. 미국 현지에서 20~27만 원대에 판매되던 향수가 국내에서는 35~43만 원에 책정되어 약 60% 정도 비싸게 판매됐다. 배송비나 통관, 세금 등을 고려해서 현지보다 비싸게 판매될 순 있지만, 60%나 차이가 나는 것은 드문

17) 이코노미스트(2021.7.1)
https://economist.co.kr/2021/07/01/industry/distribution/20210701114900235.html

일이다.

에르메스 넥타이

출처 : 에르메스 공식 홈페이지

에르메스는 샤넬, 루이비통과 함께 세계 3대 명품 브랜드로 불리며, 그중에서도 최고의 브랜드라는 평가를 받는다. 이러한 에르메스의 넥타이는 세계적으로 비즈니스맨들의 정장 필수품이라고 여겨진다. 에르메스는 프랑스에 본사를 두고 있는데, 프랑스에서 판매되는 넥타이의 가격과 국내 판매가격은 차이가 크다. Dada Vroum 타이 제품은 프랑스 현지에서 200유로, 한화로 26만 원에 판매되고 있지만, 한국에서는 33만 원에 판매되고 있다.

골프 의류

골프 의류도 현지 가격과 국내 가격의 차이가 크다. 일본의 럭셔리 골프 콘셉트의 마크앤로나 브랜드의 남성 조끼 제품은 한국 백화점에서 한 벌당 90만 원 정도에 팔린다. 그러나 일본에서의 가격은 한화로 약 62만 원 정도이다. 또한 국내에서 31만 원 정도에 팔리는 제이린드버그의 남성 골프 재킷이 현지에서는 절반 정도인 175,000원에 판매된다.

휴고보스

휴고보스는 주로 남성 의류를 전문적으로 제작하는 독일의 명품 정장 브랜드다. 독일 남서부의 작은 도시인 메칭엔에 휴고보스의 본사와 공장이 위치해 있다. 또한 메칭엔에는 독일의 3대 아웃렛 중 하나인 메칭엔 아웃렛이 있는데, 이곳에서는 휴고보스 제품을 국내에서 판매하는 가격보다 50~80% 할인된 가격에 구매할 수 있다.

프라다

쇼핑의 천국으로 유명한 이탈리아에서는 프라다 제품을 한국보다 훨씬 저렴하게 구매할 수 있다. 밀라노에 위치한 세라발레 아웃렛에서는 한국 판매가격의 1/3에 프라다 제품을 구매할 수 있다. 이탈리아뿐만 아니라 홍콩에서도 프라다를 저렴하게 구매할 수 있다. 홍콩에는 미우미우와 프라다 브랜드가 직접 운영하는 아웃렛 매장이 있다. 그곳에서 프라다의 남성 정장, 셔츠, 넥타이, 가방 등을 정상가에서 최대 90% 할인된 가격으로 판매하고 있다.

이처럼 남성 의류와 액세서리 제품이 한국에서 유독 높은 가격에 판매되는 이유가 무엇일까? 이에 대한 문제는 최근 몇 년 사이에 불거진 것이 아니라 명품의 소비가 활성화되던 1990년대 후반부터 시작되었다. 그때부터 해외 명품 브랜드들은 한국의 판매가격을 미국이나 유럽보다 훨씬 높게 책정했고, 매년 국내 판매가격을 4~15% 정도 인상해왔다. 그 이유는 과시욕구로 인해 물건의 가격이 상승하는데도 불구하고, 오히려 수요가 증가하는 현상인 베블런 효과(Veblen effect) 때문이다. 이 효과는 한국 소비자들의 소비 특성을 잘 설명한다.

다른 이유로는 백화점 중심의 유통구조를 들 수 있다. 백화점에 브랜드가 입점하면 백화점에 평균 20~30%의 수수료를 내야 한다. 거기에 배송료, 관세, 부가세, 광고비, 인테리어 비용까지 계산하면 현지에서 판매하는 가격보다 높은 가격이 책정될 수밖에 없기 때문이다.

마지막으로는 앞서 설명했던 것처럼, 최근 코로나19 사태로 인해 해외여행이 제한되면서 소비자들의 관심이 명품으로 옮겨간 것을 들 수 있다.

글 | 로 | 벌 | 산 | 책

1 글로벌 기업 이야기 : 메타기업18)

2021년 10월 28일에 연 페이스북의 온라인 연례 커넥트 이벤트에서 마크 저커버그 CEO가 원래 Facebook 이였던 사명을 'Meta'로 변경한다고 공식 발표했다.

메타라는 사명은 메타버스에서 유래한 것으로 소셜 미디어에 치중된 기존 사업모델에서 탈피하여 메타버스를 주력 사업모델로 삼을 것이란 뜻을 밝혔다. 내부고발과 규제당국의 움직임 같은 내외부적인 위기 국면을 돌파하고, 신성장동력을 확보하기 위한 목적이라는 반응이 있다. 가상공간에서의 체험을 중점으로 두는 영역인 만큼 자회사로 둔 VR기기 전문 제조사 Oculus의 비중이 급증할 것으로 보인다.

Meta Platforms, Inc.	
Meta [1]	
한글 명칭	메타 플랫폼 주식회사
영문 명칭	Facebook, Inc. (2004~2021) **Meta Platforms, Inc.[2] (2021~)**
설립일	2004년 1월 4일
국가	미국 (다국적 기업)
본사	미국 캘리포니아 주 멘로 파크
대표자	마크 저커버그 (CEO)
시가총액	**575조 250억**[3]

Meta

18) 메타(기업) – 나무위키(namu.wiki)
https://namu.wiki/w/%EB%A9%94%ED%83%80(%EA%B8%B0%EC%97%85)에서 발췌

CHAPTER

02

경제적 환경

제2장에서는 세계화를 이끌고 있는 대표적인 국제기구인
WTO의 기본원칙에 대해 알아본다.
또한 최근에 활발하게 추진되고 있는 지역경제통합의
유형과 현황, 그리고 주요 지역경제통합의 효과를
사례를 통해 다루어본다.

주요내용과 사례

세계화를 이끄는 국제기구로 WTO를 들 수 있다. 이 기구가 어떻게 세계화를 이끌어가는지 주요 원칙을 살펴보자. WTO 체제의 가장 중요한 원칙인 비차별주의 원칙은 '최혜국대우(Most Favoured Nation Treatment)'와 '내국민대우(National Treatment)'로 이루어져 있다. 지역경제통합(regional economic integration)이란 "한 지역 내의 여러 국가들이 상호 간에 관세 및 비관세장벽을 철폐하여 재화 및 서비스와 생산요소가 자유롭게 이동하도록 보장하는 협정"을 말한다. 우리나라 또한 한·칠레 FTA에 이어, 최근 한·미 FTA, 한·EU FTA를 체결하였으며, 이로 인해 FTA에 대한 일반인의 관심도 매우 높아졌다. 본 사례에서는 USMCA(구 NAFTA) 변경 체결에 따른 경제적 효과를 다양한 측면에서 특징과 분야를 살펴볼 것이다. 아울러 영국의 브렉시트 이후 한·영국 FTA 효과를 설명하였다.

세계화 개념

WTO(World Trade Organization)는 세계무역기구이다. 즉 자유무역의 질서를 확립하고 활성화하기 위한 원칙을 정하고 실행하는 기구로 볼 수 있다. 그러면 WTO가 어떻게 자유무역을 통한 세계화를 이끌고 있을까? 이는 WTO의 기본원칙을 보면 알 수 있다. 즉 무역자유주의(무역의 자유화), 무차별주의(최혜국대우, 내국민대우), 다자주의는 세계화의 토대가 되었다.

우선 무차별주의란 한 국가가 보호무역의 수단을 사용할 경우 모든 국가에 대하여 차별없이 시행되어야 한다는 것을 말한다. 이러한 무차별주의에는 최혜국대우의 원칙과 내국민대우의 원칙이 있다. **최혜국대우 원칙이란** CASE 010~011 어떤 회원국이 다른 회원국의 상품에 대해 특별히 관세상의 예우를 부여하고 있다면 그것을 여타 회원국들의 동일한 상품에 대해서도 아무런 차별없이 동일하게 부여해야 한다는 것을 말한다. **내국민대우 원칙이란** CASE 012~13 수입물품에 대하여 국내세 및 국내규범에 의하여 같은 종류의 국내상품에 대하여 주어지는 대우보다도 불리하지 않는 대우를 부여하여야 한다는 원칙을 말한다. 즉 수입물품과 국내물품을 차별대우하여서는 안 된다는 원칙이다.

CASE **010** 캐나다의 자동차산업 분쟁

CASE **011** 미국의 브라질산 비고무신발류 거부사건

CASE **012** 에스 디 마이어스사건

CASE **013** 한·EU 간 주세분쟁사건

무역의 자유화란 국가 간의 무역에 대해 정부의 보호나 간섭 없이 국가 간 교역이 자유롭게 이루어져야 한다는 것이다. 그러므로 최대한 국가의 간섭을 배제하는 것으로 WTO에서는 무역의 자유화를 위해 크게 두 가지

를 시행하고 있다. 첫째는 관세인하이다. 높은 관세율을 인하함으로써 무역의 자유화를 이끌려고 했다. 둘째는 관세 이외의 각종 무역제한조치, 즉 수량제한, 외환제한, 수출자율규제의 철폐이다. 이러한 무역자유주의는 다국적기업에게는 해외시장에 대한 접근 및 진입이 용이해지는 결과를 낳게 되었다.

마지막으로 다자주의 원칙을 들 수 있다. 국가간 무역문제, 즉 분쟁과 마찰이 발생할 경우 분쟁당사국 사이에 해결하지 않고 다자간 차원의 협상을 통해서 해결되어야 한다는 것이다. 결국 WTO는 회원국 모두가 차별하지 않고 자유무역을 통해 세계화를 추진하도록 하는 기능을 한다고 볼 수 있다.

지역화(지역경제통합)

세계화가 무역, 해외직접투자의 개방이 전 세계적으로 발생하는 현상을 의미한다면 여기서 지역화란 이러한 경제활동의 개방이 일부 특정 지역을 중심으로 심화 확대되는 지역경제통합을 말한다. 지역경제통합(regional economic integration)이란 "한 지역 내의 여러 국가들이 상호 간에 관세 및 비관세장벽을 철폐하여 재화 및 서비스와 생산요소가 자유롭게 이동하도록 보장하는 협정"을 말한다. 이러한 지역화를 통해 특정 지역 내의 교역, 직접투자, 자본과 노동의 이동 등 경제활동의 상호의존관계가 심화된다. 또한 특정 지역 내의 국가들이 경제블록을 형성하여 블록 내의 자유화를 목적으로 구속력 있는 지역협정을 체결하는 지역경제통합을 의미한다.

세계화와 지역화 모두 개방이라는 공통의 요소를 가지고 있기 때문에 지역화를 세계화의 부분집합으로 보기도 한다. 그러나 일반적으로 세계화와 지역화는 서로 대립되는 개념으로 받아들여지고 있다. 그 이유는 지역화란 결국 관련 국가나 지역 내의 이해관계를 위해 상호의존관계를 높이는 지역주의 성격이 강한 반면, 세계화란 지역주의의 대립개념이라 할 수 있는 다자주의(multilateralism)를 의미한다. 즉 세계화란 전 세계의 모든 국가들이 이해당사자가 되어 세계경제질서의 정립에 참여하는 것을 말한다. 반면 지역화란 보통 양자주의나 일방주의를 말한다.

지역경제통합은 CASE 014 크게 자유무역지역, 관세동맹, 공동시장, 경제연합, 그리고 완전경제통합으로 구분된다. 자유무역지역은 회원국 간 무역을 저해하는 과세나 비관세장벽을 철폐하고 역내 국가 간은 무역의 자유로운 이동을 보장하는 초기적인 단계의 지역경제통합 형태이다. 대표적인 자

CASE 014
지역경제통합 유형과 현황

CASE 015 USMCA(구 NAFTA)

CASE 016 한·영국 FTA

유무역지역 형태의 경제통합은 캐나다, 미국, 멕시코 간의 USMCA CASE 015 (구 NAFTA)이다. 또한 한국이 유럽의 브렉시트 이후 지역경제통합을 결정한 **한·영국 FTA도** CASE 016 자유무역지역에 해당된다. 관세동맹은 회원국 간에는 자유무역지역과 마찬가지로 관세 및 기타 무역장벽을 제거하거나 철폐하여 자유로운 무역을 실시하면서 비회원국에 대해서도 공통의 관세정책을 실시하는 형태를 말한다. 공동시장은 관세동맹보다 한 단계 더 발전된 형태로서 각 가맹국 간에는 상품의 자유로운 이동뿐만 아니라 노동과 자본 등 생산요소의 자유로운 이동이 보장되는 형태를 말한다. 경제연합이란 공동시장 형태에서 더욱 발전시킨 단계로서 각 가맹국 간의 외환, 무역, 산업, 재정, 금융 그리고 통화 등의 정책적인 면에서 상호조정을 도모하는 지역경제통합의 형태이다. 완전경제통합은 경제통합형태 가운데 최후의 단계로서 회원국 전체를 동일시장으로 간주하는 형태이다. 경제동맹이 지향하는 경제정책의 조정에만 국한하지않고 각국의 주권으로부터 완전히 독립된 초국가적 기구의 설립을 목표로 하여 통화, 금융, 재정, 그리고 사회정책 등을 통일화함으로써 새로운 국가형태를 탄생시키려는 것이다.

CASE 10

캐나다의 자동차산업 분쟁

주제 / 최혜국대우 원칙

캐나다는 지난 1996년부터 캐나다에 투자한 미국의 빅3 자동차회사와 스웨덴의 볼보사가 외국으로부터 수입하는 자동차에 대해서는 일정조건하에 관세를 부과하지 않고 무관세로 수입하였다. 반면 그 이외의 업체가 수입하는 자동차에 대해서는 6.7%의 관세를 부과하였다. 현재 도요타, 혼다 2개 업체가 현지에 투자하고 있는 일본의 입장에서는 당연히 차별적인 조치로 판단하고 최혜국대우 원칙에 어긋난다고 판단할 수 있다. 따라서 그동안 자국이 투자한 업체에 대해서도 동등한 혜택을 부여할 것을 주장하였다. 그러나 캐나다 정부는 캐나다 내 자동차 노조의 반발 등으로 일본의 주장을 받아들이지 않고 기존의 관행을 계속 유지키로 결정한 바 있다.

한국과 일본은 캐나다의 외국산 자동차에 대한 차별관세제도에 맞서 공조체제를 구축하였다. 일본은 캐나다의 외국산 자동차 차별관세제도를 세계무역기구(WTO)의 분쟁해결기구에 정식 제소하였다. 즉, 일본은 캐나다의 조치는 WTO의 최혜국대우 원칙에 위반된다며 제소한 것이다. 한국 정부는 이러한 일본의 제소조치에 대하여 관련 업계와 협의·논의한 결과 일본의 제소조치에 이해당사자로 참여하기로 결정하였다. 즉 캐나다의 수입관세는 역외국가에 대해 동등하게 무차별적(제3자 참여)으로 적용되어야 한다. 따라서 선별적인 무관세는 협정위반이라는 입장에서 WTO 분쟁과정에 이해당사자의 자격으로 적극 참여키로 결정하였다. 2000년 2월 11일 WTO 패널은 캐나다가 WTO 협정에 위반된다고 판정하였다.

CASE 11

미국의 브라질산 비고무신발류 거부사건

주제 / 최혜국대우 원칙

1981년 10월 23일 브라질은 1979 무역협정법 104(b)조에 의거하여 브라질산 비고무신발에 대한 미국측의 상계관세 부과에 피해조사를 요청하였다.

1981년 10월 28일 미국 국제무역위원회(USITC)는 미국 상무부(DOC)에 이 요청을 통보하였다. 피해조사 결과 1983년 6월 21일 상무부는 브라질산 비고무신발에 대한 상계관세를 취소하였다. 이 조치로 인하여 1981년 10월 29일 이후의 브라질산 비고무신발에 대한 세금상환이 결정되었으며, 이와 같은 식으로 미국은 인도와 스페인에 대해서도 피해조사 요청일에 상계관세를 취소하였다. 그러나 미국의 GSP(Generalized System of Preferences, 일반특혜관세) 프로그램에 의하여 인도산 잠금쇠(fastener)는 이미 면세자격을 획득하였다. 카리브 연안국가 경제회복법에 의하여 트리니타드토바고의 Steel wire rod 또한 면세자격을 획득하였다. 브라질은 이에 대해 미국이 상계관세의 부과에 관하여 GSP 수혜국 상품에게 부여한 이익을 자신의 상품에게 부여하지 않음으로써 GATT의 최혜국대우 조항을 위반하였다고 제소하였다.

미국의 GSP 제도에 따르면 상계관세의 적용을 받는 상품이 무관세로 수입될 경우에 미국법상 피해조사를 받을 수 있다. 이 경우에 피해의 부정적 결정이 내려지면 상계관세 부과는 해당상품이 무관세대우를 받은 일자, 즉 피해조사를 받을 수 있는 일자에서 취소된다. 그러나 상계관세 사건에 일반적으로 적용되는 미국법에 따르면 보조금협정에 가입한 국가는 미국법상 피해조사를 받을 수 있다. 이 경우에 피해의 부정적 결정이 내려지면 상계관세 부과는 피해조사가 요청된 일자에 취소된다. 그런데 동 취소일자는 해당

국가가 피해조사를 받을 수 있는 일자보다 후일이 될 수 있다. 이 점에서 GSP 수혜국과 보조금협정 당사국 사이에 차별이 발생할 수 있다.

이에 대해 WTO는 상이한 상품들에 대한 상이한 상계관세법의 적용은 가능하나, 상이한 국가의 동종상품들에 대한 상이한 상계관세법의 적용은 최혜국대우 조항의 위반이라고 판결하였다.

CASE 12

에스 디 마이어스(S. D. Myers) 사건

주제 / 내국민대우 원칙

2000년 '마이어스사건'은 내국민대우의 성격을 잘 보여준다. 이 사건은 캐나다가 국제환경법에 따라 환경호르몬 함유 폐기물의 해외반출을 금지시킨 것이 발단이 되었다. 이 조치는 국적과는 관계없이 누구에게나 공통적으로 적용되는 것이었다.

에스 디 마이어스는 미국 폐기물처리 업체로, 캐나다에 지사를 설립했다. 1990년대 초부터 에스 디 마이어스는 캐나다 지사로부터 폴리클로리네이티드비페닐(PCB)을 수입해오고자 했다. 캐나다 화학폐기물을 미국으로 들여와 이를 폐기함으로써 매출을 올리려고 했던 것이다. PCB는 냉각제와 윤활제로 사용되는 화학물질로, 환경 및 건강에 대한 심각한 피해 때문에 미국에서는 생산이 금지되었고, 캐나다에서도 수출이 금지되어 국내에서 폐기하도록 규정되어 있다. 또한 PCB 수출입을 금지시키는 바젤협약을 멕시코와 캐나다가 서명한 바 있다. 그런데 에스 디 마이어스를 비롯해 9개 기업이 PCB를 캐나다로부터 미국으로 수입해 올 수 있도록 미국 정부를 로비했고, 미국 정부는 '비공식적'으로 이를 허용했다. 그러나 캐나다 정부는 PCB 수출을 계속 금지했다.

이러한 캐나다 정부의 수출금지조치에 대해 에스 디 마이어스는 캐나다 정부를 NAFTA 11장에 의거해 제소했고, 2천만 달러 보상금을 요구했다. PCB 수출을 금지시킴으로써 에스 디 마이어스 이윤활동에 타격을 입혔으며, 내국민대우 원칙을 침해했다는 것이다. 결국 2000년 11월 유엔국제상거래위원회(UNCITRAL) 법정에서 에스 디 마이어스는 승소했다. 중재 판정부는 캐나다에서 PCB 폐기물 처리사업을 영위하고 있던 캐나다

업체인 A사와 B사를 위 투자자의 비교대상으로 보고, 캐나다 정부의 PCB의 대미수출 금지조치는 자국 내 업체를 보호하기 위한 의도를 가진 것으로 판단, 내국민대우 위반 주장을 인정하였다. 이 판결로 인해 캐나다 정부는 에스 디 마이어스에게 5천만 달러에 육박하는 보상금을 지급해야만 했다.

CASE 13

한 · EU 간 주세분쟁사건[1)]

주제 내국민대우 원칙

한 · EU 간 주세분쟁사건은 EU가 한국이 소주와 위스키가 경쟁적 혹은 대체가 가능한 상품임에도 차별적인 세금을 부과하여 수출국가들의 이익을 침해함으로써 GATT 제3조 내국민대우 원칙을 위반하였다고 제소한 사건이다.[2)] 본 사례는 주세분쟁에 대해 설명하고 내국민대우 원칙 분쟁 이후 약 50년 만에 이루어진 주세개편의 영향과 파급효과에 대하여 설명한다.

한 · EU 간 주세분쟁사건

EU는 일본과 1996년 WTO 주세분쟁에서 승소하고, 1997년 4월 우리나라의 주세제도가 차별적이라는 이유로 WTO에 제소하였다.[3)] 유럽연합은 위스키 같은 수입 주류와 소주 간에 보이는 격차가 WTO의 기본적 원칙인 내국민대우를 위반한다고 했고, WTO의 분쟁해결기관으로 넘겼다. WTO 분쟁해결기구는 EU의 요청을 받아 1997년 10월 16일 주세분쟁을 해결하기 위해 분쟁해결 패널을 설치하기로 했다.

EU 측에서는 소주와 비교하여 위스키, 브랜디, 일반증류주는 동종상품이며 초과 과세되었다고 GATT 제3조 제2항 1문에 위반한다고 주장했다. 또한 한국 국내 산업을 보호

---

1) 부경대학교, 국제기업과경영환경, 박수진, 수업과제를 참고하였음.

2) 양승룡 · 곽창근 · 문진영, "소주-위스키 주세분쟁과 주세조정에 따른 파급효과 분석", 경제학연구, 48(1), 1999.

3) 김영규, "EU, 한국 주세제도 WTO에 제소", 한경뉴스, 1997.
https://www.hankyung.com/news/article/1997041100161

하기 위하여 수입증류주에 대하여 초과과세되었다는 주장과 함께 GATT 제3조 제2항 2문에 위반한다고 했다. 하지만 우리나라 측은 소주와 위스키는 다른 주류임을 주장하며 희석식 소주와 증류식 소주 모두 수입상품과의 동종상품이 아니며 대체 가능하거나 경쟁적이지 않다고 주장했다. 따라서 초과과세 조치는 제3조 제2항에 위반되지 않는다고 주장했다.

WTO 체제하에서 내국민대우는 일단 외국에서 상품이 수입된 후에는 국내 동종상품에 비하여 세제나 기타의 경쟁관계에 영향을 미치는 법 혹은 규제에 있어서 불리한 대우를 하지 않아야 한다는 원칙이다. 수입상품과 경쟁관계에 있는 국산상품을 보호하는 것을 허용하지 않는다는 뜻이며 경쟁적 조건의 동등성을 주장한다.

패널의 판정과 상소

패널들의 논의로 WTO는 1998년 7월 31일 우리나라가 위스키에 더 높은 세율을 부과하는 것은 WTO 내국민대우 원칙에 위배된다는 판정을 내리게 되었다. 이는 한국의 주세율은 국내생산을 보호하고 있다는 의미였다. 하지만 우리나라는 소주와 위스키는 동종상품이 아니라고 판단하여 1998년 10월 20일 WTO 상소기구에 상소했지만 WTO 주세 관련 패널의 법리적 해석과 심의기준이 적절했다고 판단, GATT 규범에 일치하도록 주세법과 교육세법 개정 권고안을 1999년 2월 17일 공식적으로 채택하였다.

주세개편

2019년 6월 5일 정부는 약 50여 년 만에 주세개편을 선언했다. 우리나라 주류의 과세 체계는 막걸리(탁주)와 맥주를 선두로 종가세에서 종량세로 전환된 것이다. 제품의 가격을 기준으로 세금을 부과하는 종가세에서 알코올 함량에 따라 세금을 부과하는 종량세로 변경되기 전까지는 많은 논의가 있었다. 특히 국산맥주는 과세표준이 판매관리비, 제조원가, 이윤이 포함된 출고가격을 기준으로 하지만, 수입맥주는 국내 판매관리비나 이윤이 포함되지 않은 수입신고가격 기준이기 때문에 국산맥주가 역차별을 받는다는 문제점으로 종량세 개편이 이루어졌다.[4] 정부는 맥주 먼저 종량세로 전환하고 나머지 주류에 대해서는 종가세 체제를 유지하기로 한 것이다. 캔맥주의 경우 기존 종가세에서 리터

---

4) 이율, "정부, 주세 50여 년 만에 종량세로 개편… 맥주, 막걸리 먼저", 연합뉴스, 2019.6.5. https://www.yna.co.kr/view/AKR20190605050800002?input=1195m&fbclid=IwAR3YYztIXQBFe7s4qUnkO8kKgJa_kSYRSynKVeZF203NrbXHGtXc7RQVoVw 참고

당 1,758원이라는 세금이 붙었지만, 종량세로 전환하고 난 후 리터당 1,343원으로 부담해야 하는 세금이 줄었다.[5] 즉, 국내 맥주기업들의 세금 부담이 줄었다는 뜻이다.

주세개편 이후

주세가 변경됨에 따라 국내 맥주 브랜드들의 가격경쟁력은 이전에 비해 높아졌다. 이에 일부 수입맥주 브랜드들은 생산체제를 국산화하기 시작했다. 오비맥주는 호가든 20L 생맥주를 국내 생산하기 시작했다. 사실상 국내 판매되는 호가든은 생산체계가 아예 국산화되어버렸다. 주세법 개편이 우리나라 맥주업계와 수입맥주의 출발선상의 격차를 줄였다. 주류업계의 한 관계자는 "생산체계 변경 등 그동안의 종가세 적용으로 인해 기울어진 운동장이 개선되는 효과가 서서히 등장하고 있다"고 평가했다. 또한 수입맥주 대비 불리했던 국내 맥주기업들은 주세개편으로 인해 시도할 수 있는 다양한 신제품 출시 등을 통해 긍정적인 변화를 느끼고 있다.

특히 수제맥주시장은 2019년 800억 원의 규모에서 1,180억 원으로 약 47.5% 성장하였고, 제품의 다양성도 확보하는데 성공했다. 개편 전 수제맥주는 특성상 고품질의 원재료가 필요하고, 소품종 대량생산 방식의 대기업과 달리 다품종 소량생산 방식으로 인해 규모의 경제를 실현할 수 없었다. 이러한 체제 때문에 경쟁력을 확보하기 위한 투자도 불가능했으며 원가의 상승은 세금의 상승과 연결되었기에 시설이나 원재료, 연구개발 등에 대한 투자는 쉽게 이루어질 수 없었다.[6]

하지만 국내 소비자들의 다양한 맥주에 대한 수요 증대와 주세개편으로 인한 가격 경쟁력 확보로 인해 시장은 성장할 수 있었다. 대형 양조장을 가진 국내 제주맥주나 세븐브로이 등이 대표적인 예이다.

주세개편에 따른 또 다른 분쟁 가능성

2019년 6월 정부는 소주를 포함한 증류주에 대해 종량세를 적용하는 방안을 내놓기도

---

5) 서효문, "주세법 개편 10개월… '수입맥주 1만 원 4캔' 여전히 성행", 한국금융뉴스, 2020.10.15. https://cnews.fntimes.com/html/view.php?ud=20201015121614689299ebb03838_18 참고

6) 은준수, "수입 캔맥주 6.2% 하락… 수제맥주시장 급성장, KBS NEWS, 2021.9.3. https://news.kbs.co.kr/news/view.do?ncd=5271312&ref=A 수치 참고

했다. 알코올 함량이 21도 이하인 주류에는 리터당 947.5원의 세금을 적용하고 이것보다 함량이 높은 주류에 대해서는 1도당 45.1원을 추가 적용하는 것이다. 이러한 경우 증류식 소주와 위스키 등 21도 이상인 술의 경우 세금의 차이가 없지만, 알코올 함량이 17도인 희석식 소주는 1도당 55.7원으로 수입주류보다 10원이 많다. 21도를 기준으로 과세하는 것에 대한 의문이 제기될 수 있다.[7)]

우리나라 주세법에서는 민속주를 생산하는 소형 주류업체에 대해 주세를 감면시키거나 과세표준을 경감해주고 있다. 그럼에도 전통주 산업을 육성하며 국산 농산품 사용을 촉진시키기 위해 이러한 혜택을 더 확대해야 한다는 주장이 있다. EU를 포함한 다수의 국가가 비슷한 제도를 운영하고 있기에 이러한 주장이 종종 제기되곤 한다.

EU는 포도주와 맥주가 물품의 성격은 다르지만 소비자 욕구를 동일하게 충족한다는 면에서 경쟁상품으로 간주하고 있다. WTO의 경우 내국세가 소비자의 취향을 왜곡시킬 수 있다는 이유로 교차 탄력성이 거의 0으로 경쟁하지 않는 물품 또한 잠재적으로 경쟁할 수 있다면 GATT 제3조를 적용할 수 있다. 소비자의 취향은 장소와 시간에 따라 계속해서 변화하기 때문에 잠재적 경쟁이 중요하다. 우리나라에서도 포도주가 대중화된다면 시간이 지남에 따라 맥주, 포도주, 탁주(막걸리), 민속주가 서로 경쟁물품이 될 수도 있다. 이렇게 되면 동종물품으로 적용될 수도 있기 때문에 과세방식이 같아질 수도 있다.

---

7) 장근호, "주세체계 개편에 따른 통상 분쟁 가능성에 대한 연구", 홍익대학교, 2019.

CASE 14 지역경제통합 유형과 현황

주제 / 지역경제통합 유형

자유무역지대(Free Trade Area)는 회원국 간 무역을 저해하는 과세나 비관세장벽을 철폐하고 역내국가 간은 무역의 자유로운 이동을 보장하는 초기적인 단계의 지역경제통합 형태이다. 반면 비회원국에 대해서는 독자적인 무역규제를 취하는 형태를 말한다.

미국, 캐나다, 그리고 멕시코 간 체결된 북미자유무역협정(NAFTA)이 대표적인 자유무역지역의 지역경제통합 형태에 해당된다. 관세동맹(Customs Union)은 회원국 간에는 모든 재화의 자유로운 이동이 보장되며 자유무역의 경우처럼 외부로부터의 수입품이 회원국 사이에 거래됨으로써 제기되는 문제는 없다. 대표적인 예로 베네룩스(Benelux)관세동맹을 들 수 있다. 공동시장(Common Market)은 관세동맹에 그치지 않고 가맹국의 모든 사장을 개방하려는 것으로 유럽연합(EU)의 전신인 EC를 들 수 있다. 경제동맹(Economic Unon)은 경제정책상의 차별을 제거하기 위하여 가맹국들의 경제정책을 통일하는 데 그 목적이 있는 것이다. 그 대표적인 예로서는 유럽연합이 이러한 단계에 접근해 있다고 볼 수 있다. 1992년 2월 EU는 시장통합과 연계하여 경제통합을 완성시키고 정치통합을 추진함으로써 유럽합중국 건설의 기반을 마련한다는 마스트리히트조약을 체결한 바 있다. 완전경제통합(Complete Economic Integraton)은 이상 다섯 형태 가운데 가장 강력한 경제협력 형태로서 사실상 하나의 단일화된 경제로 통합되는 것을 의미한다. 유럽연합이 추구하는 궁극적 목표도 바로 이러한 완전경제통합이라고 할 수 있다.

그렇다면 여러 유형의 지역무역협정 중 어떤 형태의 지역무역협정이 가장 많이 채택되고 있을까? 지금까지 체결된 지역무역협정을 분석하여 보면, 자유무역협정(FTA)이 관세동맹(CU)에 비해 더 활발하게 체결되었다. 많은 국가들이 가장 낮은 지역무역협정의 형태인 자유무역협정을 가장 많이 체결하고 있다.

▌표 2-1▐ 지역경제통합 유형과 현황

<table>
<tr><th>역내 관세철폐</th><th>역외 공동관세 부과</th><th>역내
생산요소 자유이동
보장</th><th>역내 공동경제정책
수행</th><th>초국가적 기구
설치·운영</th></tr>
<tr><td>자유무역지대
(NAFTA,
한·미 FTA 등)</td><td></td><td></td><td></td><td></td></tr>
<tr><td colspan="2">관세동맹
(베네룩스관세동맹)</td><td></td><td></td><td></td></tr>
<tr><td colspan="3">공동시장
(EEC, CACM, CCM, ANCOM 등)</td><td></td><td></td></tr>
<tr><td colspan="4">경제공동체
(EU : 마스트리히트조약 발효 이후의 EC)</td><td></td></tr>
<tr><td colspan="5">완전경제통합
(EU : 현재 진행중)</td></tr>
</table>

출처 : 최낙균(2001), 세계무역환경의 변화와 우리의 대응, 대외경제정책연구원 현안브리핑, 4월 수정

그 이유는 자유무역협정에서는 회원국은 독립적인 무역정책과 비회원국에 대한 관세에 있어 재량권을 유지할 수 있기 때문이다. 예를 들면, 1989년에 발효된 미국 · 캐나다 간 자유무역협정(FTA)의 경우 회원국들은 독자적인 경제정책을 유지하는 데 가치를 두고, 적어도 단기간 내에 양국 간 경제통합의 수준을 높이는 데에는 관심이 낮았던 것으로 보인다. 또한 2000년에 체결된 EU · 멕시코 간 자유무역협정은 경제발전단계가 상이하기 때문에 멕시코로서는 EU 수준의 경제통합을 수용하기보다는 무역에 대한 각종 제약만을 제거하는 자유무역협정을 선호하였다.

또한 독자적인 경제정책을 유지하려는 경향이 강하거나 경제발전단계가 상이한 국가들이 자유무역협정이 선호되는 것으로 볼 수 있다. 관세동맹은 경제발전단계가 비교적 유사한 국가끼리 체결되는 경향이 있다. 향후 경제통합의 정도를 심화시킬 경우 유럽의 사례에서 보여준 것처럼 관세동맹이 자유무역협정보다는 유리하다고 볼 수 있다.

CASE 15 USMCA(구 NAFTA)[8)]

주제 / 지역경제통합 유형

북미자유협정(NAFTA)은 유럽연합(EU)이 국제적으로 영향력을 키워나가는 것을 견제하고자 북아메리카에 위치하는 국가인 미국, 멕시코, 캐나다 등 3개국 정부 사이에서 미국의 주도하에 1992년 체결된 자유무역협정이며, 1994년 미국과 캐나다의 FTA가 확대 개편되면서 발효되었다. 하지만 트럼프 행정부 이후 NAFTA는 재협상을 통해 USMCA로 바뀌었는데 어떠한 이유로 재협상을 했는지 세부 주요 내용을 살펴보자.

NAFTA의 재협상 이유

USMCA는 United States Mexico Canada Agreement의 약자로, 미국, 멕시코, 캐나다의 무역협정을 말한다. NAFTA에 대해 트럼프는 미국의 일자리를 없애는 주범으로 판단하였고, 이에 따라 미국의 요구안을 폭넓게 반영하여 새로운 자유무역협정인 USMCA가 나타났다. 미국에 유리하게 바뀔 수 있었던 이유는 멕시코와 캐나다는 미국에 경제 의존도가 매우 높은 국가들이기에 가능한 일이었다.

트럼프 행정부 출범 이후 2017년 8월 16일 NAFTA 재협상을 시작했다. 먼저 멕시코와 NAFTA 재협상을 진행했으며 2018년 8월 27일 멕시코와 양자 간 협상을 통해 원칙적 합의를 이룬 이후 캐나다와의 협상을 거쳐 2018년 9월 30일 최종적으로 합의를 도출했다.

---

8) 부경대학교, 국제기업과경영환경, 박한길 · 배경민, 수업과제를 참고하였음.

그림 2-1 나프타(NAFTA) 발효 후 미국의 무역적자

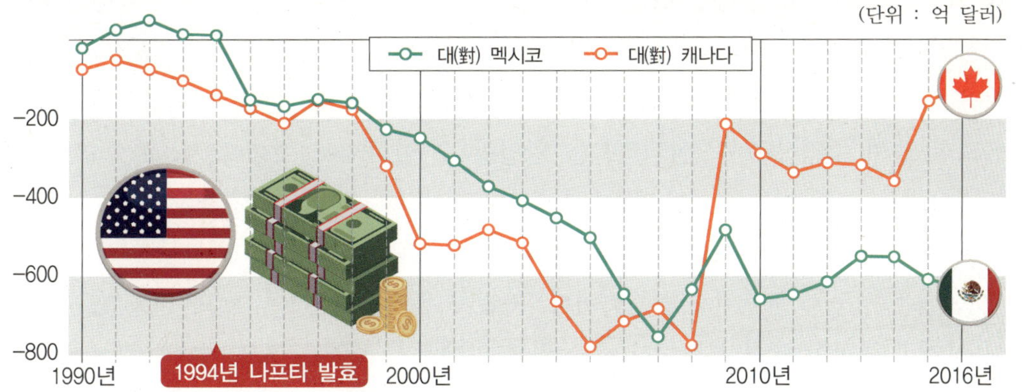

출처 : 미국통계청/월스트리트저널(WSJ)

미국과 캐나다, 멕시코 3개국이 북미자유무역협정(NAFTA)을 대체할 새로운 무역협정의 명칭을 미국멕시코캐나다협정(USMCA : United States Mexico Canada Agreement)이라고 명명했고, 이후 서명 및 국내비준 절차를 거쳐 2020년 7월 1일에 USMCA가 발효되었다. 이로써 NAFTA는 발효된지 24년 만에 사라지게 됐다.

USMCA의 주요 내용

USMCA는 NAFTA를 기본 토대로 하되, 기존의 22개 항목보다 훨씬 많은 34개 항목으로 구성되어 있다. 이 중 2/3 이상이 미국이 환태평양경제동반자협정(TPP) 파기 뒤 타결

그림 2-2 나프타(NAFTA) 발효 후 제조업 고용 감소

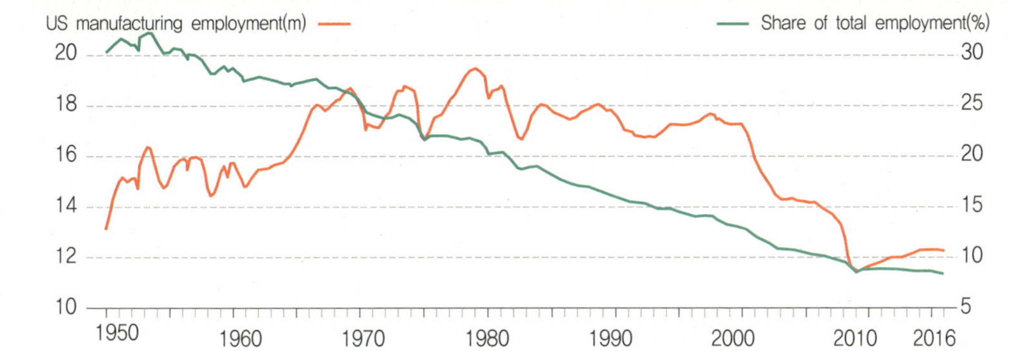

출처 : Federal Reserve

된 포괄적 · 점진적 환태평양경제동반자협정(CPTPP)을 따른다. NAFTA와 비교하였을 때 USMCA는 신통상규범 수립을 위하여 디지털 무역, 환율, 노동, 환경, 반부패 등의 장을 추가하였다. TPP와는 전반적으로 유사하나 환율 등 일부 장이 새로이 추가되었고, 세부 내용을 보면 원산지규정, 투자, 디지털 무역, 지식재산권, 노동, 환율, 비시장국과의 FTA, 일몰조항 등이 수정 또는 신설되었음을 확인할 수 있다(출처 : 한겨레경제신문, 2018.11.1).

USMCA 중요한 세부 내용으로는 크게 8가지가 있다.

첫 번째는 자동차 원산지규정 강화이다. 자동차 무역규제는 NAFTA와 비교했을 때 가장 돋보이고 주목할 만한 부분이다. 자동차 부분에서의 조약은 포드, GM과 같은 글로벌 자동차기업과 같은 거대한 자동차시장을 가지고 있는 미국에 유리하게 변경되었다. 자동차 생산용 철강 및 알루미늄의 70%는 북미지역 내 생산품으로 제한하였고 신규 도입된 노동가치비율을 통하여 시간당 16달러 이상의 자동차 부품 생산인력의 임금이 무관세 혜택적용을 받을 수 있게 됐다. 또한 본래 관세 혜택을 받을 수 있는 역내산 판정을 받기 위해서는 약 만개 이상의 전체부품 중 조달의 62.5%만 해당 국가에서 제조하면 됐었는데 USMCA는 이 비율을 75%로 상향했다. 즉 다시 말하면 멕시코에서 자동차를 만든다고 했을 때 과거에는 62.5%만 멕시코에서 제조한 품목을 사용하고 나머지는 한국, 일본 등 외국에서 수입해서 차를 만들었다면 USMCA가 발효된 현재는 75%를 무조건 멕시코 제조품을 써야 하고 나머지 25%에 대해서만 수입이 가능하게 됐다. 이와 같은 규정이 이행된다면 USMCA 역내 생산된 자동차의 수입산 부품(한국, 중국, 일본 등) 함량이 감소할 전망이고 이에 따른 비용 상승으로 기업들의 가격 인상으로 이어지면서 비교적 노동비가 낮은 멕시코에 공장을 가지고 있는 자동차기업들이 큰 타격을 입을 것이라고 경고했다.

두 번째는 캐나다 낙농시장의 개방이다. USMCA 합의를 통해 캐나다는 정부주도의 가격 통제 및 수입쿼터 운영 중인 캐나다 유제품시장에서 일부 유제품 쿼터 제도를 폐지함으로써 160억 달러 규모(캐나다 유제품시장의 3.5%)의 시장을 개방했고 이는 미 수출 증대로 이어질 것이라고 예상한다.

세 번째는 환율조항이 신설된 것이다. USMCA 합의를 통해 시장 환율 정책을 유지하고 외환시장 개입 등을 통한 경쟁국이나 자국통화의 가치를 평가절하하는 것을 금지하는 조항 등을 포함하여 거시경제 정책 및 환율 관련 사항 신규 조항을 추가하였다.

네 번째는 캐나다 문화산업 보호 규정 지속 이행이다. 3국이 기존 NAFTA 협정문의 캐나다 문화산업 보호 규정을 지속 이행하기로 합의했으나, 이는 무의미한 규정일 수 있다고 평가된다. 캐나다는 USMCA 협정문 제32조를 통해 영화, 음악, 라디오, 방송 및 문화산업 보호를 지속 이행할 수 있게 됐으나 캐나다는 인터넷을 통한 방송은 따로 규제하고 있지 않고 있다.

다섯 번째는 기존 분쟁해결 절차를 종전대로 유지한다는 것이다. 3국은 기존 NAFTA 제19조에 포함된 내용을 종전대로 유지할 것에 합의함에 따라 분쟁 발생시, 공동패널 구성을 통한 해결을 진행하기로 했다.

여섯 번째는 일몰조항에 관련된 것이다. 기존에 제시됐던 5년 주기 자동 일몰조항이 USMCA 체결 이후 16년간 협정이 유효하며 지속되고, 이후 6년마다 성과 평가를 실시하여 내용을 재검토하고 갱신하는 방식으로 합의하였다.

일곱 번째는 비시장경제 국가 조항이 신설된 것이다. USMCA 제32조 제10항에 '어느 당사국이 비시장경제 국가와 FTA를 체결하는 경우 다른 국가들이 이 협정을 종료할 수 있으며…'라는 언급이 있다. 따라서 교섭이 진행 중인 캐나다 · 중국 간 FTA를 겨냥하고 방지하려는 목적을 가진 것으로 예상할 수 있다. 즉 캐나다와 멕시코가 경제 파트너로서 중국이 아닌 미국을 택하게 하여, 중국의 북미 경제권으로 진출을 저지하고 지역 내 미국의 영향력을 강화하고자 하는 것이다.

마지막으로는 미국의 철강 알루미늄 제232조 규제 지속 이행에 관한 것이다. USMCA 3국 합의가 도출되었음에도 불구하고 미국의 멕시코, 캐나다 규제가 지속되고 있는 점에 대해 현재 캐나다와 멕시코의 입장에서 규제에 대한 합의가 USMCA 관련 큰 안건이다. 미국은 해당 제232조 규제를 관세가 아닌 쿼터로 대체하고, 캐나다와 멕시코는 이와 관련한 대미 보복관세를 철회하는 선에서 합의가 도출될 전망이다.

CASE 16 한 · 영국 FTA[9)]

주제 / 지역경제통합의 영향

2019년에 우리 정부는 브렉시트로 인한 통상 공백에 대비해 이미 한 · 영 FTA를 체결했다.

산업부에 따르면 한국과 영국의 자유무역협정(FTA)이 발효된 이후 2021년 1월부터 11월까지 양국 교역은 전년 동기 대비 33% 늘어난 106억 달러(약 12조 7,476억 원)로 집계됐다. 같은 기간 한 · 영 FTA 수출활용률은 약 90%로 기록됐다. 전문가들은 브렉시트(Brexit · 영국의 EU 탈퇴) 이행과 함께 발효된 한 · 영 FTA 덕분에 두 나라 비즈니스의 연속성과 안정성이 유지됐다고 평가했다.[10)] 즉, 시장개방(상품, 서비스 · 투자 등) 및 통상규범을

그림 2-3 한국의 대(對)영국 수출입 규모와 수출입 상위 5대 품목

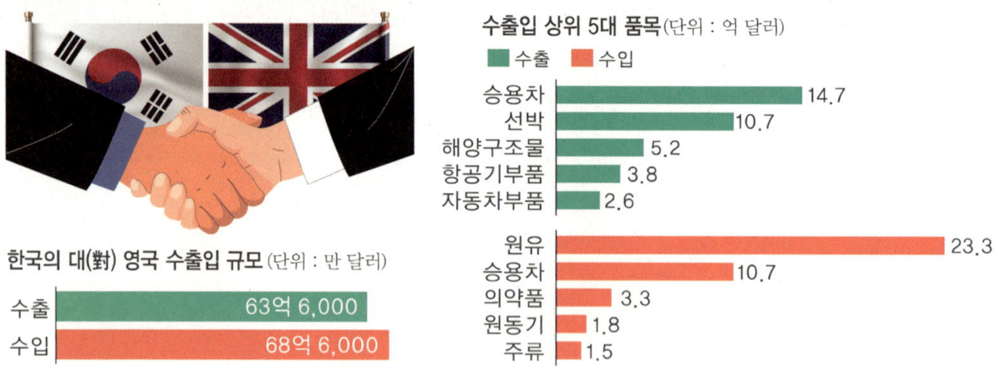

출처 : 산업통상자원부, 2018년 기준

9) https://biz.chosun.com/policy/policy_sub/2022/01/07/HZKHHFUEMJBF5BF6YJJ67O2B3A/와 https://www.hani.co.kr/arti/economy/marketing/977003.html에서 발췌 참고

10) 조선비즈, 산업부 "한 · 영국 FTA 발효 후 교역 33% 증가", 2022.1.7.

한 · EU FTA와 동일한 수준으로 유지해 양국 통상관계의 연속성과 안정성을 확보했다.

정부는 “한 · EU FTA 체제에서와 같이 한 · 영 상호 간 모든 공산품 관세가 철폐돼 자동차 · 차부품 등 주력 수출품목이 영국 수출시 지속적으로 무관세 혜택이 유지된다”며, “나아가 이번 영국 · EU 무역협력협정 타결로 영국과 EU 간 무역거래시 무관세 혜택이 지속 유지됨에 따라 유럽현지에 진출한 우리 기업들의 관세부과 우려도 상당 부분 해소됐다”고 말했다.

한 · 영 FTA에서 시장개방 자유화율(품목수 기준)은 한국 94.6%, 영국 99.6%다. 다만 협정 상대방이 EU 28개 회원국에서 영국 단일국으로 변경됨에 따라 관세율할당(TRQ), 원산지 및 지재권 규범의 일부를 변경했다. 관세율할당은 국내의 수요에 비하여 생산이 부족한 맥아와 보조 사료들에 한하여 소비자 후생을 고려하여 영국에 저율할당관세를 제공하였다. 허용한 일정 물량에 대해서 저율관세를 부과하고 이를 초과하는 물량에는 기본관세율이 부과되는 방식으로, 허용 물량은 한 · EU FTA와 견줘 맥아 10.9%, 보조 사료 9% 수준으로 조정(2016~2018년 수입량 기초)했다.

특히 무관세 혜택을 받기 위한 원산지 인정의 경우 양국 기업들이 기존 EU의 역내에서 운영하고 있는 기존 생산 · 공급망을 조정하는데 필요한 시간을 감안하여 EU산 재료 · 공정 제품에 대해 3년간 원산지를 인정해주기로 했다. 직접운송에서는 EU를 경유한 경우에도 한시적으로 직접운송으로 인정해주기로 했다.[11)]

---

11) 한겨레, 영국 EU 탈퇴에 1일부터 한 · 영 FTA 발효…공산품 무관세 유지, 2021.1.3.

글 | 로 | 벌 | 산 | 책

2 글로벌 기업 이야기 : 맥도날드

"맥도날드 햄버거가 들어가 있는 나라끼리는 전쟁을 하지 않는다." 웬 뜬금없는 소리냐고 하겠지만 뉴욕타임스의 칼럼 니스트 토머스 프리드먼이 「렉서스와 올리브나무」라는 책에서 한 주장이다. 해외에 갈 때마다 현지에서 햄버거를 즐겨 먹던 프리드먼에게 문득 이런 생각이 떠올랐다고 한다. 예를 들어, 이스라엘과 이집트, 요르단, 사우디아라비아는 티격태격 하던 사이였으나 맥도날드가 진출한 후엔 이렇다 할 분쟁 없이 지내게 됐다.

영국과 아르헨티나도 포클랜드전쟁을 일으킬 정도로 사이가 나쁘다가 1986년 아르헨티나에 맥도날드 간판이 걸린 후엔 무난한 관계를 유지하고 있다. 이 주장이 딱 들어맞지는 않지만 웬만큼 통하는 까닭은 맥도날드를 받아들일 정도로 국제화되거나 소득이 높아진 나라는 전쟁을 피하려 하기 때문이라고 프리드먼은 설명한다. 하긴 1990년 모스크바에, 1992년 베이징에 맥도날드 매장이 들어선 후에 러시아와 중국도 개방의 길을 걸었다.

맥도날드는 아니지만 평양의 패스트푸드점도 햄버거를 사먹으려는 주민들로 북새통을 이룬다는 소식이다. 자유아시아방송(RFA)에 따르면 작년 6월 평양에 들어선 '삼태성청량음료점'이 인기를 끌면서 최근 분점까지 냈으나 하루 전에 예약해야 햄버거를 살 수 있다고 한다. 이곳에서 햄버거는 '다진 소고기와 빵', 와플은 '구운빵 지짐'이란 이름으로 평양사이다. 금강생맥주 등과 함께 팔린다. 24시간 운영되는 분점의 경우 예약을 받지 않는 오후 11시 이후에도 줄을 설 정도라니 인기를 짐작할 만하다. 북한에 외국음식점이 들어서기 시작한 건 2000년부터다. 김정일 국방위원장이 "인민들도 외국음식을 맛보게 해야 한다"는 지침을 내리면서 하나둘씩 생겨나게 됐다. 삼태성청량음료점은 김 위원장의 여동생 김경희 당 경공업부장이 싱가포르의 한 회사와 계약을 맺고 운영하는 것으로 알려졌다. 시중의 외화를 거둬들이기 위해 북한돈뿐 아니라 달러, 유로화, 위안화까지 받는다고 한다.

고객의 상당수는 외국물을 먹은 경험이 있는 등 힘깨나 쓰는 사람들인 모양이다. 대다수 인민들은 굶주림에 시달리고 있는 마당에 일부 특권층은 앞다퉈 '서양의 맛'을 탐닉하고 있는 것이다. 그나저나 북한도 햄버거 문화에 익숙해지면서 어둠의 장막을 걷고 개방의 길로 들어서면 좋으련만.

이정환 논설위원

한국경제, 2010년 10월 14일자 천자칼럼 '평양의 햄버거가게'에서 인용

CHAPTER

03

정치적 환경

글로벌 기업의 해외 진출이 확대됨에 따라 진출한 국가의 정치적 환경은
더욱 중요해지고 있다. 예상치 못한 급격한 정치적 위험의 발생은 현지에
진출한 글로벌 기업에게 심각한 타격을 줄 수도 있다.
본 사례에서는 정치적 위험의 유형, 위험의 분석방법,
정치적 위험 대응방안과 관련된 사례들을 정리하였다.

주요내용과 사례

일반적으로 정치적 위험은 정치적인 사건이나 과정에 의하여 야기된 잠재적으로 심각한 경영상의 위험을 말한다. 대표적인 예로 1959~1960년에 걸쳐 쿠바의 카스트로 정부가 시행한 사기업 몰수조치를 들 수 있는데, 이 조치에 따라 쿠바에서 경영활동을 수행하던 많은 외국기업들의 자산이 몰수되었다. 본 사례에서는 가장 낮은 단계의 정치적 위험 유형인 규제에서부터 가장 높은 단계의 몰수까지 다양한 유형을 알아본다. 또한 정치적 위험을 분석하는 데 사용될 수 있는 다양한 정치적 위험의 분석방법을 분석한다. 그리고 정치적 위험 대응방안과 관련된 사례들을 정리하였다.

정치적 위험의 유형

글로벌 기업이 현지에서 직면할 수 있는 대표적인 정치적 위험으로는 재산의 몰수, 재산의 수용, 운영상의 규제조치, 이전자유에 대한 제한, 계약의 일방적 파기, 현지국의 차별정책 등이 있다. 재산의 몰수는 현지국이 외국인의 투자자산을 국유화하면서 아무런 보상을 행하지 않는 것을 말하며 수용은 명목상의 보상을 해주고 국가가 특정 자산의 소유권을 강제로 징수하여 처분하는 행위를 말한다. **운영상의 규제조치** CASE 017는 외국인 기업에 대한 시장점유율, 소유권비율, 제품의 특성, 고용정책 등에 관하여 규칙을 정해놓고 이를 준수하도록 요구하는 것을 말한다. 또한 이전자유에 대한 제한은 기업의 내부거래를 차단하여 추가적인 이윤을 봉쇄하는 수단으로서 이를 제한하는 것을 말한다. 계약의 일방적 파기(변경)는 정부가 민간기업들 간에 사적으로 맺어진 계약에 개입하여 이를 규제하는 조치를 말하며 현지국의 차별정책은 현지정부가 조세상의 차별과세한다거나, 대형 프로젝트에 하청업체로서만 참여시킨다거나, 강제적으로 정부공사를 수주하도록 강요하는 것이 하나의 예가 될 수 있다. 본장에서는 정치적 위험의 유형과 관련해 규제, 경영의 현지화, 소유권의 현지화, 국유화와 같은 자산의 손실과 관련된 사례를 정리하였다.

CASE 017
중국, 미국, 말레이시아

경영의 현지화 CASE 018라는 것은 부품의 현지화와 인력의 현지화로 나눌 수 있다. 부품의 현지화란 일정비율 이상 현지부품 사용을 강요하는 것을 말한다. 현지부품을 쓰지 않았을 경우엔 높은 관세를 부과한다. 이는 다국적기업들이 보호무역장벽을 피하기 위하여 모든 부품을 수입하여 단순 조

CASE 018
중국, 말레이시아

립생산만을 하는 것을 규제하기 위한 목적으로 개발도상국에서 광범위하게 사용되었다. 현지국은 이를 통해 선진 동종기업이 자국으로 진출하는 것을 막아 자국산업을 보호하려 한다. 따라서 현지부품 사용을 강요당하면 더 나은 조건의 부품을 쓸 수 있어도 불가능해져 결국 경쟁력에 악영향을 주게 된다. 반면 인력의 현지화란 현지인을 고용하도록 강요받는 것을 말하는데 본국파견관리제한이라고도 한다. 현지국은 이를 통해 고용창출효과를 기대한다. 그러나 기업 입장에서는 숙련된 노동자 대신 미숙한 노동자들을 고용해야 하기 때문에 생산성은 떨어지고 고용자 교육 등에 비용이 더 들 수밖에 없다.

소유권의 현지화CASE 019란 현지정부가 외국기업이 지분을 어느 정도 이상 갖지 못하게 제한하는 규제를 말한다. 각종 법적인 규제를 통해 단독투자를 하지 못하도록 제한함으로써 대안으로써 합작투자와 같은 방법으로 진출하게 되는 것이다. 합작투자로 일단 진출하고 나면 현지 합작사들은 주도권을 쥐려고 하는 경향이 강하다. 현지시장 및 현지 소비자들에 대한 노하우, 현지 종업원관리 등의 이유를 내세워 대표 이사직 등 경영참여를 요구하며 경영진의 결정에 사사건건 개입하려 한다. 또한 기술의 이전을 요구하고 요구를 들어주지 않으면 현지정부나 현지법에 의해 불이익을 받게 한다. 물론 합작투자가 가지고 있는 세제혜택, 투자자본의 절감, 위험감소 등의 긍정적인 측면도 많지만 중국, 인도와 같은 일부국가에서의 위험은 무시할 수 없다.

CASE 019
중국, 인도

국유화CASE 020는 현지정부가 외국기업의 재산을 일정 수준의 보상을 해주거나 명목상의 보상만 하고 국가의 소유로 만드는 것을 말하며 가장 가시도가 높은 정치적 위험이라고 할 수 있다. 국유화는 주로 과거 공산화를 거치거나 쿠데타와 같은 정치적 불안정 상황에서 발생하였다. 또한 1970년대 오일쇼크와 같이 자원민족주의에 기인해 발생했다. 최근에는 중남미 국가들이 석유나 천연가스 등의 에너지원을 국유화하는 현상이 잇달아 발생하고 있다.

CASE 020
쿠바, 베네수엘라,
볼리비아

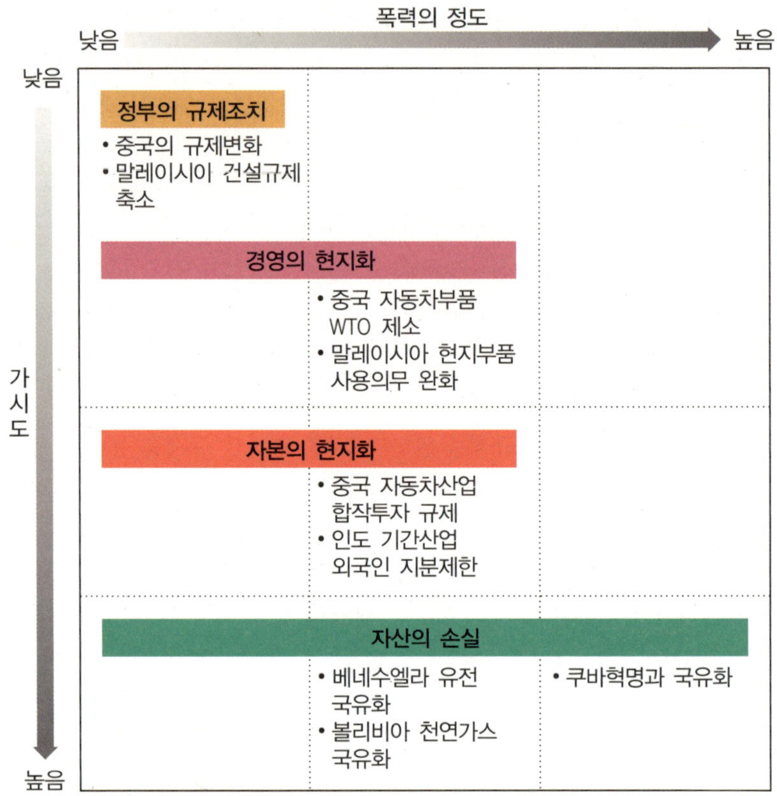

정치적 위험 분석방법

CASE 021 BERI 지수

CASE 022 로열더치셸
CASE 023 지멘스
CASE 024 CIA의 NIC 2020 프로젝트

정치적 위험을 분석하는 다양한 방법 중에서 현지방문조사는 직접 현지국을 방문하여 현지의 정치, 경제, 사회 등의 환경을 조사하는 방법을 말한다. 또한 고문제도는 관계전문가의 전문지식을 이용하는 방법이며 **델파이분석** CASE 021 은 전문가들의 의견을 수렴하여 종합평가하는 방법(반복적인 설문조사에 의해 의견을 조사)을 말한다. **시나리오 분석법** CASE 022~024 은 융통성 있는 의사결정을 위하여 인과관계를 설명하는 일련의 가상적 사건을 가정하고 이에 대한 상황전개를 함으로써 사건의 복잡성과 불확실성에 대처하는 기법이다. 위의 다양한 분석방법 중에서 본장에서는 시나리오 기법을 통한 정치적 위험 분석방법을 활용한 기업들의 사례가 정리되었다.

정치적 위험의 관리방안

기업이 정치적 위험을 제거할 수 있는 전략으로는 내부적 대응전략과 외부적 대응전략으로 구분할 수 있다. 내부적 대응전략으로는 진출을 포기하거나, **현지화** CASE 025~026, 현지소유지분의 최소화 또는 국제 간 통합 등이 있다. 예를 들면, 반미 시위자들이 맥도날드 매장을 습격할 당시 직원들이 모두 현지복장을 입고 근무하는 현지화 전략을 통해 시위대의 공격을 피할 수 있었다. 외부적 대응전략으로는 정부 및 민간보험 가입, 현지정부의 투자보증, 정부 간 협정 등이 있다. 본 사례에서는 현지화를 통한 대응방안과 관련된 사례가 제시되었다.

CASE **025** 맥도날드

CASE **026**
LG 인도네시아와
삼미 파키스탄

CASE 17

중국, 미국, 말레이시아

주제 / 규제의 변화

본 사례에서는 정치적 위험의 한 유형인 규제의 변화를 중국, 미국, 말레이시아의 사례를 중심으로 정리하였다.

중국

중국의 경우 지난 10여 년간 지속되어온 외국투자기업에 대한 기업소득세(한국의 법인세) 혜택을 축소하여, 기존 내자기업에 35%, 외자기업에 15% 부과하던 소득세를 25%로 단일화하는 법안을 통과시켰다. 이에 따라 외자기업은 2012년까지 매년 2%씩 소득세 인상을 부담하였다. 이 법에 따라 고용주는 모든 근로자와 노동계약서를 체결해야 하며 해고조건이 강화되어 고용주는 근로자를 쉽게 해고할 수 없으며 퇴직금의 지급이 의무화된다.

또한 지금까지는 단체교섭권이 인정되지 않았지만 노조의 결성이 허용되어 근로자들이 임금협상과 인사정책에 관여할 수 있게 되었다. 아울러 2010년까지 자원절약형 및 환경친화적 사회구축과 지속 가능한 발전을 실현하기 위해 환경법 체계를 구축하고 있다. 이러한 지속적 경제발전을 위한 의지를 담은 정책 슬로건으로 '순환경제'를 내걸고 중국 경제성장 방식의 새 모델로 주창하고 있다. 이에 따라 자원의 낭비 및 오염증가의 원인으로 지적되고 있는 과도한 포장의 제한 및 처벌 범위를 명시하고 있다. 구체적 내용으로는 일상 소비품의 포장비용이 가격의 20%를 초과할 경우 생산업체에 벌금 부과, 생산기업에 대한 상품의 폐기와 포장의 회수 및 무해 처리의 책임의 부여 등이 있다.

미국

미국의 경우 베트남에서 생산된 의류에 대한 반덤핑 규제조치를 대폭 강화하기로 함에 따라 베트남에 진출한 국내 의류업체에 비상이 걸렸다. 미국 상무부는 최근 베트남 생산 의류에 대해 수입 모니터링을 실시, 미국 생산업체가 제소하지 않아도 상무부 직권으로 반덤핑 조사를 개시할 수 있도록 관련 규정을 바꿨다. 미국의 조치는 WTO 가입을 계기로 베트남산 의류가 미국시장을 장악할 수 있다는 미국 의회의 우려에 따른 것이다. 미국 의류업체들은 베트남을 근거로 하는 우리와 달리 과테말라, 온두라스, 도미니카 등 남미지역을 거점으로 삼고 있다. 현지 진출업체들은 베트남이 WTO에 가입할 때만 해도 미국 수출이 한층 늘어날 것으로 기대하고 생산시설을 확충했지만 이제는 수출길이 막힐 것을 걱정하고 있다. 대부분 업체들이 신규투자를 보류한 채 추이를 관망하고 있다. 실제 상당수 미국 바이어들은 반덤핑 조치를 우려해 한국기업들에 생산시설을 베트남 인근국가로 옮기라고 요청하고 있다.

말레이시아

위의 사례들과는 반대로 말레이시아의 경우 수상인 압둘라 아흐마드 바다위가 말레이시아의 부동산 경기를 부양하고자 주택 건설분야의 관료적인 복잡한 절차를 축소하는 신규법안을 발표했다. 현행 개발 신청 후 3년에서 5년 걸리는 지방의회 승인절차를 6개월로 단축하는 것이 이 법안의 주요 취지다. 승인에 소요되는 시간을 단축하는 것 자체만으로도 건설산업에 상당히 긍정적인 영향을 미칠 것으로 예상된다. 신규법안이 건설 부문의 효율성을 크게 높일 것으로 기대된다.

또 다른 법안은 개발업체들이 '선시공 후분양' 방식을 취하도록 권고하고 있다. '선시공 후분양'을 일반화함으로써 개발이 완공되기 전에 개발업체의 자금상황 악화로 인한 부도로부터 투자자들을 보호하기 위한 목적이다. 말레이시아 부동산은 1998년 아시아 금융위기 이후 붕괴되었으며 지금은 빠른 속도로 회복세를 보이고 있다. 말레이시아 정부는 2006년 12월 고급 주거용 부동산을 구입하는 외국인들에 대한 정부승인 절차를 완화한 데 이어 2007년 4월 1일 양도세 폐지, 전매제한 폐지, 부동산 소유제한 폐지 등의 조치로 외국인 투자환경은 더욱 더 좋아지고 있는 상황이다.

CASE

18 중국, 말레이시아

주제 경영의 현지화

중국

중국의 외국인투자 관련 법규 및 제도에는 외국인투자에 대한 영업상의 규제가 있다. 그 내용을 보면 투자 진출 후 영업활동 과정에서도 현지조달의무(Local Contents), 출자비율규제, 수출의무비율, 고용규제 및 노동조합 설립의무 등의 제한을 두고 있다는 것을 알 수 있다. 이 중에서 현지조달의무가 바로 현지부품 사용을 강요하는 조항이다.

이 조항을 보면 외자기업은 필요한 기계설비, 원자재, 연료, 부속품, 사무용품 등을 중국 내에서 구입할지 외국에서 구입할지 결정할 권리가 있으나, 조건이 같은 경우에는 중국 내에서 구입하도록 되어 있다. 그러나 중국에서 안정적인 물자공급을 기대하기가 어렵고 일괄구매방식에 따른 창고 건설 등 과다한 물품 구매비용이 소요되어 중국 내에서의 구입이 비효율적이다. 고용규제 및 노동조합 설립의무 등의 제한 항목을 보면 농촌인구의 도시유입을 억제하기 위해 사업장 소재지 이외에 다른 지역거주자 채용을 엄격히 제한하고 있다.

또한 중국 내 타 기업으로부터의 스카웃에 대해서도 법적으로 금지하고 있다. 이를 통해 알 수 있는 것은 중국의 투자 법령 및 제도에서는 부품의 현지화와 인력의 현지화까지 포함한 경영의 현지화를 명시하고 있다. 또한 중국 당국은 자국 내 자동차를 생산하는 외국기업들이 부품의 40% 이상 중국산을 사용하는 경우에만 약 10%의 자동차부품 수입관세율을 부과한다. 만약 이를 지키지 못한 기업들에게는 완성차 수입관세인 약 28% 관세가 부과된다. 이는 중간재를 수입하여 단순조립 가공하여 판매 · 수출 형태의 투자를 지양하고, 관련 자국 부품업체들의 성장을 꾀하며, 투자기업들의 자국 부품업체들에 대한 기술이전 효과를 노린 것이다.

반면 중국에 진출한 GM, 폭스바겐, 다임러크라이슬러 등 자동차 생산 업체들은 서방 기업의 기준을 충족하는 중국 부품업체를 구하는 데 어려움을 겪고 있다. 결국 부품 수입제한 규제기준을 충족하지 못한 기업들이 높은 관세 적용으로 채산성에 어려움을 겪고 있으며, 이를 만족하기 위해 중국에 기업을 설립하거나 합작하는 경우에도 기술이 도용될 것을 우려하고 있다.

말레이시아

중국과 반대되는 사례로는 말레이시아가 있다. 현재 ASEAN 지역 국가 중 유일한 자국산 자동차 생산국인 말레이시아는 2002년 1월 1일부로 현지부품정책(Local Contents Programmes)을 폐지하였다. 말레이시아의 현지부품 사용정책은 1992년 1월에 발효돼 소형승용차부터 2,000cc급 승용차는 30%, 1993년에는 40%, 1994년에는 50%, 1995년에는 55%, 1996년에는 60%까지 현지부품을 사용토록 하고 있었다. 2,000cc부터 3,000cc급 승용차 및 2,500cc급 상용차는 1992년 20%, 1993년 30%, 1994년 35%, 1995년 40%, 1996년 45%로, 3,000cc 이상 승용차 및 2,500cc 이상 상용차는 말레이시아 통상산업부(MITI)가 수시로 발표하는 강제사용품목(MDI) 규정을 준수해야 했다. 이러한 정책은 현지부품 공급업자들의 생산능력을 키우기 위한 것이었지만 현지 조달률은 낮은 편이었다. 한편 말레이시아를 포함한 싱가포르, 인도네시아, 타이 등 동남아시아 FTA가 체결됨에 따라 말레이시아에 진출한 자동차 메이커는 ASEAN 역내국가 어디서든지 가장 저렴한 부품을 자유롭게 조달할 수 있게 됐다.

CASE 19

중국, 인도

주제 / 소유권의 현지화

중국

자동차산업에서 외국인투자자는 여전히 합작투자(joint venture)를 통해서만 중국에 투자할 수 있으며 이들 외국인투자자들의 지분은 50%를 넘을 수 없도록 제한되어 있다. 이는 합작투자를 강제함으로써 선진 해외기업의 기술을 국영 제조업체들에게 이전시키려는 중국 정부의 의도이다. 그러나 이로 말미암아 비효율적으로 운영되고 있는 국영 중국 자동차 부품업체들이 존속되고 있으며 공정한 경쟁 환경이 조성되지 못하게 된다. 따라서 중국 소비자들은 서구의 자동차 판매가액보다 30% 이상 높은 가격을 지불해야 하는 실정이다.

인도

중국과는 반대로 인도에서는 재무성장관이 주도하는 해외직접투자(FDI) 관련 장관그룹(GoM : Group of Ministers)은 주요 4개 기간산업분야인 석유, 민간항공, 통신 및 인쇄·출판 부문에 대한 외국인투자지분을 상향조정하기로 결정하였다. 통신서비스부문(이동통신 포함)은 외국인투자 한도를 현 49%에서 74%로 상향조정하고 아울러 외국인 파트너에게 완전한 투표권을 주기로 했으며, 민간항공 부문에서는 외국항공사들이 현 40%에서 49%까지 지분을 확대하여 참여할 수 있도록 했으나 FIPB(ForeignInvestment Promotion Board)를 통해 승인을 받는 것을 조건으로 하고 있다. 공항 인프라 건설 부문에서는 현 FIPB 승인을 사전조건으로 하는 100% 투자에서 FIPB 승인 필요없이 자동으로 100% 외국인투자가 가능토록 하고 있다.

CASE

20 쿠바, 베네수엘라, 볼리비아

주제 / 국유화

쿠바

쿠바의 카스트로는 1959년 혁명에 성공하고 곧바로 일정 한도 이상의 토지를 국가가 몰수하고 외국인의 토지 소유를 금지했다. 또한 토지를 농민들에게 무상분배하는 농지개혁에 착수함으로써 쿠바를 공산화시켰다. 특히 1959년 10월에는 쿠바에서 미국의 이권을 폐기하고 미국자본이 착취하는 것을 제한했으며 1960년에는 무리수를 두면서까지 100억 달러 이상의 미국 자산을 포함한 은행과 모든 산업을 국유화했다. 그리고 쿠바혁명이 성공한지 2년 후인 1961년 4월 16일 카스트로는 쿠바가 사회주의 국가라고 처음 선언했다. 그러자 바로 다음날인 4월 17일 미국 중앙정보국(CIA)이 주축이 되어 쿠바 망명자 1,500명으로 '2506 공격여단'을 창설해 쿠바를 침공하기에 이르렀다. 소위 피그만공격이 일어난 것이다. 그러나 미 공군의 막판 지원 부족으로 실패로 끝나고 이때부터 카스트로와 미국과의 대립이 본격화됐다. 피그만공격 실패 후 1961년 미국과 쿠바의 외교가 단절되었고 이후 40년 이상 쿠바에 대한 제재조치를 시행하고 있다.

베네수엘라

우고 차베스 정권은 국영기업과 합작을 거부한 외국기업에게서 유전을 빼앗는 등 에너지 국유화를 단행했다. 2006년 4월 3일 석유기업인 프랑스 토탈과 이탈리아의 에니가 베네수엘라에서 운영해온 유전을 국유화했다. 토탈은 하루 3만 배럴을 생산하는 주세핀유전의 지분 55%를 보유했고, 에니사는 하루 생산량 5만 배럴의 다시온유전 지분 전량을 보유하고 있었다. 차베스 정권의 이 조치는 두 기업이 베네수엘라국영석

유사(PDVSA)가 경영권을 갖는 합자벤처로 전환하는 것을 반대한 데 대한 보복의 성격이 짙다.

베네수엘라 의회가 2006년 3월 30일 승인한 새 운영협정은 외국 민간기업이 운영하는 유전 32곳을 PDVSA가 60% 이상의 지분을 갖는 국영합자벤처로 전환하고, 외국기업에 부과하는 석유 로열티를 종전의 16.6%에서 33.3%로, 소득세는 34%에서 50%를 상향조정했다. 베네수엘라 정부의 입장은 앞으로 모든 유전은 PDVSA가 관장하며 베네수엘라 법을 따르지 않는 기업은 떠나라는 것이다. 새 협정은 베네수엘라에서 석유 등 에너지 개발로 외국기업들의 배를 불리는 것을 좌시할 수 없다는 우고 차베스 대통령의 의지가 현실로 옮겨진 것이다.

볼리비아

볼리비아는 2006년 5월 1일 천연가스 국유화를 선언했다. 국유화 선언 직후 볼리비아 군대는 전국 56개 천연가스 시설로 진주하여 시설물들을 접수했고 이날 발표된 포고문은 볼리비아 정부가 천연자원에 대한 소유권과 완전하고 절대적인 통제권을 행사한다고 명시했으며 판매까지 책임진다는 내용을 담고 있었다. 그리고 이제까지 엄청난 이윤을 획득했던 외국기업들은 단순 운영자의 역할을 하게 될 것임을 명확하게 밝혔다.

볼리비아 정부의 국유화 정책의 요지는 다음과 같다. ① 볼리비아 정부는 볼리비아 내의 모든 천연자원에 대한 완전하고 절대적인 소유권, 통제권, 판매권을 갖는다. 기존 외국계 기업들은 운영을 할 수 있는 권한을 갖는다. ② 이에 따라 구체적으로는 1일 천연가스 생산량이 1억 입방피트가 넘는 모든 외국계 기업은 생산지분을 18%만 소유하며 나머지 82%는 국영에너지회사(YPFB)가 소유한다. ③ 포고령 발표 후 6개월 이내에 시설통제권을 넘기는 계약서에 서명하지 않는 모든 외국계 기업은 추방한다. ④ 현재 국유화된 천연가스뿐만 아니라 석유, 철도, 항공, 통신, 전력 등 기간산업에 대한 전면적

볼리비아 군인들이 지키는 엘알토의 센카타 가스공장

인 재국유화를 추진한다. ⑤ 고용주가 자유롭게 노동자를 해고할 수 있게 하는 현행 노동법 조약은 폐기되었으며, 이제까지 이루어진 모든 종류의 노동계약은 무효다. 새로 제정되는 노동법에 따라 새로운 노동계약이 맺어질 것이다. ⑥ 국내 외국인 소유 토지에 대한 몰수 조치를 단행하고 이를 빈민층에게 분배한다. ⑦ 미주지역을 위한 볼리바르 대안(ALBA)을 적극 추진하여 국제연대를 강화하고 인민무역협정(People's Trade Agreement : PTA)을 체결한다. 볼리비아에는 브라질 국영 에너지회사인 페트로브라스를 비롯, 스페인·아르헨티나 합작사인 렙솔 YPF, 영국의 브리티시 페트롤리엄(BP)과 브리티시가스(BG), 프랑스 토탈사, 미국의 엑슨모빌 등 20여 개의 기업이 진출해 있다. 볼리비아의 모랄레스 대통령은 이들 기업들이 포고령을 거부할 경우 6개월 이내 볼리비아를 떠나야 할 것이라고 경고했다.

CASE 21

BERI 지수

주제 / 델파이 기법

델파이(Delphi)는 원래 신탁으로 유명한 그리스의 옛 도시의 이름이다. 고대 그리스신화에서 자신의 미래에 대한 운명을 알고 싶은 사람은 델파이 지성소(Delphi Oracle)의 도움을 얻어 미래를 통찰할 수 있었다는 것에 유래하였다. 즉 신으로부터 계시를 받아 어려운 문제에 대한 통찰력 있는 해답을 얻을 수 있는 방안이 되었다. 오늘날에는 이와 같은 맥락에서 최선의 의사결정을 하기 위해 전문가집단의 의견과 판단을 종합하여 합의점을 도출하는 방법을 말한다.

델파이 분석방법을 구체적으로 살펴보자. 우선 정치적 위험에 영향을 주는 다양한 변수들을 찾아낸다. 그런 다음 5 내지 10명의 패널리스트로 구성된 각 분야의 전문가들로 하여금 추출된 변수에 대하여 평가하게 한다. 여기서 정치적 위험을 반영할 수 있는 항목의 중요도에 따라 점수를 부여한다. 이러한 과정을 통해 선정된 주요 변수를 이용하여 체크리스트를 작성한다. 다음 단계에서는 체크리스트 항목에 대하여 구체적으로 선정된 특정 국가의 정치적 상황에 대한 평가를 한다. 위험도에 따라 매우 위험도가 높을 경우 0점, 위험이 거의 없을 경우 4점을 부여한다. 마지막으로 종합하여 지수를 계산한다.

델파이 분석방법에 의한 정치적 위험을 평가하는 대표적인 지수로 BERI(Business Environment Risk Index)를 들 수 있다. 매년 45개국의 100명의 전문가에게 특정국에 대한 정치적 변수에 대해 평가하게 하는 방법으로 초기 평가 후 그 결과를 다시 배부하여 최종 결과가 도출되게 하는 방법으로 종합점수를 계산하여 정치적 위험수위를 판단하게 된다.

점수가 100~86점이면 외국투자에 대해 매우 안정적이며 우수한 사업환경으로 위험이

| 표 3-1 | BERI의 변수와 가중치

변수	가중치	변수	가중치
정치적 안정성	3.0	외국인투자환경	1.5
국유화정책	1.5	통화공급	1.5
국제수지	1.5	관료의 업무태만	1.0
경제성장률	2.5	통화의 교환성	2.5
계약의 실행성	1.5	임금과 생산성	2.0
직업훈련 및 교육	0.5	통신 및 운송	1.0
현지국의 경영능력	1.0	단기차입능력	2.0
장기자본의 축적	2.0		

존재하지 않는다. 85~71점은 선진국의 전형적인 사업환경으로 국수주의에 대한 어떠한 경향도 국가의 효율성, 경제적 욕구, 시장기회 등에 의해 상쇄된다. 70~56점은 보통 정도의 위험국가에 속한다. 정치적 환경구조가 사업환경에 치명적으로 영향을 줄 정도로 불안정하지는 않다. 55~41점은 외국인 사업에 대한 높은 위험이 따른다. 따라서 투자결정에 있어서 신중한 고려가 요구된다. 마지막으로 41~0점은 만족할 수 없는 사업환경으로 매우 높은 위험에 노출된다. 예를 들면, 진출하려는 국가의 위험지수가 49.21라면 투자결정에 있어서 신중한 고려가 요구되는, 투자적격 국가는 아니다.

CASE 22 로열더치셸 (Royal Dutch Shell)

주제 / 시나리오 기법

출처 : 셸 홈페이지

로열더치셸그룹(Royal DutchShell Group)은 네덜란드의 로열더치석유회사(Royal Dutch Petroleum Co.)와 영국의 셸무역운송회사(Shell Transportand Trading Co.)라는 2개의 모회사로 이루어진 글로벌 기업이다. 본 사례에서는 다국적 석유메이저 로열더치셸(Royal DutchShell)이 어떻게 시나리오 기법을 활용하였는지 살펴보자.

셸은 1968년 당시 유가가 안정되어 있어 그 누구도 유가상승을 예상치 못하던 시절이었음에도 불구하고 미국의 석유 비축량이 바닥을 보이고 있고, 1967년 6일전쟁 후 석유 산유국이 서방세계의 이스라엘 지원에 대한 반발로 정치적 결속을 강화할 것이라는 징후를 가지고 에너지 위기 시나리오를 작성하였다. 시나리오의 내용은 유가가 안정되기 위해서는 아랍 이외의 지역에서 새로운 유정이 발견되어야 하는데 이는 거의 기적에 가까운 일로 판단했다. 따라서 셸은 보다 가능성 있는 미래의 시나리오로 OPEC가 에너지 위기를 일으킨다고 예상했다. OPEC가 에너지 위기를 일으키는 시기도 1975년 OPEC의 유가 재협상 이전이 될 가능성이 가장 높다고 예측했는데 1973년 10월 중동전쟁이 발발하여 전 세계에 에너지 위기가 닥친 것이다. 오일쇼크가 닥쳤을 때 이를 사전에 예측하고 철저하게 준비해 왔던 셸만이 급격한 환경변화에 대응할 수 있었다. 이를 계기로 셸은 당시 7대 정유회사 중 최하위에서 업계 2위로 올라서는 계기가 되었으며 그 이후 가장 많은 이익을 내는 기업이 되었다.

셸이 사용하는 시나리오 경영을 살펴보면 일반적인 시나리오 기법과는 차이를 보인다. 흔히 사용하는 시나리오 기법은 대안 A, B, C, D를 놓고 A를 선택할 경우, B를 선택할 경우 등 대안 선택용에 국한해서 사용하지만 셸이 사용하는 시나리오 기법은 사건전개형 시나리오로서 미래의 상황을 그려감으로써 환경변화를 예측한다. 따라서 시나리오를 만들기 위해 가장 중요한 것은 미래를 어떻게 보는가인데 셸은 미래에 발생할 사건들을 세 가지 유형으로 분류한다. 하나는 지속형 사건으로 현재, 미래에도 거의 변화가 없는 사건이거나, 해가 뜨고 지듯이 일정하게 변화 없이 반복되는 유형의 사건이 여기에 속한다. 이에 비해 점진적 변화형 사건은 도시의 공기오염 문제가 서서히 심해지듯 점진적 변화를 보이는 유형의 사건이다. 그러나 불확실형 사건은 갑자기 산사태가 나고, 지진이 나듯 전혀 예측할 수 없는 유형의 사건이다. 지속형이나 점진적 변화형의 사건들은 미래 예측이 가능하므로 기업경영에 커다란 변수로 작용되지 않으나 불확실형 사건은 기업경영에 많은 영향을 미치기 때문에 그 흐름을 어떻게 파악하느냐에 따라 기업이 받는 영향도 심각할 수밖에 없다. 그런데 과거의 경영환경이 지속형이나 점진적 변화형이었기 때문에 이런 환경에 적응하거나 주도한 기업들이 성공을 한 반면, 최근에는 불확실한 환경변화가 주를 이루기 때문에 이에 대해 체계적으로 대처하는 기업만이 성공을 거두게 된다. 시나리오 기법은 안정되고 지속적인 환경보다는 이렇듯 불확실하고 불안정한 환경 속에서 미래를 예측하는 데 효과적이다. 셸은 향후 10년까지 전개될 기술과 사회의 발전과정을 시나리오로 그려 큰 흐름을 파악한 후 3개월 또는 6개월 단위로 주기적으로 새롭게 나타나는 흐름과 시나리오상의 흐름을 비교함으로써 환경변화에 세밀하게 분석하고 대응할 수 있도록 하였다.

한편 셸은 시나리오 경영과 스피드 경영을 접목시킨다. 급격한 환경변화로 인해 기업이 기회를 선점할 수 있는 요소 중의 하나가 스피드 경영이다. 즉 스피드는 기업의 가장 중요한 경쟁력 원천 중 하나가 된다. 그런데 스피드만을 요구하다가는 기업의 리스크가 확산될 우려가 있다. 따라서 이러한 리스크를 줄이기 위해서는 사전에 발생 가능한 다양한 시나리오를 구상하고 파악해두는 것이 필요하다. 셸은 스피드 경영을 가능케 하는 밑바탕으로 시나리오 경영을 활용하고 있는 것이다.

궁극적으로 시나리오 경영은 전략적 기획과 연계된다. 시나리오를 통해 얻은 미래환경에 대한 통찰력을 바탕으로 전략적인 계획을 수립하는 것이다. 셸의 각 사업단위는 매월 그 해의 남아 있는 분기에 대한 예측을 매번 수정하며 성장전망과 결과를 분석한다. 월 보고서의 이러한 정보를 종합하여 분석하고 방향을 수정하며 비상상황이 도달할 때 어떻게 대처해야 하는가에 대한 전략을 수립하고 있다. 즉 경영환경이 변화하기 이전에 이미 그러한 상황이 도달하였을 때 어떻게 행동해야 하는지에 대해 대처를 하고 있는 것이다.

CASE 23 지멘스

주제 / 시나리오 기법

지멘스(Siemens)는 1847년 베를린에서 독일 최초의 전기공업회사인 지멘스 운트 할스케(Siemens &Halske)로 설립되었다. 전 세계 190개국에 종업원 45만 명, 연구소 55,000개가 있으며 본사는 바이에른주 뮌헨에 있다.

지멘스는 유럽 전문가 서베이 등을 통해 2020년의 정치, 경제, 사회, 기술 등의 커뮤니케이션 시나리오를 기획 구성하였다. 이 계획은 프로젝트팀과 사회 각계의 전문가 7명으로 구성된 시나리오 자문위원회를 통하여 시나리오 개발을 추진하여 미래의 사회적 · 정치적 · 경제적 변화 방향을 예측하고 이에 맞는 기업전략 및 대응을 수립하는 계획이다. 또한 교수, CEO, 공무원으로 구성된 전문가 116명을 대상으로 5개 생활영역별로 미래 인식조사를 실시하여 기술의 발전이 미래 사회에 미치는 영향에 대해 심층적으로 분석하였다.

이러한 절차를 바탕으로 Horizon 2020은 5개 생활영역별 미래모습에 대해 논리적으로 상호 배치되는 2개의 상반된 시나리오(Horizon 1, Horizon 2)를 작성하였다. Horizon 1은 기존 유럽 전통을 고수하는 미래 사회 모습으로 강력한 중앙정부와 강한 사회결속력을 특징으로 한다. 이와 반대로 Horizon 2는 매우 역동적인 경제발전 유형으로 개인의 책임이 강화되고 개인의 사회적 위험의 감수를 특징으로 한다. Horizon 2020은 이러한 두 가지 시나리오에 총 76개의 핵심적인 서술(descriptors)을 결합하여 152개의 가능한 대안이 작성되었다.

| 표 3-2 | 지멘스의 시나리오 분석

절차	주요 내용
시나리오 분야 선정	• 2020년 유럽의 생활영역 등 • 다양한 생활변화에 대한 내용을 바탕으로 2개의 상반된 미래서술
5개 생활영역 선정	• 정치(정부, 외교, 미디어, 정보) • 사회(가치, 인구변화, 사회구조, 교육, 의료, 모빌리티) • 경제(경제발전, 노동시장, 기업, 경영) • 환경(환경인식, 식품) • 기술(기술변화, 에너지, IT, 게놈, 생물학, 의학)
생활영역 서술규정	• 2 by 2를 활용하여 정성 · 정량적 매트릭스화 • 200개 아이디어 중에서 10가지 메가트렌드 도출
핵심/비핵심 서술구분	• 1차 전문가조사 : 671명 사회 각계 전문가 중 116명 응답 – 발전과 상반되는 핵심서술(descriptors) 31개 도출 – 발전과 부합하는 핵심서술(descriptors) 15개 도출 • 2차 전문가조사 : 각 2개 시나리오에 따른 41개 도출
상반되는 서술리스트	• 76개 핵심적인 서술에서 서로 상반된 서술 구분
생활영역 서술준비	• 미래 상반된 2개의 시나리오를 기반
결과 도출 및 시사점	• 각각의 시나리오의 정당성 확보

CASE

24 CIA의 NIC 프로젝트

주제 / 시나리오 기법

미국 중앙정보국(CIA)은 세계의 미래모습을 전망하기 위해 1996년부터 미래예측 프로그램을 추진하고 있다.

| 표 3-3 | CIA 국가정보위원회 시나리오 분석

주요 보고서	배경 및 추진방법
Global Trends (1997. 11)	• 1996년 미래 세계 트렌드와 주요국의 영향력에 관한 컨퍼런스를 시작으로 연구 시작 • 학계, 언론계, 기업, 정부 및 기타 전문가 참여
Global Trends (2000. 12)	• 인구, 자연자원 · 환경, 과학기술, 세계경제 · 세계화, 국가와 국제 거버넌스, 미래 갈등, 미국의 역할을 주요 변수로 미래 변화 예측

2003년 11월부터 NIC 2020 프로젝트를 통해 2020년 세계 변화를 전망하였다. 국가정보위원회(NIC : National Intelligence Council)는 1980년 미국 CIA에 의해 만들어진 기관으로 정보수집, 평가 및 전략수립 업무를 담당하고 있다. NIC 2020 프로젝트는 다양한 분야의 전문가 25명이 주도적으로 시작하여 각국의 미래연구 동향에 관한 연구조사를 진행하고 있다. 또한 다양한 이슈에 대한 깊이 있는 토론을 위한 컨퍼런스와 워크숍 등을 개최하고 있다.

표 3-4 | CIA 국가정보위원회 시나리오 내용

시나리오		주요 내용
세계화와 아시아 경제 부상 (시나리오 1)	세계경제의 확산	• 메가트렌드로서 세계화 : 정보, 기술, 자본 등 교류 증대 • 세계경제 80% 성장, 평균소득 약 50% 증가 • 세계화의 혜택은 국가마다 차이
	기술혁명과 아시아 부상	
세계권력 재편 (시나리오 2)	신흥권력으로 아시아 등장	• 중국과 인도가 주요 세력으로 성장, 중국은 제2경제 대국으로 성장(미국 세력 약해지지만 제1국은 유지)
	주요 국가의 권력 변화	• EU의 국제사회 비중은 증가되나 사회복지, 교육개혁 등 필요 • 일본은 인구노령화로 경기회복 노력에도 어려움 직면 • 한국은 통일문제, 북핵문제 등이 지속 • 러시아는 석유 및 가스 수출국으로 국제적 위상 강화 • 브라질, 인도네시아의 경제력 성장
	에너지 수요 증가와 정치관계 변화	• 세계경제 팽창으로 석유수요 증가 : 향후 20년간 전체 에너지 소비 50% 증가 • 석유공급 중단을 대비한 각국 석유수요 확보경쟁 심화 • 2020년까지 석유, 천연가스 및 석탄의 화석연료가 지배적
지배구조의 변화 (시나리오 3)	인터넷 영향력 증대	• 관심분야별 가상 커뮤니티 확산으로 정부통치 어려움 • 인터넷을 통한 국제적 운동 가능
	종교적 영향에 의한 정치구도	• 종교적 신념에 따른 정체성 형성 • 이슬람이 하나의 정치세력으로 단합 가능 • 국가권력을 넘은 권력 창출
	민주화의 정체 및 변형	• 구소련, 남동부 아시아 국가들의 민주화 퇴보 • 중국은 아시아적 민주화 방식 추구
세계적 불안정 만연 (시나리오 4)	경제불안정	• 세계화에 따른 경제적 · 문화적 · 정치적 격변 • 직업의 급격한 변화와 직업 재교육 필요
	내부갈등	• 약한 정부, 저성장 경제, 종교적 극단주의로 내부갈등 심화 • 정부통제가 없는 지역이나 집단 발생 가능성
	국제분쟁	• 권력갈등이 전쟁으로 발전할 가능성은 낮음 • 열강 개입으로 인한 갈등은 위험
	핵문제	• 중동, 북동아시아의 핵 미보유국의 핵보유 추진 가능
	국제테러	• 향후 15년간 국제테러 유발 갈등 요인 감소하지 않음 • 알카에다는 비슷한 목적의 이슬람 극단주의 그룹과 대치 • 인터넷(IT)을 이용한 테러리스트 조직, 운영방식 변화 • 테러리스트들의 대량살상 야기와 생화학무기 및 핵보유 우려 증대

CASE 25 맥도날드

주제 / 대응방안 - 현지화

맥도날드는 미국식 자본주의의 세계화의 상징이 되고 있어 반세계화의 물결이 높아짐에 따라 많은 어려움을 겪고 있다. 특히 반미 감정이 고조되고 있는 중동지역에서는 맥도날드 체인점들이 시위대의 표적이 될까봐 전전긍긍하고 있다. 실제로 최근 몇 년 사이 맥도날드는 지구촌 곳곳에서 반세계화 시위대의 목표물이 되곤 했는데 1999년 스위스 다보스에서 제1회 세계경제포럼이 열렸을 때 시위대의 습격을 받았으며 2000년 프랑스에서 테러로 종업원 1명이 숨지기까지 했다.

이렇듯 세계의 여러 맥도날드 체인점들이 많은 어려움을 겪고 있고 있는 중에도 현지화 전략으로 효과적으로 정치적 위험을 극복한 사례도 발견되고 있다. 인도네시아에 있는 맥도날드 체인점들이 기발한 방법으로 반미(反美) 시위대들의 습격을 모면한 것이다. 자카르타 포스트지는 자카르타의 맥도날드 체인점들이 미국의 아프가니스탄 공습 이후 급속히 확산되고 있는 반미 시위의 공격 대상이 되는 것을 피하기 위해 직원들에게 이슬람교도 전통 복장을 입혔다. 남자 직원은 '패치'라는 챙이 없는 전통 모자를

맥도날드의 정치적 위험

쓰고 여직원들은 머리에 숄을 걸쳤다. 화가 난 시위자들이 맥도날드 매장을 습격할 당시 직원들이 모두 현지복장을 입고 있어 순간적으로 미국식 자본주의의 상징이라는 개념을 희석시키는 반면 자기들과 동질적인 이슬람인들이 근무하는 곳이라는 강한 인상을 받게 된 것이다. 이러한 현지화 전략을 수행한 자카르타에 있는 맥도날드 체인점들은 한 번도 시위대의 공격을 받지 않게 되었던 것이다.

반면 같은 미국계 유명 체인점인 켄터키프라이드치킨(KFC) 일부 상점은 수난을 당했다. 남부 마카사르에 있는 KFC 체인점에서 폭탄이 폭발하였고 또 파키스탄 최대도시 카라치의 KFC 체인점에서도 시위대에 의해 불이 났다. 이 체인점은 시위대의 공격 대상이 되지 않도록 간판과 상점 앞의 인형 등을 담요 등으로 가려놓았지만 이미 위치를 알고 있는 시위대에게는 통하지 않았다.

또 다른 사례로는 9 · 11 뉴욕테러에 대한 미국의 보복공격이 시작된 뒤 일단의 이슬람교도들이 인도네시아 수도 자카르타의 한 맥도날드 가게 앞에 몰려들었다. 삽시간에 수천 명으로 불어난 이슬람교도들은 주먹을 휘두르고 '반미'(反美) 시위를 외치며 가게 안으로 진입을 시도하였다. 이때 맥도날드 가게 주인이 황급히 달려나와 그 자신도 매주 금요일 모스크(이슬람교 사원)에서 예배를 드리기 위해 가게 문을 닫는 이슬람신도라고 소리쳤다. 시위대는 무안해하며 하나둘씩 자리를 비웠다고 한다. 2억 2천만 명의 전체 인구 가운데 80% 이상이 이슬람교도인 인도네시아에서는 일부 이슬람지도자들이 국민에게 KFC, 맥도날드, 던킨도넛 등 미국계 체인점을 비롯해 코카콜라, 나이키, 아디다스 등 미국 제품에 대한 불매운동을 요청하고 있다. 이러한 국가에서는 현지화 전략이 효과적인 대응방안일 것이다.

CASE 26

LG 인도네시아와 삼미 파키스탄

주제 / 선량한 기업시민

진출한 국가의 지역사회를 위한 다양한 활동을 통해 선량한 기업시민이라는 점을 각인시키는 것도 정치적 위험을 줄일 수 있는 방법이다. 예를 들면, 지역주민 고용, 현지병원과 교량건설, 장학금 지급, 각종 편의시설을 건립한다. 이를 통해 진출기업이 단순히 돈만 벌러 온 게 아니라 현지지역의 발전에 많은 기여를 하는 시민으로서의 역할을 충실히 수행하고 있음을 보여줄 필요가 있다. 이 경우 정치적 위험이 발생하더라도 상당 부분 위험을 줄 일 수 있다. 예를 들면, LG전자 인도네시아의 경우 1997년 외환위기로 주민들의 폭동이 발생하였으나 정치적 위험을 무사히 넘길 수 있었다. 그 당시 주민폭동으로 공장가동에 상당히 어려움을 겪고 있었으나 평소 현지지역에 대한 호의적인 관계를 유지하고 있던 공장근로자, 인근주민들과 군부대 등의 도움으로 피해를 별로 입지 않고 폭동사태를 피해갈 수 있었다.

삼미대우는 2004년 삼미건설이 대우로부터 인수한 파키스탄 최대의 고속버스업체이다. 버스 139대에 직원수만 2,900명으로 연 500만 명을 수송한다.

삼미대우는 파키스탄의 교통문화에 혁명을 가져왔다. '정시출발'을 신조로 삼았다. 1시간 늦으면 요금의 50%를 환불하고, 2시간 늦으면 요금의 100%를 환불했다. 다른 업체의 경우 손님이 어느 정도 타지 않으면 출발하지 않고 두 시간 정도 연착은 다반사인 게 파키스탄의 실정이다. 삼미대우는 심지어 차량 에어컨이 안 들어와도 요금 전액을 돌려줬다. 더운 나라이기 때문에 에어컨 서비스가 중요한 걸 감안한 조치다. 서비스는 비행기 수준이다. 자리에 앉자마자 호스티스가 도시락을 나눠줬고 음료수를 계속 제공했다.

심지어는 승객전용 잡지도 나왔다. 버스요금이 다른 업체에 비해 갑절인데도 승객이 꽉꽉 찬다.

파키스탄의 삼미대우버스

2006년 2월 15일 파키스탄의 서부 도시 페샤와르에서 폭동이 발생, 한국업체 삼미대우고속버스의 터미널에 서 있던 버스 16대와 터미널 건물이 불에 타고 약탈당했다. 이슬람 예언자 마호메트를 모독한 덴마크 언론의 만평에 항의하던 시위대는 삼미대우 등 외국업체를 공격했다.

폭동 당시 페샤와르뿐 아니라 운행 중인 다른 도시도 위태로웠다. 심지어는 라호르에서도 시위대가 외국기업을 공격할지 모른다는 정보가 들어왔다. 버스를 안전하게 보호하는 게 급선무였다. 삼미대우는 파키스탄 당국에 요구, 사태가 급박해질 조짐이 보이면 바로 버스를 안전한 군부대 내부로 옮겼다. 그리고 상황이 느슨해지면서 곧바로 정상가동에 들어갔다. 버스 16대가 불에 탔는데도 정상적인 노선 운행을 하기 위해 대기버스 전량을 투입하고 24시간 운영을 하는 등 비상체제에 돌입했다.

삼미대우는 페샤와르에는 파키스탄 직원을 보내 현지 복구를 지원토록 했다. 본부에서 버스와 정비용 부품을 보냈다. 삼미대우에 페샤와르는 4번째로 큰 사업 거점이다. 이곳에서 라호르 등 모두 6곳의 버스 노선을 운행하고 있다. 청소는 신분이 낮은 청소부의 일이란 인식이 강한 파키스탄이었지만 이번만큼은 그런 구분이 없었다. 모두가 빗자루를 들고 현장 정리에 나섰다. 사고 일지를 보면 얼마나 신속히 처리되었고 현지의 도움이 적절했는지 나타난다. 사고 다음날, 불에 탄 버스를 크레인을 동원해 터미널 한쪽으로 정리, 새벽 2시까지 일했다. 2일째, 노선 일부 운행 재개, 다른 지역에서 오는 버스가 도착하였다. 3일째 운행 준비 완료하였고 사태 재발을 우려한 당국이 운행을 불허하였으나 5일째 운행이 정상화되었다.

당연한 복구일정일거라고 생각될 수도 있으나 파키스탄은 한국의 속도로 움직이는 나라가 아니다. 같은 날 공격을 받았고 그것도 건물 외부만 일부 불탄 KFC의 점포는 20일이 지나서야 영업을 재개했다. 페샤와르 터미널이 불탄 이후 삼미대우의 일거수 일투족은 현지언론의 관심을 끌었다. 사건 이후 고객의 위로와 격려가 쏟아졌다. 전화는 말할 것도 없고 격려 편지만 500통 이상 답지하였다.

글 | 로 | 벌 | 산 | 책

❸ 글로벌 제품 이야기 : 콜라

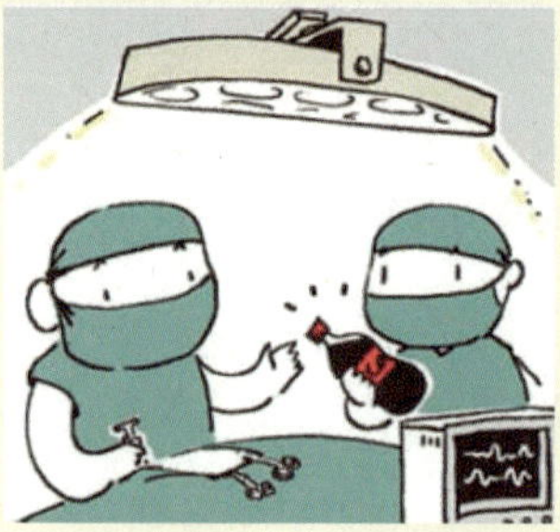

미국의 고속도로 순찰경찰은 자동차에 항상 2갤런 정도의 콜라를 싣고 다닌다. 교통사고 발생시 길에 묻은 핏자국을 지우기 위해서다. 얼마나 독한지 쇠고기를 콜라에 담가두면 며칠 안돼 다 삭아 없어진다. 한동안 인터넷에 떠돌던 이른바 코카콜라 괴담이다.

콜라엔 중독성이 있다. 일단 맛을 들이면 특정 상황에선 으레 찾게 되는 수가 많다. 햄버거나 피자, 팝콘을 먹을 때가 그렇다. 카페인 탓인지 순간적인 각성 내지 소화진작 효과를 본다는 사람도 적지 않다. 각종 논란과 웰빙 바람에도 불구, 인기가 사그라 들지 않는 이유다.

콜라는 캐러멜로 색을 내고 카페인과 인산을 첨가한 탄산음료다. 콜라란 이름은 미국의 약제사 J.S 펨버턴이 1886년 처음 만들 때 콜라나무 열매를 사용한 데서 비롯됐다. 독특한 풍미는 오렌지, 라임, 레몬, 계피, 호두 등 여러 재료, 단맛은 설탕이나 인공감미료를 낸다고 한다.

나라별로 종류도 다양하다. 아프리콜라(독일), 슈퍼드링크(이스라엘 & 팔레스타인), 잉카콜라(남아메리카) 등 국내에서도 한동안 815콜라가 나왔었다.

'1%의 비밀과 99%의 설탕물'로 이루어진다는 말에도 불구, 코카콜라는 11년째 글로벌 브랜드 가치 1위(704억 5,200달러)를 차지하고 있다. 북미지역 매출 감소에도 불구하고 전체 매출은 늘고 특히 중국에선 지난해 19%나 증가했다.

중국에 대규모 공장을 신설하고 세계야생기금(WWF)을 도와 양쯔강 살리기에 2,400만 달러나 들인 게 괜한 일이 아닌 셈이다. 콜라 1ℓ에 3ℓ의 물이 필요하다고 하는 만큼 안정적 수자연 확보나 중국 내 이미지 개선을 위한 조치다.

일본에선 산토리가 콜라에 몽블랑(아몬드타르트에 밤크림을 덮은 디저트)을 섞은 '펩시 몽블랑'을 10월 계절한정판으로 발매하고, 뉴질랜드에선 한 낙농업자가 저지방우유로 콜라맛 우유를 개발한다는 가운데 국내에선 코라를 이용, 위석을 제거했다는 소식이다.

콜라의 산도는 pH2.6(정상위산 pH1~2)으로 결석을 부드럽게 혹은 분해하는 만큼 일부 의료진이 위석을 녹이는 시술을 해왔는데 이 경우엔 콜라를 넣은 다음 쇄석기 등으로 분쇄해버렸다는 것이다. 위석 환자에겐 반가운 소식일게 틀림없으나 콜라의 유해성을 주장하는 이들에겐 새로운 논란의 빌미를 줄 수도 있게 생겼다.

한국경제, 2010년 9월 29일 천자칼럼 '콜라'에서 인용

CHAPTER

04

글로벌 문화환경

세계화·다문화시대에 살고 있는 우리는 각 나라의 문화에 대한 이해는 필수적이며 불가피하게 되었다. 문화는 인공물(artifacts), 가치관(values), 기본적인 믿음(basic assumption)으로 구분될 수 있다.
본 사례에서는 문화적 상징 중에서 국가별 선호색, 국가별 선호숫자, 관습 및 의식수준에서는 국가별 인사법과 식사예절, 국가별 손동작의 의미, 국가별 상관습을 정리하였다. 가치관에서는 홉스테드 문화모형과 관련된 사례를 중심으로 정리하였다.
마지막으로 기본적인 믿음은 홀의 고배경/저배경문화와 관련된 내용과 사례들을 정리하였다.

주요내용과 사례

현재 지구상에는 200여 개의 국가가 있으며 이들 국가 간의 교류와 접촉이 많아짐에 따라 각 나라의 문화에 대한 이해는 필수적이며 불가피하게 되었다. 그러나 문화는 다양한 측면을 포함하고 있고 문화에 대한 정의 또한 다양하여 쉽게 이해하기 어렵다. 따라서 본 사례에서는 여러 문화의 구분과 정의 중에서 문화를 3가지 수준으로 구분하는 내용을 소개하고자 한다. 우선 인공물(artifacts), 가치관(values), 기본적인 믿음(basic assumption)으로 구분될 수 있다.

문화적 상징

인공물이란 기술과 제품, 기구와 도구, 방침과 규율, 서류와 문서, 전통과 일화, 구성원 및 집단의 의례, 예식과 행동패턴 등과 같이 표면적으로 나타나고 눈으로 볼 수 있는 물질적 · 상징적 · 행동적 인공창조물을 의미한다. 본 사례에서는 문화의 세 가지 차원 중에서 인공물의 차원에 해당된다고 볼 수 있는 다양한 영역 중에서 종교, 선호색과 선호숫자, 인사법 및 손동작, 선물 금지품목과 그 선물들의 의미, 식사예절, 그리고 상관습, 접대문화 등을 중심으로 살펴보았다.

CASE 027 삼성건설의 이집트 사례로 본 라마단

전 세계에 수많은 종교가 존재하지만 여기서는 이슬람에 대해 알아보자. 이슬람의 5대의무 중 하나가 **라마단** CASE 027 이다. 라마단은 이슬람력으로 아홉 번째 달이다. 라마단의 기간에는 금식이 행해진다.

CASE 028 국가별 선호색

색의 선호도 CASE 028 또한 국가별로 차이를 보인다. 중국에서는 빨간색을 선호한다. 이탈리아 국민들이 좋아하는 색도 역시 붉은색이다. 반면 일본인이 가장 좋아하는 색은 보라색이다.

CASE 029 국가별 선호숫자

국가 간의 선호하는 숫자 CASE 029 에도 차이를 보이고 있는데 중국인이 가장 좋아하는 숫자는 8이고 그 다음으로 선호하는 숫자는 9이다. 한국, 중국, 일본에서 공통적으로 극히 싫어하는 숫자는 4이다. 서양에선 7을 선호한다. 반면 예수와 12제자를 합해 13명이 모인 곳에서 유다의 배반이 일어났다. 따라서 13이라는 숫자에 배반과 불행이 담겨 있다고 여겨 회피하는 숫자가 되었다.

CASE 030 국가별 인사법

국가 간 인사법 CASE 030 도 상이한 경우가 많다. 미국인들은 남자는 악수하고 여자는 얼싸안으며 인사하는 경우가 많다. 한국사람들은 습관적으로 허리를 굽히며 인사한다. 인도인의 경우 "나마스테"라는 말로 인사한다. 아프리카 마사이부족 사람들은 반가움의 표시로 얼굴에 침을 뱉는 특이한 방식으로 인사한다.

국제적인 업무수행시 **식사예절** CASE 031 에 대한 이해 또한 필요하다. 중국의 경우는 제대로 된 중국음식은 격식이 꽤나 까다롭다. 한국과 일본은 같은 좌식문화를 지속하고 있다. 그러나 일본의 경우 식사를 할 때 방석은 한국처럼 밟고 앉지 않는다. 서양요리는 젓가락과 숟가락을 사용하지 않고 나이프와 포크를 사용한다.

CASE 031 국가별 식사예절

제스처 CASE 032 도 일상생활에서 널리 사용되지만 잘못된 이해로 오해가 발생하는 경우도 있다. 예를 들면, 한국에서는 손을 전부 펴고 바닥을 아래로 하여 손목을 위 아래로 꺾으면서 사람을 부른다. 그러나 이러한 동작은 서구에서는 '오라'는 뜻이 아닌 '가라'라는 뜻이 되고 만다. 머리를 위 아래로 끄덕이는 행위는 세계 대부분의 국가에서 긍정의 표현이다. 하지만 불가리아와 그리스에서는 반대로 부정의 뜻이므로 주의해야 한다.

CASE 032 국가별 손동작 의미

선물의 의미 CASE 033 는 국가마다 상이하다. 국제거래에서 관계를 더욱 친밀하게 하기 위해 선물을 많이 활용한다. 하지만 선물의 경우도 나라마다 해야 할 품목과 해서는 안 되는 선물이 있다. 예를 들면, 한국에서는 괘종시계 선물이 흔하지만 중국에서는 피하는 것이 좋다. 멕시코나 아르헨티나에서는 칼을 선물로 주는 것은 곤란하다.

CASE 033 국가별 선물의 의미

국가마다 독특한 **상관습** CASE 034 을 가지고 있다. 중국은 외상거래가 빈번하여 진출기업들이 곤욕을 치루는 경우도 있다. 일본의 경우 협상시 집단의 통일된 의견을 위해 고심하고 남들에게 겉으로 보여지는 것에 많은 신경을 쓴다. 독일은 시간 관념에 있어서 병적일 정도로 엄격하다.

CASE 034 국가별 상관습

해외 진출시 겪게 되는 어려움 중 하나가 **언어의 차이** CASE 035 이다. 중국 진출 외국기업은 중국어를 사용한 기업명을 등록하도록 규제하고 있다. 따라서 중국식 브랜드 네이밍을 잘하면 절반은 성공한다고 말할 정도이다. 가장 성공적인 브랜드 네이밍으로 이마이더(易買得), 하오리여우(好麗友)를 들 수 있다. 이마이더(易買得)는 "쉽게 사고 이득을 얻는다"는 뜻으로 쇼핑센터의 이미지에 잘 부합하여 성공적이라는 평가를 받고 있다.

CASE 035 중국 진출 다국적기업 브랜드명

중국의 음식문화 CASE 036 를 살펴보자. 중국의 경우 음식에는 뚜렷한 계급 차이가 있다. 즉 동일한 음식메뉴라 할지라도 가격이 다르고 그 음식메뉴를 찾는 사람의 계급이 다르다는 것이다.

CASE 036 중국음식에는 계급이 있다

한국인의 경우 미국인을 만났을 경우 **눈맞춤 방식** CASE 037 의 차이에 따라 문화적 충돌이 발생하기도 한다. 미국의 경우 대화할 때 상대방의 눈을 쳐

CASE 037 한국과 미국의 눈맞춤 방식 차이

다보지 않으면 무시받고 있다고 느낄 수 있기 때문이다.

가치관

가치관이란 구성원의 상황, 행동, 상대방을 판단하기 위해서 사용하는 공유된 평가의 기초가 된다. 즉 옳고 그름을 판단할 수 있는 기초가 된다. 여러 가지 가치관 모형 중에서 홉스테드 모형을 살펴보기로 하자. 네덜란드 심리학자인 홉스테드는 전 세계 10만 명이 넘는 IBM 종업원들을 대상으로 그들이 갖고 있는 태도와 가치관에 대한 자료를 수집하여 4가지 차원(권력거리, 개인주의와 집단주의, 불확실성 회피, 남성다움과 여성다움)으로 문화를 구분하였다. 이러한 구분은 인류가 공통적으로 직면하게 되는 생존의 문제에 대한 판단의 기준을 제공한다.

CASE 039
버지니아 총기사건
CASE 040
한족과 조선족

개인/집단주의 CASE 039~040 는 사람들이 얼마나 개인주의적이거나 집단주의적인 성향을 보이는가에 대한 차원이다. 개인주의란 개인의 이익과 목표를 집단의 이익과 목표보다 우선시하는 경향을 말한다. 반면 집단주의는 집단의 이익을 우선시 한다. 또한 내부집단에 대한 철저한 신뢰와 충성을 하며 대가로 집단으로부터의 보호와 보살핌받는 경향을 보인다.

CASE 038
스웨덴 국왕, 인도 음악회

권력거리 CASE 038 란 사회 내에서 부와 권력이 불평등하게 배분되어 있다거나 혹은 편중되어 있는 경우 이를 어느 정도로 수용하는가를 말한다.

불확실성의 회피 CASE 038 란 불확실성을 어떻게 인지하며 과연 불확실성에 의해 초래되는 위험을 어떠한 방법으로 해결하려고 하는가, 또는 사람들이 모호한 상황이나 불확실성이 용인하는 정도를 말한다. 불확실성의 높은 회피성향은 직업안정성을 원하고, 직급의 승진패턴에 높은 가치를 부여하며, 분명한 지시기대를 한다. 반면에 낮은 회피성향은 변화에 대한 낮은 두려움과 위험극복성향을 보인다.

남성주의적 정도란 특정 사회에서의 지배적인 가치관이 어느 정도로 남성다움을 중요시하는가를 말한다. 여기에서 남성다움이란 남녀 간의 역할을 분명히 규정(남자는 일, 여자는 가정)하거나, 성취감이나 자기주장, 물질적인 성공에 대한 강한 선호를 하며, 사회적으로는 경쟁과 성취에 높은 가치를 부여한다. 주로 적도 근처의 국가들에게 발견할 수 있다. 반대로 여성다움이란 사람들 간의 관계유지를 중요시하고 구성원에 대한 배려, 삶의 질을 강조하며, 복지와 화목에 더 높은 가치를 부여하는 것으로 주로 추운 극지방에서 발견할 수 있다.

기본적인 믿음

기본적인 믿음은 문화차원 중에서 가장 깊숙이 내재되어 있는 차원이다. 따라서 사회구성원들은 너무나 당연한 것으로 받아들이는 경향이 있다. 가치관은 옳고 그르다는 나름대로의 판단의 기준이 있지만 기본전제는 당연한 것으로 받아들여 토론의 여지가 없게 된다. 예를 들면, 시간의 본질에 대해 아랍문화에서는 현재가 과거의 연장이며, 미래는 신의 뜻(인샬라)에 따라 생각하고 있고, 시계로 재는 시간은 미국이나 유럽에서 만큼 높이 평가하지 않는다. 홀은 문화적 차이를 **고배경문화와 저배경문화** CASE 041로 구분하였다. 저배경문화에서는 의사소통에 필요한 정보가 명백한 부호나 메시지로 옮겨진다. 반면 고배경문화에서는 구체적인 대화를 통해 정보의 교환이 이루어지지 않는다.

CASE **041**
비행기사고 대응방식

PART 1

CASE 27

삼성건설의 이집트 사례로 본 라마단

주제 / 종교

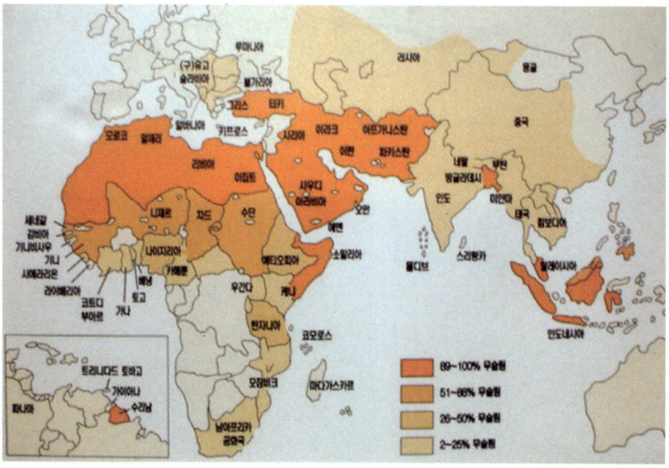

이슬람국가

이슬람이란 아랍어는 원래 '순종과 평화'의 뜻을 담고 있다. 이슬람 신자들을 '무슬림'이라고 하는데 이것은 알라에게 절대 복종한다는 '복종자'란 뜻이다. 이슬람문명은 이슬람교를 바탕으로 한 범세계적인 생존 성장문명으로 성장하였다. 이슬람교란 특정 종교에 바탕을 둔 문명이면서 다원적이고 융화적인 문명이다. 이슬람문명권(이슬람세계)은 1400여 년간 이슬람문명을 공동으로 창조하고 향유하는 공동체로서 주민의 과반수가 무슬림인 나라와 지역이 이에 속한다. 이슬람은 13억 명(세계인구 5분의 1), 140개 나라에 산재해 있다.

몇 가지 알아야 할 개념을 정리해보자. 아랍이란 아랍어를 사용하는 셈족의 후예로서 아랍국가연맹에 가입한 22개국을 지칭한다. 중동(Middle East)은 지정학적 개념이다. 15세기 포르투갈인들이 동방에 진출하면서 등장('극동'도 등장)하였고, 제2차 세계대전시 영국에 의해 공식적으로 사용(인도와 유럽의 중간지대)하였다.

이슬람교에는 5대 의무가 있다고 한다.

첫째, 증언 또는 고백(샤하다) – 신앙고백이다.

둘째, 기도(살라트) – 하루 다섯 번 기도해야 한다.

셋째, 희사(자카트) – 단식이 끝난 후 자선행위를 의무적으로 한다.

넷째, 단식(샤움) – 라마단 기간 동안 해가 질 때까지 아무것도 먹지 않는다.

다섯째, 순례(하지) – 일생동안 메카에 있는 카바신전을 방문하는 것이다.

이 다섯 가지가 무슬림의 5대 의무이다. 그 중 라마단에 대하여 구체적으로 알아보자. 라마단이란 아랍어로 '더운달'을 뜻한다. 천사 가브리엘이 무함마드에게 「코란」을 가르친 신성한 달로 여겨, 이슬람교도는 이 기간 일출에서 일몰까지 의무적으로 금식하고, 날마다 5번의 기도를 드린다. 다만 여행자 · 병자 · 임신부 등은 면제되는 대신, 후에 별도로 수일간 금식해야 한다. 이러한 습관은 유대교의 금식일(1월 10일) 규정을 본떠 제정한 것인데, 624년 바두르의 전승(戰勝)을 기념하기 위하여 이 달로 바꾸어 정하였다. 신자에게 부여된 5가지 의무 가운데 하나이며, 라마단이라는 용어 자체가 금식을 뜻하는 경우도 있다. 이 기간에는 해가 떠 있는 동안 음식뿐만 아니라 담배, 물, 성관계도 금지된다. 라마단은 해마다 조금씩 빨라진다. 이슬람력은 윤달이 없이 12개의 태음력으로 이루어져 있어 태양력보다 11~12일이 적기 때문이다. 해마다 라마단이 다가오면 전문가단이 구성되어 초승달을 관측하고, 최고 종교지도자가 초승달을 육안으로 관찰한 후 라마단의 시작날짜를 공포하며, 같은 이슬람국가라도 교리에 따라 하루 정도 차이가 나기도 한다. 많은 이슬람교도들은 각자의 지역에서 달의 모양을 관찰한 결과를 토대로 라마단을 시작하지만, 지역에 관계없이 사우디아라비아의 메카에서 초승달이 보이는 날짜를 따르는 신자들도 있다.

삼성건설 이집트 사례로 라마단의 의미를 분석해보자.[1] 라마단은 금식과 포식이 공존하는 이슬람 고유의 문화이다. 이집트 카이로 외곽의 카타미야사막 지역에 위치한 삼성건설 카이로아메리칸대학(AUC) 신축공사 현장의 한국인 임직원 18명은 단식보다는 급식에 더 신경 쓴다. 낮에 아무것도 먹지 못하고 일한 3,000여 명의 현지 무슬림 근로자가 일몰 직후 일제히 저녁식사를 먹을 수 있도록 준비해야 하기 때문이다.

근로자들과 더불어 해 본 하루의 단식이었지만 이만저만한 고통이 아니었다. 찌는 더위 속에서 힘든 일을 하면서도 갈증을 참아내는 그들의 신앙심에 절로 고개가 숙여졌다.

---

1) 삼성건설 사례는 중앙일보 2006년 9월 28일자 기사 '이집트 한국기업 공사현장에 가보니 … 해 떨어지자 3,000명 동시 식사'를 중심으로 작성되었음.

삼성건설의 이집트 사례로 라마단 배식장면

현장 근로자들은 모두 합숙소에서 생활한다. 삼성 직원들은 이들 3,000여 명이 낮시간의 단식을 마치고 똑같은 시간에 식사를 할 수 있도록 만반의 준비를 해야 한다. 그렇지 않으면 사단이 벌어지기도 한다. 지난해 라마단엔 실제로 이런 일이 일어났다. 배식을 자유롭게 받도록 놔뒀더니 국에서 고기를 더 건져 먹겠다는 사람과 뒤에서 기다리고 있던 근로자 간에 식판을 던지며 싸움이 벌어졌다. 이 사건 뒤 한국인 임직원들은 금식기간 중에는 하루도 빠지지 않고 모두 합숙소에서 비상 대기하며 급식을 돕고 있다.

이번 라마단 저녁식사는 오후 5시 48분 시작하기로 돼 있었다. 일몰시간에 맞춰 '아잔(예배를 알리는 외침)'이 울리면 근로자들이 일제히 식사를 시작할 수 있어야 한다. 그러려면 늦어도 오후 5시엔 배식을 시작해야 하기 때문에 준비에 빈틈이 없어야 한다. 일출시간인 오전 4시 18분부터 일몰까지 13시간 22분 동안 물도 못 마시고 일한다. 만약 식사가 늦으면 어떤 상황이 발생할지 모른다. 회사 측은 배식을 원활히 하기 위해 10개의 배식대를 만들고 2,000명을 동시에 수용할 수 있는 넓은 야외 텐트식당도 마련했다. 나머지 1,000여 명은 인근 두 곳의 식당에서 같은 시간에 식사를 한다.

저녁식사를 차질 없이 준비하려면 오후 2시에 취사를 시작해 4시 30분까지는 끝내야 한다. 이를 위해 회사측은 라마단 기간에는 주방 인력을 평소의 두 배인 60여 명으로 늘린다. 점심을 거르고 일한 근로자들을 위해 별식도 준비해야 한다. 한국 직원들이 현지 문화에 특별한 관심을 갖고 근로자들을 배려하는 것은 공사 규모가 워낙 커 인력관리가 특히 중요하기 때문이다. 카이로 시내에서 35㎞ 떨어진 허허벌판 카타미야사막에서 진행되고 있는 AUC 신축공사는 30만 평의 대지에 47개 동의 건물을 짓는 대형 공사다.

현장의 한국인들은 현지 근로자들의 식사가 끝나야 비로소 저녁을 먹을 수 있다. 이들이 사막 현장을 빠져나와 카이로 시내의 숙소로 돌아가는 시간은 오후 10시. 라마단의 시작을 알리는 초승달이 보름을 지나 그 달로 사라져야 '급식 프로젝트'는 끝난다.

CASE

28 국가별 선호색

주제 / 선호색

중국인들이 선호하는 색은 무엇일까? 중국에서 빨간색에 대한 애호는 귀족사회에서 점차 민간에까지 확대되어 중국의 국기에 붉은색과 황금색만 들어갈 정도로 이제는 중국인 모두가 좋아하는 색이 되었다. 심지어 탐관오리들이 제일 좋아하는 뇌물도 홍포(紅包)라고 한다. 돈을 빨간 봉투에 넣어주기 때문이다. 실제로 중국 북경 지하철을 이용해보면 더욱 실감할 수 있다. 지하철 내부와 대합실의 벽면에 온갖 붉은 광고들이 늘어선 것은 한국의 지하철 대합실과는 뚜렷한 차이가 있음을 알 수 있다. 이러한 중국의 붉은색 선호를 기업의 입장에서 적극적으로 활용한 예는 초코파이의 포장지 변경이다. 원래 초코파이는 국내에서 푸른색 포장지를 사용하였으나 효과적인 중국시장 진출을 위해 중국인이 붉은색을 선호한다는 점에 착안하여 초코파이 포장지색을 붉은색으로 변경하였다.

출처 : 세계일보, 페라리의 '라페라리'(LaFerrari)

한국인과 국민성이 비슷하다는 이탈리아 국민들은 다혈질이고 쉽게 흥분하는 특성이 있다. 그들이 좋아하는 색도 역시 붉은색이다. 대표적인 스포츠카 브랜드인 페라리의 경우도 심벌 컬러가 붉은색이다. 'Italian red'라는 이름이 붙여지기도 했다. 한국의 경우, 예전에는 붉은색 볼펜으로 이름을 적으면 그 사람이 죽는다는 미신을 믿을 정도로 적색을 피하거나 혐오하는 경향을 보여왔다. 그러나 2002년 월드컵 당시 국가대표 축구팀이 입었던 붉은 유니폼을 사람들이 따라 입고, 시청 앞에 붉은 물결을 만들게 되면서 혐오하는 색상이 갑자기 선호하는 색상이 되기도 하였다.

흰색은 유태교에 있어서 기쁨, 정화의 뜻을 가지고 있으며 카발라[2]에서 나오는 '세피로스(Sephiroth)'의 케테루(왕관)를 의미하기 때문에 유태민족인 이스라엘 사람들도 흰색을 매우 좋아한다. 또한 동양권이 아닌 스위스 같은 경우에도 14세기부터 흰색 십자가를 기치(旗幟)로 써 왔으며 그것을 일종의 자신의 국민을 상징하는 색으로 여겨 국기에도 그 흰색 십자가를 그대로 반영하기도 하였다. 덧붙여, 눈이 많이 오는 알프스산 역시 스위스의 대표적인 상징 중 하나가 되어 스위스 국민들은 흰색을 매우 선호한다.

반면 중국이나 일본에서는 흰색을 지독하게 싫어한다. 중국인과 절교하고 싶을 때, 가장 간단한 방법이 결혼축의금이나 뇌물을 흰 봉투에다 건네주는 것일 정도로 흰색을 싫어하고 기피하고 있다. 국민당 정권을 백색정권이라 하고 사상이 나쁜 사람을 백전(白顚)이라고 비판한다. 일본에서는 흰색을 죽음의 색이라고 생각하기 때문에 흰꽃도 싫어할 정도이다. 반면, 서양에서는 미국을 비롯한 거의 모든 그리스트교 국가들은 검은색을 죽음의 상징이라고 싫어하는데 이는 중국이나 우리나라도 마찬가지이다. 장례식장에서 검은 옷이나 흰 옷을 주로 입는 것도 이 때문인 것이다.

프랑스인들은 옛 독일군의 복장이었던 초록색을 가장 싫어하지만, 영국인들은 평화와 안전, 객관성을 상징하는 색인 초록색을 선호한다. 독일인들은 환경과 성실함, 자연과의 조화를 상징하는 실버를 좋아한다. 벤츠, BMW, 아우디(Audi) 등 유명한 독일차 중에서도 가장 많이 팔리는 색깔은 'German grey'이다.

노란색 같은 경우, 스웨덴이 국기에 노란색 십자 가로줄 무늬가 들어가 있고 국가대표 축구선수들의 유니폼이 노란색이어서 선호하기는 하나 스웨덴을 제외한 다른 나라에서는 선호하는 사람들이 매우 드물다. 노란색은 미국에서는 비겁함을 뜻

2) 유대교에서의 신비주의 교과

하고 브라질에서는 절망에 빠진다는 미신을 의미한다. 또한 파키스탄과 아일랜드에서는 노란색을 특히 싫어하는데 그 이유는 노란색이 자신들의 나라에서 이교도의 색을 뜻하기 때문이다. 뿐만 아니라 시리아 등의 회교국가에서는 황색은 죽음을 상징하기 때문에 노란색은 기피하는 색상이 되었다.

또한 일본인이 가장 좋아하는 색깔은 보라색이다. 일본 황실을 나타내는 색이기 때문이다. 또한 일본 축구 대표팀의 컬러인 파란색도 많은 인기가 있다. 우리나라의 붉은색과는 대비되는 색으로서 정열적이고 강렬한 느낌의 우리와는 달리 차분하면서 차가운 느낌의 일본 국민성을 대변한다고 볼 수 있다. 이러한 일본인의 선호색을 기업차원에서 활용한 예로 1990년대 후반 LG전자에서 내놓은 침구청소기인 '크리마루'는 보라색을 주요 컬러로 일본시장에 진출하여 인기를 끌었던 적이 있다.

CASE 029 국가별 선호숫자

주제 / 선호숫자

선호색의 차이에 있어선 국가별로 천차만별이었던 것과는 달리 숫자에 있어서는 어느 정도 동양권과 서양권의 차이가 명확하게 나타나고 있다. 동양권의 선호숫자와 혐오숫자는 대부분 언어, 특히나 발음적인 것에서 유래가 되었는가 하면 서양은 신화나 성서 등의 이야기에서 비롯되었다.

중국인이 가장 좋아하는 숫자는 8이다. 그 이유는 팔의 중국어 발음이 'pa(빠)'인데 '發'의 'fa(파)'의 발음과 비슷하기 때문이다. 게다가 '發'자에는 '발재(發財)', 즉 돈을 번다, 재산을 모은다는 뜻이 있다. 8자로 계속되는 전화번호, 핸드폰번호, 차번호 등이 엄청난 프리미엄이 붙어 거래되는 것은 물론, 888원 등 8원으로 끝나는 가격표도 흔히 볼 수 있다. 이런 가격표를 보면 깎기 좋아하는 중국인이라고 해도 흥정도 않고 그냥 사가는 사람이 많기 때문이라고 한다. 중국인의 8 선호경향은 우리나라의 3 선호경향과 외국의 7 선호경향을 훨씬 앞서는 것이어서 중국의 주요 호텔 전화번호를 보면 다음과 같다. 오주호텔(五洲大飯店) 6491-5588, 곤륜호텔(崑崙飯店) 6500-3388, 국제호텔(國際飯店) 6512-6688, 전문호텔(前門飯店) 6301-6688, 수도호텔(首都賓館) 6512-9988, 왕부호텔(王府飯店) 6512-8899, 천륜왕조호텔(天倫王朝飯店) 6513-8888, 경광 신세계호텔(京廣新世界飯店) 6501-8888, 우의호텔(友誼賓館) 6849-8888) 등이 있다. 우리나라가 88올림픽을 개최했을 때 너무나도 부러워했다는 소문이 있을 정도이다.

8 다음으로 중국인이 좋아하는 숫자는 '9'이다. '九'의 발음 'jiu'는 길다, 장수한다 등의 뜻을 가진 '久' 자와 발음이 같기 때문이다. 오죽하면 중국 모든 유물의 계단은 9개로 되어 있을 정도이다. 그러나 한국은 "아홉수를 조심하라"라는 말이 예부터 있을 정도로 9라는 수를 위험의 전조라 여긴다. 왜냐하면 9라는 숫자가 어떤 일의 마지막이라는 아슬아슬한 느낌을 준다고 여겼기 때문이다. 그렇기 때문에 예전에는 '29세'에는 결혼을 피하고 '59세'에는 생일을 꺼리는 풍습도 있었다고 한다. 일본은 우리나라와 같은 이유는 아니나 9라는 숫자의 발음이 괴로울 고(苦)의 발음과 비슷하다 하여 기피한다고 한다.

한국, 중국, 일본에서 공통적으로 극히 싫어하는 숫자는 누구나 알다시피 '4'이다. 왜냐하면 4자의 발음이 죽을 사(死)자와 같기 때문이다. 서양문화권의 외국사람들이 한국에 왔을 때에도 호텔이나 일반 건물 등에 4층이 없다는 것을 보고 매우 당황스러워 하지만 한국 사람들은 그것을 오히려 당연하다고 여기는 것을 보면 얼마나 4라는 숫자를 싫어하는지 알 수 있다.

서양의 경우는 어떨까? 서양에선 7과 13을 빼놓을 수 없다. 이들 숫자가 왜 행운과 불행을 뜻하게 되었는지를 살펴보면 어느 정도 일리가 있다. 성서를 살펴보면 7은 더욱 의미가 좋은 수라는 것을 알게 된다. 하느님이 6일간 밤낮으로 세계를 창조하고 쉰 날도 7번째 날이고, 이 때문에 한 주일이 7일이 되었다. 구약성서에서도 아담의 7대손인 라멕은 777세를 누리고 죽었으며, 노아의 방주에 짐승들이 들어간 7일 후 홍수가 땅을 덮으며, 노아는 땅에 물이 걷히고 나서도 7일을 기다려 비둘기를 내보낸다.

이 밖에도 이스라엘에서는 속죄의식을 치를 때 피를 일곱 번 뿌렸다. 결혼식도 7일, 추모기간이나 큰 축제도 7일간이었다. 이란의 결혼식에는 일곱 명이 거드는 것이 의무이고, 병이 나면 일곱 집에서 거두어들인 음식물을 환자에게 주어야 한다. 이슬람교에서 기도할 때는 신체의 일곱 부분(얼굴, 두 팔, 두 무릎, 두 발)을 사용한다. 위계질서는 일곱 등급으로 구분되어 있다.

반면 13은 서양인들에게 마냥 두렵기만 한 숫자이다. 이 같은 현상이 일어나는 이유는 역시 성서에서 찾아볼 수 있다. 예수는 자신이 체포돼 사형될 것을 알고 12명의 제자와 함께 만찬을 들었다. 식사 도중 유다가 자리를 떠나 예수를 배반하고 예수는 잡혀갔다. 다음날 예수는 십자가에 못 박혀 죽음을 당했는데, 이 날이 금요일이었다. 기독교도들은 예수와 12제자를 합해 13명이 모인 곳에서 유다의 배반이 일어났으므로 13이라는 숫자에 배반과 불행이 담겨 있다고 믿게 됐다. 이는 서양의 대부분의 나라들이 기독교의 영향을 받았기 때문이라고 생각된다.

한국인은 예로부터 3을 좋아했다. 단군신화에서 환웅은 천부인 3개를 받아 무리 3,000명을 거느리고 인간의 일 360가지를 다스렸다고 했다. 3에는 '천', '지', '인'을 포함하는 우주의 섭리가 모두 들어 있다고 믿은 것이다. 또한 3은 완성, 최고, 최대, 신성, 장기성, 종합성 따위로 인식한다. 우리는 무엇인가 내기 할 때도 삼세판, 응원할 때도 337박수, 정치도 삼권분립, 도망칠 때도 삼십육계 줄행랑, 출산 후 몸을 조리하는 일수도 삼칠일, 이렇듯 우리나라는 3이라는 숫자를 좋아한다. 심지어 화장실에 노크할 때도 '똑똑똑' 세 번 두드린다. 각국의 선호숫자는 숫자 마케팅을 할 때의 고려대상으로 주의를 기울여야 한다. 우리나라의 대표적인 껌 상품 중에 'Xylitol333'이라는 것이 있는데 3가지 기능성과 3배의 풍부한 향, 그리고 3가지 맛이란 뜻이다. 우리가 좋아하는 3이 세 번이나 들어가 성공을 거뒀고, 우리나라 금수강산 3000리를 이용한 삼천리자전거도 3을 이용한 브랜드명으로 성공했다.

CASE 30 국가별 인사법

주제 / 인사법

글로벌화의 확대로 외국인과의 접촉 또한 많아져 실수하지 않으려면 각국의 인사법을 잘 알아야 한다. 일본에서는 명함을 건네는 것이 일반화되어 직장인뿐만 아니라 학생들까지도 명함을 주고받는다. 따라서 명함을 받으면 상대방이 보는 앞에서 직함을 읽어보고 소중하게 지갑에 넣는 것이 예의이다.

미국인들은 남자는 악수하고 여자는 얼싸안으며 반가움을 표시하는 경우가 많다. 미국의 경우는 서로 모르는 남성이 소개를 나눌 경우 자기 이름을 대면서 악수를 한다. 이때 한국처럼 허리는 굽히지 않는다. 한국사람들은 습관적으로 허리를 굽실거리는 경우가 있는데 이는 떳떳하지 못하다는 인상을 심어줄 수도 있다. 또한 한국에서는 명함을 건네면서 자기 이름을 말하는데, 미국에서는 습관이 되어 있지 않으므로 상대방으로부터 명함을 건네받는 것은 별로 기대할 수 없다.

악수는 미국에서 시작되었는데 그 기원은 서부시대로 거슬러 올라간다. 당시에는 많은 사람이 권총 등과 같은 무기를 가지고 있었기 때문에 "자신은 무기를 가지고 있지 않

한국 – 안녕하세요 중국 – 니하오마 인도 – 나마스떼 하와이 – 알로와

으며 당신을 해칠 생각이 없다"라는 것을 보여주기 위해서 빈 손으로 악수를 청했다고 한다. 그렇기 때문에 서로 간에 악수를 건네며 시선을 다른 곳으로 돌리지 않고 상대방의 눈을 응시하게 된다. 만약 시선을 피하거나 외면한다면 그것은 거짓말을 하고 있다는 것으로 자칫 오인될 수 있기 때문이다.

미국 등지에서는 이처럼 인사에 있어 손을 중요시하는 반면, 유럽 등지에서는 얼굴을 중요시한다. 스페인이나 이탈리아, 프랑스 등에서는 얼굴에 있어서도 뺨을 매우 중요하게 생각하여 반가운 사람을 만나면 서로의 뺨에 뽀뽀를 한다. 단, 많은 동양사람들이 오해하는 것은 실제로 볼에 진한 뽀뽀를 하는 것이 아니라 애인 사이나 가족 사이가 아니면 볼 앞에서 입술로 "쪽" 소리만을 낸다. 절친하거나 연인 사이가 아닌데도 불구하고 실제로 뽀뽀를 하게 되면 상대방, 특히나 여성에게는 결례가 될 수 있다.

인도, 특히 인도국민의 절대다수를 차지하는 힌두교도들은 인사를 하며 '나마스떼'(Namaste)라는 말을 하는데 이는 산스크리트어로 "당신 앞에 절을 합니다"라는 의미이다. 즉, 상대방에게 존경의 표시를 하는 인사말이다. 나마스떼라는 말을 함과 동시에 행동은 두 손을 공손하게 가지런히 모으며 고개를 살짝 숙인다. 이는 한국 불교도들의 인사법과 흡사하다. 인도 역시 우리의 인사와는 말과 행동에 있어서 조금의 차이는 있으나 종교에서 유래하여 상대방에게 존경을 표시하는 의미를 가진 인사를 건넨다는 점에서 유사함을 찾을 수 있다.

이 외에도 특이한 인사법들이 많다. 대표적인 예로 아프리카 마사이부족 사람들은 반가움의 표시로 얼굴에 침을 뱉는다. 한국에서는 "웃는 낯에 침 뱉으랴"라는 속담이 있을 정도로 침을 뱉는다는 행위 자체는 참으로 모욕적인 것이며 더군다나 상대방의 얼굴에 침을 뱉는다는 것은 이루 말할 수 없는 굴욕감을 주는 행위라고 할 수 있다. 그러나 아프리카의 마사이족의 경우 반가움의 표시로 상대방의 얼굴에 침을 뱉는 것이다. 한국에서는 상상도 할 수 없는 일이지만 그들에게는 그것이 인사의 한 방법이다. 뉴질랜드의 마오리족은 손님을 환영할 때 코를 두 번씩 비비는 코 인사를 한다. 이때 "키오라!"라고 외치며 코를 2번 부딪히는 것이 인사인데 실수로 3번을 부딪히게 되면 이는 청혼을 의미하는 것이므로 각별한 주의를 기울여야 한다. 콜롬비아, 아르헨티나 등 중남미국가에서는 서로 껴안고 키스를 한 후 어깨를 몇 번 두드리는 인사를 한다.

흥미로운 점은 국가별 선호 및 비선호하는 숫자의 차이는 동양권 국가들은 각 나라의 역사와 언어에서 주로 비롯되었고 서양권은 대체적으로 종교와 관련이 있다는 점이다.

반면 인사법은 동양권이 종교 및 사상과 관련이 되어 있고 서양권이 각 나라의 역사에서 비롯되었다는 것이다. 이러한 인사법의 차이로 인해 어느 국가에서는 반가운 인사가 다른 국가에서는 모욕감을 주는 행위가 될 수 있다. 반대로 한 나라의 매우 지저분한 행동이 반대편 나라에서는 반가움을 표현하는 행동이 될 수가 있다. 예를 들면, 아프리카 마사이족을 만나면 거리낌 없이 상대방의 얼굴에 침을 뱉을 수 있는 용기가 필요하다. 그렇기 때문에 글로벌 시대에 여러 국가의 인사법은 각 문화의 이해에 있어서 특히 선행되어야 할 부분이라 할 수 있다.

CASE 031

국가별 식사예절

주제 / **식사예절**

중국의 경우 제대로 된 중국음식은 서양음식 못지 않게 격식이 까다롭고 가짓수도 수십 가지이고 사천요리, 북경요리 등등 지방마다 특색도 다양하다.

중국의 식당에서는 초대 손님이 전원 모일 때까지 응접실에서 기다리는 동안 손수건이 나오면 손을 닦기도 하고 호박씨나 수박씨를 까먹기도 하며 차가 나오면 차를 마시기도 한다. 중국음식은 1인용이 아니고 여러 사람분이 한 그릇에 담겨져 나오기 때문에 그릇을 돌려가며 적당한 양을 떠서 먹는다. 식사를 할 때 음식을 상 위에서부터 덜고 음식이 돌아올 때 젓가락을 들고 있는 것은 금물이다. 회전대로 돌려가며 음식은 조금씩 떠서 먹는데 역시 찬 것부터 더운 것으로 순서대로 먹는다. 옆 사람에게 음식을 떠주는 것은 정의를 표하는 것이다. 중국사람들은 식사할 때 담소를 얼마만큼 잘하느냐에 따라 그 사람에게 호감을 주느냐 마느냐를 결정할 정도로 중요시 여긴다. 그래서 두세 시간의 식사시간이 소요되는 것은 보통이다. 이때의 화제는 너무 무거운 주제는 피하고 다 같이 즐겁게 웃고 즐길 수 있는 것으로 준비하면 무난하다. 전문적이어서 어려운 이야기, 불쾌한 이야기, 불결한 이야기 등의 화제는 삼가는 것이 좋다. 중국사람들은 우리나라 사람처럼 술은 무리하게 권하지 않지만 한번 술을 받으면 그 술은 단숨에 마시고 술잔을 보이는 것이 관례다.

한국과 일본은 같은 좌식문화를 지속시키고 있는 나라이다. 식사를 할 때 방석은 우리나라와 같이 밟고 앉지 않는다. 우선 무릎으로 앉아 조정한다. 식탁은 다르나 일식의 기본은 겸상이 없다. 한 사람당 한 상인데 다리가 없으며 허리를 굽히고 먹으면 실례이다. 그릇에 뚜껑이 덮여 있는 것은 큰 것 위에 작은 것을 겹쳐 밑에 놓는다. 일본 식사에서는 숟가락이 사용되지 않고 젓가락으로만 음식을 먹는다. 밥그릇, 국그릇은 반드시 들고 먹는 것이 기본이며 국도 젓가락으로 먹는다. 국을 마실 때는 소리가 나도 상관이 없다. 일본의 밥그릇은 매우 작기 때문에 사람에 따라서 2~3그릇을 먹어야 배가 부른 경우가 있는데, 이럴 때는 공기를 깨끗이 비우지 않고 조금 남긴다. 한 공기 더 먹고 싶다는 의사표현인 것이다. 공기를 깨끗이 비우는 것은 식사를 마쳤다는 뜻이다. 일본음식엔 튀긴 음식이 많고 생선요리, 특히 회가 많다. 이러한 것들을 간장이나 양념에 찍어먹을 때 흘리지 않도록 주의한다. 식사 중에 술을 마시게 될 때 일본 술은 아주 작은 잔으로 마신다. 술은 한꺼번에 마시는 것이 아니고 한 모금 마신 다음 요리를 들고 천천히 여유 있게 마신다. 건배를 하는 횟수가 많고 술을 따르면 일단 상에 놓았다가 다 따른 후 눈 위까지 들고 건배한 다음 마신다. 술을 따를 때에는 두 번에 걸쳐 따른다. 술을 못 마신다고 잔을 엎어 놓으면 실례이다.

서양요리는 우리나라의 격식과는 모든 면이 다르다. 젓가락과 숟가락을 사용하지 않고 나이프와 포크를 사용한다. 개수가 많을수록 정식이라는 것도 알아두면 좋다. 개수가 많다고 당황하지 말고 바깥 것부터 좌우에서 집어 그때그때 음식에 맞게 사용하면 된다. 수프나 국수 같은 요리를 먹을 때 우리나라 사람들이 많이 하는 실수가 소리를 내면서 먹는 것인데, 입술을 붙이고 음식을 먹으면 소리가 나지 않는다. 수프는 안에서부터 밖을 향하여 가볍게 떠서 먹도록 하고 절대 그릇에 입을 직접 대지 않도록 한다. 또한 국수는 포크로 돌돌 말아서 한 입에 딱 맞는 크기로 먹는다.

CASE 032 국가별 손동작 의미

주제 / 손동작

세계 여러 나라에서는 언어만으로 표현하기 힘든 것을 손동작, 몸동작으로 쉽게 표현할 수 있기 때문에 각종 제스처를 일상생활에서 널리 사용한다. 하지만 이 역시 나라마다 통일된 행동양식을 사용하는 것이 아닐 뿐더러 한 나라에서는 좋은 의미가 다른 나라에서는 좋지 않은 의미를 닮고 있는 경우가 많으므로 매우 유의해야 한다.

일반적으로 우리는 누구를 부를 때 손을 전부 펴고 바닥을 아래로 하여 손목을 위 아래로 꺾으면서 사람을 부른다. 이는 비단 우리나라뿐만이 아니라 중동 및 극동지역에서도 동일하게 사용되고 있는 손동작이다. 그러나 이 동일한 행동이 서구지역에서는 '오라'는 뜻이 아닌 '가라'라는 뜻이 되고 만다. 180도 다른 정반대의 뜻을 가지는 것이다. 이 사실을 몰랐을 경우에는 급히 불러야 할 사람을 도리어 급히 보내고 마는 우스운 상황이 연출될 수 있다. 가장 다양한 뜻을 가진 손동작은 엄지와 검지로 동그라미를 만드는 링 사인이다. 먼저 미국의 영향을 받아 한국에서는 엄지와 검지로 동그라미를 만들고 나머지 세 손가락을 다 펴는, 일명 'OK' 손동작을 많이 사용한다. 이는 미국에서는 '좋다, 괜찮다'라는 의미이고 한국과 일본에서는 동일한 의미를 가지기도 하고 동시에 동전의 모양을 닮았다 하여 '돈'을 의미하기도 한다. 하지만 이탈리아에서는 이 손모양이 '불안하다'라는 뜻을 나타내고, 콜롬비아에서는 OK 손동작을 코 위로 덧붙여 하게 되면 특정 사람이 '동성연애자'임을 나타내는 의미가 된다. 또한 브라질에서는 OK 손동작이 남녀 간의 성교를 의미하는 손동작이므로 많은 사람들과 함께

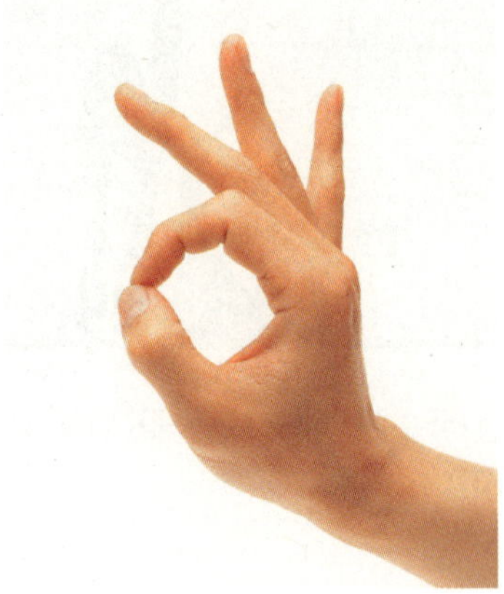

있을 때 특히나 조심해야 한다. 뿐만 아니라 남부 프랑스에서는 OK 사인이 무가치하고 별볼일 없음, 즉 0의 의미를 가지며 이라크에서는 해코지하는 악마의 눈을 표현한다고 하여 매우 부정적인 의미를 가지고 있다.

머리를 위 아래로 끄덕이는 행위는 세계 어디서나 거의 YES, 즉 긍정의 표현이지만 불가리아와 그리스에서는 반대로 NO, 즉 부정의 뜻이므로 주의를 해야 할 것이다. 이 외에 그리스에서는 우리가 알고 있는 손동작을 반대로 쓰는 경우가 많다. 손바닥을 바깥쪽으로 향한 V자 사인은 유럽에선 승리를, 그리스에서는 욕이다. 손등을 바깥쪽으로 향한 V자 사인은 영국과 프랑스에서는 꺼져버리라는 의미지만, 그리스에서는 승리다. 손바닥을 펴서 흔드는 행위는 보통 안녕의 의미지만, 그리스에서는 당신의 일이 잘되지 않기를 바란다는 뜻이다.

또한 주먹을 쥔 상태에서 엄지손가락을 편 후에 치켜올리는, 일명 '최고'라는 손동작은 한국뿐만 아니라 미국 등지에서도 좋은 의미를 가지고 있지만 적도 아래 호주에서는 매우 무례한 의미의 제스처로 여겨진다. 또한 그리스에서는 '조용히 하라'는 표현을 매우 격하게 하는 '입 닥쳐!'라는 욕이며, 러시아에서는 동성연애자들 간의 사인이 된다.

귀에다 대고 손가락을 빙빙 돌리는 행위는 한국에서는 미쳤다는 의미지만 네덜란드에서는 전화 중이라는 의미다. 엄지와 중지 사이에 검지를 끼워 넣는 행위는 거의 모든 나라에서 외설적이고 경멸하는 제스처이지만, 미국에서는 '아이가 귀엽다'는 의미이다.

손가락으로 사람을 가리키며 말하는 행위는 일명 삿대질이라고 하여 굉장히 무례한 행동으로 간주되는데 이는 거의 세계 공통의 제스처이다. 또한 중지를 내미는 것은 외설적이고 부정적인 의미로서 이 역시 세계 공통으로 사용되고 있다.

이 밖에 어깨를 으쓱하면서 양손바닥을 하늘로 향하게 하는 행위는 구미에서 '내가 무엇을', '나는 모르겠다'라는 의미이다. 수평으로 뿔 만들기는 유럽에서 악령에 대한 자기 방어의 표시이고, 두 손가락을 맞대는 행위는 이집트에서 남녀의 동침 의미이다. 검지와 중지를 교차시키기는 유럽과 미주지역에서 방어나 행운을 의미하고, 주먹으로 손바닥을 치는 행위는 도전을 의미한다. 합장은 불교국가에서 인사 대신으로 사용하고, 엄지로 코를 미는 행위는 유럽에서 조롱을 뜻한다. 코에 원을 그리는 행위는 콜롬비아에서 동성연애자를 의미한다. 손끝에 키스하는 것은 유럽이나 남아메리카에서 매우 아름답다는 뜻이다. 턱을 두드리는 행위는 이탈리아에서 별 재미가 없거나 저리 가버리라는 의미이다.

또한 갑자기 좋은 아이디어 등이 생각났을 때 우리나라에서는 엄지와 중지를 이용하여 '옳커니!'라는 의미의 '딱!' 소리를 내는 손동작을 취하게 되는데 이 역시 우리나라에서는 자주 애용하는 일반적인 손동작이지만 미국에서는 강아지나 고양이 등의 애완동물을 부를 때 사용하는, 사람 앞에서 사용했을 때는 모욕감을 주는 행위이므로 조심해서 사용해야 한다. 반대로 우리나라나 일본, 중국 등에서는 손바닥을 하늘을 향한 상태에서 주먹을 쥐고 검지손가락만 쥐었다 폈다 하면서 '까딱까딱' 사람을 부르는 행위를 매우 굴욕감을 주는 행위로 생각하여 금기시 하는 반면에, 미국에서는 아무렇지 않게 생각하여 공공장소에서 웨이터나 도우미 등을 그러한 방식으로 부른다.

우리나라에서는 아이가 잘못을 저질렀을 경우에나 버릇 없는 행동 등을 했을 경우 코를 잡아 흔들면서 야단을 치기 마련이다. 또한 코를 잡힌 아이 역시 표정을 찌푸리며 매우 안 좋은 감정을 가지게 되고 자신이 기분 나쁜 벌을 받았다는 인식을 가지게 된다. 그러나 미국이나 캐나다, 이탈리아 등에서는 아이가 경미한 위험에 처했다가 벗어났을 경우 가볍게 코를 잡아 흔들어 준다. 이는 성인이 아이에게 "다음부터는 조심하라"라는 의미를 가지는 행동으로서 아이의 입장에서도 "저 사람이 나를 걱정해 주는구나"라는 생각을 가지고 대수롭지 않게 생각한다. 또한 푸에르트리코에서는 "너 무슨일 있니?"라는 걱정의 표시이다.

이처럼 각국의 제스처, 특히나 손동작은 말로는 다 표현하기 힘든 작은 세심한 부분의 느낌까지 전할 수 있기 때문에 많이 알아두는 것이 좋다. 다만 그 의미와 시기적절한 때를 잘 알아두어야만 그 효과를 발휘할 수 있다. 한국에서 많이 쓰인다고 해서 함부로 쓰지 않도록 주의를 해야겠지만, 무의식적으로 손이 먼저 나가는 경우도 있을 것이다. 예를 들어, 그리스에서 계약을 성사시키고 기쁜 마음에 엄지손가락을 치켜세웠다가는 갑자기 주위 사람들이 싸해지는 것을 느낄 것이다. 그럴 때엔 당황하지 말고 차분히 양해를 구하며 나라마다 다른 제스처를 쓴다는 것을 이해시키는 것이 중요하다.

CASE 33

국가별 선물의 의미

주제 / 선물

선물이라는 것은 사람과의 관계를 더욱 친밀하게 하고 상대방에으로 하여금 나의 가까워지고 싶은 마음을 더 잘 알 수 있게 하는 매개체이다. 하지만 선물이라는 것 역시 나라별로 해도 괜찮은 것이 있고 절대로 하지 말아야 할 것이 있다. 본의 아니게 잘못 전해지는 선물은 그 사람과 친밀해지는 것이 아니라 오히려 그 사람과의 관계를 단절시키거나 악화시킬 수 있다.

중국사람에겐 죽음과 관련된 것, 예를 들어, 짚신과 시계, 황새와 두루미, 흰색, 검은색, 파란색이 많이 들어간 것은 피하는 것이 상책이다. 한국에서는 괘종시계 선물이 매우 흔하다. 특히 어느 건물이 새로 지어졌을 경우 건물 입구에 사람들이 다들 볼 수 있게 큰 괘종시계를 걸어놓는 경우를 흔히 볼 수 있다. 또한 이 시계들은 대부분 선물이라는 것을 알 수 있게 밑부분에 금색 글씨로 어떤 일을 축하하며 누가 주었다는 글씨가 새겨져 있다. 괘종시계처럼 종이 달린 시계는 중국에서 '끝낸다'와 죽음의 의미가 있으므로 피하고, 한국에서 명절 때 선물로 많이 하는 과일인 배도 이별의 의미가 있어 중국에서의 선물로 적합하지 않는다. 한국에서 '장수'의 긍정적인 의미를 갖는 거북이는 발음이 욕설과 비슷하다는 이유로 선물하면 큰일 난다. 한국의 결혼식에서 답례품으로 주는 우산도 중국에서는 금기 선물인데 이는 중국어의 '우산'은 '이별'이라는 말과 발음이 비슷하기 때문이다. 꽃다발도 선물로 안 준다. 꽃이 '생명이 짧음'을 의미하고 장례용이기 때문이다. 이처럼 중국에서는 언어의 특성상 발음이 부정적인 의미와 겹치는 물건들이 많으므로 특히 주의해야 한다. 또한 선물을 줄 때의 중국인들의 특징적인 점은 선물을 선뜻 받지 않는다는 점이다. 받기 전에는 세 번 정도 거절을 하므로 그만두는 것이 아니라 계속 받기를 권해야 한다. 이는 한국의 정서와도 비슷하다고 할 수 있다.

또한 일본을 비롯하여 멀리 서양에서의 멕시코나 아르헨티나에서도 절대적으로 금기시 되는 선물은 칼이다. 칼을 선물한다는 것은 그동안 상대방과의 관계에 있어 단절을 원한다는 의미가 되기 때문이다. 일본에서는 반짝거리는 색의 포장지를 쓰지 않으며 선물에 리본도 거의 달지 않는다. 가벼운 선물은 서로의 관계를 부드럽게 하는 윤활유 역할을 하므로 방문할 때 반드시 선물을 준비하는 것이 좋다. 이는 중국에서도 마찬가지다. 일본사람은 김치, 김, 건어물 종류의 식품과 도자기제품을 선물로 주면 좋을 것이다. 선물 이외에 카드도 많이 보내는데, 연초에는 연하장을, 여름에는 간단한 식료품을 보낸다. 식사 초대를 받았을 경우에는 수입 스카치, 코냑을 선물하는 것이 좋다. 일본인들은 짝으로 된 것이 행운을 가져다 준다고 여겨서 짝을 이룬 세트선물을 주면 좋아한다고 한다. 그러나 4개는 피해야 한다.

독일에서도 역시 흰색, 검정색의 포장지와 리본은 사용하지 않는다. 그러나 꽃은 일본에서처럼 짝수가 아닌 홀수로 선물하되 열세 송이는 피해야 한다. 이는 앞서 설명한 13의 불운 때문인 듯하다. 또한 비즈니스 때문에 독일을 방문할 때는 값비싼 선물은 뇌물로 취급되므로 주의해야 한다. 이는 세계 대부분의 나라에서 공통되는 인식이므로 값비싼 선물은 피하고 부담 없이 분위기를 좋게 만드는 선물을 준비할 필요가 있다. 고가의 선물이라 판단될 때는 정중하게 받은 선물을 되돌려 주는 일도 있다고 하니 이런 일이 없도록 선물을 신중하게 선택해야 한다. 독일인에게 꽃을 선물할 경우 꽃다발을 싼 포장지를 벗겨주는 것이 매너라고 한다. 포장한 꽃은 좋아하지 않는다고 한다. 우리에게는 이상하게 보일지 모르겠지만 그 나라의 고유한 문화이니 존중해주어야 한다.

말레이시아나 쿠웨이트의 경우 국민들 대다수가 이슬람교도들인데 이들에게는 돼지고기와 술은 물론이거니와 그것들을 도구로 사용하여 만들어진 것들 또한 선물해서는 안 된다. 돼지가죽으로 된 물건이나 향수들이 바로 그런 것이다. 마찬가지로 인도의 힌두교에서는 소를 매우 신성시하므로 소를 이용하여 만든 상품은 피하는 것이 가장 좋다.

프랑스나 유럽지역에선 빨간 장미를 아무에게나 선물하면 큰일 난다. 빨간 장미는 구애를 뜻하기 때문에 연인 사이에서만 주고받는 것이다. 그리고 한국에서 어버이날 감사의 의미로 선물하는 카네이션이 프랑스에서는 장례식용으로 불길한 꽃이라 생각할 수도 있다. 또 프랑스사람들은 향수나 와인에 대해 너무 잘 알고 있는 기호품이기 때문에 선물용으로는 적합하지 않다.

무엇보다도 선물은 마음과 정성이 중요하다. 꼭 상대방의 마음에 들어야 한다는 부담을 갖고 비싼 물건을 생각하기보다는 단돈 몇 천 원짜리라도 받으면 상대방의 기분이 좋아지는 그런 선물을 할 필요가 있다.

CASE

34 국가별 상관습

주제 / 상관습

중국인들은 협상을 유리하게 하기 위해 협상기한을 질질 끌어가는 경우가 많다. 막상 계약서에 싸인한 후에도 더욱 유리한 조건을 구하려 끈질기게 협상하려 할지도 모른다. 협상을 원하는 대로 성립시키려면 몇 번이고 중국에 갈 수 있다는 각오로 인내심 있게 기다려는 자세가 필요하다. 중국인은 사업에 있어서는 대단히 신중하고, 협상 성립에 있어서는 강한 신뢰관계가 이루어지길 바라는 민족이다. 중국은 특히나 외상거래가 오히려 현금거래보다 당연시 되는 문화를 가지고 있어 과거 중국에 진출했던 우리나라 몇 개 기업이 큰 곤욕을 치룬 적이 있다. 하지만 그 위기를 슬기롭게 헤쳐 나가면 위험했던 순간만큼이나 평탄한 길을 걷게 되는 것이 중국과의 거래이다. 즉 중국인들은 힘든 거래가 한 번 시작되게 되면 완전하게 마음을 열고 적극적인 거래를 시작한다. 그렇기 때문에 중국과의 거래나 협상은 초반에 매우 힘이 든다. 일반적으로 중국에서는 처음에 상대를 많이 의심하고 경계할 뿐만 아니라 가격에 있어서도 터무니 없는 가격을 부른 후에 흥정에 들어가는 경우가 대부분이다.

일본은 1950년대 이후 눈부신 경제발전을 이루었고 지금은 세계 제2위의 경제대국이다. 우리나라는 일본과의 무역에 상당한 정도로 의존하고 있는 입장이기 때문에 협상과정에서 혹시나 생길지도 모르는 상관습 차이에 대비해야 할 필요가 있다. 일본인은 일반적으로 바깥 세계의 정보에는 민감하게 반응하지 않고 집단 내의 정보에는 빠르게 반응한다. 개인의 주관적인 생각보다는 집단의 통일된 의견을 위해 고심하기 때문에 개인의 생각은 그다지 무게를 갖지 못한다. 또한 일본인은 다른 사람들과 유사한 것에서 일체감을 느끼려 하기 때문에 남들에게 겉으로 보여지는 것에 많은 신경을 쓰는 특성이 있다. 일본인들과의 협상과정에서 연출을 이용하는 것은 큰 도움이 될 수 있다. 사업 상대를

직접 발로 뛰며 찾아다니는 것보다 상대를 알고 있는 사람의 소개를 받는 것이 훨씬 유리하다. 이는 일본인이 소개자에 대한 의리를 느끼기 때문에 콘텐츠가 확실하다면 일이 잘 풀릴 가능성이 높아지기 때문이다. 또한 일본인들이 협상시에 자주 쓰는 "생각해보겠습니다"는 결코 긍정의 의미가 아니라 부정의 의미일 경우가 더 많으니 주의해야 한다. 일본인 같은 경우 상대를 신용하고 거래를 시작하더라도 나중에 시간이 지나면 다시금 상대를 의심하고 경계를 늦추지 않는 것이 대다수이다. 또한 일본은 매우 남성주의적 사회이기 때문에 일본 현지에서도 비즈니스 등에 있어 여성이 많이 경시되는 느낌이 없지 않아 있는 반면, 중국은 완전한 남녀평등 사상을 가진 나라이기 때문에 중국에서 비즈니스를 위해 여성이 나왔을 경우 일본에서와 같은 여성경시 태도를 조금이라도 보였다가는 거래는 꿈도 꾸지 못하게 된다. 또한 독일과의 거래와 마찬가지로 중국에서도 적용되는 이야기로서 급한 거래는 금물이다. 중국에는 우리나라의 '빨리빨리' 문화와 완전히 상반되는 '만만디'(천천히) 문화가 있어서 우리나라 기업인들이 주의하고 또 주의해야 할 유의점 중 하나이다.

미국은 우리나라의 가장 큰 교역상대로서, 경제적으로나 정치적으로 중요한 국가이기에 특히나 준비를 철저히 해야 할 상대이다. 또한 미국은 수많은 민족이 뭉쳐 살고 있는 나라이기 때문에 각 민족의 특성도 생각해야 한다. 사업상 교류시에 가장 주의해야 할 것이 그들의 미소에 속지 말아야 한다는 것이다. 미국인들은 길을 가다 서로 눈이 마주치면, 간단한 안부의 말을 걸어주거나 웃어주어야만 저 사람이 나에게 반감이 없다고 안심을 하는 습성을 가지고 있다. 우리나라에서는 눈을 마주치면 황급히 고개를 다른 곳으로 돌려버리지만, 이들에게 이런 몸짓은 "아, 저 사람이 나를 사람 취급 안하는구나"라는 굉장히 무례한 의미이다. 이런 이유로 그들은 환한 미소를 짓는 것이 생활화되어 있기 때문에 이것이 곧 성공적인 협상이라고 생각하면 큰 오산이라는 것이다. 미국은 뇌물수수 관행에 유달리 민감하고 과세가 철저하여 탈세를 하는 사람이 극히 드물다. 그런 사람은 적발 후에 흉악범과 같은 취급을 받게 된다. 심지어 50달러 이상의 선물을 받았을 경우에는 대통령이라 할지라도 공공기관에 기부를 해야 할 정도이다. 그렇기 때문에 "우리 회사좀 잘 봐주시기 바랍니다"라는 식의 뇌물성 수수는 거래를 망치는 지름길이다. 미국에서의 상문화는 '원리원칙, 공명정대' 그것이 바로 포인트다.

독일은 특히나 시간관념에 있어서 병적일 정도로 엄격하여 독일의 정시 버스운행은 세계적으로도 유명할 정도이다. 그렇기 때문에 독일인들과의 거래와 만남에 있어 2~3분 가량의 작은 시간 어김도 큰 이미지 실추를 가져오게 되므로 유의하여야 한다. 하지만 독일인이 시간관념에 철저하다고 하여 '빨리빨리'를 원하는 것은 절대로 아니다. '빨리빨리' 문화에 젖어 있는 우리나라가 독일인과의 거래에 있어 주의해야 할 점이 바로 그 점이다. 독일인과의 거래는 차근차근 정석에 맞추는 것이 좋다. 또한 거래를 성사시키기 위해 카탈로그를 준비함에 있어서도 독일인들은 허세나 과장보다는 상품에 대한 구체적인 정보를 중시하므로 모델과 배경을 강조한 화려한 카탈로그보다는 제품사양과 검사결과, 품질정보에 관한 글이 많이 적혀 있는 카탈로그를 준비하는 것이 효과적이다. 참고적으로 독일인들은 거래의 시작과 끝에 있어서 악수를 반드시 하는데 원래 유별나게 강하게 하는 것이 특징이니 당황하지 않아도 된다.

CASE

35 중국 진출 다국적기업 브랜드명[3]

주제 / 언어

중국 진출 외국기업은 중국어를 사용한 기업명을 등록하도록 규제하고 있다. '커린라이(克林萊), 바오자스(寶佳士), 이마이더(易買得), 하오리여우(好麗友).' 도무지 무슨 말인지 알아들을 수 없는 이들 중국어는 한결같이 국내 소비자들 귀에 익숙한 제품들의 이름이다. 중국시장을 뚫기 위해 내놓은 중국식 한자어 브랜드 '커린라이'는 크린랩, '바오자스'는 박카스, '이마이더'는 이마트, '하오리여우'는 오리온의 중국판 브랜드이다. 대부분 그동안 중국시장에서 각광받아온 브랜드들이다.

최근 13억 중국시장을 놓고 국내기업들이 너도나도 중국행 러시를 이루면서 중국식 브랜드 네이밍에 대한 관심도 덩달아 높아지고 있다. "이름이 튀어야 매출도 뛴다"는 중국시장의 특성 때문에 업계에서는 중국식 이름 짓기에 비상이 걸린 셈이다. 특히 중국법상 중국시장에 진출한 외국기업의 제품은 반드시 한자로 표기된 브랜드로 등록하도록 되어 있어 국내기업들은 중국인들의 구매심리를 자극할 수 있는 한자식 브랜드 네이밍에 머리를 싸매고 있다.

일찌감치 사회주의권 진출의 교두보를 놓아 러시아, 중국 등에서 성공사례를 확보한

3) 본 사례는 주간동아 2002년 5월 9일(333호)자 '튀는 이름, 중국시장 절반의 성공' 기사를 중심으로 작성되었음.

오리온 초코파이는 '오리온은 좋은 친구'(好麗友 好朋友)라는 이미지를 광고에 활용해 중국시장 기반을 확실히 다진 경우이다. 톱스타인 임지령을 광고 모델로 기용하는 등 적극적인 전파 홍보를 전개해 왔다. 앞으로 동양제과는 중국뿐만 아니라 전 세계에서 '오리온 초코파이'를 '코카콜라'와 같은 글로벌 브랜드로 키워 나간다는 계획이다. 오리온 초코파이는 이런 브랜드 전략과 효과적인 홍보 덕택에 중국 CCTV와 인민일보가 공동조사한 소비자조사에서 지난해까지 4년 연속 1위를 차지하는 개가를 올리기도 했다.

LG전자에서 생산하는 컴퓨터 모니터를 포함한 LCD 등 디스플레이 제품에 공통적으로 사용하는 브랜드인 웨이라이촹(未來窓)은 '미래를 내다보는 창'이라는 의미로 중국 소비자들에게 깊은 인상을 심어주고 있다. 특히 LG는 중국에서 최고 인기를 누리고 있는 홍콩배우 쩡이지엔(鄭伊建)을 모델로 내세워 중국시장에 미래창을 대대적으로 광고하고 있다.

국내 유통업체 중 중국시장 진출에 성공한 것으로 평가받는 이마트 상하이점도 브랜드 덕을 톡톡히 보고 있다는 평가이다. 이마이더(易買得)는 "쉽게 사고 이득을 얻는다"는 뜻으로 쇼핑센터의 의미와도 맞아떨어진다. 1997년 2월 이마트 상하이점을 열 때 현지 인력들에게 '이'(E)의 의미를 설명해주고 자체적으로 의견을 수렴했다. 애초 설정했던 '이'(E)의 의미는 세 가지였다. "매일매일 최저가격에 물건을 공급한다"(Everyday lowprice), "손쉽게 쇼핑할 수 있다"(Easy shopping), "경제적으로 쇼핑할 수 있다"(Economic) 등이다. 처음에는 첫 글자를 경제적 쇼핑을 의미하는 '리'(利)로 하려고 했으나 고민 끝에 한국어 발음과 중국어 발음을 일치시킬 수 있는 '이'(易 · Easy)를 골랐다. 결과는 역시 대성공이었다. 발음이 편하고 개념이 명확하다 보니 이제는 상하이 시내에서 '이마이더'라고 하면 택시기사들도 알아서 데려다줄 정도가 됐다고 한다.

이 밖에도 카스(CAS)저울은 카이스(凱士)라는 이름으로, 에이스침대는 야쓰(雅思)라는 이름으로 중국시장에 진출해 눈길을 끌고 있다. LG는 '통돌이' 세탁기를 중국시장에 내놓으면서 세탁 성능이 탁월하다는 점을 강조하기 위해 '시왕'(洗王)이라는 브랜드를 사용했고 삼성전자는 중국시장에 듀얼폴더 휴대폰을 처음 내놓으면서 '쐉핀무'(雙屏幕)라는 브랜드를 붙여 호평받기도 했다. '두 개'를 뜻하는 '쐉'(雙)과 '스크린'을 뜻하는 '핀무'(屏幕)를 절묘하게 결합한 것이다. 삼성은 또한 TV를 출시하면서 "세상 밖의 또 다른 세상이 보인다"는 의미를 담아 '톈와이톈'(天外天)이라는 브랜드를 사용하기도 했다. 신라면(辛辣麵), 롯데껌(樂天), 파파이스(派派思) 등도 비교적 현지화에 성공한 중국식 브랜드로 꼽힌다. 이렇게 잘 조화된 중국식 브랜드는 매출증가로 이어지기 때문에 '약발'이 만만치 않다는 게 업계의 진단이다.

CASE 36

중국음식에는 계급이 있다

주제 / 음식

"하늘의 비행기, 바다의 배, 육지의 인간을 빼놓고는 뭐든지 다 먹을 수 있다"는 게 중국요리이다. 이러한 중국요리에는 계급이 있다. 계급에 따라 먹는 요리가 달라진다. 높은 계급은 좋은 요리를, 낮은 계급은 그보다 못한 요리를 찾게 된다. 그리고 중국인들은 이러한 계급을 받아들이고 있다.

최근 중국은 경제성장으로 인해 요리 또한 괄목할 만한 성장을 이루었다. 한 끼에 수백만 원 하는 고급식당이 등장하고 연일 만원을 이룬다. 고급식당의 맞은편에서는 민공(건설노동자)들이 아무것도 들어 있지 않은 배급된 흰빵만으로 끼니를 때우고 있는 상황이 동시에 연출되는 곳이 중국이다.

중국 음식문화의 변화과정을 간략히 살펴보자. 경제성장과 더불어 중국의 음식문화도 변화를 겪어 왔다. 마오쩌둥이 중화인민공화국을 선포한 후 대약진운동의 실패와 문화혁명의 충격으로 중국경제는 벼랑 끝에 몰렸다. 그 후 중국은 개방과 개혁으로 26년간 연평균 10% 이상 고도성장을 구가하였다. 경제성장은 중국 외식요리에 발전을 가져다주었다. 거리 곳곳에 있던 음식 노점상들을 실내로 옮겨와 확대되었다. 경제활동인구의 절반을 차지하는 여성들로 인해 아침을 외식으로 해결하는 것은 도시에 사는 중국인들에게 일반적인 현상이 되었다. 음식점들도 폭발적으로 생겨나기 시작했다.

특히 중국 정부의 주도하에 만들어진 음식특구인 '왕후징'이 성공하면서 중국 외식산업은 최전성기를 맞았다. 왕후징은 내국인과 외국인 모두 널리 인정받았다. 이후 내국인을 겨냥한 '귀신가'가 만들어졌다. '귀신가'는 24시간 음식을 먹을 수 있는 곳이다. '귀신가'란 이름은 새벽에 음식을 먹는 젊은이들을 귀신에 빗대어 부르는 말에서 생겨났다고 한다.

경제가 발전하면서 중국 도시에는 고층빌딩들이 하루가 멀다 하고 생겨나고 있다. 이곳에서 일하는 노동자를 민공이라고 부른다. 이들 대부분은 농촌에서 올라온 사람들이다. 민공이 먹는 한 끼 식사는 흰빵 4개, 죽 한 그릇, 오이지가 전부이다. 그것도 배급제다. 1년 동안 이 음식만 먹은 이들도 있다고 한다.

한 달 임금이 우리 돈으로 3천 원인 민공은 가장 싼 음식을 파는 식당조차 이용하지 못하고 있다. 그곳은 자신들을 감독하는 현장감독의 차지다. 그보다 수준이 높은 식당은 화이트 컬러들이 이용하고, 그 이상의 고급식당은 사영기업가들이 만찬을 즐기고 있다. 중국식 카스트라 부를 만하다.

사회주의 국가라고 믿기 힘들 정도로 계급을 막론하고 계급차이를 인정하고 순순히 받아들이고 있는 것이다. 한 고급식당 지배인은 "자기 머리의 크기에 따라 모자가 결정된다"며 이런 현상을 당연시 했다. 한 끼 식사에 그런 엄청난 돈을 지불하는 중국인들의 모습도 놀랍지만 그러한 차이를 인정하는 모습 또한 의외로 느껴질 수 있다.

CASE 037 한국과 미국의 눈맞춤 방식의 차이

주제 / 눈맞춤

한국과 미국의 경우 눈맞춤 방식의 차이에 따른 문화적 충돌이 발생한다. 사례로 살펴보자. 어떤 사람이 가족과 함께 미국에 2년 동안 파견근무를 나가게 되었다. 초등학교 3학년 딸은 미국 초등학교에 다니게 되었다. 그런데 하루는 딸아이의 미국 선생님으로부터 면담을 요청하는 전화가 걸려왔다.

"따님이 왜 그렇게 예의가 없습니까?"라는 선생님의 말에 다소 당황하였다. 학생이 교실에서 거울을 깨뜨렸는데 왜 그랬는지 물어보고 있는데 학생은 선생님의 눈을 보지 않고 교실바닥만을 쳐다보았다는 것이다. 그 아이는 한국에서 늘 하던 식으로 꾸중하는 선생님 앞에서 말없이 고개를 숙인 채 서 있었고 그게 반성하고 있다는 의미였다. 그러나 이게 바로 이 미국인 교사를 오해하게 만들었다. 왜냐하면 서양사람들은 대화할 때 상대방의 눈을 쳐다보지 않으면 두 가지로 오해를 하게 된다. 하나는 "나를 무시한다" 또 하나는 "내게 거짓말을 한다"이다. 결국 이제 미국생활을 시작하는 학생과 미국 선생님 모두 문화적 충돌로부터 자유로울 수 없었다.

서양에서는 아버지가 아이를 야단칠 때 만일 아이가 아빠의 눈을 쳐다보지 않으면 "내가 말할 때는 내 눈을 똑바로 쳐다봐라"라고 가르친다. 반대로 한국에서는 아버지가 야단을 치는데 아들이 아버지의 얼굴을 똑바로 쳐다보면 당장에 "버릇이 없다"고 할 것이다.

학생의 어머니는 한국에선 선생님의 꾸중을 들을 때 학생이 고개를 숙이는 것은 반성과 공손함의 표시라고 설명을 해주었다. 미국인 교사는 그제서야 비로소 이해를 하게 되었다.

어머니는 그 사건 이후 딸아이에게 "얘야, 서양사람들과 얘기할 때는 반드시 상대방의 눈을 쳐다보아야 한다"라고 말해주었다.

그 후 2년이 지난 뒤 가족 모두가 귀국하였다. 물론 그 학생은 다시 한국 학교에 다니게 되었다. 그런데 며칠 지나지 않아서 담임선생님으로부터 전화가 왔다. 선생님은 "아니 이거 외국에서 살다 와서 그렇습니까, 아이가 왜 이렇게 버릇이 없는지 모르겠어요. 야단맞으면서 제게 도끼눈을 치켜 뜨지 뭡니까?"

어머니는 그 길로 학교에 찾아가 선생님에게 미국학교에서 일어났던 사건을 설명을 해주어야 했다. 딸이 말할 때 왜 상대방의 눈을 뚫어지게 쳐다보는지를 어머니는 딸아이에게 "너 어른을 쳐다볼 때는 고개를 숙여야 한다"라고 야단을 쳤다.

그런데 하루는 문제가 생겼다. 아빠가 한국인 아저씨와 미국인 아저씨를 함께 집으로 초대한 것이다. 아이는 순간 한국인 아저씨를 쳐다볼 때는 고개를 숙이고, 미국인 아저씨를 쳐다볼 때는 고개를 들어 눈을 쳐다보고 고개를 올렸다 내렸다를 반복했다.

CASE 38 스웨덴 국왕,[4] 인도 음악회

주제 / 권력거리와 불확실성 회피

권력거리란 사회 내에서 부와 권력이 불평등하게 배분되어 있다거나 혹은 편중되어 있는 경우 이를 어느 정도로 수용하는가를 말한다. 예를 들면, 프랑스는 68점으로 권력거리가 큰 반면, 스웨덴은 31점으로 권력거리가 낮다. 따라서 권력거리가 큰 나라 국민들은 상사를 두려워하는 경우가 많다. 또한 전제적이거나 가부장적을 의사결정하는 상사를 선호한다.

반면 스웨덴 같이 권력거리가 낮은 국가에서는 상사를 두려워하지 않고 상의적 의사결정을 선호한다. 스웨덴과 프랑스의 권력거리 차이를 보여주는 사례로 스웨덴 국광 찰스 14세를 들 수 있다. 1809년 스웨덴은 평화혁명을 통해 현 국왕을 추방하고 적국에 해당되는 프랑스의 나폴레옹 부하로 근무했던 베르나도뜨 장군을 국왕으로 영입하였다. 새 국왕으로 취임할 때 그는 국회에서 스웨덴말로 연설했다. 그의 스웨덴어 발음이 서툴자 청중들은 크게 웃었다. 스웨덴 국왕이 된 이 프랑스인은 너무 혼쭐이 난 문화충격의 희생자였다고 볼 수 있다. 즉 그가 성장한 프랑스에서는 상사의 실수에 대해 부하가 감히 웃을 수 있는 문화는 아니었다.

불확실성의 회피란 불확실성을 어떻게 인지하며 과연 불확실성에 의해 초래되는 위험을 어떠한 방법으로 해결하려고 하는가, 또는 사람들이 모호한 상황이나 불확실성이 용인하는 정도를 말한다. 불확실성 회피 성향이 아주 강한 한국 경영진이 지나치게 세부적

4) 홉스테드 저, 채재호 · 나은영 역, 세계의 문화와 조직, 학지사(2001)에서 일부 내용을 참고로 정리하였음.

인 계획까지 세워서 불안요소를 제거하고 정확한 일을 추진하게 되면 일상적인 수준의 과업에까지 개입하게 되므로 인도 직원들이 책임감 있게 업무를 수행할 기회가 없어 리더감으로 성장하지 못한다. 불확실성 회피 지수치는 인도가 40(불확실성 수용)이며 한국이 85(불확실성 회피 성향 아주 강함)이다. 불확실성 회피가 아닌 수용인 인도의 특징은 아래와 같다. 불확실성에 대해 수용한다는 것은 그만큼 다양성을 인정하는 것이다. 호기심이 많고 여유가 있는 반면 추진력은 떨어진다. 어떤 계획을 실천에 옮기려면 세부적이고 정확함이 요구되기 때문이다.

한국의 경우 불확실성 회피 지수도 높고 엄격한 규칙을 가지고 있지만 목표를 달성하기 위한 융통성을 가치 있는 것으로 보고 있다. 또한 목표를 달성하지 못하면 안절부절하는 성향이 있다. 이에 반해 인도인들은 인도인에게 시간은 방향제시의 틀일 뿐이다. 워낙 변수가 많이 존재하기 때문에 시간에 쫓기는 모습은 여유가 없는 사람으로 비춰질 때가 많다. 일이 실패했을 경우 한국은 계획의 실패 혹은 리더십에 문제를 두는 경향이 있지만 인도는 상황에 이유를 두는 경향이 많다.

인도에서는 전통 음악회가 많이 열린다. 바이올린, 탐브라, 피리, 비나 등의 악기들이 어울려 연주하는 합주가 단연 인기를 끈다. 여기서 놀라운 사실 하나를 발견했다. 연주회가 성공적으로 끝나고 나서 연주자들에게 얼마나 오랫동안 연습을 함께했는지에 대한 질문을 했다. 그런데 대답은 의외였다. "오늘 처음 만났다"는 것이다. 인도 음악에는 사전에 모여서 연습해서 연주하는 합주가 없다고 한다. 자신의 기량을 갈고 닦은 뒤에 동일한 음악을 그때 상황에 맞추어 합주한다는 것이다.

이것은 한국식 사고방식 속에서 바라본다면 위험천만한 방법이다. 하지만 인도인들은 이렇게 수천년간을 생활해 왔다. 이렇게 개인적인 역량을 바탕으로 변화에 적응하는 능력이 그들의 저력인 것이다. 각 문화는 나름대로 그 환경에서 가장 최선이 살아 남는다. 한국문화는 한국적인 토양 위에서 최선이었다는 것을 받아들여야 한다. 그리고 한국인이 인도문화에 대해 느끼는 만큼 인도인들도 한국인들의 문화를 특이한 것으로 여기고 있을 것이다.

CASE 39 버지니아 총기사건

주제 / **개인/집단주의**

버지니아공대 총기난사사건이 발생한지 10일. 2007년 4월 20일 오후 CNN 프로그램 '폴라 잔 나우'의 프로그램 진행자인 폴라 잔. 그는 "조승희의 범죄에 한국인들이 공동책임을 느끼고 있다고 합니다. 왜 그렇지요?"라며 한국인의 버지니아 총기사건에 대한 태도에 이해가 되지 않는다는 표정을 짓는다.

폴라 잔, 그도 결국 개인주의적인 가치관을 가진 미국인이고 한국인들의 반응에 문화적 충격으로부터 자유로울 수는 없었다.

우선 미국인들이 이 사건을 어떻게 보고 있는지 정리해보자. 이번 사건에 대한 미국 언론의 보도는 시간이 흐르면서 조금씩 초점이 바뀌었다. 사건 발생 초기에는 범인이 한국인이라는 점이 부각되더니, 시간이 흐르면서 범인 개인의 성격 결함과 정신적 문제로 초점이 이동하였다. 무엇보다 한국인들의 걱정과 달리 미국은 "조승희가 한국인이든 아니든 중요하지 않다. 그것은 개인의 문제일 뿐"이라는 태도를 견지하였다. 「필라델피아 인콰이어리」지는 개인적 잘못에 기인한 사건이므로 한국인들이 나서서 더 이상 사과하지 말아달라고까지 했다. 이는 모든 사회문제를 개인의 심리적 문제로 치부하는 미국인의 개인주의적인 가치관을 잘 반영한 결과로 볼 수 있다.

반면 집단주의 가치관을 강하게 가지고 있는 아시아인은 어떻게 이 사건을 보고 있을까? 한국에서는 한국인이 하버드대학에 합격하거나 미국항공우주국(NASA)에 들어가도 자신의 일처럼 자랑스러워 한다. 물론 그와 비례해서 한국 출신 미국인이 큰 잘못을 저지르면 '집단 수치심'을 느끼게 된다. 그래서 사건 이후 한국인이 범인이라고 보도됐을 때 한국인은 강한 책임감을 느꼈을 것이다. 국가적 차원에서 사과도 해야 한다고 여겼고, 주한 미국대사관 앞에서는 애도와 사과의 의미를 담은 촛불집회도 했다. 인터넷에서는 희생자들을 추모하는 게시판도 만들었다. 한국의 대통령까지 세 차례에 걸쳐 유감 성명까지 발표했다.

더구나 한국인을 포함하여 미국 전체 인구의 4%에 불과한 아시아인이 이번 사건을 일으켰다는 점 때문에 일반 미국인들 사이에 반(反)아시아인 정서가 점화될 것이라는 우려도 있었다. 그러나 이러한 우려와는 달리 미국 언론들은 철저하게 이번 사건 이슈를 정신병을 앓고 있는 개인에 대한 대처방안으로 제한했다.

결국 이 사건에 대한 집단주의 문화권인 한국과 개인주의적 문화권인 미국인의 버지니아 총기사건에 대한 시각이 매우 상이하다. 즉, 동일한 사건에 대한 문화충돌이 발생하고 있음을 알 수 있다. 미국인들은 한국인들의 집단주의 가치관에 근거한 공동책임을 느끼고 있다는 데 당황하였다. 반면 한국인들은 미국인들 사이에 반(反)아시아인 정서가 점화될까 두려워하였고 개인의 잘못으로 귀결시키는 데 다소 의외로 인식되었을 것이다.

만일 이러한 유사한 사건이 한국에서 발생했다면 어떻게 되었을까? 두 국가 간의 문화적 차이를 고려해볼 때 동일한 문화적 충격을 경험하게 될 것으로 예상해볼 수 있다. 한국인들은 버지니아 총기사건 때 한국인 동포사회가 거듭 사과하는 것처럼 미국이 거듭 사과할 것을 기대하지 않을까? 이 사건은 아시아문화권에 속한 한국인이 지닌 문화가 미국문화와 얼마나 다른지를 잘 보여주고 있다.

CASE

40 한족과 조선족[5)]

주제 / 가치관 변화

한족은 대체로 강한 자존심을 갖고 있고 개인주의적 성향이 강하다. 한족 근로자들은 대체로 겉으로는 잘 드러내지는 않지만 자존심을 건드리는 행동이나 말에는 민감하게 반응한다. 한 여자 종업원은 다음과 같이 예를 들고 있다. "전에 제가 처음 이곳에 왔을 때 총경리(사장)님과 면접을 하고 나가는데 총경리께서 과장님께 '가서 맛있는 점심이나 사줘' 하고 말씀하시더군요. 촌에서 왔고 옷도 남루하게 입어서 그렇게 말씀하신 것 같았어요. 중국사람들은 아무리 촌에 산다고 해도 먹는 것은 잘 먹거든요. 솔직히 그때 저는 기분이 나빴습니다."

또 자신과 관계되지 않은 일에는 절대 관여하지 않는다. 김 과장은 다음과 같이 말한다. "그들은 심지어 화장실의 수도꼭지에 물이 새고 있어도 잠글 생각을 하지 않는다. 이들의 행동에는 남의 일에 관여하려고 하지 않는 일종의 개인주의 속성이 있습니다."

사회주의 이념은 중국인들의 가장 밑바닥에 깔려 있는 사상이라 할 수 있다. 이러한 사고방식은 현지 외국인투자회사에 상당히 부정적인 영향을 주어 여러 가지로 어려움을 가중시키는 결과를 낳고 있다. 김 과장은 또 이렇게 말한다.

"중국인들은 남들이 보는 앞에서 절대로 자신의 잘못을 인정하려 들지 않습니다. 제가 제 눈으로 잘못하는 것을 보고 지적을 해도 절대로 그런 행동을 하지 않았다고 하는데 제가 무어라고 할 말이 있겠습니까? 그들에게 어떤 질문을 하게 되면 대답은 단 두 가지입니다. '모른다'와 '아니다'라는 말이죠. 제가 생각하기에 이는 사회주의의 영향을 어떤 잘못된 일에 대해 잘못을 인정하게 되어 비난을 받게 되면 그것이 바로 숙청과 연결된다는 의식이 깊숙이 자리를 잡고 있습니다. 때문에 실제로 잘못을 했으면서도 '아니다'라

---

5) 이장로 · 신만수, 국제경영, 홍문사, 2006, pp.269~271.

는 소리가 자연스럽게 나오는 것 같습니다. 그러나 이러한 사고는 그들이 태어나면서부터 알게 모르게 습득해 온 것이기 때문에 대단히 뿌리 깊게 박혀 있고, 이것을 하루아침에 혹은 몇 년 사이에 없앤다는 것은 불가능하다고 봅니다. 언젠가 하루는 한족종업원에게 돈을 주고 부품을 사오라고 시킨 적이 있었습니다. 비교적 흔한 부품이라서 아무 곳에서나 쉽게 구할 수 있었기 때문에 제가 직접 가지 않고 심부름을 시켰죠. 그런데 얼마 있다가 아무것도 안 사가지고 돌아왔습니다. 그래서 왜 빈손으로 오냐고 했더니 물건이 없더라는 겁니다. 그래서 '그렇지 않을 텐데…'라고 생각하면서 몇 군데 가서 물어 봤느냐고 물었죠. 그랬더니 이 친구 하는 말이 한 군데만 들렀다는 것입니다. 정말 어이가 없어서…. 한국에서는 어린아이에게 심부름을 시켜도 알아서 하리라고 생각하는 식으로 이곳 중국인들에게 기대하는 것은 때로는 무리입니다."

조선족은 어떤 성향을 가지고 있을까? 제인조립실에서 근무하는 박 계장은 조선족으로 청도인조수식회사의 초기 창단멤버이다. 그녀는 이렇게 말한다.

"비록 길림성 등지에서 살면서 한국말학교를 다니고, 한국어를 사용했다고 하더라도 한국어 실력은 솔직히 말해 부족합니다. 우리 조선족들은 북한과 가깝게 있고 서로 왕래도 있기 때문에 거의가 북한사투리를 많이 사용하지요. 또 단어가 오래된 것들을 그대로 사용합니다. 예를 들어, '머리'를 '골'이라고 하고 '머리카락'을 '머리'라고 하며 '괜찮아요'를 '일 없어요'라고 쓰는 것이 일반적입니다. 처음에 한국 분들이 저에게 힘들지 않느냐고 물어보면 저는 괜찮다는 의미에서 '일 없어요'라고 대답을 하곤 했는데 어느날인가 한 분이 버릇없이 말을 함부로 하지 말라고 하시더군요. 그제야 저는 한국에서는 '일 없어요'라는 말이 '괜찮아요'라는 뜻이 아닌 것을 알았습니다. 또 조선족들은 학교에서 영어를 배우지 않고 일어를 배우기 때문에 영어를 전혀 모릅니다. 예를 들어, 카렌다나 스팀 같은 단어조차 처음에는 전혀 알아들을 수가 없었어요. 한국말에 왜 그렇게 영어가 많이 자리를 잡고 있는지 모르겠더군요. 그러나 지금 한국 분들과 여러 해 생활하다 보니까 일상생활에서 사용하는 영어도 알게 되고, 한국에서 사용하는 표준어를 사용하고 있습니다."

또한 아직 통역이 100% 완전하다고 할 수는 없는 실정이다. 조선족들은 전문적으로 통역을 하는 사람들이 아니다. 그리고 직역을 해서 전달하는 것이 아니고 대부분 의역을 하기 때문에 의미가 왜곡되거나 축소, 과장되는 경우가 종종 발생한다고 한다.

조선족이 중간관리자의 역할을 하는 데 있어서 가장 큰 장애는 소수민족이라는 피해의식이라고 할 수 있다. 통역을 제대로 못하는 이유 중의 하나도 한족에 대한 무의식중 피해의식이 있어서라고 보는 견해가 있다. 한국인이 한족을 심하게 야단치면서 나무라는 것을 조선족들이 제대로 통역할 수 없는 것이 아니다. 한족들이 앙심을 품을까 봐서이다. 심지어는 공장 밖에서 몰매를 맞는 조선족들도 있다고 한다. 계속되는 김 과장의 이야기이다.

"반면 연수나 그 외의 일로 한국에 다녀온 조선족들은 한국에 대한 이미지를 중국보다 잘 산다는 것을 제외하고는 그렇게 좋게 표현하고 있지 않습니다. 이러한 나쁜 이미지의 전달이 조선족들이 한국인들을 좋지 않게 생각하는 데 간접적인 영향을 주고 있습니다."

CASE 41 비행기사고 대응방식

주제 / 고배경/저배경문화

홀은 문화적 차이를 고배경문화와 저배경문화로 분하였는데, 이러한 구분은 커뮤니케이션 방식의 차이에 기인한다고 하였다. 여기서 배경이란 인간이 의사소통을 행함에 있어서 자신이 지니는 정보나 의사를 전달하기 위해 사용하는 메시지가 내포하는 여러 가지 의미를 포함하는 것을 뜻한다.

고배경문화에서는 의사소통에 필요한 정보가 대부분 비언어적인 배경 또는 개인에 내부화되어 명백한 부호나 메시지로 옮겨지지 않으며, 책임과 신뢰가 중요한 가치로서 법률적인 서류보다는 개인의 말이 더욱 확실한 보증서 역할을 하는 문화를 말한다. 이러한 문화에서 기업은 책임의 소재는 보통 그 조직의 최고위층에 있게 되며 집단지향적인 성격이 강한 특징을 보여준다.

저배경문화에서는 구체적인 대화를 통해 정보의 교환이 이루어지고 법률적인 서류가 보증서 역할을 하며, 일에 대한 책임은 하위 실무자층에게 전가되는 경향을 보인다. 이러한 고배경문화와 저배경문화를 사례를 통해 비교해보기로 하자.

1985년 8월 12일 일본 JAL의 국내여객기가 추락하여 520명이 사망한 대형사고가 발생하였다. 단일여객기를 기준으로 치면 역대 항공기사고 중에서 제일 최악의 사건이라고 볼 수 있을 정도의 대형사고였다. "JAL기 군마현 추락사고"의 경우 당시 인명피해는 사망 520명, 생존자 4명으로 알려져 있다. 이 사고가 일어나기 10일 전에는 미국 댈러스공항에서 델타항공사의 199기가 추락하여 134명이 사망한 사고가 있었다. 그런데 일본과 미국에서 일어난 두 건의 추락사고에 대한 일본인과 미국인의 사고수습과정이 상당히 대조적이다.

고배경문화(일본)의 경우 책임소재는 조직의 최고위층에 있다. 일본의 경우 최고책임자인 JAL 사장이 죽을 죄를 지은 사람의 자세로서 비행기에서 내려오는 유족들에게 공손히 절을 하며 사죄하였다. 보상책임자는 나중에 할복자살을 하였다. 또한 향후 10년 동안 유족들이 사고현장을 둘러보거나 위령제를 지낼 때 드는 모든 비용을 부담하겠다고 알렸다. 그러나 미국에서는 조직의 최고책임자가 유족들에게 공손히 사죄하며 책임을 표하지는 않았다. 물론 할복자살한 담당자도 없었다.

법에 대한 성향도 다르다. 고배경문화에 속하는 일본에서는 법은 덜 중요하며 미국에서는 법에 의존하여 문제를 해결하는 경향이 강하다. 따라서 일본의 경우 보상문제는 유족들이 법정투쟁을 하기보다는 회사측과 협의함으로써 소송없이 해결되었다. 이에 비해 미국의 수습과정은 일본과는 다르게 진행되었다. 사고가 발생한 후 앰블런스가 오기도 전에 변호사들이 먼저 도착하였다. 사고가 난지 72시간 내에 델타항공사를 상대로 한 첫 소송이 제기되었다. 그 후에도 소송이 줄지어 피해자 가족들이 낸 소송은 10여 개에 이르렀다. 델타항공사도 가만 있지 않았다. 자사를 위해 보험회사의 직원들을 신속하게 동원하였다. 이와 같이 사고 수습방안을 협의하기 전에 소송부터 시작하는 미국인들의 방식은 일반인들과 상당히 대조적이다.[6)]

---

6) 방호열, 국제경영학, 법문사, 1990, pp.152~153.

글 | 로 | 벌 | 산 | 책

4 글로벌 경영자 이야기 : 일론 머스크

페이팔(PayPal)의 전신이 된 온라인 결제 서비스 회사 X.com, 로켓 제조 회사 겸 민간 우주기업 스페이스X, 뇌-컴퓨터 인터페이스 회사 뉴럴링크, GPT-3을 개발한 인공지능 회사 OpenAI를 설립했고, 초고속 진공 열차 하이퍼루프 프로젝트를 기획했으며 도지코인의 열광팬이다. 또한 지하 운송 시스템 더 보링 컴퍼니를 설립했으며, 시가 총액 기준으로 전기자동차 회사 테슬라를 세계 최대의 자동차 메이커로 만들었다. 또한 트위터의 CEO가 될 예정이였던 인물이기도 하다.

둘째라면 서러울 수준의 일 중독자로 유명하다. 머스크는 20대 초반에 동생과 창업을 시작할 때부터 밤낮 구분없이 일에 집착했고 페이팔을 만들어서 억만장자가 되었을 때도 피터 틸의 쿠데타와 격무로 인해 신혼여행조차 가지 못했다.

2000년 12월에 첫 번째 아내였던 저스틴과 모잠비크로 2주일간 여행을 떠난게 공식적으로 알려진 유일한 장기휴가 기록인데, 운 나쁘게도 아프리카에서 가장 치사율이 높은 열대열 말라리아에 걸려 열흘 이상 사경을 헤맸다.

당시 머스크는 몸무게가 20kg이 넘게 빠졌으며, 머스크를 치료한 전문의는 하루만 늦었다면 치료제인 독시사이클린이 통하지 않고 죽었을 것이라고 말했다고 한다.

"정말 죽을 뻔 했어요. 그래도 휴가에 대한 교훈은 확실하게 배웠죠. 휴가 가면 죽을 것이다."

–일론 머스크

본명	일론 리브 머스크 (Elon Reeve Musk)
출생	1971년 6월 28일 (51세) 남아프리카 공화국 프리토리아
국적	남아프리카 공화국[3] | 캐나다[4] | 미국[5] **(삼중국적)**
재산	**3,021억 달러 (한화 약 394조 3,311억원)**[6][7]
학력	프리토리아 보이즈 고등학교 (졸업) 퀸스 대학교 (물리학 / 중퇴) 펜실베이니아 대학교 (물리학 · 경제학 / 학사) 스탠퍼드 대학교 대학원 (재료과학 / 박사제적)
거주지	미국 캘리포니아주 로스앤젤레스 (~2020) 미국 텍사스 (2020.12.~)[8]
직업	기업인, 자선사업가, 산업 디자이너, 엔지니어, 프로그래머, 발명가, 투자자
현직	테슬라 **테크노킹**[9] 스페이스X CEO, CTO, 수석 디자이너[10] OpenAI 고문[11] 보링 컴퍼니 CEO 뉴럴링크 CEO 머스크 파운데이션 회장[12] 트위터 최대 주주
서명	

일론 머스크–나무위키(namu.wiki), https://namu.wiki/w/%EC%9D%BC%EB%A1%A0%20%EB%A8%B8%EC%8A%A4%ED%81%AC?from=%EC%97%98%EB%A1%A0%20%EB%A8%B8%EC%8A%A4%ED%81%AC에서 발췌

PART 2

글로벌 기업과 해외 진출

Global Management
CASE 100

CHAPTER

05

글로벌 기업

제5장에서는 글로벌 기업과 관련된 다양한 주제를 다룬다.
글로벌 기업이 정확하게 무엇인지 파악하기 위해 글로벌 기업의 정의를 조사하고
글로벌 기업의 세계화 동기가 무엇인지 살펴본다. 아울러 글로벌 기업이 어떠한 과정을
거쳐 국제화하는지 과정을 분석해보고 마지막으로 글로벌 기업이 현지국에 미치는
다양한 영향을 정리한다.
따라서 사례에서는 어떤 기업을 글로벌 기업이라 하는지, 왜 글로벌 기업들이
해외로 진출하는지, 그리고 어떠한 과정을 거쳐서 세계화하게 되고
현지정부에는 어떤 영향을 주게 되는지를
이해하기 위한 목적으로 정리되었다.

주요내용과 사례

본장은 글로벌 기업이란 무엇인가에 대해 살펴보기로 하자. 또한 왜 글로벌 기업들이 해외 진출을 통한 세계화를 추구하는지 동기를 분석해보고 아울러 어떠한 과정을 거쳐 세계화를 하는지 살펴본다. 이와 더불어 해외에 진출한 다국적기업이 현지정부에 어떠한 영향을 미치는지 정리하였다. 본 사례에서는 글로벌 기업의 국제화 과정은 포스코와 소니 사례를 중심으로 분석하였다. 아울러 글로벌 기업의 현지국에 미치는 영향은 현대자동차의 미국 앨라배마 진출 사례와, 동남아시아로 진출한 여러 한국기업들 사례, 유니언 카바이드사의 보팔사건 사례를 채택했다. 본 사례를 통해 글로벌 기업들이 진출한 국가에 미치는 긍정적·부정적 영향들을 비교·분석하였다.

글로벌 기업의 정의

ASE 042
진정한
글로벌 기업은 9개

일반적으로 글로벌 기업을 전 세계를 대상으로 경영활동을 하는 기업이라고 정의하지만, 아직까지 **글로벌 기업에 대한 정의** CASE 042 를 명확히 내린 학자는 없다. 그러나 현재 광범위하게 사용하고 있는 다국적기업이 글로벌 기업의 대표적인 형태임에는 틀림이 없다. 이러한 다국적기업이란 용어가 일반적으로 쓰이게 된 것은 1970년대부터이며, 다국적기업의 정의에 대해서는 국제기업, 초국가기업, 초국적기업, 무국적기업 등 여러 가지 명칭과 평가기준이 상존하고 있고 아직까지도 이에 대한 통일적인 정의가 존재하지 않고 있다.

1960년 릴리엔탈(D.E. Lilienthal)은 다국적기업이란 용어를 처음으로 사용하였는데, 다국적기업이란 '1개국 이상에서 해외생산활동을 전개하면서 경영자 차원에서 연구개발, 생산 및 판매에 대한 의사결정을 내리는 기업'으로 정의하였다. 1964년에는 커처(D.P. Kircher)가 초국적기업이라는 용어를 사용하였고, 1969년 펄뮤터(H.V. Perlmutter)는 경영자의 태도(본국중심적, 현지국중심적, 지구중심적)를 중시하고 다국적기업을 '지구중심적 경영을 하는 기업'이라고 정의하였다. 1981년 버논(Raymond Vernon)은 다국적기업을 '포춘(Fortune)의 500대 기업에 연 2회 이상 등재되어 있는 동시에 6개국 이상에서 현지생산 및 판매활동을 하는 기업'이라고 정의하였다. 보다 엄격한 기준으로 최근에 발표된 연구에서는 아시아태평양, 북미, 유럽에서 각각의 매출액이 전체 매출액 중 20%를 넘어야만 글로벌 기업이라 할 수 있다고 주장했다.

글로벌 500대 기업의 변화를 살펴보면 최근의 **다국적기업의 현황** CASE 043 을 파악해볼 수 있다. 따라서 1996년부터 2021년까지의 어떤 변화가 있는지 정리하였다. '글로벌 500대 기업' 자료를 분석한 결과, 한국의 경우 500대기업 중 1996년 13개사에서 2000년 11개, 2005년 12개, 2008년 15개, 그리고 2010년에는 10개의 기업이 속해 있다. 또한 2015년에는 14개, 2021년에는 15개 기업이 순위에 들었다.

CASE **043**
글로벌 기업의 현황

글로벌 기업의 세계화 동기

왜 기업은 안정적으로 쉽게 경영활동을 수행할 수 있는 국내시장에서 많은 어려움이 예상되는 해외로 진출하는가? 그 대표적인 **세계화 동기** CASE 044 들을 정리하면 다음과 같다.

CASE **044**
한국기업의 해외 진출 동기

① **시장 추구형** : 기존시장의 유지 및 새로운 시장개척을 위해 피투자국의 현지시장을 겨냥하여 현지에 생산공장을 설립하는 해외직접투자의 경우를 말한다.

② **생산효율 추구형** : 생산요소가격이 상대적으로 저렴한 지역으로 생산시설을 이전하여 해외직접투자를 행하는 경우를 말한다. 최근 한국기업들이 중국이나 동남아시아 국가에 진출하는 가장 큰 이유가 여기에 속한다고 볼 수 있다.

③ **자원 추구형** : 각종 원자재가 풍부하고 저렴한 지역의 자원을 개발 및 이용하기 위해 해외직접투자를 하는 경우를 말한다.

④ **정치적 안정 추구형** : 소유권 몰수나 정부규제 등과 같은 정치적 위험을 회피할 목적으로 정치적으로 안정되어 있는 지역으로 해외직접투자를 행하는 경우를 말한다.

⑤ **선도기업 추종형** : 과점적인 시장경쟁구조하에서 한 기업이 해외직접투자를 행하게 되면 다른 과점적 경쟁기업이 곧바로 뒤따라 해외직접투자를 행하는 경우를 말하는 것으로 맥도날드가 진출하는 곳에 반드시 버거킹이 진출하는 것을 볼 수 있다.

글로벌 기업의 국제화 과정

기업의 국제화 과정 CASE 045~046 이란 기업의 활동이 세계의 여러 나라로 확대되는 과정을 말하는데 기업의 활동이 세계적으로 확대된다는 것은 다음의 네 가지 활동을 의미하고 있다.

CASE **045** 포스코
CASE **046** 소니

① **지리적 범위** : 기업활동의 지리적 범위가 한 국가로부터 세계 여러 나

라로 넓어진다는 것을 의미한다. 보통은 국내시장에서 출발하여 소수의 해외시장으로 침투한 후 전 세계시장으로 확대하게 되는 것이다. 예를 들면, 한국의 기업은 지리적 또는 문화적으로 가장 가까운 시장인 중국이나 일본시장에 진출한 후 다음에는 아시아시장 그리고 전 세계시장으로 기업활동을 확대시키는 것이다.

② **사업범위** : 세계에서 여러 사업을 동시에 수행할 수 있는 정도로 사업범위가 넓어진다는 것이다. 예를 들면, 소니사의 경우 처음에는 밥솥이나 소형라디오라는 주요 단일사업으로 시작하였으나, 점차 TV, 비디오 같은 제품으로 다각화를 시작하여 지금은 첨단제품을 생산하고 있으며, 영화사나 음반사업에까지 진출하였다. 즉 국제사업의 다각화를 의미한다.

③ **참여방식** : 기업이 새로운 국가에 진출하는 데 있어서 참여방식이 고도화된다는 것을 의미한다. 처음에는 단순하게 수출로 시작하였으나, 점차적으로 라이센싱과 해외직접투자 같은 방식으로 해외시장에 진출하게 된다는 것이다.

④ **경영기능** : 기업의 경영기능이 국제화된다는 말은 기업이 전 세계 어느 곳에서든지 가장 효율적인 국가에서 수행할 수 있도록 기업의 경영기능의 가능 범위가 넓어진다는 것을 의미한다. 즉, 처음에는 단순히 수출판매에 주력하였으나 점차로 해외시장에 진출하게 되고, 진출한 국가에서 마케팅을 하며, 현지에서 생산을 하고, 원자재를 조달하고, 궁극적으로는 연구개발까지 한다는 것을 말한다.

글로벌 기업의 영향

CASE 047 인텔의 코스타리카 진출
CASE 048 코카콜라의 중국 진출
CASE 049 현대기아자동차 미국법인
CASE 050 유니언 카바이드사

글로벌 기업은 현지국에 많은 영향 CASE 047~050을 미친다. 글로벌 기업이 미치는 영향에는 긍정적인 면도 있으나, 부정적인 면도 함께 있는 양면적인 성격을 지니고 있다. 긍정적인 면으로는, 첫째 글로벌 기업은 자기지배 혹은 영향하에 있는 각종 경영자원, 즉 기술, 인원, 자금 등을 국경을 넘어 자유로이 이동시켜 각각의 자원이 최대의 한계생산성을 발휘하게 함으로써 세계의 경제적 후생의 총량을 증가시켜 준다. 또한 세계 각국으로 신제품 및 신기술을 이전·전파함으로써 해당 국가의 다수 국민들이 다채로운 소비생활을 누릴 수 있게 하며 기업들의 생산성의 획기적인 향상을 가져오게 한다. 세계 일부지역에서는 공정한 자유경쟁을 통한 시장형성이 이루어지고 있지 못한 경우도 있다. 이때 글로벌 기업의 해당 지역에의 진출은 그 시장의 자유경쟁을 유발하는 데 지대한 공헌을 하게 된다. 아울러 세계 각국 간의 상호이해 증진에도 큰 역할을 한다. 예컨대 일부 분쟁지역의 국가들에서는 정치적 · 경제적 상호의존관계를 보다 강화하기 위한 수단으로 미국 등과 같은 선진국 기업의 해외직접투자를 유치하려는 경향도 있다.

반면 부정적인 면도 존재하는데, 우선 글로벌 기업이 얻게 되는 해외시장에서의 연구개발 결과는 주로 글로벌 기업의 소유로 되는 것이 일반적이다. 그러므로 상대국의 연구개발은 침체하게 되며 장기적으로 기술열위에 처하거나 기술종속적 구도가 정착되기 쉽다. 나아가 기술인력의 글로벌 기업에의 편중현상으로 기술의 독자개발 기반이 약화될 우려가 있다. 또한 글로벌 기업은 그들의 양호한 기업이미지를 이용하여 부족한 현지국의 자본을 현지국 기업보다 유리한 조건으로 조달 운용함으로써 현지기업의 자금소요를 고갈시켜 경제발전에 부정적 효과를 낳게 할 수도 있다. 더불어 글로벌 기업은 진출 현지국의 입장과 다른 기준에서 해외 진출을 결정한다. 따라서 진출국에서 지원 · 육성이 필요하여 희망하는 분야보다는 대개 규모의 경제가 크고 기술혁신이 진행되고 있는 고도 성장산업 부문에 집중하는 경향이 있다. 이러한 특정 부문에 대한 집중적 진출에 의한 사업지배는 진출국의 해당 산업이 글로벌 기업에 의해 실질적으로 지배되는 폐해를 낳을 수 있다. 마지막으로 글로벌 기업이 취하는 합리적인 경영방식은 상대적으로 보수적인 현지국에 일종의 경영혁명을 일으킴과 동시에 인사면, 노동면 등에서 각종 문제점과 부작용을 나타내는 경우도 적지 않다. 나아가 진출국과의 문화적 차이를 고려하지 못하는 일방적 경영으로 오해와 분쟁을 일으키기도 한다.

CASE 042

진정한 글로벌 기업은 9개[1)]

주제 / 글로벌 기업 정의

글로벌 기업 혹은 다국적기업이란 말을 많이 사용한다. 세계화시대가 되면서 일상화되었다. 누구나 다 알고 있는 것 같지만 실제로 다국적기업이 무엇인지 정확하게 말하는데는 조금 복잡한 문제가 있다. 예를 들어보자. 해외에 몇 군데 공장시설을 가지고 있는 중소기업이 있다고 가정해보자. 그렇다면 이 기업은 다국적기업이라고 할 수 있는가? 이러한 질문에 대한 대답은 다국적기업에 대한 정의를 적용해보면 다국적기업 여부를 판단해볼 수 있다.

우선 앞에서 지적했듯이 다국적기업이란 "1개국 이상에서 해외생산활동을 전개한다"는 기준을 제시한 릴리엔탈의 기준으로는 다국적기업으로 분류할 수 있다. 그러나 "포춘(Fortune)의 500대 기업에 연 2회 이상 등재되어 있는 동시에 6개국 이상에서 현지생산 및 판매활동을 하는 기업"이라고 정의한 버논의 기준에는 부합하지 않기 때문에 다국적기업으로 분류하기 어렵다. 따라서 다국적기업의 기준에 대한 비교적 낮은 기준을 적용하는 경우와 높은 경우를 적용하는 경우 상이할 수 있음을 알 수 있다.

예를 들면, 릴리엔탈처럼 2개국 이상에서 활동한다는 기준으로 본다면 상당히 많은 기업들이 다국적기업에 해당된다고 볼 수 있다. 그러나 사실 특정 지역 매출액이 과도하다는 것은 제품이 전 세계 소비자의 다양한 기호에 부응하지 못한다고 볼 수 있다. 물론 이 경우 진정한 글로벌 기업이라 할 수 없다. 따라서 보다 엄격한 기준을 제시해보자. JIBS(Journal of International Business Studies)라는 저널이 있다. 국제경영 분야에서 가장 잘 알려진 논문 이다. 여기서 발표된 2001년 논문에서는 아시아태평양, 북미, 유럽에서 각각의 매출액이 전체 매출액 중 20%를 넘어야 할 경우 진정한 다국적기업이라고 정의하

---

1) 본 사례는 2004년 3월 23일자 동아일보 경제면 '글로벌 500대 기업, 진정한 글로벌 기업은 겨우 9개' 기사를 중심으로 작성되었음.

고 있다. 이 기준에 해당되는 다국적기업의 수는 얼마나 될까?

연구에 따르면 세계 500대 기업 중에서 아시아태평양, 북미, 유럽시장에서 골고루 매출을 올리는 글로벌 기업은 IBM, 소니 등 9개에 불과하다고 한다. 결국 대부분의 기업은 자신들이 선호하는 특정 지역 매출이 대부분을 차지하고 있다. 2001년 매출액 기준으로 세계 19위인 미국의 IBM은 북미시장 이외에도 아시아태평양(20.0%), 유럽(28.0%)에서 고른 매출을 올렸다. 일본의 소니, 네덜란드의 필립스, 미국의 인텔, 일본의 캐논, 미국의 코카콜라도 아시아태평양, 북미, 유럽시장 등 3개 시장에서 각각 전체 매출의 20% 이상을 판매했다. 이런 기업들은 진정한 글로벌 기업으로 볼 수 있다.

반면에 규모가 큰 많은 기업들의 매출액이 특정 지역에 편중되었거나 해외 판매비율이 높지 않은 것으로 나타났다. 예를 들면, 세계적 기업인 미국 월마트는 북미지역 매출이 94.1%에 달했다. 대부분 미국에서 돈을 벌고 있다. 마찬가지로 제너럴모터스, 포드, 제너럴일렉트릭도 북미지역 매출액 비중이 상당히 높다. 결국 특정 지역 매출액이 과도하다는 것은 제품이 전 세계 소비자의 다양한 기호에 부응하지 못한 게 된다. 따라서 이러한 기업의 규모는 크지만 진정한 글로벌 기업으로 보기 어렵다는 주장은 일리가 있어 보인다.

| 표 5-1 | 지역별 매출액이 잘 분산된 진정한 글로벌 기업 (단위 : %)

매출액 순위	기업	국가	북미 비중	유럽 비중	아태 비중
19	IBM	미국	43.5	28.0	20.0
37	소니	일본	29.8	20.2	32.8
143	필립스	네덜란드	28.7	43.0	21.5
190	캐논	일본	33.8	20.8	28.5
388	플렉스트로닉스	싱가포르	46.3	30.9	22.4
459	루이뷔통	프랑스	26.0	36.0	32.0

* 2001년 기준
출처 : JIBS(Journal of International Business Studies)

CASE 43 글로벌 기업의 현황[2)]

주제 / 글로벌 기업 현황

글로벌 500대 기업의 1996년부터 2021년까지 연도별 '글로벌 500대 기업' 자료[3)]를 분석한 결과, 한국의 경우 조사 시작 연도인 1996년 13개 기업에서 2000년대에는 11개, 2005년 12개, 2010년 10개로 다소 감소하는 추세를 보였지만 2015년 이후에는 14개로 증가하였고 2021년에는 15개의 기업이 순위에 들었으며, 2010년에는 10개로 유일하게 10위안에 들지 못하였다.

글로벌 500대 기업을 가장 많이 보유한 국가는 조사를 시작한 1996년부터 2010년대 초반까지는 미국, 일본, 프랑스, 독일 순이었으나, 2000년 상위 10위로 진입한 중국의 급부상으로 2015년에 일본을 앞질렀고, 2020년에는 미국까지 추월하며 중국이 전 세계에서 글로벌 기업을 가장 많이 가진 국가가 되었다. 또한 이는 2021년에도 유지되었다. 중국은 1996년에는 상위 10위에도 들지 못하였으나 2021년에는 글로벌 500대 기업 전체 27%를 차지하게 되었다. 그리고 미국은 500대 기업수가 1996년 162개에서 2021년 122개로 40개 감소하였고, 일본은 1996년 126개에서 2021년 53개로 70개 감소하여 가장 크게 줄어들었다. 이렇듯 글로벌 기업의 개수로만 보면 2000년 이후 중국의 성장이 매우 주목할만 하다. 하지만 글로벌 500대 기업 순위(2020년 기준)에 오른 기업들의 매출[4)]을 보면,

---

2) 부경대학교, 국제기업과경영환경, 이유미, 수업과제를 참고하였음.

3) [표 5-2] 1996~2010년 자료는 박의범 · 권종욱 외 1명, 「글로벌 경영 case 100」, 도서출판 청람, 2011, p.129.
2015년 자료는 KOTRA(대한무역투자진흥공사) Invest Korea 투자정보팀, 「2015 Fortune Global 500기업의 한국 투자진출현황 분석」, 2016, p.3.
2020년 자료는 "포춘, 연례 글로벌 500대 기업 발표", 연합뉴스, Alison Klooster, 2020.8.27.
https://www.yna.co.kr/view/AKR20200827098900009
2021년 자료는 "美 경제지 "기업 올림픽 열리면 韓 9위 … 삼성전자 은메달 하나뿐", 매일경제, 2022.2.7.
https://www.mk.co.kr/economy/view/2022/110116

| 표 5-2 | 국가별 500대 기업수

1996년			2000년			2005년			2010년		
순위	국가	기업수	순위	국가	기업수	순위	국가	기업수	순위	국가	기업수
1	미국	162	1	미국	185	1	미국	170	1	미국	139
2	일본	126	2	일본	104	2	일본	70	2	일본	71
3	프랑스	42	3	프랑스	37	3	프랑스	38	3	중국	46
4	독일	41	4	독일	34	4	영국	38	4	프랑스	39
5	영국	34	5	영국	33	5	독일	35	5	독일	37
6	스위스	14	6	캐나다	15	6	중국	20	6	영국	29
7	이탈리아	13	7	중국	12	7	네덜란드	14	7	스위스	15
7	한국	13	8	스위스	11	7	캐나다	14	8	네덜란드	13
9	네덜란드	8	8	한국	11	9	스위스	12	9	캐나다	11
10	캐나다	6	10	네덜란드	9	9	한국	12	10	이탈리아	11

2015년			2020년			2021년		
순위	국가	기업수	순위	국가	기업수	순위	국가	기업수
1	미국	132	1	중국	124	1	중국	135
2	중국	95	2	미국	121	2	미국	122
3	일본	62	3	일본	53	3	일본	53
4	프랑스	31	4	프랑스	31	4	독일	27
5	독일	29	5	독일	27	5	프랑스	26
6	영국	27	6	영국	22	6	영국	22
7	한국	14	7	한국	14	7	한국	15
7	스위스	14	7	스위스	14	8	스위스	13
9	네덜란드	12	9	캐나다	13	8	네덜란드	13
10	캐나다	9	10	네덜란드	13	10	캐나다	12

중국은 전체 매출 가운데 25%를, 미국은 30%를 차지하며 매출 측면에서는 미국이 앞서 있다. 또한 순위에 있는 중국의 기업 중 68%가 국영기업으로 세계 자유시장 경쟁에서 성과를 냈다기보다 중국 상업주의의 힘과 국영 은행이라는 혜택을 본 것이므로 아직 중국이 세계경제 선두에 있다고 하기는 어려울 수 있다. 하지만 2021년 글로벌 500대 기업 중 중국과 미국 두 나라의 기업만 해도 257개로 글로벌 기업의 절반 이상을 두 국가가

4) "[포춘US] 세계 500대 기업/정면 충돌하는 두 슈퍼 파워", 포춘코리아, 2020.9.7.
http://www.fortunekorea.co.kr/news/articleView.html?idxno=12720

| 표 5-3 | 글로벌 500대 기업에 포함된 한국기업(2021년)

기업	매출액(단위 : 백만 달러)	글로벌 순위(2020년 순위)
삼성전자	200,743.4	15(19)
현대자동차	88,155.7	83(84)
SK	70,839.2	129(97)
LG전자	53,625.4	192(207)
기아자동차	50,155.1	215(229)
한국전력공사	49,102	222(227)
포스코	48,712.8	226(194)
한화	43,168.9	271(277)
KB금융그룹	33,201.2	366(426)
현대모비스	31,047.2	398(385)
삼성생명	29,273.8	416(467)
CJ	27,124.7	450(437)
SK하이닉스	27,041.7	452
LG화학	26,644.8	461
삼성물산	25,613.3	473(481)

차지하고 있다. 따라서 앞으로도 세계경제의 패권을 두고 중국과 미국의 경쟁 구도가 지속될 것으로 보인다.

2021년 글로벌 500대 기업에 이름을 올린 국내기업[5]을 보면 삼성전자가 15위로 아시아권 기업 중 6번째로 높은 순위를 기록하고 있다. 한국기업 중 100위 안에 포함되는 기업은 삼성전자와 83위 현대자동차로 2개이며, 2020년의 3개보다 줄었다. 2020년과 비교했을 때 국내기업들의 순위 변화를 보면 삼성전자, 현대자동차, LG전자, 기아자동차, 한국전력공사, 한화, KB금융그룹, 삼성생명, 삼성물산도 전년도에 비해 순위가 상승했다. 그리고 SK, 포스코, 현대모비스, CJ는 전년도에 비해 순위가 하락했다. SK하이닉스와 LG화학은 2021년 새롭게 진입하였으며, 2020년 467위로 순위에 들었던 GS칼텍스는 2021년에는 500위 안에 들지 못했다. 전반적으로 국내기업은 배터리, 반도체, 자동차, IT 기업이 강세를 보였다.

---

5) [표 5-3] "포춘 글로벌 500대 기업 한국기업 리스트", 포춘코리아, 2021.11.3. http://www.fortunekorea.co.kr/news/articleView.html?idxno=20150

| 표 5-4 | 글로벌 500대 기업 상위 10위(2021년)

Rank	Company	Revenues($ millions)	Profit($ millions)
1	Walmart	559,151	13,510
2	State Grid	386,617.7	5,580.4
3	Amazon	386,064	21,331
4	China National Petroleum	283,957.6	4,575.2
5	Sinopec Group	283,727.6	6,205.2
6	Apple	274,515	57,411
7	CVS Health	268,706	7,179
8	UnitedHealth Group	257,141	15,403
9	Toyota Motor	256,721.7	21,180.1
10	Volkswagen	253,965	10,103.5

2021년 글로벌 500대 기업[6] 중 10위를 보면 미국의 최대 유통업체인 Walmart가 1위를 차지하였다. 그리고 중국의 국가전력망공사인 State Grid, 미국의 플랫폼기업 Amazon, 중국석유천연가스그룹 China National Petroleum, 중국 석유업체 Sinopec Group이 그 뒤를 이었다. 그리고 미국의 IT 기업 Apple, 미국의 헬스케어회사 CVS Health, 미국의 의료서비스그룹 UnitedHealth Group, 일본의 자동차회사 Toyota Motor, 독일의 자동차 회사 Volkswagen이 순위에 들었다. 국가별로 미국이 5개, 중국이 3개, 일본 1개, 독일 1개의 기업이 상위 10위를 차지하고 있다. 이는 과거에 비해 미국과 중국 기업의 영향력이 더욱더 커진 것으로 보인다. 또한 2021년에는 다양한 산업군의 기업들이 순위권에 들었으며 금융회사가 10위권 내에 없다는 특징이 있다.

2010년과 2021년의 글로벌 순위 상위 10위를 비교해보았을 때 그 자리를 유지한 기업은 Walmart가 유일했다. 이는 세계시장의 변화와 흐름 속에서 지속적인 매출과 수익을 창출하는 것이 매우 어려운 일임을 의미한다. 실제로 2005년 상위 20개사 중에서 2015년까지 20위권을 유지한 기업은 10개에 불과했다.[7] 따라서 급변하는 세계시장에 적응하지 못하고 변화와 혁신을 이루어내지 못하면 그 기업은 글로벌 시장에서 사라지게 될 것이다.

---

6) [표 5-4] Fortune, 2021 Global 500 자료, https://fortune.com/global500/, 2022.4.30. 접속

7) "일등 기업 절반은 10년도 못 간다", 한국일보, 2016.2.22. https://www.hankookilbo.com/News/Read/201602220497474956

CASE

44 한국기업의 해외 진출 동기[8)]

주제 세계화 동기

한국기업들은 어떤 동기로 해외에 진출할까? 무역협회에서 조사한 바에 따르면 한국기업의 해외 투자 목적은 '저렴한 노동력'보다는'시장의 성장성'을 중요시 하는 것으로 나타났다. 즉, '시장의 성장성'이라는 답변이 가장 높게 나왔고 그 다음으로 '저렴한 노동력', '시장의 규모'가 차지하였다.

투자 동기를 기업규모별로 살펴보면 대기업, 중소기업 모두 '시장의 성장성'을 1순위로 꼽았으나, 2순위에 있어선 대기업은 '시장의 규모', 중소기업은 '저렴한 노동력'을 꼽았다. 대기업의 경우 시장의 성장성, 시장의 규모, 저렴한 노동력 순으로 나타났다. 반면, 중소기업은 시장의 성장성, 저렴한 노동력, 시장의 규모의 순으로 나타났다.

그림 5-1 주요국별 유망 투자지역 선택 이유

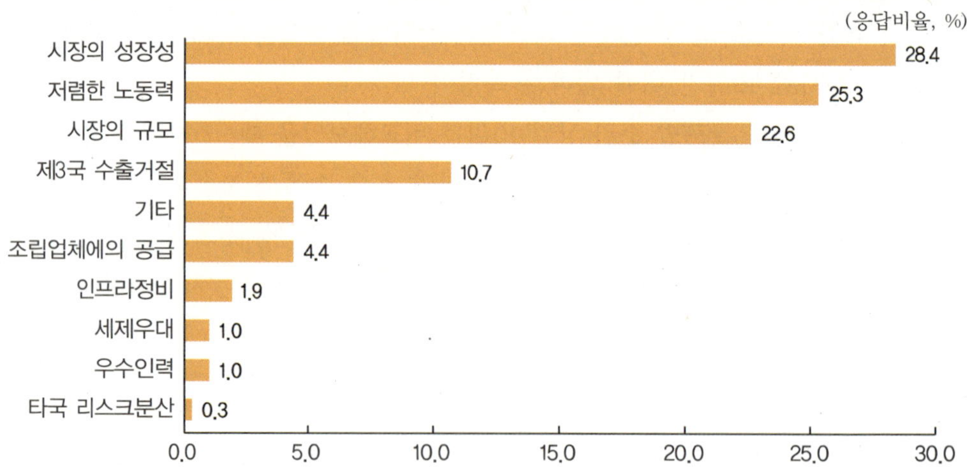

8) 본 사례는 한국무역협회 해외 투자유망지역보고서(2007.10)를 참고로 작성되었음.

표 5-5 기업규모별 해외 투자 이유 (응답비율, %)

대기업			중소기업		
순위	투자 이유	응답비율	순위	투자 이유	응답비율
1	시장의 성장성	27.5	1	시장의 성장성	28.6
2	시장의 규모	26.1	2	저렴한 노동력	27.3
3	저렴한 노동력	19.0	3	시장의 규모	21.5
4	제3국 수출거점	16.2	4	제3국 수출거점	8.9
5	조립업체에의 공급	4.9	5	기타	5.1
6	기타	2.1	6	조립업체에의 공급	4.3
7	우수인력	1.4	7	인프라정비	2.2
7	타국 리스크분산	1.4	8	세제우대	1.1
9	인프라정비	0.7	9	우수인력	0.9
9	세제우대	0.7	10	타국 리스크분산	0.0

지역별로 해외 투자 동기를 보면 해외법인이 가장 많이 진출한 상위 4개 지역을 대상으로 해당 지역별 투자 이유를 살펴보았다. 중국은 저렴한 노동력, 시장의 성장성 순으로, 베트남 은 시장의 성장성, 저렴한 노동력 순으로 나타났다. 반면, 미국과 서유럽은 공히 '시장의 규모', '시장의 성장성' 순으로 조사되었다.

표 5-6 지역별 해외 투자 이유 (응답비율, %)

구분	1위	응답비율	2위	응답비율	3위	응답비율
중국	저렴한 노동력	33.7	시장의 성장성	28.7	시장의 규모	21.5
베트남	시장의 성장성	39.1	저렴한 노동력	37.0	제3국 수출거점	6.5
미국	시장의 규모	51.5	시장의 성장성	20.6	제3국 수출거점	11.8
서유럽	시장의 규모	37.5	시장의 성장성	33.3	제3국 수출거점	16.7

CASE

45 포스코[9)]

주제 / 글로벌 기업의 국제화 과정

포스코의 국제화 과정을 해외시장, 진입방법, 제품측면에서 분석하면 다음과 같다.

첫째, 포스코의 수출시장은 미국과 일본 등 선진국시장에서 동남아시아와 중국 등 개도국으로 점차 해외시장이 확대되는 과정을 거쳤다. 포스코는 1968년에 설립되어 1972년 11월에 미국과 대만으로의 수출을 시작으로, 1978년 이전까지는 주로 미국시장에 수출하였고 1980년대부터 일본시장과 동남아시장을 본격적으로 공략하기 시작하였다. 이후 1992년 중국비중이 높아지면서 1990년대 이후 포스코의 주력 수출시장은 일본 40%, 동남아시아 25%, 중국 15%, 미국 15% 내외의 비중을 차지하는 형태로 발전하였다. 투자지역의 경우 1986년 무역규제를 회피하기 위하여 미국에 냉연합작공장인 UPI를 설립하였다. 1992년 4월에 베트남에 진출하였고 7월에는 중국 광동성에 컨테이너공장을 설립하였다. 이후 1994년부터 베트남과 중국에 대한 해외직접투자가 급증하였으며 태국과 인도네시아시장도 공략하게 되었다. 결국 포스코의 투자지역은 미국에서 출발하여 베트남, 중국, 동남아시아시장으로 확대되는 과정을 거쳤음을 보여주고 있다. 둘째, 포스코의 경우 진입방법은 기본적으로 수출, 대행수출, 현지판매, 현지생산의 과정을 거친 것으로 보인다.

수출의 경우 1972년에 직접수출을 시작하였고 1976년 지정상사제도를 도입하여 대행수출을 시작하였다. 1984년부터는 지역별로 복수상사지정제도를 도입하여 수출시장의 확대를 추구하였다. 이후 1984년 뉴욕에 POSAM(Pohang Steel America Corp.)을 설립하였고 이어 1985년 홍콩에 POA(Posco Aisa Co. Ltd.), 1988년 일본 오사카에 PIO(PoscoInternational

---

9) 본 사례는 윤동진(1997), 한국국제경영학회, 공기업 국제화 세미나 논문집, "사례발표 : 포스코의 국제화 과정과 방향"의 내용을 중심으로 정리되었으며 부문별 국제화 과정에 관한 내용은 본 논문집을 참고하기 바람.

그림 5-2 포스코 해외진입방식의 고도화 과정

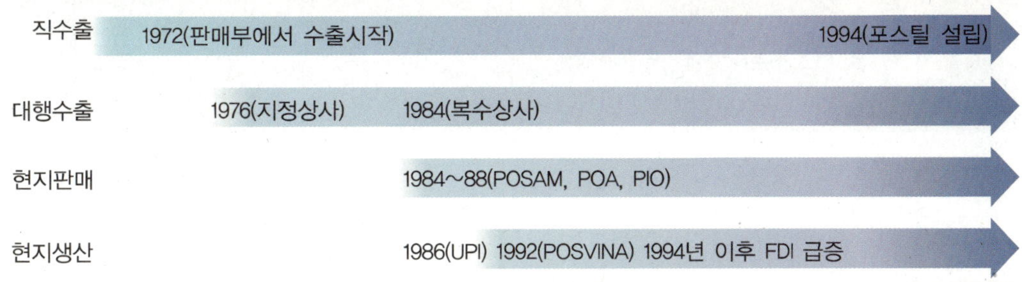

출처 : 윤동진(1997), 한국국제경영학회, 공기업 국제화 세미나 논문집, "사례발표 : 포스코의 국제화 과정과 방향"

Osaka Inc.)를 설립하여 현지판매기반을 구축하게 된다. 현지생산방식의 진출은 1986년 미국에 UPI(USS-POSCO Industries), 1992년 베트남에 POSVINA 등 현지합작공장을 설립하면서 본격적으로 시작되었다. 이후 1994년부터는 중국, 베트남, 인도네시아 등 10여 개 이상의 공장을 가동시키고 이후 지속적인 해외직접투자(FDI)를 통해 해외에 대한 진출을 확대하게 된다. 이와 같이 포스코는 수출, 현지판매, 현지생산으로 확대되는 해외 진출 방식의 고도화 과정을 거쳤다.

포스코그룹은 지주사를 중심으로 각 사업들의 경쟁력 제고 및 시너지 창출, 미래 신사업 발굴 및 육성 등을 한층 강화함으로써 2030년까지 기업가치를 현재의 3배 이상 증가시킨다는 목표를 가지고 있다.[10)]

10) https://newsroom.posco.com/kr/

CASE 46 소니

주제 / 글로벌 기업의 국제화 과정

SONY	
법인명	**정식**: ソニーグループ株式会社 **영문**: Sony Corporation. **한글**: 소니 주식회사
국가	일본(다국적 기업)
업종명	가전제품, 반도체 제조업, 금융, 엔터테인먼트
설립일	1946년 5월 7일 (76주년)
설립자	모리타 아키오, 이부카 마사루
대표자	요시다 켄이치로 (회장 겸 사장 CEO)

출처 : 소니-나무위키(namu.wiki)

소니의 국제화 과정은 경제가 발전된 선진국을 중심으로 먼저 진출한 후에 1980년대 경제가 부흥하기 시작한 아시아 국가로 점차 시장을 확대하는 과정을 보인다. 즉, 1959년 최초로 홍콩에 생산공장을 설립한 이후 아일랜드에 진출하였고, 이후 미국과 유럽의 주요국에 본격적인 수출을 시작하였으며, 현지공장을 세워 그곳에서 생산된 제품을 인근 국가에 수출하는 방식이었다. 이는 국경이동에 따른 물류비와 관세를 최소화하기 위한 전략의 일환으로서, 이후 1980년대 들어서는 경제성장이 가속화되는 아시아에 생산법인을 설립하여 점차 시장의 범위를 확대시켜 글로벌 기업으로서의 외연을 확장시켰다.

둘째, 소니의 해외 진출방식은 크게 간접수출로 시작하여 직접수출, 합작투자 및 단독투자의 과정을 거친 것으로 보인다. 주로 1950년대에는 각국의 대리점이나 도매상에게 영업을 위탁하는 방식으로 판매(간접수출방식)를 시작하였고 이를 바탕으로 간접수출에서 직접수출로의 확대과정을 거친 시기라 할 수 있다. 특히, 1958년 회사명을 처음의 '도쿄 추신 코교(Tokyo Tsushin Kogyo)'에서 '소니(SONY)'로 변경하여 직접판매를 통해 미국시장에 진출하였다. 1960년에는 아일랜드의 새넌지역에 조립공장을 설립하여 직접투자 형태(FDI)로 진출하였다. 그러나 현지직원의 경험 부족, 현지 조달부품의 낮은 품질, 통신인프라의 문제 등 여러 가지 문제점으로 인해 1996년에 문을 닫게 되었다. 그럼에도 1960년 뉴욕에 미국 내 최초의 영업법인 설립(직접수출), 1960년 스위스 소니(Overseas S.A)법인 설립, 1969년 영국 소니(Sony UK, Ltd.) 설립(직접수출) 등 선진 유럽국가에 본격 진출하였고,

그림 5-3 소니의 과거와 현재 : 포트폴리오 구성 변화

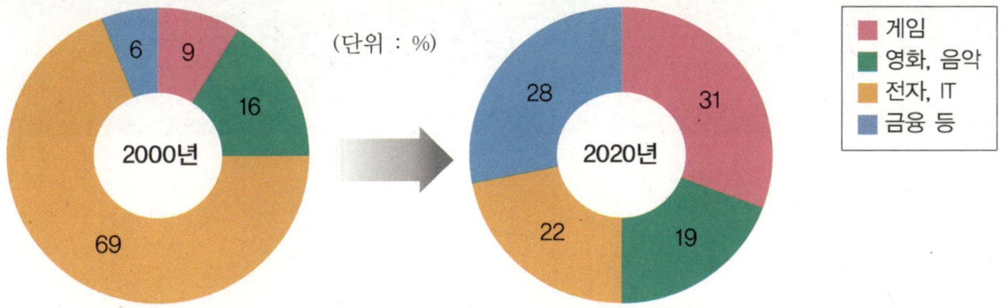

출처 : 티타임즈 유튜브

이후 1980년대 낮은 생산원가와 현지정부의 세제지원정책 등 본격적인 경제부흥 정책으로 인해 아시아 소니 생산법인을 설립하였다. 결국 해외 진출방식은 지역별로 차이가 있지만 리스크관리 관점에서 보다 효율적인 간접수출로 시작하여 직접수출, 합작투자 및 단독투자로 고도화되는 방식으로의 변화과정을 보인다.

이후 소니는 아날로그에서 디지털 혁명시대로 변환하는 변곡점 시기에 10년 넘게 몰락을 경험하였으며, 이를 극복하기 위하여 2012년 히라이 카즈오 CEO 취임 이후 선택과 집중을 위해 하드웨어 분야를 과감하게 구조조정을 하였다.

이를 위해 도쿄의 사옥과 뉴욕의 빌딩을 매각하고 2012년에는 소니케미컬 화학사업을 매각하였다. 2014년에는 PC 사업 부문인 바이오를 매각하고 TV사업을 정리하였다. 이밖에도 워크맨 오디오사업부 분사, 에릭슨과의 결별을 통한 휴대폰 사업축소, 전자제품사업분사, 배터리제조 부문 매각을 시행하였다. 소니는 성공적으로 부활하여 현재 기업가치 140조 원, 2020년에는 10조 원의 영업이익을 달성하였다. 게임 부문의 매출이 31%, 금융 부문의 매출이 28%, 전자/IT 부문은 22%, 영화/음악 부문은 소니 매출의 19%를 점유하고 있다.[11)]

11) https://blog.pumpkin-raccoon.com/90 참조

CASE 47 인텔의 코스타리카 진출[12)]

주제 / 글로벌 기업의 영향

본 사례에서는 인텔이 '중남미의 스위스'로 불리는 인구 400만 명의 작은 나라인 코스타리카에 진출하면서 코스타리카에 미치는 영향을 분석한 사례이다. 코스타리카는 경제 규모가 작은 나라이긴 하지만 정치적 안정성, 민주적 정부, 우수한 행정, 노동력의 양질, 미국시장으로의 상대적 근접성 등에서 글로벌 기업에게 매력적인 시장이다. 이러한 매력적인 시장에 1996년에 진출한 인텔이 현지정부에 미치는 영향을 살펴보자.

우선 긍정적인 영향으로 수출증대를 들 수 있다. 인텔은 국제무역 규모에도 상당한 영향을 미쳤는데, 인텔사의 순수출은 1998년에 약 2억 5백만 달러, 1999년에 14억 9천6백만 달러를 각각 기록했다. 이는 각각 1998년 GDP의 1.5%, 1999년 GDP의 9.8%에 해당하는 금액이다. 둘째, 경제성장률 증가에 기여하였다. 1999년의 8% 성장률 중 인텔사 단독으로 기여한 부분은 5%나 된다. 1990년부터 1996년까지 코스타리카의 경제성장률은 평균 4.9%였으나, 1997년부터 1999년까지의 평균성장률은 7.3%로 상승했다. 더 중요한 것은 인텔이 진출하고 2년 뒤인 1998년과 1999년에는 8%의 경제성장률을 기록했다. 이는 라틴아메리카에서 가장 높은 성장률이었고, 코스타리카에게는 지난 30년간 가장 높은 성장률이었다. 인텔이 1997년 11월에 운영을 시작한 것을 감안한다면 인텔이 GDP성장률에 크나큰 영향을 미쳤다고 할 수 있다.

정부와의 협력을 통한 코스타리카의 기술력을 증대시킨 점을 들 수 있다. 기술력 향상을 교육부, 인텔사, 코스타리카 기술학교는 협력을 통하여 학위 프로그램, 자격증 프로그램 등과 같은 새로운 교육프로그램을 실행하여 기술인력의 공급확대를 가져왔다.

반면 부정적인 측면으로는 세수입 감소이다. 재정적인 관점에서 본다면 자유수출지역

---

12) 본 사례는 The Impact of Intel in Costa Rica, The World Bank Group/MIGA(2006)과 "중미의 선진시장 코스타리카" 월간무역(2005.7)을 참고로 작성되었음.

그림 5-4 인텔이 코스타리카에 미친 영향

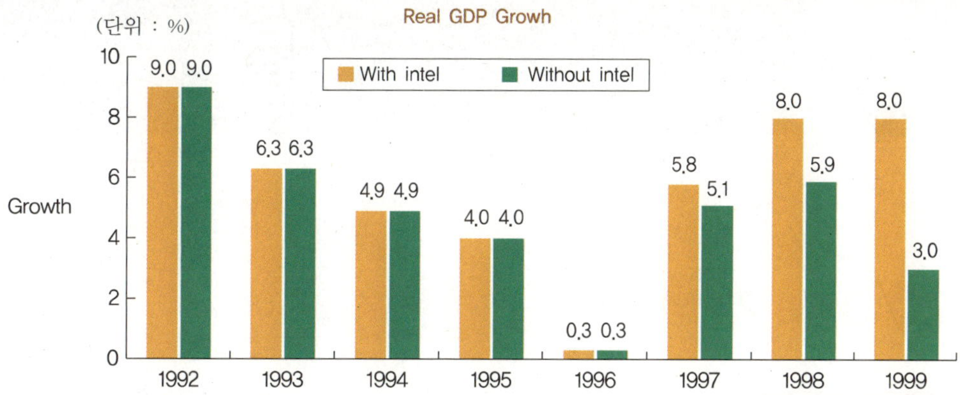

출처 : Central Bank of Costa Rica

에서의 면세는 재정적 비용을 의미한다. 다른 조치가 취해지지 않는다면 GDP에서 차지하는 세수수입은 수년간 점차 줄어들 것이고, 결국에는 국내기업에게 더 높은 세금을 부과하거나 적자 증가, 제반 거시경제적 문제 혹은 비용지출 삭감의 필요성이 높아질 수도 있는 것이다. 또한 기술인력이 인텔사에 편중되었다는 점이다. 우수한 인력들이 인텔사에 편중되어 그만큼 국내기업들에게는 발전기회가 감소하게 된다. 또한 이것이 다시 세수입 감소로 이어진다고 보는 견해도 있는데, 만약 인텔이 코스타리카에 진출하지 않았다면 국내기업들이 이러한 양질의 인력들을 고용함에 따라 국내 경제규모는 더 커졌을 것이고, 이는 정부의 세수수입 증가로 이어졌을 것이라는 견해이다. 마지막으로 인텔의 진출은 임금상승을 유발하였다. 기업에게 있어 하나의 비용인 임금의 상승은 다른 국내기업에게 압력으로 작용할 수 있다.

CASE

48 코카콜라의 중국 진출

주제 / 글로벌 기업의 영향

코카콜라의 경우 1984년 처음으로 국영기업과 합작투자를 통해 주하이에 공장을 설립하였으며, 지속적인 성장을 해오고 있다. 긍정적인 영향으로 우선 중국 정부의 세수증대를 들 수 있다.

1998년의 경우 코카콜라 생산자, 경영자, 그리고 판매자는 직 · 간접적으로 16억 위안(한화 2,080억 원)의 소득세를 냈다. 둘째, 고용을 증대시켰다. 코카콜라를 비롯한 여러 글로벌 기업의 중국 진출로 인해 고용이 크게 증가하였는데, 1998년 중국 내 41만 4천 명에 대한 고용이 코카콜라의 생산 및 판매와 직 · 간접적 관계가 있다고 평가되고 있다. 코카콜라 생산라인에서 1만 4천 명의 노동자를 고용했으며 코카콜라 독점 공급상이 35만 명을, 각각의 도 · 소매상이 5만 명을 고용했다고 한다.

또한 중국 음료산업의 발전에 기여한 점이다. 1970년대 후반에 중국의 음료산업은 낙후된 시설로 쇠퇴해가고 있었다. 당시 단 한 개의 브랜드만이 전국적으로 유통되고 있었고, 나머지 브랜드들은 지역시장에 한정되어 있는 실정이었다. 그러나 1978년 코카콜라의 진입을 시작으로 다른 글로벌 기업들의 진입에 힘입어 유통구조, 품질테스트 등과 관련해 비약적 발전을 이루게 된다. 한 연구결과에 의하면, 코카콜라가 가진 네트워크와 가치사슬은 정부소유에 의한 중앙유통 시스템에서 민영유통구조로의 전환에 있어 중요한 역할을 했다고 한다. 아울러 코카콜라사는 직접 자금 80억 위안(한화 약 1조 400억 원)을 투입해 220억 위안(한화 2조 8,600억 원)의 부가가치를 창출했으며 매년 관련산업 포함 총 매출액이 300억 위안(한화 3조 9천억 원)에 이르고 있다. 2001년 기준 코카콜라는 중국 탄산음료시장의 35%를 장악했고, 연간 판매액이 12억 달러에 이르렀다.

반면 부정적인 영향은 기존의 국내기업의 도산을 들 수 있다. 코카콜라가 처음 중국에 진출했을 때 국내 탄산음료 기업들이 타격을 받았고 결국은 시장에서 빠져나가는 결과를 초래했다는 것이다. 또한 코카콜라의 유해한 이익추구를 들 수 있다. 코카콜라에는 인산, 높은 당도의 설탕, 색소 등 인체에 유해한 성분이 들어있다고 해서 많은 논란이 일고 있다. 이는 비단 중국에서뿐만 아니라 코카콜라가 전 세계 200여 국이 넘는 곳에서 판매활동을 하고 있는 글로벌 기업인 만큼 광범위하게 영향을 미치고 있으며, 실제로 이와 관련해서 인도에서는 소송이 제기되기도 했다. 다른 예로, 빈곤한 제3세계에 진출한 코카콜라는 그 나라의 경제발전에 공헌하는 것이 아니라 만성적인 영양결핍에 시달리는 제3세계 어린이들을 코카콜라의 소비자로 만들어버리는 결과를 낳기도 했다.

CASE 49

현대기아자동차 미국법인

주제 / 글로벌 기업의 영향

현대자동차는 현재 미국 앨라배마주의 몽고메리시에 현지공장을 건설하고 자동차를 생산하고 있다. 현지공장 건설 당시에 미국 각 주에서는 현대자동차를 유치하기 위해 열띤 경쟁을 펼치며 다양한 인센티브를 제시하였다. 그 중에서도 앨라배마주가 제시했던 조건은 매우 파격적이었다고 볼 수 있다.

우선 현대자동차를 위해 몽고메리시 정부는 '현대 패밀리 서포트 프로그램'이라는 부서를 설치하였다. 여기서 현대자동차 진출에 따라 발생하는 다양한 지원이 가능하도록 하였다. 직원들의 자녀양육, 언어문제, 지역사회의 각종 시설물이용 등 현지정착과 관련된 모든 문제를 원활하게 해결할 수 있도록 하였다. 그리고 현대자동차는 210만 평의 자동차 공장부지를 앨라배마주로부터 '무상으로 양도'받았다. 처음에는 리스를

현대자동차 앨라배마공장(HMMA) 설립 역사

2002년 3월 : 착공식(Ground breaking ceremony)
7월 : 입지선정(Site prepariation)
11월 : 공장건설(Building construction)
2003년 6월 : 장비설비(Equipment installation)
2004년 6월 : 시범생산(Pilot production)
2005년 5월 : 생산시작(Start of production and Grand opening)

한다는 조건이었지만 현대자동차가 소유권이전을 요구하였다. 그러자 주정부의 헌법을 아예 뜯어고쳐 현대자동차에 소유권을 넘긴 것이다. 물론 기존 땅 소유권자들에게 주정부가 돈을 주고 땅을 모두 사들인 다음 이를 현대자동차에 넘긴 것이다. 또한 2003년에는 주정부의 예산으로 고속도로에서 공장까지의 기존도로를 4차선으로 확장하였다. 아울러 전기, 수도, 가스 등 각종 유틸리티 설비도 주정부 부담으로 공사하였다.

자동차 생산에 투입되는 현장인력 양성문제에도 주정부가 직접 나섰다. 주정부 부담으로 직업훈련원생을 모집해 그 중 적임자를 채용하도록 하는 프로그램을 운영하였다. 주정부가 2003년 2월 2,000여 명을 채용하겠다는 채용공고를 내자 2만 5천여 명이 몰렸다. 뿐만 아니라 현대자동차공장 앞의 도로명을 '현대대로(Boulevard)'라고 명명하고 현대자동차공장의 주소 역시 국내 현대자동차 울산공장의 번지수와 같은 700으로 변경해주었다. 현대자동차 앨라배마공장이 들어설 몽고메리시를 '미국 속의 울산'으로 가꾸어 나가고 있다.

그렇다면 왜 앨라배마 주정부는 파격적 조건을 제시하면서 현대자동차를 유치하려고 했던 것일까? 그것은 바로 현대자동차라는 글로벌 기업이 현지국, 특히 알라배마주나 몽고메리시에 미치는 긍정적 영향을 얻기 위해서였다.

당시 현대자동차공장 설립으로 몽고메리시 인근지역에서는 2천여 명의 직접 고용이 발생할 것으로 전망되었다. 현대 부품업체들까지 합하면 약 6천여 명의 고용이 신규로 발생할 것으로 전망됐다. 이를 바탕으로 새로운 투자 또한 이루어지고 계속 선순환이 계속될 것으로 기대되었다. 호텔의 증가 및 도·소매업, 음식점 등 관련 서비스업 활성화로 지역경제 활성화가 이루어졌다. 또한 목화관련 섬유산업에서 자동차산업 등 첨단산업으로 산업구조의 성공적인 이행의 결과 과거의 높은 실업률(15% 수준)은 미국 전체의 평균실업률(약 5~6%) 수준까지 낮아지게 되었다. 단기적으로는 비록 손해를 보지만 장기적으로는 오히려 더 이익이 날 수 있는 투자를 한 셈이다.

현대자동차 진출 이후 기아자동차는 2006년 미국 조지아주 웨스트포인트시에 연산 30만 대 규모의 생산공장 기공식을 가졌다. 특히 웨스트포인트시는 현대차 미국공장이 있는 앨라배마주 몽고메리시에서 북동쪽으로 134㎞밖에 떨어져 있지 않아 기아차는 현대차와 함께 진출한 부품업체들을 활용할 수 있을 것이다. 기아차는 조지아공장 가동을 위해 2천 500여 명의 현지직원을 직접 채용하고 동반진출하는 부품업체 채용인원 2천여 명까지 포함하면 총 4천 500여 명의 현지 일자리 창출 효과가 있을 것으로 분석하고 있다.

기공식 당시 현지인들은 다음과 같은 현수막을 내걸었다. “예수님, 우리 도시가 기아 자동차공장을 유치하게 해주셔서 감사드립니다(Thank you Jesus for brining KIA to our town).” 이 지역은 과거부터 면화를 생산했고 현재는 주력산업이 섬유산업이다. 그러나 섬유산업의 침체로 어려움을 겪고 있는 웨스트포인트 주민들에게는 기아차 유치에 따른 고용창출과 지역경제 발전에 대한 기대가 크고 이를 신의 축복으로까지 여기고 있다.

CASE 50 유니언 카바이드사[13)]

주제 / 글로벌 기업의 영향

미국의 종합화학회사인 유니언 카바이드(Union Carbide Company)사는 제1차 세계대전 중에 설립된 회사로 군수물자를 생산하여 성장하였으며 최초의 부동액 '프레스톤', 최초의 휴대용 라디오 건전지 '에버레디'를 생산·판매한 회사로 유명하다. 제2차 세계대전 당시에는 최초의 원자폭탄을 개발·제조하는 데도 공헌을 하였으며, 현재는 전 세계에서 활동을 수행하는 글로벌 기업이 되었다. 인도 정부가 선진 글로벌 기업을 유치하여 선진 기술과 문물을 단기간에 습득할 수 있는 활로를 모색하기 위해 '인디아 샤이닝(India Shining)'으로 불리는 세계화 정책을 펼치고 있을 당시 유니언 카바이드사는 인도에 진출하였다.

보팔시에 진출한 카바이드는 매력적인 인도시장에 진출하여 1970년대부터 살충제를

보팔사고란

- 1984년 12월 3일, 미 농약 제조사인 유니언 카바이드공장에서 27t의 메틸이소시안염 유독가스 누출
- 3,800여 명 사망(현지 주정부가 대법원에 제출한 숫자). 60여 만 명이 실명(失明)·호흡기 장애·중추신경 장애·면역체계 장애 등의 영구적 장애 겪음.
- 2001년, 유니언 카바이드는 파산 후 '다우 케미컬'에 인수됨.

13) 본 사례는 "Dominique Lapierre and Javier Moro, Five Past Midnight in Bhopal(Warner Books, 2002)", GEOreport 2003년 2월 26일자 기사(www.georeport.net)를 참고로 작성되었음.

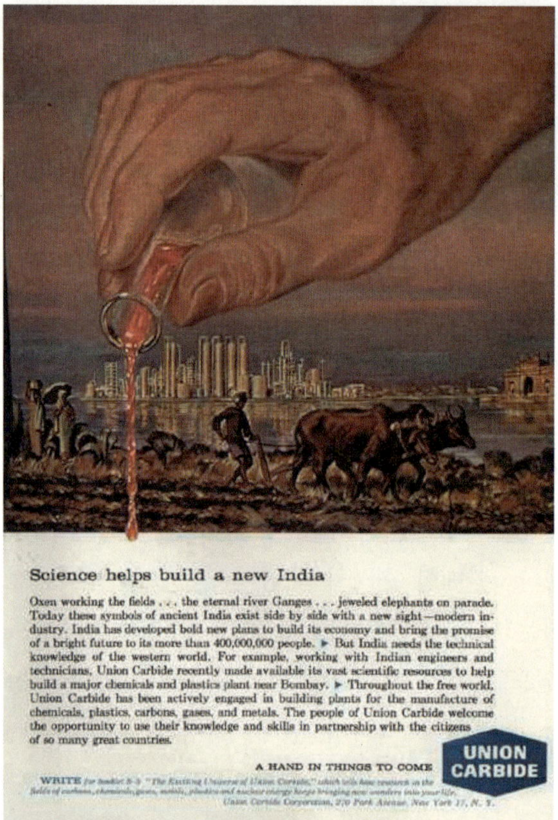

생산하기 시작하였다. 그러나 가뭄과 홍수에 시달리는 인도농민이 카바이드사가 생산한 살충제를 살만한 여유가 없어 뚜렷한 성과를 내지 못하고 1980년대 초에 생산은 중단되었다. 따라서 여유분으로 보관되어 있던 60톤 중 27톤의 이소시안염(MIC) 독가스가 누출된 것이다. 사고의 직접적인 원인은 사고 당시 근무자가 MIC 탱크 물청소를 하면서 탱크 안으로 물이 들어가는 것을 방지하는 장치를 설치하는 것을 잊어버리는 바람에 MIC가 물과 섞이면서 온도가 올라가 결국 기화하게 된 것이었다. 밸브 파열에 대비한 안전장치도, 사고 발생시 조기경보체제도 전혀 준비되지 않은 상황에서 유출되었다. 당시 이러한 누출사고를 방지하기 위한 6개의 시스템 중에서 하나도 작동되지 않아 유독가스가 보팔시 전체로 확산하게 되었다.[14] 2만 명이 사망했으며 60만 명 정도가 가스에 노출되었고 아직도 실명, 호흡곤란, 면역체계 장애 등의 후유증을 앓는 있는 상황이다. 카바이드사는 1989년에 4억 7천만 달러의 보상금을 지불할 것을 인도 정부와 합의한 상태이다. 그러나 여전히 제대로 된 보상과 책임자 처벌은 이루어지지 않고 있다. 2001년 카바이드사는 다우케미컬에 인수되어 보상과 관련된 의무는 다우케미컬에 넘어간 상태이다.

이러한 사례는 다국적기업의 부적절한 활동에 대한 국제적인 협력과 지원이 필요함을 보여주는 사례라 하겠다.

14) Dominique Lapierre and Javier Moro, Five Past Midnight in Bhopal(Warner Books, 2002).

글 | 로 | 벌 | 산 | 책

5 글로벌 대학 이야기 : 하버드 MBA 스쿨

하버드 비즈니스 스쿨의 교육이념은 "우리는 세상을 변화시키는 리더를 양성한다"이다. 하버드 MBA는 2년간 500개의 사례를 다룬다고 한다. 2천 명의 다양한 사람들을 만나 대화하고 이를 통해 최신 경영이론과 노하우를 배우게 된다. 500개라. 몇 년간의 노력 끝에 100개의 사례집을 출간했다. 500개는 엄청난 노하우가 축적된 것이다.

입학 요구조건인 에세이를 쓰는 것이 까다롭다. 300자 이내로 자기가 하고 싶은 말을 압축해야 한다. 짧게 쓰는 것이 핵심인데 그만큼 글쓰기 능력이 필요하다. 「톰 소여의 모험」 등으로 유명한 미국의 작가 마크 트웨인은 다음과 같은 글을 남겼다.

"편지를 길게 써서 미안합니다. 시간이 없어서 편지를 길게 쓸 수밖에 없었습니다."

하버드 비즈니스 스쿨의 목표는 '세계를 변화시킬 리더 양성'이다. 여기서 주목할 것은 '경제계의 리더'가 아니라, '일반적으로 세계를 변화시킬 리더'라는 것이다. 비즈니스 스쿨이지만 비즈니스계에 한정하지 않고 다양한 분야에서 세계를 변화시킬 리더들을 양성하는 리더십 학교다. HBS 비즈니스 교육의 정수라 할 수 있는 사례는 1912년 최초로 도입되었다. 1924년에 사례위주의 교육방식이 채택되었다. 현재 최고경영자들의 재교육 프로그램으로 유명한 AMP는 1943년에 개설되었다. 하버드 비즈니스 스쿨은 하버드 내에서 가장 재정이 탄탄한 부자 학교로 통한다. 그 비결은 무엇일까? 사람의 이름을 따서 불리고 있는 캠퍼스 건물에서 찾을 수 있다.

1926년 지어진 다섯 개의 기숙사 건물도 미국 역사상 가장 위대했던 다섯 명의 재무장관의 이름을 따서 각각 체이스, 캘리튼, 해밀턴, 맥컬로크, 멜론, 모리스로 명명되었다. 2005년 약 5.86억 달러(5,860억 원)의 발전기금을 모금했다.

하버드 비즈니스 스쿨의 문장은 기본적으로 하버드 방패모양과 VERITAS(진리를 의미하는 라틴어)를 승계했다. 방패 안의 문양은 1924년 5백만 달러를 기부하여 비즈니스 스쿨 캠퍼스를 신축하는 데 크게 기여한 뉴욕제일은행 조지 베이커 가문의 문양을 따온 것이다.

CHAPTER

06

글로벌 기업의 해외 진출

해외에 진출하려는 글로벌 기업에게 중요한 의사결정 중의 하나는
바로 어떠한 방식으로 진출할 것인가의 문제이다.
즉 진출방식의 선택이 중요사항이 된다. 본장에서는
기업이 어떠한 방식으로 해외시장에 진출하는가에 대한
진출형태와 관련된 사례들을 정리하였다.

주요내용과 사례

글로벌 기업의 해외 진출과 관련해서 먼저 수출, 계약방식, 해외직접투자의 세 가지 주요 해외 진출방식의 유형을 살펴보고자 한다. 또한 이러한 방식 중에서 시간이 경과함에 따라 기업이 어떠한 진입방식을 선택하는지의 변화과정 또한 사례를 통해 이해할 수 있도록 정리하였다.

CASE 051 로만손시계의 해외 진출

CASE 052 K-방산 제품

해외시장 진출방식 : 수출방식

기업의 해외시장 진입방법 중 **수출방식** CASE 051~052 은 가장 기본적인 해외 진출방식이다. 왜냐하면 수출방식은 여타 방식에 비해 투입되는 자원이 가장 적으며, 위험도 또한 가장 적기 때문이다.

① **수출의 경로** : 수출의 경로는 수출업무의 개입 정도에 따라 간접수출과 직접수출로 구분할 수 있다. 간접수출이란 종합무역상사, 수출대행업자, 수출조합 또는 국내에 거주하고 있는 외국무역상 등을 통하여 수출함으로써 수출국 내에서 요구되는 수출관련 기능을 제조업체가 스스로 수행하지 않으면서 제품을 해외에 판매하는 방법이다. 간접수출의 장점으로는, 첫째 안정성이다. 기업의 위험도는 수출대행업자에게 물건을 넘기는 순간 없어진다. 둘째, 정보획득의 용이성이다. 이것은 종합상사 등이 갖고 있는 해외시장에 관한 각종 정보를 이용할 수 있다는 점을 말한다. 셋째, 자금부담완화이다. 즉, 기업이 직접수출을 하기 위해서는 수출전담부서 등을 운영하기 위해 유지비용이 수반되지만 간접수출은 종합상사 등을 이용함으로써 이러한 유지비용이 없기 때문이다. 직접수출이란 제조업체가 본사의 수출전담부서나 계열무역상사를 통해 수출과 연관된 제반 업무와 기능을 타인에게 위임하지 않고 직접 수행하는 수출방법을 말한다. 장점은 해외시장에 대한 정보습득과 파악이 가능하다는 것이며, 외국경쟁기업의 마케팅 활동이 분석 가능하다는 점, 거래처의 다양화로 대형거래처에 대한 의존도 감소, 마지막으로 소비자에 대한 A/S가 가능하다는 것이다.

② **수출방식** : 수출방식으로는 OEM방식과 고유상표방식이 있다. OEM(Original Equipment Manufacturer) 상표수출은 고유상표 수출에 반대되

는 개념으로 공급업자는 생산에만 전념하고 OEM 상표의 주체인 바이어는 상표, 광고, 유통, 시장조사 및 제품개발 등 제반 마케팅 기능을 담당하는 수출방식을 말한다. OEM 방식의 장점으로는, 첫째 바이어의 지명도와 서비스망을 활용하여 판매망을 보완할 수 있다는 점을 들 수 있다. 둘째, 대량으로 물건을 생산할 수 있으므로 최적생산규모에 가까워져서 생산코스트를 절감할 수 있다는 것이다. 그리고 외국인에 대한 한국기업 제품에 대한 거부감이 회피 가능하다는 점과 단기간 내에 수출을 늘려 생산시설의 가동률 제고, 매출액 증가, 이익증대 등이 가능하다는 점 등이 있다. 반대로 단점으로는 OEM 방식으로 수출을 하므로 수출채산성에 한계가 있으며, 마케팅 능력의 배양 기회를 상실할 수 있고, 마지막으로 자사의 제품과 OEM 방식으로 수출한 제품이 동일시장에서 경쟁하는 부메랑 효과가 존재한다는 점이다.

해외시장 진출방식 : 계약방식

계약방식의 해외 진출에는 라이센싱, 프랜차이징, 계약생산, 경영관리계약, 턴키프로젝트 등이 있다.

① **라이센싱(licensing)** CASE 053~054은 계약형태의 진출방식 중에서 가장 대표적인 것으로 기술공급자가 일정한 대가를 수취하고 무형자산이나 기술을 도입자에게 일정기간 판매 또는 임대하는 계약이다. 기술공급자의 입장에서 볼 때 라이센싱은 해외직접투자보다 안전한 해외 진출방식이며, 도입자의 입장에서는 해당기술을 직접 개발할 경우 시간 및 비용상의 문제가 생기기 때문에 라이센싱을 하게 된다.

CASE 053 오로라월드의 해외 진출
CASE 054 퀄컴의 해외 진출

② **프랜차이징(franchising)** CASE 055~056이란 프랜차이저(franchisor)가 표준화된 패키지상품, 시스템 및 관리용역을 제공하고 프랜차이지(franchisee)는 시장에 관한 지식과 자본을 제공하여 경영관리에 직접 참여하여 개입하는 사업방식이다. 직접 해외에 진출하여 생산 및 판매를 하는 경우보다 이익은 줄어들지만 각종 위험을 방지할 수 있기 때문에 프랜차이징 형태로 해외에 진출하게 된다.

CASE 055 맥도날드의 해외 진출
CASE056 BBQ의 해외 진출

③ **계약생산(contract manufacturing)** CASE 057이란 기업이 외국의 다른 기업에게 생산 및 제조기술을 제공하면서 특정 제품의 생산을 주문하고, 그 주문 생산된 제품을 공급받아 현지시장이나 제3국시장에 판매하는 방식을 말한다.

CASE 057 나이키의 아웃소싱

CASE 058
한국식 경영,
세계가 배운다
CASE 059
호텔산업의
국제경영관리계약

CASE 060
SK에코플랜트(구
SK건설)의 해외 진출

④ **경영관리계약(management contract)** CASE 058~059 이란 특정 기업이 일정기간 동안 다른 국가에 있는 특정 기업의 일상적인 운영을 할 수 있는 권리를 계약하는 것으로 경영 시스템과 경영노하우를 이전하고 그 대가를 받는 형식을 말한다.

⑤ **턴키운영(turn-key operation)** CASE 060 이란 특정의 프로젝트 수행시 모든 설비가 완공되어 운영할 수 있는 상태로 하여 발주자에게 인도하기로 하는 일괄수주계약 형태를 말한다. 일반적으로 턴키운영방식에 경영관리계약을 추가한 턴키플러스방식이 많이 사용된다.

해외시장 진출방식 : 직접투자방식

CASE 061
LG전자 단독투자(인도)

CASE 064
GM의 단독투자(인도)

해외직접투자는 해외시장을 개척하기 위해서, 원료를 안정적으로 확보하기 위해서, 생산요소를 활용하기 위해서, 무역장벽을 극복하기 위해서 진출국에 지사 및 생산공장을 설립하는 것을 말한다. 해외직접투자는 기업의 입장에서 보면 가장 적극적인 해외시장 진출전략이지만 가장 높은 위험을 수반하는 형태이다. 소유지분에 따라 100% 지분소유를 하는 **단독투자** CASE 061, 064 와 투자대상기업의 주식비중에 따른 합작투자로 구분할 수 있다. 또한 기업의 설립형태에 따라 새로운 기업을 설립하는 기업신설과 현지시장에 있는 기존기업의 인수합병으로 구분한다.

단독투자의 경우 가장 많은 국제경험 및 자원을 필요로 하며, 높은 위험에 노출될 가능성이 있다.

CASE 062
LG전자-히타치의 HLDS

CASE 065
GM의 중국 진출

합작투자 CASE 062, 065 는 법률에 의해 강제적으로 합작투자를 하는 경우와 자의적인 합작투자로 구분할 수 있다. 법률에 의한 강제적인 경우는 특정 국가에서 특정 산업에 대해 외국기업의 단독투자를 허용하지 않은 경우에 속한다. 예를 들면, 글로벌 자동차회사가 중국에 진출하기 위해서는 법률적으로 중국현지회사와 합작투자를 설립해야만 외국기업의 진출을 허용하는 것을 말한다. 자의적인 합작투자는 진출기업이 단독투자를 하지 않고 현지기업과 자발적으로 합작투자를 하는 것이다. 위험을 경감하거나, 자본을 공유하거나, 현지정부의 각종 혜택을 받기 위해서 합작투자를 시행한다.

CASE 063
LG전자의 인수합병
(미국의 Zenith)

CASE 066
르노의 한국 진출

인수합병 CASE 063, 066 은 대상기업들이 합쳐져 하나의 회사가 되는 합병(Mergers)과 한 기업이 다른 기업의 주식을 취득하여 경영권을 획득하는 기업인수(Acquisitions)로 구분할 수 있으며, 상대방의 기술 및 자산을 취득하거나, 신규사업에 진출하기 위해, 그리고 신속한 시장진입을 하기 위해서 주로 행해지고 있다.

해외시장 진출방식의 선택 모형

기업이 해외시장에 진출하기 위해서는 자신의 기업에 알맞은 적절한 방식을 선택해야 한다. 대표적인 진입방식 선택모형에는 러그만의 단순모형, 루트의 모형, 허쉬의 모형 등이 있다.

① **러그만의 단순모형** : 기업은 해외시장에 진출할 경우 초기에는 위험수준이 가장 낮은 단순한 수출방식으로 시작한다. 그러나 무역장벽이 존재하게 되면 수출이 불가능해지므로 다른 방안, 즉 라이센싱이나 해외직접투자 같은 방안을 모색하게 된다. 만약 기업이 갖고 있는 기술의 유출위험이 존재하게 된다면 해외직접투자를 수행하여 기술의 유출을 방지할 것이고, 기술의 유출위험이 없다면 단순하게 라이센싱을 시도하여 해외시장에 진입하게 된다는 모형이다.

② **루트의 모형** CASE 067~068 : 기업은 일반적으로 초기에는 위험과 통제수준이 가장 낮은 간접수출에서 시작하여 해외정보 또는 경험의 축적으로 인하여 점차 위험과 통제가 가장 높은 단독투자의 형태로 해외시장에 진입하는 과정을 거치게 된다는 것이다. 이러한 루트(F.R. Root)의 모형의 장점은 해외시장 진입방식에 영향을 미치는 요인들을 구체적으로 제시하였고, 진입방식을 동태적으로 설명하였다는 점이다.

CASE 067 현대자동차
CASE 068 아모레퍼시픽

③ **허쉬의 모형** : 본국에서의 생산비용과 수출마케팅비용의 합계가 외국에서 생산비용과 외국비용의 합 또는 외국에서의 생산비용과 라이센싱의 위험비용보다 작은 경우에는 기업은 수출을 선택하게 된다. 외국에서 생산하는 비용과 라이센싱 위험비용의 합이 국내에서 생산하는 비용과 마케팅비용의 합 또는 외국에서 생산하는 비용과 외국비용의 합보다 작을 경우 기업은 라이센싱 전략을 선택하게 된다. 외국에서 생산하는 비용과 외국비용의 합이 국내에서 생산하는 비용과 마케팅비용의 합보다 또는 외국에서 생산하는 비용과 라이센싱 위험비용의 합보다 작을 경우에는 기업은 해외직접투자라는 진입방식을 선택하게 된다.

CASE 051 로만손시계의 해외 진출

주제 / 수출방식

ROMANSON

스위스 제2의 도시 바벨, 매년 4월 이곳에서는 세계 최대의 시계 보석전시회가 열린다. 한 해를 주도할 새로운 시계 디자인들이 세계시장에 첫선을 보이는 자리이다. 이 전시회는 일반 브랜드들이 참여하는 일반관과 오메가, 롤렉스 같은 권위 있는 명품 브랜드가 초대되는 명품관으로 엄격하게 구분된다. 한국 제품인 로만손이 당당하게 명품관에 입성하는 영예를 얻었다. 바벨 전시관의 명품관 입성은 시계업계에서는 최초의 영예로 일본에 이어 아시아에서는 두 번째, 국내에서는 처음 있는 영광이었다. 명품관에 들어가기 위해서는 세계 51개국 기업들이 서로 경쟁해야 하며, 기술위원회의 까다로운 심사를 거쳐야 한다.

시계라는 단일품목으로 로만손이 연간 벌어들이는 이익은 5백억 원, 80%가 세계 60여 개국에 수출해서 벌어들이는 이익이다. 그러나 로만손의 신화가 하루아침에 이루어진 것은 아니다. 해외에서 더 유명하다는 로만손, 지금 세계시장에서 명품으로 명성을 떨치고 있지만, 그 시작은 1988년 자본금 5천만 원에 직원 5명으로 서울 송파구 거여동에서 2평 남짓의 작은 시계회사로 창업한 한 작은 시계공장에 불과했다. 당시 국내시장은 대기업이 시계시장을 장악하고 있었다. 뒤늦게 시계시장에 뛰어든 대기업 역시 자금력과 마케팅력으로 시장을 넓혀나가고 있었다. 자본금 5천만 원의 신생업체가 할 수 있는 전략은 대기업들과 경쟁하기보다는 일본의 OEM 주문을 받아 수출하는 방식을 선택했다. 그러나 엔화의 하락으로 수입 가격이 싼 홍콩으로 거래처를 바꾸겠다는 일본기업의 연락으로 회사는 창업 1년 만에 문을 닫을 수밖에 없는 위기에 직면하였다.

이에 로만손은 전략을 수정하였다. 일본과의 OEM으로 기술력은 확보한 상태이므로 위험부담이 크더라도 자사 브랜드로 경쟁하기로 한 것이다. 자가 브랜드로 사업을 시작해도 공략지는 여전히 해외시장으로 선정했다. 스위스의 시계 공업단지인 로만시온이라는 지역 이름을 따와 로만손이라는 국제적인 상표인지도를 가지게 된다. 그리고 중국시장을 찾았다. 사실 고가품질의 제품이 가장 많은 지역은 스위스다. 다음 단계의 시장은 일본이 가지고 있었다. 로만손은 그 틈새시장인 홍콩을 공략하기로 한다. 홍콩과 중동, 두바이가 첫 번째 대상이었다. 그리고 수많은 시행착오 끝에 1989년 4월 커팅 글라스 개발에 성공하였다. 즉, 세계 최초로 시계에 유리판을 보석처럼 세공하는 데 성공한 것이다. 출시되자마자 커팅 글라스는 순식간에 동이나 버렸다. 두바이뿐만 아니라 중동 일대의 바이어드로부터 커팅 글라스로 된 시계를 보내달라는 주문이 폭주하기 시작했다. 그야말로 물건이 없어 못 파는 순간이었다. 1989년 로만손의 매출액은 7억 원에 이르렀고 다음 해에는 20억 원으로 급속히 성장하였다. 그러나 곧 홍콩의 복제품이 나왔고, 이러한 홍콩의 복제품은 커팅 글라스 시계로 승승장구하던 로만손시계에 참담한 결과를 안겨주었다. 그러나 로만손은 이 위기를 슬기롭게 극복하였다. 코인 디자인 시계에 이어 시계를 건식으로 도금한 다음 다시 습식방법으로 도금하는 이중도금방식(M. G. P) 시계가 연이어 출시되어 1991년에는 매출이 60억 원까지 치솟았다.

그러나 이라크가 쿠웨이트를 침공한 걸프전으로 로만손은 또다시 절체절명의 위기에 봉착하게 되었다. 거래하던 은행에서 중동시장 상황이 계속 변한다는 이유로 중동 구매자들에게 받은 신용장 처리를 꺼렸다. 당시 로만손의 수출 상대는 유럽 20%, 아시아 10%를 제외한 나머지 70%를 중동시장에 의존하고 있었다. 더 이상 중동만을 믿고 사업을 추진할 수 없는 노릇이었다. 시장의 다변화가 필요한 상황이었다. 중동이 하루아침에 이 세상에서 사라진다 해도 로만손이 지속해 거래할 수 있는 나라가 필요했다. 두바이를 이은 두 번째 공략지를 물색해 나갔다. 로만손이 중동에서 등을 돌려 주목한 곳은 아시아와 유럽의 관문인 터키였다. 터키공략에 성공한다면 불가리아, 루마니아, 유고슬로비아, 그리스까지 시장을 순식간에 확장할 수 있었다. 로만손은 먼저 터키 바이어를 상대로 터키사람들이 좋아하는 시계 디자인을 철저하게 분석해 나갔다. 그 결과는 바로 디자인 개발로 이어졌다. 터키를 비롯한 그 지역은 유럽풍의 디자인을 선호한다. 디자인은 철저하게 그 사실에 근거하여 터키를 공략할 신제품을 개발하였다. 로만손은 같은 방법으로 시장을 좀 더 확장해 나갔다. 인도인들을 위해서는 보다 작은 시계를, 중동인들을 위해서는 장식 많고 화려한 디자인을 개발했다. 러시아에서는 붉은 색깔이 도는 금(러시안 골드)을 이용하여 여성용 로즈골드 팔찌 시계를 개발하였는데 여성의 날에 로만손은 가장 받고 싶은 선물 중 하나로 꼽히기도 하였다.

J.ESTINA

로만손은 1990년대 말에 시계의 대체품인 휴대전화의 등장과 중국의 저가 시계 유입으로 인해 큰 위기를 맞이했다. 2003년 로만손은 주얼리 사업에 진출하면서 '제이에스티나' 브랜드를 출시했다. 주얼리와 핸드백 등으로 영역을 확장하며 인지도를 쌓아 올리다 2010년 들어서는 회사 매출의 대부분이 시계가 아닌 주얼리와 가방에서 나오기 시작하며 2016년에는 사명을 아예 제이에스티나로 변경하였다. 그래서 로만손은 제이에스티나의 산하 브랜드가 되었고, 제이에스티나는 현재 국내 1위의 시계, 주얼리 제조업체로 부상하였다.[1)]

출처 : https://search.naver.com/search.naver?query=%EC%A7%80%EC%97%90%EC%9D%B4%EC%8A%A4%ED%8B%B0%EB%82%98&ie=utf8&sm=whl_nht, 2022.8.12. 검색
https://www.jestina.co.kr/ 2022.8.12. 검색 이미지

---

1) 부경대학교, 국제기업과경영환경, 조경빈, 수업과제를 참고하였음.

CASE 52 K-방산 제품[2)]

주제 / 수출방식

방위사업청과 업계에 따르면 2022년 한국 방위산업 수출액수는 100억 달러(약 13조 8천억 원)를 돌파해 지난해 나온 기존 최고기록인 70억 달러(약 9조 6천억 원)를 훌쩍 넘어설 전망이다. 기록 행진은 폴란드 덕이다. 폴란드 군비청은 지난 7월 현대로템 · 한화디펜스 · 한국항공우주산업(KAI) 등 국내 방산기업들과 무기매매 계약을 맺었다.

폴란드 정부는 한국에 K2 전차 980대, K-9 자주포 648문, FA-50 경공격기 3개 편대(총 48기)를 발주할 예정이라고 밝혔으며 이는 총 148억 달러(약 20조 4천억 원) 규모에 이른다고 업계는 추산했다.

폴란드 외에 한국은 2022년 1월 아랍에미리트(UAE)와 한국형 패트리엇으로 불리는 탄도탄 요격미사일 체계인 '천궁-Ⅱ'의 35억 달러(약 4조 8천억 원) 규모 수출 계약을 체결했다.

불뿜는 K-9 자주포(육군8군단 제공=연합뉴스)[3)]

2월에는 이집트에서 K-9 자주포 2조원대 수출 소식이 들려왔다. K-9은 폴란드와 이집트뿐만 아니라 터키(280문), 인도(100문), 핀란드(48문), 노르웨이(24문), 에스토니아(18문), 호주(30문) 등 세계 각지에서 활약하며 지금까지 약 1천400문이 수출됐다.

---

2) 'K-방산' 세계 무기시장서 고속질주… "올해 역대 최대 예상", 연합뉴스, 2022.9.11. 기사 요약 발췌 https://n.news.naver.com/mnews/article/001/0013432543?sid=100

3) 사진출처 https://n.news.naver.com/mnews/article/001/0013432543?sid=100

스톡홀름국제평화연구소(SIPRI)에 따르면 2017~2021년 세계 방산 수출시장에서 한국의 점유율은 2.8%로 8위였고 4위 중국 4.6%, 5위 독일 4.5%, 6위 이탈리아 3.1%, 7위 영국 2.9%로 격차가 촘촘해 거리가 멀지 않다.

2012~2016년과 2017~2021년의 점유율을 비교한 성장세는 한국이 177%로 2017~2021년 점유율 상위 25개국 가운데 독보적 1위여서 이 추세라면 4강은 꿈이 아니다.

방사청 관계자는 "2021년 수출이 70억 달러 규모로 역대 최고였는데 2022년 100억 달러 돌파를 위해 노력하고 있고, 그리될 것으로 예상한다"며 "시장 확대와 개척을 위해 업체들과 더욱 힘쓰겠다"고 밝혔다.

삼홍사

삼홍사의 축소 모형기관차는 세계시장을 장악하고 있는 명품이다. 몇몇 제품들은 수집가들의 표적이 될 정도다. 실제 기관차를 32분의 1~160분의 1로 축소한 것으로 영화 소품으로 많이 사용된다. 외형뿐만 아니라 내부 기관까지도 제대로 갖춰 진짜 기차처럼 레일 위를 달린다. 유럽과 미주지역에서는 어른들이 수집한 삼홍사 제품을 후손에게 물려줄 정도로 인기가 있다. 부품이 종류에 따라 1,000~3,000개나 되며 어떤 것은 한 대 만드는 데 10개월이 소요된다. 수출단가도 웬만한 자동차가격에 달하는 8,000달러나 된다. 제작에는 기계설계, 전기, 전자, 주물, 화공, 금형 등의 기술이 종합적으로 필요하다. 삼홍사가 1970년 출범할 때부터 탄탄한 기술력을 가졌던 것은 아니다. 초기에는 일본에서 부품을 전량 수입해 조립했지만 점차 부품을 개발하면서 1983년 드디어 자체 생산에 성공했다. 매년 매출이 쑥쑥 올라 1999년 5천만 달러 수출탑상을 받은 데 이어 2000년 다시 7천만 달러 수출탑상을 받았다.

삼홍사는 최근 축소 모형기관차(Scale model train)를 통한 사업다각화로 전자, 통신분야의 심장으로 블리우는 D.C 모터와 가스 스프링 등의 중간재와 세계시장점유율 1위 삼홍사 정품 고급형 의자 중심봉 유압봉 등이 있다(http://www.samhongsa.co.kr/).

영안모자

영안모자그룹은 일찌감치 수출에 전념, 사업다각화 통해 모자시장의 한계를 극복하였다. 1966년 일본에 첫 수출을 시작한 영안모자는 곧이어 미국까지 진출하게 됐다. 1969년에는 미국 월마트에 들어갈 모자 60%를 생산해 납품하기도 했다.

1970년대에 들어서면서 영안모자는 수출에만 전념했고 그때 당시 만든 LA다저스 모자가 대박을 치면서 세계적인 기업으로 발돋움하기 시작했다.

이후 모자에 들어가는 원단, 부자재공장을 세워 모자 단가를 낮췄고 1980년대에는 해외공장까지 세웠다. 지금은 모자 1억개를 만드는 세계적인 기업으로 발돋움했다. 1990년대에 들어서면서부터는 사업다각화에 나서면서 파산 위기에 처한 대우버스, 지게차 업체 클라크를 인수했다.4)

(주)시즈의 스키장갑

세계 스키장갑시장의 20%는 한국의 (주)시즈의 제품이다. 또한 생산제품 중 절반 이상이 고급품이다. '루디스'라는 자체 브랜드도 가지고 있으며 세계 스키장갑으로는 처음 ISO 9001 품질인증을 받았다.

이밖에 홍진크라운이 만드는 오토바이 헬멧은 7년 연속 미국시장점유율 1위를 차지하고 있으며, 휴맥스의 위성방송 수신기 등도 '메이드 인 코리아'의 성가를 높이고 있는 일등제품들이다.5)

---

4) 영안모자의 시작과 현재 (1) 모자 70개 노점에서 시작해 글로벌 기업으로 성장하기까지, 작성자 통계뱅크. https://blog.naver.com/knowledge_vitamin/222781250009

5) 박의범 · 권종욱, 세계화와 글로벌 기업, pp.212~214.

CASE 53 오로라월드의 해외 진출

주제 / 라이선싱

1985년 9월에 설립된 오로라월드(대표이사 홍기우)는 캐릭터디자인 전문기업이다. 캐릭터 디자인을 개발하고 캐릭터 완구를 상품화하여 국내외 시장에 브랜드 마케팅을 하고 있다.

인도네시아와 중국의 생산법인에서 제품을 생산·공급하고 미국, 영국, 홍콩의 판매법인과 주요 시장의 전문 디스트리뷰터를 통하여 해외시장에 판매하고 있으며, 국내시장에는 2000년도부터 진출하여 체계적인 브랜드 마케팅을 추진해 나가고 있다. 현재 매출액에서 수출비중이 90%를 차지하고 있는데, 주로 선진시장에서 수출액의 85% 이상을 자체 브랜드로 판매하고 있다. 특히 미국시장에서는 오로라의 브랜드 인지도가 이미 4위에 올라서 있는 디자인과 마케팅을 강점으로 하는 회사이다. 이 같은 오로라의 자체 브랜드는 전 세계시장의 45%를 차지하고 있는 미국시장에서는 미주 판매법인 AURORA WORLD Inc.를 통해서 6,000여 평의 대형 창고와 사무실을 갖추고 있다. 2,500여 종의 캐릭터 완구를 미국 내 4만여 개소의 리테일러(Retailer)를 통해 100% 자체 브랜드로 수출하면서 브랜드 인지도 4위를 마크하고 있다.

오로라월드는 한국의 뛰어난 복제기술 때문에 지적재산권이 보호되지 않는 내수시장을 제쳐두고 OEM(주문자상표부착생산) 수출방식으로 미국, EU, 일본 등 선진국시장에 전념하기로 방침을 정했다. 대부분의 초기 설립 기업들이 이러한 형태를 띠고 있으며 오로라월드도 국내생산, 해외판매의 방식으로 수출시장 개척과 OEM 수출 집중에 노력하였다. 하지만 주문자에게 종속적일 수밖에 없는 OEM의 한계에 도달하여 자체 브랜드 개발을 하기로 결정한다. 따라서 인도네시아(1990년)와 중국(1993년)의 생산법인을 통해 제조원가를 줄였고, 1992년 미국·홍콩(1992년)법인에 이어 영국(1997년)·독일(1998년) 등에 법인을

출처 : 오로라월드 홈페이지

잇달아 설립하며 글로벌 판매망을 구축했다.

미국·홍콩 등의 직접투자방식과는 달리 대만에서는 2003년에 대만의 한태유한공사와 2007년 10월 30일까지의 라이센싱 계약을 체결하였다. 한태유한공사는 대만 내에서 30여 곳의 유명백화점을 포함해 5,000여 개의 유통망을 갖춘 식품 및 완구류전문 유통회사이다. 오로라월드는 캐릭터 사업을 추진하여 자사의 제품 캐릭터 디자인을 라이센싱하는 방식으로 히트캐릭터인 '머피', '위시윙', '고무고무' 등을 대만과 중국에 수출하고 있다. 이 계약으로 오로라월드는 중국 진출의 교두보를 마련하게 되어 중국시장에 라이센싱 사업을 통한 시장 진출에 유리한 위치를 점하고 있다.

흥미로운 점은 오로라월드가 미국, 러시아 등에는 해외직접투자 방식으로 진입한 반면 중국시장에는 라이센싱 형태로 진출하였다는 점이다. 그 이유는 오로라월드의 경우 지적재산권 보호를 위해 해외시장에서 먼저 사업활동을 시작하였다. 이후 2000년대에 들어서야 한국에서 본격적인 사업을 시작하게 되었다. 따라서 한국보다 지적재산권 보호가 더욱 미흡한 중국시장에 직접 진입하기에는 리스크가 크다고 판단한 것으로 보인다. 또한 오로라월드가 한태유한공사와 라이센싱 계약을 체결한 2003년 당시에는 오로라월드의 당기순이익은 8억 원에 불과하였다. 따라서 그 당시로는 중국에 직접투자하기에는 재무적으로 적합하지 않았던 것으로 볼 수 있다. 이러한 관점에서 라이센싱을 통한 중국시장 진출은 해외직접투자로 가기 위한 과도기적 단계로 볼 수 있다. 그러나 중국의 지적재산권 보호에 관한 법규가 정비되면 본격적으로 직접투자 형태로 진출 가능할 것이다. 결국 오로라월드는 라이센싱에 의해 추가비용을 지불하지 않고 중국시장으로부터 안정적인 수익을 올릴 수 있게 되었다. 오로라월드의 라이센싱에 의한 로열티 수입이 꾸준히 증가하고 있다.

현재 중국은 저비용구조의 물류기지로서의 역할과 함께 중국의 소득증대로 인한 구매력 향상으로 판매시장으로서의 기회가 증대되고 있다. 따라서 이러한 장점에 따라 대만 한태유한공사와의 라이센싱을 통해 중국 진출의 교두보 역할을 함으로써 라이센싱 계약이 끝나는 2007년에 중국시장 진출을 시작하였다. 즉, 경쟁력을 갖춘 생산공장의 확보와 내수시장의 진출을 통해 저비용·고효율의 실현과 함께 중국시장 내에서 포괄적인 One-Stop 지원체계를 확보하여 새로운 성장 축으로 발전할 것이다. 그러나 차후 오로라월드의 상품이 중국시장에서 유통됨으로 인한 저작권 침해가 발생할 여지가 높아지고 있으며 향후 대만의 한태유한공사가 직접정인 경쟁상대로 나설 가능성도 있다.

CASE 54

퀄컴의 해외 진출[6)]

주제 / **라이선싱**

퀄컴 : 아이디어가 있는 곳, 그곳엔 우리가 있다

'Quality Communication', 통신용 칩이 아닌 통신기술을 개발하는 기업이었던 퀄컴은 어떻게 반도체 산업에 뛰어들어 현재의 기업이 되었을까? 창립 당시, 대부분 기업이 통신 채널을 시간으로 구분해 사용하는 방식인 TDMA를 기반으로 제품을 생산하고 있었다. TDMA가 상용화되어 있는 시장에서 결정적으로 퀄컴이 반도체 생산을 시작하게 된 이유는 그들의 자체 기술, CDMA의 확산을 위해서였다. CDMA는 각 채널에 코드를 붙여 구분하는 방식으로 기존 방식들보다 주파수 활용도와 보완성이 높다는 것이 뛰어난 장점이었다. 그들만의 자체 기술을 이용한 서비스 제공을 원했지만 기기와 부품이 없어 CDMA 기술을 확산시킬 수 없었고, 결국 자체적으로 CDMA 디바이스와 반도체를 개발하기로 하면서 통신 칩 시장에 뛰어들게 된 것이다.

퀄컴은 CDMA 특허를 기반으로 1996년 한국을 시작으로 전 세계에 상용화하기 시작하여 통신용 칩 시장을 장악해 나갔고, 현재는 스마트폰 반도체에만 치중했던 기존 방식에서 벗어나 다양한 분야로 '사업다각화'를 진행하고 있다. 팹리스(Fabless)란 반도체 생산 없이 설계만 하는 회사를 뜻하며 대표적인 기업에는 퀄컴이 있다. 라이센스와 로열티 수익 관련 QTL 사업 부문과 통신 반도체 제조와 판매 관련 QCT 사업 부문으로 크게 구성되던 비즈니스 모델에서 QCT 사업부를 핸드셋(핸드폰), RF, IoT, 자동차 이렇게 4부문으로 세분화시켰다.

모바일 통신 부품 생산이라는 틀을 벗어나 애플 출신이 세운 CPU 스타트업 기업인 누

---

6) 부경대학교, 국제기업과경영환경, 성화경 · 홍유리, 수업과제를 참고하였음.

비아를 인수하며 PC용 반도체 개발에 뛰어들고, 스마트시티를 목표로 하는 IoT 솔루션 분야도 선도했으며, 이 플랫폼은 샌디에이고 퀄컴 스마트 캠퍼스에서 선보이고 있기도 하다. 퀄컴은 세분된 QCT 사업부 중 하나인 자동차용 반도체 산업에도 도전하고 있다. 2021년 하반기 퀄컴은 BMW와 자동차용 반도체 관련 공급 계약을 체결하였고, 이 계약은 퀄컴의 최대 고객이었던 애플이 자체 모뎀 칩셋을 사용한다는 발표로 불안해진 퀄컴의 위치에 안정을 더해주었다. 그 외에도 스냅 드래곤을 기반으로 한 '스냅 드래곤 디지털 섀시' 플랫폼을 혼다, 볼보, 스텔란티스 등 여러 자동차업체와 계약하였다. 또한 스웨덴 자율주행 기술 개발 부문인 비오니어의 어라이버를 인수, 폭스바겐과 파트너십을 구축하는 등 자율주행에서의 경쟁력도 강화하고 있다. 오늘날 최대 관심사 중 하나인 메타버스시장으로도 그들의 힘을 넓혀나가기 위해 마이크로소프트와 AR 글라스용 칩 공동개발, 중국 인공지능 기업 바이트댄스와의 VR과 AR을 아우르는 글로벌 XR 시스템 협력 개발을 하는 등 사업다각화 성공을 위해 노력하고 있다.

5G 시대의 최대 수혜자, 퀄컴

5G 네트워크에 사용되는 필수 특허를 보유하고 있는 퀄컴은 5G 칩셋 시장에서 압도적인 시장을 점유하고 있다. 모바일을 넘어서 다양한 산업 부문에 이를 활용하고 있는 퀄컴이다.

2022년 4월 27일 날짜로 발표된 퀄컴의 실적에 따르면 지난해 동기보다 41% 상승한 111억 6,000만 달러(약 14조 1,450억 원) 매출로 분기 매출 신기록을 달성했다. 퀄컴의 주력인 4대 칩 시장 모두 좋은 성과를 보였다. 가장 높은 성장률의 스마트폰 AP 시장은 삼성 S22에서 퀄컴의 스냅드래곤 칩의 채택에 따라 전년 대비 56% 성장해 63억 달러의 매출

그림 6-1 2022년 2분기 퀄컴의 분기 매출액(좌)과 QCT 부문 성장률(우)

Second Quarter Results[2]

(in millions, except per share data and percentages)	GAAP Q2 Fiscal 2022	GAAP Q2 Fiscal 2021	GAAP *Change*
Revenues	**$11,164**	$7,935	*+41%*
Earnings before taxes (EBT)	**$3,423**	$2,129	*+61%*
Net income	**$2,934**	$1,762	*+67%*
Diluted earnings per share (EPS)	**$2.57**	$1.53	*+68%*

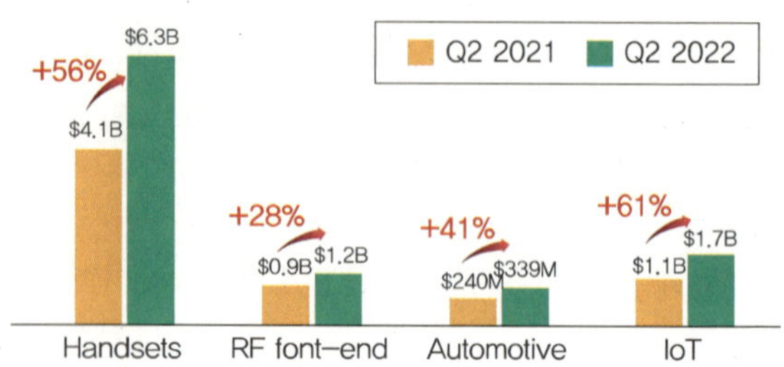

출처 : Qualcomm

그림 6-2 글로벌 스마트폰 AP/SoC 출하량 업체별 점유율 2020년 4분기

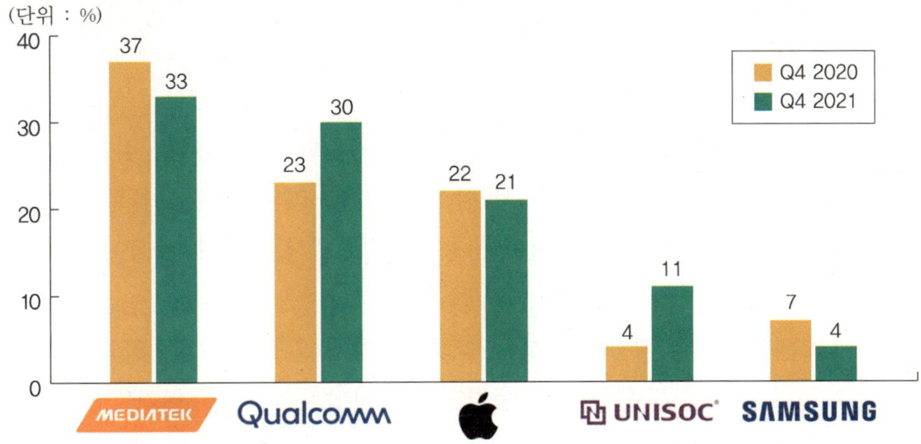

출처 : 카운터포인리서치

을 기록하였다. 5G 통신 모듈은 대비 28% 성장한 12억 달러, 자동차용 반도체는 41% 성장한 3억 3,900만 달러, IoT 저전력 반도체는 61% 성장한 17억 달러의 매출을 기록하였다. 퀄컴 CEO는 스마트폰과 저전력 프로세서 기술의 강세로 인해 분기 최고 매출을 기록할 수 있었으며, 자동차용 반도체 분야는 여러 자동차 제조사와 파트너십 확대로 더 크게 성장할 것으로 전망하였다.

그림 6-3 2021년 4분기 전 세계 셀룰러 IoT 칩셋 출하량 업체별 점유율

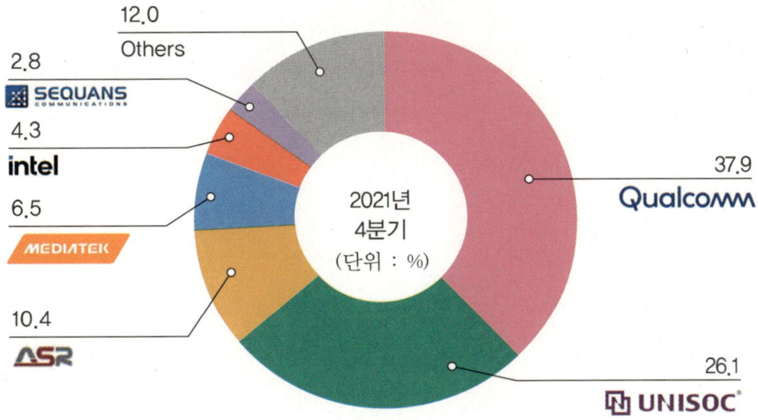

출처 : 카운터포인리서치

반도체 패권 경쟁 아래 퀄컴의 파운드리, 삼성 vs TSMC

글로벌 파운드리 시장에서 50% 이상을 차지하고 있는 대만의 TSMC와 그 뒤를 따르고 있는 삼성은 퀄컴의 주요 파운드리 업체이다. 이러한 상황 속에서 퀄컴은 출시할 3나노 공정의 AP 파운드리를 삼성전자가 아닌 TSMC에 전량 맡기기로 했다고 발표했다. 심지어 4나노 공정의 AP 파운드리 일부도 이원화시켜 TSMC에게 맡겼다는 점이 파악되기도 했다. 글로벌 반도체 공급 부족 상황에서 삼성의 파운드리의 낮은 수율로 물량 수급이 여의치 않다는 판단 아래 퀄컴과 엔비디아 등 대형 고객사 이탈에 삼성이 위기를 맞을 것으로 판단된다.

더불어 TSMC는 미국, 일본 등지에 생산공정을 늘려 파운드리 세계 1위의 위치를 굳히고자 한다. 미국과 반도체 동맹을 맺어 애리조나주 피닉스 등지에 3년간 1,000억 달러를 투자해 6개의 공장을 짓기로 했고, 소니와 도요타 계열사인 덴소를 주주로 끌어들여 일본 정부의 지원금을 받기로 하는 등 TSMC의 질주가 계속되는 가운데 삼성이 어떤 전략을 내세워 이 위기를 극복해나갈 것인지 고민해야겠다.

CASE 55 맥도날드의 해외 진출

주제 / 프랜차이징

M자형 황금빛 아치 문양과 광대 모양의 로날드 맥도날드 캐릭터로 유명한 맥도날드는 전 세계 119개국에 2만 7,000개의 레스토랑을 갖고 있다. 여기서 일하는 종업원수만 150만 명에 달한다.

전 세계 인구의 1%가 매일같이 이 음식을 먹을 만큼 폭발적인 인기를 끌고 있다. 그 이유가 무엇일까? 외국을 여행하던 사람이 식사를 하려고 하는데 그 지역 음식이 입에 맞지 않을 때 맥도날드 햄버거를 찾는 경우가 많다. 어느 나라 어느 지역에서도 맥도날드 햄버거 가게에서는 똑같은 맛의 햄버거를 먹을 수 있다고 생각하기 때문이다. 같은 이름을 내건 두 개의 가게에서 맛이나 서비스에 큰 차이가 있다면 고객은 불만을 갖게 될 것이다. 따라서 네트워크 조직으로 이루어진 기업은 표준화된 시스템이 있는지 없는지에 따라 그 성패가 좌우될 수밖에 없다. 이런 사실을 일찌감치 간파한 맥도날드는 철저한 메뉴얼화를 통해 어느 맥도날드에 가도 똑같은 맛을 맛보게 했다. "맥도날드 체인점은 다른 음식점들과는 달리 주방장이 바뀌어도 그 맛이 변하지 않는다"는 고객의 믿음을 얻는 데 성공했다. 솜씨 좋은 주방장에 의해 손님을 끄는 것이 아니라, 매뉴얼화된 정교한 시스템을 작동시켜 손님을 끄는 것. 이것이 바로 오늘날의 맥도날드를 있게 만든 최대 경쟁요소였던 것이다.

1955년 맥도날드가 프랜차이즈 사업을 시작할 때 이미 미국에는 무수한 프랜차이즈 업체가 존재하고 있었다. A&W, 데일리 퀸, 테이스티 프리즈, 빅 보이, 인트라 버거킹(훗날의 버거킹) 등등. 그러나 맥도날드는 철저한 매뉴얼화를 통해 이들을 단숨에 따라잡을 수 있었다. 그 후에 등장한 웬디스, 하디스 등 숱한 신흥 패스트푸드 업체들과의 경쟁에서도 압도적인 차이로 선두를 고수할 수 있었다. 크로크는 훗날 자서전 「갈아 만들다(Grinding It Out)」에서 "내가 맥도날드 체인점에서 원한 목표는 완벽한 표준화였다. 그 밖의 것들은 부차적인 것에 불과했다"고 토로했다. 맥도날드 성장 신화의 키포인트는 매뉴얼화인 것이다. 그러나 오늘날의 맥도날드를 있게 한 요인을 매뉴얼화 하나로 압축하는 것은 지나친 단순화다. 성장신화를 일군 또 다른 키워드는 프랜차이즈 파이낸싱과 부동산 사업이다. 단기간 내에 프랜차이즈 사업을 확장시키기 위해서는 짧은 시간 내에 체인점을 내겠다는 파트너를 최대한 많이 끌어 모으는 게 관건이다. 크로크는 체인점을 내겠다는 파트너와 파격적인 조건으로 계약을 체결하기 시작했다. 초기에 크로크가 체인점을 내주는 조건으로 요구한 로열티는 매출액의 1.9%에 불과했다. 훗날 크게 올랐지만 초기에 가맹점에서 받은 권리금도 단돈 950달러에 불과했다. 초기에는 프랜차이즈 사업에서 수익을 못 올리더라도 단기간에 미국 전역으로 네트워크를 확장하는 게 중요하다고 판단했기 때문이다.

1971년 맥도날드는 제2차 세계대전 당시 적대국이었던 까닭에 미국 문화에 대한 반감이 만만치 않은 독일과 일본에 진출했다. 그리고 1977년에는 마침내 샌드위치 본고장으로 패스트푸드의 종주국임을 자부하는 영국에까지 진출했다. 미국의 뒷마당격인 남미에도 당연히 진출했다. 특히 1990년대 들어서는 동구 사회주의권 붕괴와 중국의 시장경제체제 도입 그리고 우루과이라운드 체결에 따른 아시아를 비롯한 개도국의 시장개방으로 맥도날드는 더욱 성장했다. 해외 진출방식은 미국에서의 사업확장방식과 동일했다. 철저한 매뉴얼화에 따른 제품과 서비스의 균일화이다. 이와 함께 또 하나 비장의 무기인 '현지화 전략'이 주효했다. "적어도 음식은 각 지역의 고유한 맛을 살려야 한다"는 게 맥도날드의 기본전략. 맥도날드사는 이에 "생각은 글로벌하게, 행동은 지역현실에 맞게(Think globally, Act locally)"를 사시로 내세운 뒤 각국의 전통 미각에 맞는 신상품 개발에 열중했다.

CASE

56 BBQ의 해외 진출[7)]

주제 / **프랜차이징**

BBQ는 국내시장의 경쟁 심화로 해외시장 진출을 위해 해외시장 진출 가능성 조사를 실행했다. 2003년 당시 한국육계협회의 조사 결과에 따르면 한국의 1인당 닭고기 소비량이 약 11kg에 비해 미국은 약 43kg, 일본과 유럽은 14.5kg에 달했다. 말레이시아 38kg, 대만 28kg 등 동남아시아 국가의 1인당 소비량도 엄청났다. 중국은 약 8kg으로 한국보다 적었지만 높은 성장세를 보여 엄청난 인구까지 생각한다면 매우 매력적인 시장으로 판단했다. 특히 급속도로 경제성장을 이루며 도시화가 진행되고 있는 아시아 각국은 한국에서 성공한 '배달'방식으로 쉽게 접근 가능해 보였다. 또한 생활수준 향상으로 1인당 닭고기 소비량도 증가할 것으로 판단했다. 이 결과를 바탕으로 2003년 중국 상하이에 10개, 칭다오에 5개 직영매장을 설립했지만 실패했다. 불량 음식 사태에 민감한 중국에서 모르는 해외기업의 배달 음식은 믿음이 쉽지 않다는 점을 고려하지 못했기 때문이다.

두 번째 진출국가인 스페인에서도 실패했다. 히스패닉 계열이 닭고기 소비량이 많고, 스페인이 남미국가들의 문화적 메카 역할을 해 스페인에서의 성공이 남미 진출로 이어질 수 있기에 진출했는데 관광지에 매장을 선정한 것이 실패 요인이었다. 관광객들은 스페인 현지 음식을 맛보고 싶어 하기 때문이다.

두 번의 실패 이후 해외 진출방식을 직영점 진출에서 마스터 프랜차이즈 방식으로 바꾸기로 한다. 마스터 프랜차이즈란 현지 파트너에게 상표 사용 독점권을 부여하고 사업

---

7) 부경대학교, 국제기업과경영환경, 이동수·박지해, 수업과제를 참고하였음.

노하우를 전수해, 현지 파트너가 가맹점을 모집하고 마케팅을 진행하는 사업방식이다. 이 방식은 본사보다 현지의 사정을 잘 아는 현지 파트너가 마케팅을 진행함으로써 현지에서의 홍보 효과는 높이고, 본사는 메뉴 개발, 조리 및 물류 시스템, 브랜드 품질관리에 집중함으로써 자사 제품의 품질은 높이는 장점이 있다. 하지만 차별화된 기술을 파트너가 알게 되면 계약을 파기하고, 자신의 브랜드로 현지에서 사업을 할 수 있다는 단점이 존재한다. BBQ는 이 단점을 상쇄하기 위해 핵심 소스는 한국에서만 만들도록 하고 한발 더 나아가 소스를 현지 매장에 직접 공급하지 않고, 닭을 일차 가공 후 공급하는 현지공장이나 물류기지로 공급해 본사 직원의 감시하에 소스를 주입하도록 했다.[8)]

꾸준한 품질 개발, 조리 및 물류 시스템 향상과 여러 해외시장 진출의 경험, 등을 토대로 BBQ는 2021년 기준 57개국에서 약 500개 이상의 지점을 운영 중이다. 또 2021년 7월 미국 네이션스 레스토랑 뉴스 선정 미국 내 가장 빠르게 성장하는 외식 브랜드 25위 중 5위를 차지하기도 했다. 매출액 기준으로도 미국 내 500위 안에 들며 성공적인 진출을 했다고 보인다.[9)]

국내 토종 치킨 브랜드 BBQ는 미국에서 한국인 사업가들과 마스터 프랜차이즈 계약을 체결한 뒤, 꾸준히 사업을 확장해나가고 있다. 2007년 10월 뉴욕 도심 맨해튼의 시범 점포를 시작으로 계속해서 입지를 늘리고 안착해나갔다. 세계적으로 BBQ는 인기가 있는 북미지역뿐만 아니라 유럽시장, 일본시장에도 매장 확대를 추진하였으며 중국, 베트남, 말레이시아, 호주, 대만, 필리핀 등 전 세계 57개국과 마스터 프랜차이즈 계약을 체결하였다. BBQ는 2025년까지 세계 곳곳에 5만 개의 가맹점을 개설하겠다는 목표를 밝혔다.

미국 전역

미국 내에서 BBQ치킨의 입지는 더욱 굳건해지고 있다. 미국 내 500대 외식 브랜드에 최초로 편입되고, 글로벌 외식업 전문지인 '네이션스 레스토랑 뉴스'에서 발표한 '미국 내 가장 빠르게 성장한 외식 브랜드 25위' 중 국내 프랜차이즈 업체 중 유일하게 5위에 이름을 올리는 쾌거를 이뤘다. 또한 2020년 BBQ의 미국법인 매출은 5,420만 달러, 약 633억 원이고 매장성장률은 45.7%, 매장당 매출은 106만 2,000달러, 즉 약 12억 원이 되는 등 엄청난 성장을 한 것이다. BBQ는 미국 내에서 뉴욕, 뉴저지, 캘리포니아, 일리노

8) https://dbr.donga.com/article/view/1202/article_no/2997/ac/magazine
9) https://www.etoday.co.kr/news/view/2123868

그림 6-4 급증하는 BBQ의 미국 매출과 매장수

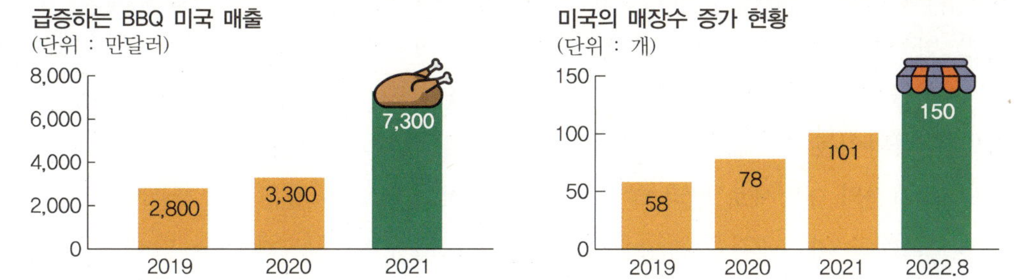

출처 : BBQ

이, 텍사스 등을 포함한 19개 주에서 51개 가맹점을 포함해 150여 개의 매장이 운영을 준비하고 있다.

또한 캐나다 등의 북미지역 총 250여 개의 매장이 운영, 오픈 준비 중이다. 미국에서의 성공전략 중 하나로 현지화 시스템의 성공이 있다. 코로나로 인하여 비대면 소비 트렌드가 생겼을 때, 제품이 조리될 때까지 기다렸던 기존의 테이크아웃 방식과는 다른 온장고와 냉장고 등 진열대에 미리 준비된 제품을 선택하면 구입 즉시 먹을 수 있는 '그랩앤고(Grab&Go)' 방식을 채택한 것이다. 또한 한국의 배달의민족과 같은 미국에서도 우버이츠를 통해 배달이 활성화되면서 매출이 더욱더 늘어난 것이다.

하와이

출처 : 제네시스 BBQ

세계 최대의 휴양지, 하와이. 하와이에 있는 호놀룰루 카할라 지역에 BBQ 쿠오노몰점이 2021년 11월 오픈하였다. 하와이는 팬데믹 이전 기준 연간 1,000만 명 이상의 관광객을 끌어당겼으며 그중 카할라 지역은 하와이 호놀룰루 내에서도 세계적인 대부호들의 별장 및 카할라 호텔과 같은 최고급 리조트가 모여있는 장소이다. 이 쿠오노몰점의 가맹점주는 윤영일 씨로, "한국 치킨의 맛과 품질을 하와이에 적용하고 정착시킬 수만 있다면 성공할 수 있을 거라는 확신이 들었다"라고 말했다. 112.39㎡, 약 34평의 규모로 시작한 점포는 2021년 10월 28일부터 시범운영을 시작했다. 이 점포는 시범운영 기간에도 1일 약 5,000달러의 매출을 올렸고, 정식 오픈 날짜인 11월 15일에는 6,500달러의 매출을 올렸다. 시범운영 기간 기준 매출을 계산해보았을 때, 한 달에 약 1억 8천만 원 정도의 매출을 올릴 수 있는 것이다. BBQ 관계자는 "하와이는 전 세계 관광객이 모여드는 글로벌 외식산업의 요충지이므로, BBQ 치킨이 K-치킨의 대명사로 널리 알려질 수 있는 계기가 됨은 물론이고 글로벌 프랜차이즈 브랜드로서도 자리매김을 공고히 해 나갈 것으로 기대가 크다"라고 말했다.

대만

2018년 3월 오픈한 대만의 1호점을 시작으로, 2022년 5월 3일 대만의 베이더우에 대만 내 18번째 매장을 개장했다. BBQ의 대만 매장은 차별화된 마케팅 전략으로 치킨뿐만 아니라 떡볶이, 잡채, 전과 같은 다양한 한식도 함께 선보였다. 이는 '한류'로 인해 한국에 대한 관심도가 유독 높은 대만을 잘 겨냥한 전략인 것으로 분석된다. BBQ의 윤홍근 회장은 "계속 확대되는 대만의 외식시장과 치킨 요리 선호도가 높은 대만에서의 성공 가능성을 크게 보고 있다"고 말했다. 또한 윤 회장은 "향후 대만 전역에 BBQ 매장을 오픈할 예정이며 중국시장에서도 매장 확대를 목표하고 있다"고 덧붙였다.

CASE 57 나이키의 아웃소싱

주제 / 계약생산

스포츠 운동화와 스포츠 의류는 반년 정도의 기간에 상품의 40%가 교체되고 1년 정도 지나면 거의 전부가 바뀌어 버린다. 제품의 수명기간이 1년을 넘지 않는다. 이런 시장에서는 다른 제품처럼 고객수요를 따라 가는 전략으로는 성공할 수 없다. 고객이 원하는 제품을 미리 구상해 시장을 선도해야 지속적으로 성장할 수 있다. 그래서 스포츠화 기업은 디자인과 마케팅이 기업의 핵심역량이 된다.

나이키는 설계와 디자인 부문은 포틀랜드 교외에 위치한 본사에 두고 생산은 아시아 각지의 계약공장에서 담당하는 국제적인 네트워크를 구축하고 있다. 즉, 나이키는 철저한 기술력으로 첨단 디자인과 고품질 상품을 개발해내는 데 사력을 집중시키고 나머지는 외주에 맡긴다는 독특한 경영스타일을 갖고 있다. 창업 당시부터 제조는 기존의 제조업체들이 잘할 것이라는 생각에 각 현지별로 OEM(주문자상표부착) 생산방식을 택하고 있다. 또 각 국가별 유통업체들과 파트너십(제휴관계)을 맺고 유통관리를 맡긴다. 이로 인해 전 세계 110개국의 영업망과 50개국 400개의 생산공장을 손쉽게 구축했다. 나이키는 기회비용을 줄이고 생산의 유동성을 원활하게 하는 데는 지역별 분업체계가 적격이라고 판단하여 보다 효과적인 아웃소싱을 추진할 예정이다.

나이키는 생산을 외주에 맡기는 대신 철저한 품질관리를 중시한다. 소위 '추방자 프로그램'을 이용해 본사의 스탭진들을 해외공장에 상주시키며 제품의 질을 감시 · 감독한다. 첨단정보 시스템을 기반으로 하청공장과 본사 간의 각종 정보교환을 활발히 진행한다. 품질관리 못지 않게 현지 생산공장들과의 원활한 관계도 강조하는데, 우선 생산공장의 업무환경을 주변의 토착기업들보다 월등히 향상시키는 데 주력하며, 하청계약서에 국제표준보다 유리한 근무환경과 근무조건을 명확히 규정해 놓는다.

그러나 국제적으로 분산된 생산 시스템을 효과적으로 관리하기란 여간 어려운 일이 아니다. 우선 내부에서 제품을 직접 생산하는 것과는 달리 품질과 납기에 대한 통제가 어려워진다. 나이키는 정보기술을 활용해 본사에서 만든 제품 디자인을 인공위성통신으로 현지 생산공장의 시스템으로 직접 전송함으로써 신속하고 정확하게 제품을 생산하고 있다. 본사와 계약공장은 전산망으로 연결되어 있어 마치 한 회사 같은 유기적인 운영이 가능하다. 복잡한 공정을 거치면서도 한치의 오차도 없이 만들어내 정확한 타이밍으로 세계에 납품하고 있는 것이다. 하청업체와의 장기적인 계약관계 구축도 성공적인 생산 네트워크 관리에서 빼놓을 수 없는 요소다. 나이키의 핵심 파트너는 대부분 10년 이상의 거래관계를 유지해오고 있다. 나이키가 하청업체라는 말 대신 굳이 파트너라는 용어를 고집하는 것도 이러한 이유 때문이다.

나이키의 해외시장 개척이 효과적으로 진행될 수 있었던 것은 국제적으로 분업화된 생산 네트워크의 역할이 컸다. 생산 파트너는 풍부하고 값싼 노동력이라는 생산기지로서의 이점뿐만 아니라 미래 판매시장으로서의 성장 가능성도 함께 고려해 선정됐다. 생산거점은 노동비용뿐만 아니라 정치적 안정성, 노동력의 질, 인프라스트럭처, 정부의 정책공개도, 관세제도, 쿼터 등과 같은 기준을 감안해 결정하기 때문에 선택된 나라의 경제발전지표가 되고 있다. 결과적으로 나이키는 아웃소싱 전략을 통해 생산과 판매, 그리고 세계화와 현지화라는 어려운 과제를 해결한 것이다.

CASE

58 한국식 경영, 세계가 배운다

주제 / 위탁경영

유한킴벌리

유한킴벌리는 킴벌리클라크가 100% 투자한 일본, 중국, 대만, 홍콩, 러시아, 몽골 등 북아시아 법인들을 위탁경영하고 있다. 위탁경영을 위해 킴벌리클라크 북아시아지역 주요 임원 자리는 유한킴벌리 임원들이 겸직한다.

문국현 유한킴벌리 사장이 킴벌리클라크 북아시아지역 총괄사장을 맡았고, 유한킴벌리 유아위생용품 산업용품, 인사·경영혁신 커뮤니케이션, 구매·수출담당 임원 등도 킴벌리클라크 북아시아지역 관련부문 임원을 겸한다. 이들은 킴벌리클라크 중국공장 6곳, 대만공장 3곳, 홍콩지사 등 경영에 직접 참여하고 있다. 아직 생산시설이 없는 러시아와 몽골법인에는 제품 수출과 컨설팅을 한다. 일본에서는 크레시아란 회사에 경영혁신 전사적자원관리(ERP), 인적자원관리 등을 자문 중이다.

그림 6-5 유한킴벌리 아시아지역 위탁경영 현황

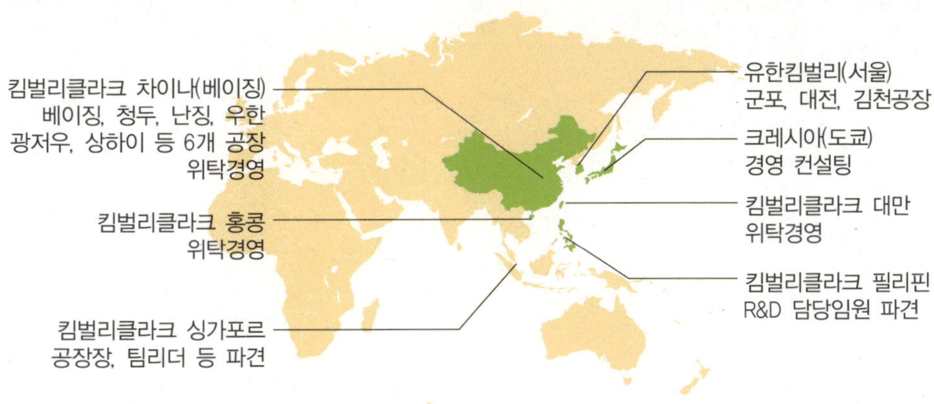

유한킴벌리는 북아시아 외에 킴벌리클라크 전 세계공장 어디서나 지원요청이 오면 전문가를 파견한다. 킴벌리클라크 필리핀공장에 연구개발(R&D) 담당임원을 파견했고, 싱가포르공장에는 공장장을 비롯해 주요 간부를 보내 설립부터 운영까지 지원하고 있다. 유한킴벌리는 4조 근무체계가 독특하다. 예비조를 포함해 3교대를 하던 것이 최근에는 2교대제로 발전해 4일 일하고 4일 쉬는 데까지 발전했다. 생산성은 경쟁업체에 비해 노동생산성 400%, 설비생산성 640%가 각각 높다. 불량률도 킴벌리클라크 해외공장에 비해 4분의 1 수준을 밑돈다. 미국공장 불량품이 100만 개 중 16.4개라면 유한킴벌리공장에선 3.5개 안팎이다.

외환위기 때 모기업인 만도기계 부도로 미국 포드계열 자동차부품사 비스테온에 인수된 한라공조도 비스테온이 출자해 만든 인도(VASI), 중국(VCCB), 미국법인(HCSA) 등을 위탁경영 중이다. 한라공조가 운영하는 해외법인은 총 6개. 이 가운데 캐나다, 태국, 포르투갈, 인도, 중국법인은 매년 현지직원을 한라공조로 보내 경영노하우를 배워가고 있다. 이들 해외법인은 모두 법인장을 한라공조에서 파견한 부장–상무급 한국인 간부가 맡고, 한국인 직원도 1~5명 파견돼 한국식 경영을 이식하고 있다.[10)]

---

10) 매일경제 2004년 11월 17일 '한국식 경영 세계가 배운다' 중에서

CASE 59 호텔산업의 국제경영관리계약

주제 / 국제경영관리계약

경영관리계약은 호텔, 레스토랑, 병원 등의 서비스산업이나 공항서비스, 부동산관리, 전산업무관리 등 특정 서비스 기능에 주로 활용된다. 호텔산업의 경우 소유회사는 자산관리에만 전념하고 경영회사가 호텔경영에 관한 전권을 행사하여 소유와 경영이 분리된다. 즉 소유회사는 토지와 건물을 출자하여 호텔을 건설하고 소유한다. 그리고 경영회사는 자산관리를 제외한 인사, 구매, 경리, 영업 등 모든 경영활동에 대해 책임을 진다. 따라서 경영회사의 상호가 사용이 되고 표준화된 경영기업들이 예약, 객실관리, 식당, 마케팅 등 여러 부분에 도입된다. 그리고 대부분 경영회사에서 직접 직원을 파견하여 호텔업무를 관리한다. 따라서 프랜차이징 계약에 비해 계약당사자 간에 보다 강한 관계를 갖는다. 세계 최고의 호텔체인인 메리어트그룹은 66개국 내 2,800개 호텔 대부분을 경영관리계약을 통해 체인을 확대하고 있다.

[표 6-1]은 소유회사와 운영회사 간에 협상을 통해 국제경영관리계약을 체결할 때 고려해야 하는 여러 항목들을 1980년대와 최근 추세를 비교하여 보여주고 있다. 대체로 과거에 비해 경영회사보다는 소유회사에게 유리하게 계약조건이 이루어지고 있는 것을 볼 수 있다. 주요 계약항목들은 다음과 같다.

관리수수료는 소유회사가 경영회사에게 개장 전의 지원과 기술적인 서비스, 일상적인 호텔관리, 지원과 시스템 보상에 대해 지급하는 수수료를 말하는데 기본 관리수수료와 인센티브 관리수수료로 나누어 지급하고 있다. 마케팅 공헌수수료는 경영회사의 마케팅 능력을 통해 소유회사 호텔의 영업능력을 향상시킬 경우 소유회사가 경영회사에게 지급하는 수수료를 말한다. 성과규정은 일반적으로 경영회사가 관리수수료를 받기 위해 최소한 달성하여야 할 성과기준에 관한 조항을 말하는 것이다. 주로 총영업수익에 비례하는 경향이 있다. 그리고 계약파기 조항은 일방이 계약 준수를 하지 못하는 경우나 일방의 파산 등과 관련된 계약파기 조건을 명시하고 있다.[11)]

| 표 6-1 | 호텔산업에서의 경영관리계약

계약조건	정의	1980년대	최근 추세
Management fees	호텔 소유주가 운영자에게 지급 하기로 한 보수	• 기본 : 총수익의 2.5~3.5% • 인센티브 : 총영업이익의 8~14%	• 기본 : 총수익의 1~2% • 인센티브 : 총영업이익의 6~12%
Contract term	계약기간	15~20년의 최초기간+1~3년의 연장옵션	8~12년의 최초기간+5~10년의 연장옵션
System reimbursable charges	광고, 구매, 교육훈련, 예약과 관련하여 운영자에게 주어지는 비용에 관한 사항	총객실수익의 2%+예약당 US$5~10	총객실수익의 1%+예약당 US$4~8
Technical assistance	호텔의 배치, 디자인, 건축과 관련해 운영자에게 지급되는 기술적 비용에 관한 사항	객실당 US$1,000~1,500+비용	객실당 US$1,000~1,500+비용
Pre-opening expenses	운영자의 호텔영업 이전에 인력 훈련, 마케팅, 시설의 준비와 관련된 비용에 관한 사항	원가기준	원가기준

11) 이장로 · 신만수, 국제경영 제2판, pp.146~148.

CASE 60

SK에코플랜트(구 SK건설)의 해외 진출[12)]

주제 / 턴키프로젝트

한국의 건설업체들은 플랜트 분야에 경쟁력을 가지고 있다. 플랜트 방식의 특징은 설계에서 구매, 시공, 시험운전까지 책임지는 방식으로 수익성이 매우 높다는 것이다. 한국의 건설업체들은 석유와 가스, 플랜트 분야는 세계적으로 기술력을 인정받고 있으며, 상당한 수주액을 기록하고 있다.

SK건설은 2021년 5월 SK에코플랜트로 사명을 변경하여 환경기업으로 새출발하였다. 환경 문제를 해결하는 지속가능한 건설을 추진하겠다는 이념 아래에 사명을 변경한 것이다.

다음 사례는 SK에코플랜트(SK건설)의 중동지역 턴키프로젝트에 관한 내용이다.

지난 2001년 2월 SK에코플랜트(SK건설)는 쿠웨이트 국영석유공사(KNPC)로부터 긴급제안을 받았다. 화재로 망가진 미나 알 아흐마디 정유공장의 복구공사를 맡아 달라는 것이었다. 공사 규모는 3억 900만 달러. 100만 달러 이상은 공개경쟁입찰을 하도록 한 쿠웨이트 정부의 입찰 규정을 무시한 파격적인 제안이었다. 공사의 시급성이나 수행능력을 고려할 때 SK건설이 아니면 안 된다고 발주처가 본 것이다. SK에코플랜트(SK건설)는 2003년에도 2억 3,000만 달러짜리 쿠웨이트 정유 플랜트 복구공사를 수의계약으로 따냈다. 화재를 입은 알 슈하이바 정유공장 히터 복구공사도 맡았다. 금액(1,000만 달러)은 보잘것 없지만 "SK건설이 꼭 맡아 달라"는 발주처의 요청을 흔쾌히 받아들였다. 이처럼 쿠웨이트에서 SK건설의 위상은 독보적이다. 석유화학 플랜트 부문은 최강자다. 쿠웨이트

12) 부경대학교, 국제기업과경영환경, 권민정, 수업과제를 참고하였음.

에 진출한 지 15년여 만에 일궈낸 신화이다. 쿠웨이트 공항에서 자동차로 30여 분 달리자 130m 높이의 웅장한 수직 정유 타워가 두 눈에 들어왔다.

SK에코플랜트(SK건설)의 알 슈하이바 KPPC 아로마틱스 공사 현장이다. SK에코플랜트(SK건설)의 이탈리아의 테크니몽사(社)와 컨소시엄을 구성해 12억 2,000만 달러(SK건설 지분 45%·5억 5,000만 달러)에 수주한 이 프로젝트는 인근 정유공장에서 나프타를 공급받아 벤젠과 파락실린, 액화석유가스(LPG) 등을 생산하는 플랜트이다. 엘리베이터를 타고 40층 높이의 정유 탱크 꼭대기에 올라갔다. SK에코플랜트(SK건설)는 외형공사를 거의 끝내고 내부공사를 마무리 중이었다. 반면 '동업자'인 테크니몽은 아직도 많은 공사를 남겨 두고 있었다. 유장권 부장은 "초기엔 테크니몽이 빨랐지만, 지금은 우리가 1~2개월 앞서 있다"라며 "공기를 조절 중"이라고 말했다. 이 같은 시공력은 "SK에코플랜트(SK건설)는 어떤 조건에서도 하자 없이 제때 공사를 마무리한다"라는 신뢰를 심어 주었다. 이런 믿음은 하루아침에 이루어진 게 아니다. 2003년 3월 '9·11테러' 이후 이라크를 '악의 축'으로 규정한 미국의 이라크 침공이 예상되자 이라크의 쿠웨이트 보복 공격을 우려한 외국 건설업체들은 쿠웨이트를 떠나기에 바빴다. 하지만 SK에코플랜트(SK건설)는 미국의 이라크 폭격 한 시간 전까지 혼자 남아 공사를 하다 철수했다. 이후 19일 만에 공사를 재개했다. 이런 노력이 쌓여 SK건설의 쿠웨이트 신화가 만들었다.

세계로 뛰는 SK에코플랜트

SK에코플랜트(SK건설)는 터키 유라시아 터널 건설 프로젝트로 2015년 메이저 프로젝트 상을 받았다. 유라시아 터널은 복층 해저터널로 유럽과 아시아를 잇는 첫 해저터널이었고, 국내기업이 해외에서 따낸 최대 규모의 토목공사로 손꼽히는 등 막중한 책임감을 가진 프로젝트였다. 또한 터키 차나칼레 현수교 건설로 11개 부문의 금융상을 수상하였다.[13] 이 현수교가 주목받는 이유는 기술력이다. 터키 차나칼레의 현수교는 세계에서 가장 긴 2,023m로 설계되었다. 또한 현수교는 해상 특수 교량 중 시공 및 설계 난이도가 가장 높아 마의 2km라고 불리는데, 2km를 뛰어넘는 설계로 세계적으로 주목을 받은 것이다. 차나칼레 현수교는 2022년 3월 18일 개통하였다.[14]

---

13) https://www.skecoplant.com/contents/boardView?menuCode=M6100&tabMenuCode=&tabLocation=&nowPage=1&sSearchCode=&sSearchText=%ED%98%84%EC%88%98%EA%B5%90&searchContentsNo=&searchContentsOrders=&contentsNo=cp89xnjf7h&contentsOrders=1

14) https://biz.newdaily.co.kr/site/data/html/2022/03/20/2022032000060.html;

마지막으로 카자흐스탄의 알마티 순환도로 건설로 올해의 유럽교통 프로젝트에 선정되었다. 알마티 순환도로는 카자흐스탄 경제수도 알마티의 교통혼잡을 해소하기 위해 총연장 66km 왕복 4~6차로 순환도로와 교량 21개, 인터체인지 8개를 신설하는 카자흐스탄 최초의 인프라 PPP 사업이다. 이를 위하여 SK건설은 카자흐스탄 현지법인에 지분을 투자하기도 했다.[15] SK에코플랜트는 서유럽과 북유럽까지 진출하였다. 2019년 영국 실버타운 터널 프로젝트로 서유럽 사업에 진출하였고, 2021년 국내 건설사 최초 북유럽 사업에 진출하였다. 다음은 SK에코플랜트는 해외 인프라 민관협력(PPP) 사업진출 현황을 보여주고 있다.

| 표 6-2 | SK에코플랜트 해외 인프라 민관협력(PPP) 사업진출 현황

국가	프로젝트	발주처	총 사업비	투자지분	진행상황
터키	유라시아 해저터널	터키 인프라투자청 (AYGM)	1조 5,000억 원	28.3%	2016년 12월 준공, 현재 운영 중
	차나칼레 교량 · 도로	터키 도로청 (KGM)	4조 1,000억 원	25%	2022년 3월 준공, 현재 운영 중
영국	실버타운 터널	런던교통공사 (TfF)	1조 9,000억 원	10%	2019년 PF 체결, 현재 시공 중 2024년 하반기 준공 예정
카자흐스탄	알마티 순환도로	카자흐스탄 산업인프라개발부 (MIID)	9,000억 원	24.2%	2020년 PF 체결, 현재 시공 중 2024년 하반기 준공 예정
노르웨이	소트라 고속도로	노르웨이 공공도로청 (NPRA)	2조 2,000억 원	20%	2021년 우선협상대상자 선정 2022년 3월 PF 체결 2027년 상반기 개통예정

출처 : SK에코플랜트

https://news.mt.co.kr/mtview.php?no=2021022311285889950

15) https://www.skecoplant.com/contents/technologyView?menuCode=M4000&tabMenuCode=&tabLocation=&nowPage=1&sSearchCode=&sSearchText=%ED%84%B0%ED%82%A4&searchContentsNo=&searchContentsOrders=&contentsNo=t2AhPdZjAW&contentsOrders=1

CASE 61 LG전자의 단독투자(인도)

주제 / 기업신설

1991년 7월부터 시작된 인도의 경제개혁은 경제성장, 고용확대 그리고 수출신장과 인플레이션의 둔화에 기여해 왔다. 1991/92회계연도의 외환위기 당시 겨우 0.8%에 불과했었던 인도 국내총생산의 실질성장률이 불과 1년 만인 1992년 이래 5% 이상을 기록하였다. 이것은 국가적 경제위기에 직면했던 국가로서는 보기 드문 회복력이었다. 해외부문에 대한 개혁과 외환보유고를 확대하려는 노력은 국내총생산의 증가, 고용 및 각종 사회지표의 안정에 기여하였다.

또한 인도의 정치, 경제적 환경이 변화하기 시작하였다. 인도 정부는 적극적인 투자유치 노력을 기울이고 있기 때문이었다. 인도 정부는 점차 외국인 직접투자에 대한 규제를 풀고 있다. 지분소유상한선이 점차 높아지고 있으며, 기존사업 실패시 파트너의 동의를 얻어야만 동종사업에 신규진출할 수 있는 것(No Objection Certificate)과 같은 규제가 철폐되고 있다.[16] 당시 한국기업에게 있어 인도는 동남아시아나 중국 붐에 가려서 아직 주요 투자지로 인식되지 못하고 있었지만, 구미나 일본의 기업들은 인도를 '아시아에 남은 마지막 거대시장'으로 판단하고 적극적인 진출을 시도하고 있었다. 이러한 가운데 1990년대 중반, 국내 가전시장의 포화상태를 맞이하여 외국 해외 신시장 개척을 탐색해 온 LG전자는 인도시장의 잠재적 가능성을 간파하고, 주변의 우려 속에서 1996년 인도에 진출하게 되었다.

진출 초기 LG전자는 현지정부와 제도에 의해 큰 난관을 맞게 된다. 인도 정부가 LG전자의 현지법인 신청에 별다른 반응을 보이지 않았기 때문이다. 하지만 LG전자는 포기하

16) 문권모, 인도 합작투자의 함정과 극복방안, LG경제연구소, 2006.

지 않고 적극적으로 현지 관계자들을 찾아다니며 설득하였고, 드디어 1997년 수도 델리에 소니에 이어 두 번째로 현지법인을 설치하게 된다. 즉, 1997년 2월 LGEIL(LG Electronics India Ltd.) 설립 후 컬러TV, 에어컨, 세탁기, 전자레인지, 모니터, 냉장고, LCD 모니터 등을 생산하였으며, 2004년 10월 푸네(뭄바이 근처)공장 건립 후 핸드폰(GSM 방식)을 생산하고 있다.

LG전자는 2022년 상반기 인도에서 에어컨 판매 100만 대를 넘어서며, 해당 지역 가정용 에어컨시장에서 점유율 1위를 기록했다. LG전자 인도법인은 인도 정부로부터 백색가전 부문 생산연계 인센티브(PLI) 대상에 선정됐다. PLI는 기업이 설비투자와 연구개발, 기술이전 등을 달성하면 현지생산 제품에 한해 매출 증가분의 4~6%를 보조금 형태로 받을 수 있는 제도를 뜻한다.[17)]

LG전자는 인도 중북부 우타르 프라데시주 노이다지역의 LG전자공장에 신규 에어컨공장을 건설할 예정이다. LG전자 인도 법인의 가전 및 에어컨 매출액은 2021년 기준 약 1,500억 루피(약 2조 5,000억 원)이다.[18)]

LG의 단독투자의 동기와 목적을 살펴보면, 우선 합작투자를 했을 경우 인도의 경영문화와의 차이에 따라 파트너와의 갈등이 예상됐기 때문이다. 이는 다국적기업들이 대부분 현지에서 이익이 발생했을 때 재투자를 통해 시장점유율을 늘리려고 하는 반면, 현지 합작사들은 이익을 우선 회수하는 데 중점을 두기 때문이다. 삼성전자도 이익금 활용 문제 등으로 합작사 비디오콘(Videocon)과 갈등을 겪다 결국 합작관계를 청산했다. 주요 안건의 처리 속도에 대해서도 차이가 난다. 대부분의 다국적기업은 빠른 의사결정을 통한 신속한 전략 수립과 실행을 원한다. 반면 인도기업의 의사결정은 느린 것으로 정평이 나 있다. 하지만 만약 결정을 재촉할 경우 이것은 파트너에 대한 결례 혹은 공격적인 행동으로 인식되어 나중에 반드시 후유증이 생긴다. 의사결정이 최상위경영자에 집중되어 있는 것도 문제다. 인도에서는 거의 협상이 끝난 것으로 생각했는데 마지막 순간에 결정이 뒤집히는 경우가 비일비재하다. 이것은 명목상의 협상 대표가 충분한 재량권을 갖지 못하기 때문이다.[19)] 이러한 이유 등으로 LG전자는 단독투자를 감행함으로써 이러한 위험요소를 제거한 것이다.

---

17) https://blog.naver.com/free_ycs/222820316960

18) https://blog.naver.com/s-econ/222716398698

19) 문권모, 인도 합작투자의 함정과 극복방안, LG경제연구소, 2006.

두 번째로 인도 합작사들의 과도한 경영참여 요구로 인해 자율적인 경영이 이루어지지 않게 된다. 인도 합작사들은 자기주장을 많이 하며, 합작사의 주도권을 쥐려는 경향이 강하다. 합작사의 지분이 적은 경우에도 현지시장 및 소비자에 대한 노하우, 정부기관과의 관계유지, 현지 종업원관리 등을 내세워 대표이사직 등 경영참여를 요구하며, 다수 지분을 가진 파트너의 결정에 사사건건 시비를 거는 경우가 많다. 인도에서는 50% 이상의 지분을 확보하는 것이 별 의미가 없다. 26% 이상의 지분만 가지고 있어도 중요한 의사결정에 개입하거나, 대주주의 결정에 제동을 걸 수 있기 때문이다. 또한 LG전자는 인도문화와의 차이에 따른 경영의 마찰을 줄이고자 했으며 인도시장의 성장과 더불어 훗날 있을 경영권 분쟁의 리스크를 줄이기 위해 경영의 독자성을 확보하고자 하였다고 할 수 있다.[20]

---

20) 고려대학교 경영대학 김용구, LG전자의 해외직접투자 사례별 동기 분석

CASE 62

LG전자-히타치의 HLDS

주제 / 합작투자

H·L Data Storage

히타치와 LG전자는 51 : 49의 비율로 지분을 출자해 HLDS를 출범시켰다. 세계적인 광디스크 드라이브 분야의 응용기술을 보유한 LG전자와 DVD 원천기술을 가진 일본 히타치 제작소의 합작법인으로 2000년 11월 출범, 2001년부터 영업을 개시했다. CD-ROM, CD-RW, COMBO 및 DVD-ROM, DVD writer 등 PC용 광스토리지(Optical Storage) 제품개발 및 판매를 담당하고 있다. 2005년까지 6년 연속 전 세계 광스토리지 시장점유율 1위로서, 현재 전 세계 연간 생산 PC 4대 중 1대 이상이 HLDS의 광스토리지 제품이 사용된다. 이 회사는 광스토리지 시장에서 빠른 제품출시 정책과 효율적인 마케팅 활동, 높은 제품 성능 및 기술력을 경쟁력으로 삼아 한국에 진입하였다. 업계에서는 HLDS가 LG의 생산력과 히타치의 기술력이 상호보완적으로 작용했으며, 조직 부문을 중점적으로 강화해 한·일 양 기업 간의 성공적인 사업모델을 만들었다고 평가받고 있다.

LG 측의 JV 동기

LG전자 측에서는 R&D 집약적인 히타치와 합작투자를 함으로써 뛰어난 기술을 효율적으로 얻을 수 있다. 히타치는 세계에서 가장 안정적이고, 강력하며, 확장성 있는 서버와 스토리지 서브 시스템들에는 예외 없이 히타치의 품질보증 마크가 찍혀 있을 정도로 견고한 기술을 가진 기업이다. LG는 고객들에게 이상적이며 정밀하게 엔지니어링된 제품을 제공하기 위해 히타치의 방대한 연구개발 능력을 충분히 활용할 것이다.

전반적인 IT기술 부족 현상이 심화함에 따라 입증된 전문성을 갖는 서비스 공급업체들이 중요한 의미를 갖게 되었고 이에 따른 필요는 점점 증가되었다. '입증된 전문성'이란 히타치데이터시스템즈가 독립적인 업계 설문조사에서 계속해서 찬사를 받아오고 있는 바로 그 부분이다. 지난 10년 중 절반 이상을, 히타치데이터시스템즈의 서비스와 지원전문인력은 그들의 뛰어난 대처능력에 대해 최고의 평가를 받고 있다. 간단하게 예를 들자면, 히타치데이터시스템즈는 지난 수년간 데이터프로(DataPro), 가트너그룹, 컴퓨터월드 등이 수행한 여러 가지 독립적인 업계 설문조사의 '전체적인 고객만족' 부분에서 최상위를 석권해오고 있다. LG전자 측에서는 합작투자를 통해 이러한 히타치의 이미지를 가져올 수 있다.

히타치 측의 JV 동기

히타치의 경우 자신들의 미래 목표를 설정한 것을 살펴보면 자신들의 기술력만큼 마케팅이나 고객만족을 높이기 위한 목표들을 설정한 것을 볼 수 있다. 이에 가장 잘맞는 회사로 LG전자를 들 수 있다. LG는 뛰어난 마케팅 전략으로 자사의 매출을 올리는 마케팅 전략이 뛰어난 회사라 할 수 있다. LG전자는 이미 명품 백화점 해롯(Harrods)과의 공동 마케팅, 유럽의 '브랜드 밸리'인 피카디리광장 내 대형 광고판 설치 등 프리미엄 마케팅을 진행하고 있으며 영국시장에서 프리미엄 마케팅을 지속적으로 펼쳐 왔다. 그 결과 월 매출 1억 달러를 돌파하는 등 마케팅에서의 주목성을 보여왔다고 할 수 있다. 따라서 세계적 신뢰도와 더불어 히타치가 원하는 뛰어난 마케팅 능력을 가진 LG전자를 선택하게 되었다고 볼 수 있다.

두 회사의 JV

히타치는 자사가 생산하는 제품 전량을 합작회사에 납품하는 것 외에 LG전자의 생산기술력과 마케팅력을 활용함으로써 자사가 보유한 세계수준의 기술을 조기에 상품화해 세계시장을 적극 공략할 수 있을 것으로 보인다. 히타치는 LG전자의 생산기술력 · 가격경쟁력 · 글로벌 마케팅력에 매력을 느껴 합작을 선택하게 되었고, 이러한 LG전자의 강점과 히타치제작소의 제품개발기술 및 차세대 기술규격 등이 결합해 차세대 디지털 스토리지 시장을 주도할 수 있는 안정적인 사업기반을 구축하게 될 것으로 예측된다. 또한 앞으로 세계 PC시장을 기반으로 연간 판매대수가 2억 대에 육박하는 세계 광스토리지 사업분야에서 우위를 점할 수 있게 됐으며, 특히 고밀도의 제품과 CDRW, DVD램 등 기록계 제품으로 이동하고 있는 최근의 세계 광스토리지 시장 조류에 적극 대응할 수 있을 것으로 보인다. 그 외에도 합작사가 개발한 첨단제품을 각 사의 브랜드로 일반 소비자들에게 직접 판매할 수 있어 두 회사는 추가적인 매출확대도 기대할 수 있다고 생각되었기 때문에 합작하였다고 볼 수 있다.[21]

---

21) 고려대학교 미디어학부 박혜선, 기업의 해외진출 사례분석

CASE 63

LG전자의 인수합병 (미국의 Zenith)

주제 / 인수합병

1962년 처음으로 수출을 시작한 LG전자의 해외시장 진출은 최초의 해외지사인 뉴욕지사를 1968년에 설립하면서 본격화되기 시작하였다. 이후 LG전자는 국내에서 구축된 대량생산체제를 원활하게 가동시키고 안정적인 수출증대를 위하여 1978년 미국 뉴욕에 현지 판매법인을 설립하였다. 이는 컬러TV가 미국에 본격적으로 수출되기 시작하면서 안정적인 수출물량 확보를 위한 현지 판매법인의 필요성이 증대되었기 때문이었다. 또한 현지시장 개척경험의 축적, 대량생산과 기술향상 또한 품질수준 안정 및 가격경쟁력 제고 등을 바탕으로 자사 브랜드의 수출확대를 도모할 수 있었기 때문이었다.[22)]

직접투자의 결정

LG전자가 미국에 직접투자를 하게 된 주요 동기는 무역장벽의 회피라고 할 수 있다. 1970년대 후반 미국은 일본, 대만, 한국의 컬러TV의 수출물량이 급증하자 수출자율규제조치를 단행하였다. 이로 인해 LG전자의 수출물량은 40% 이상 감소했고 공장의 가동률은 한동안 20%까지 떨어지게 되었다. 또한 수출자율규제조치의 2년 연장으로 미국의 수입규제가 일시적이지 않고 당분간 지속될 것으로 예상되었다. 당시 컬러TV 수출의 대부분을 차지하고 있던 미국시장의 절대적인 중요성 때문에 LG는 미국 현지에 공장을 짓기로 결정하였다. 1982년 첫 가동에 들어가 이 해에 3만 대를 만들어냈으나 40%가 불량이었고 큰 적자를 보았다. 그러나 OEM 수요급증으로 생산시설을 늘려 1983년에는 160만

---

22) 장세진, MCC, M&A의 경영전략, 박영사, p.327.

달러의 흑자를 냈다. 1984년에 제2공장을 완공함으로써 연간 100만 대 이상의 생산능력을 갖추게 되었지만 1986년 컬러TV의 부품에 대한 반덤핑관세 부과로 인한 제조원가 상승, 격심한 가격경쟁으로 인한 가격하락, 원화의 평가절상, 임금상승, 한국에서의 노사분규로 인한 한국산 부품가격 상승 및 적기공급 차질 등으로 인해 헌츠빌공장의 채산성은 급격히 악화되어 결국 LG전자는 1989년 헌츠빌 조립라인을 폐쇄하고 멕시코공장으로 이전하였다.[23)]

인수

LG전자가 Zenith사를 인수한 제1원인으로는 Zenith사의 기술습득을 꼽는다. 당시 HDTV 분야의 시장규모를 4천억 달러에 이를 것으로 예측하고 있었기 때문에 전 세계적으로 극심한 경쟁양상을 띠고 있었다. Zenith는 HDTV 및 FTM 등 첨단 멀티미디어 분야에서 세계적인 고급기술을 확보하고 있었고 미국 방식의 HDTV 규격인 GA 전송기술이 Zenith의 전송기술을 채택하고 있었다. 또한 LG전자 시카고연구소와 Zenith 연구진과의 공동개발로 각종 멀티미디어 관련기술에 대한 시너지 효과도 극대화할 수 있게 됨으로써 멀티미디어 분야를 강화하고자 했던 LG전자로서는 전략적 교두보를 마련하고자 했던 것이다. 또한 LG는 미국시장에서 부족한 브랜드 인지도를 Zenith를 인수함으로써 이끌어낼 수 있었다. Zenith는 미국의 TV시대를 개척한 '미국의 자존심'이라고 불릴 정도의 브랜드 가치를 갖고 있었기 때문이다. 인수 당시 LG전자 구자홍 사장은 Zenith의 브랜드만 하더라도 충분히 가치 있다고 말했을 정도이다.[24)]

인수합병 결과

Zenith 인수를 통해 LG전자는 기존의 시장점유율 2%에 Zenith의 10%를 포함하여 미국 가전시장 점유율의 12%를 확보하였다. 따라서 점유율 12%로 2위인 매그나복스와 비슷하게 됐으며 시너지 효과를 발휘할 경우 미국시장 1위인 RCA(16.5%)도 넘볼 수 있게 되었다.

LG전자는 또 Zenith의 시카고(브라운관)공장과 멕시코(컬러TV)공장을 LG전자의 멕시코공장에 연계해 NAFTA 역내에서 연산 6백만 대의 컬러TV 생산능력을 보유하게 되어 이 지역 최대의 생산업체로 부상하였다.[25)] 그러나 일반적으로 Zenith 인수는 실패한 인수

---

23) Ibid., p.338.

24) 매일경제신문, 1995년 7월 31일

라고 평가받았었다. 인수과정에서 핵심인재들이 많이 빠져 나갔으며 인수 당시 Zenith는 매우 부실한 상태였기 때문이다. 이에 따라 Zenith는 매년 적자를 거듭하여 골칫거리로 전락했다고 한다. 하지만 LG전자는 과감한 구조조정을 통해 Zenith를 연구개발(R&D) 전문회사로 탈바꿈시켰고, Zenith는 인수 10년여 만에 미국 디지털방송 원천기술(VSB)을 통해 연 1억 달러의 특허료를 벌어들이는 '효자 자회사'로 거듭났다. LG전자에 따르면 Zenith는 2007년 북미 디지털 방송 기술인 VSB 특허료를 통해 6,000만 달러를 벌어들인 것으로 집계됐다. 2006년 2,000만 달러에 비해 3배로 늘어난 특허료이다.[26] 디지털 방송의 원천기술은 1998년 표준으로 선정됐고 Zenith는 2004년부터 특허계약을 시작했지만 그동안 디지털TV 시장이 본격적으로 열리지 않아 계약을 맺은 회사는 해당 업체의 절반에 그쳤다. 하지만 최근 들어 시장규모가 크게 늘어나면서 계약건수가 급증하고 있다. 특허료는 1998년부터 소급 적용되기 때문에 특허수입은 기하급수적으로 늘어날 전망이다.[27]

---

25) 장세진, MCC, M&A의 경영전략, 박영사, p.338.

26) LG전자, Zenith '특허대박'에 흐뭇, 한국경제, 2008년 2월 5일

27) 고려대학교 경영학과 서미네, LG전자의 해외직접투자의 유형과 그 동기 분석

CASE

64 GM의 단독투자(인도)

주제 / 기업신설

신설투자(Greenfield)란 지분율이 100%인 현지에 새로운 법인을 신설하는 투자이다. 대체로 투자기간이 길고 현지인력을 사용할 수 있고, 공장과 설비 규모도 자의로 정할 수 있다. 인도의 자동차 판매현황(2008년 기준)은 '스즈키마루티'가 52만 대로 시장점유율 50%를 차지하고, 2위는 현대차로 20만 대로 19%를 차지하고 있다. GM은 5위로 6만 대를 팔고 있고, 도요타와 포드가 그 아래를 잇고 있다. 인도 자동차시장은 현재 호황이면서, 사람들은 계속해서 차를 구입하고 있다고 한다. 최근에는 인도의 자동차소비세, 등록세, 보험료, 할부이자 등이 붙어 원래 찻값의 50%를 더 내지만, 차에 관한 소비세가 감소하여 자동차 업계는 소비자들에게 다가가기가 쉬워졌다.

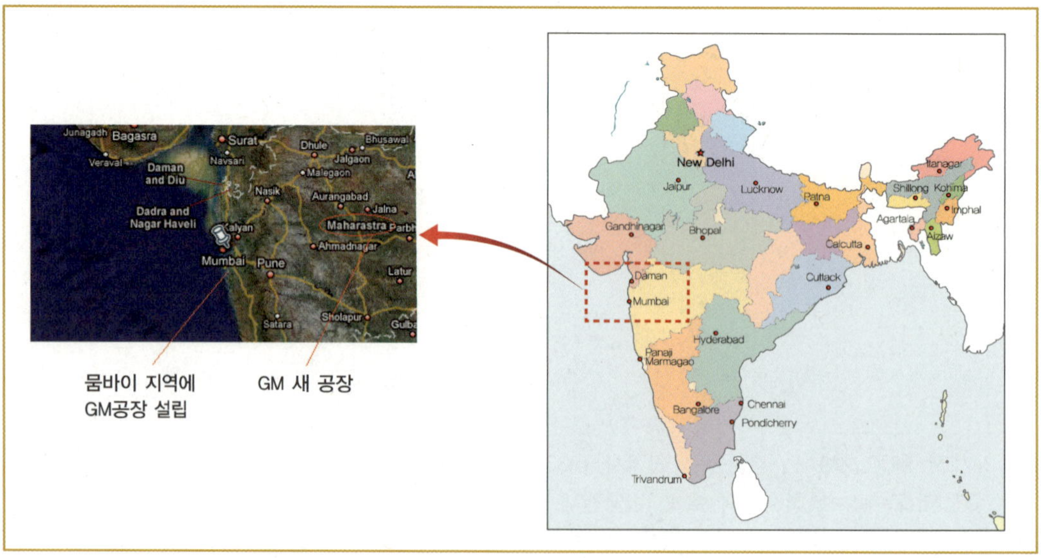

GM은 인도에 100% 지분으로 신설투자를 했다. 인도는 자동차시장 중 소형차가 3/4을 차지한다. 소형차로써 저가 부문을 집중적으로 공략하고, 품질의 차별화·고급화로 다른 자동차와는 다른 모습을 보였다. 인도에서 소형차가 선호되면서, GM은 마티즈를 인도에 생산하고 있고, 생산시설을 옮기려 한다. 글로벌 전략을 사용하는 GM은 외국인 자산취득과 그린필드 투자를 통해서 시장에 진출하는데 인도에 14만 대 공장을 설립할 예정이라고 한다. GM은 자동차 중심지의 하나인 뭄바이 근교에 GM 인도공장을 2곳 설립했다.

GM의 새 공장이 입지하는 마하라쉬트라주는 자동차 중심지라서 이미 많은 자동차회사들이 입주해 있으므로 GM의 투자가 지역경제에 도움이 될 것이라고 예상한다. GM이 처음에 투자하려 할 때, 구자라트주와 마하라쉬트라주가 유치 경쟁을 했다고 한다. 원래는 환경평가가 실시되지만, 미하라쉬트라주가 면제해주는 등 혜택을 주었다. 공장이 설립되면 직접적인 고용창출이 1,000명 정도 될 것으로 예상된다. 마하라쉬트라주에서 생산되는 중대형 트럭, 다목적차량, 자동차부품 등 앞으로도 마하라쉬트라주의 가치가 상승할 것으로 예상한다. 투자비용은 3억 달러로 예상된다.

단독투자를 하게 되면 파트너와 마찰이 없게 된다. 그 결과 단기간에 공장을 설립할 수 있었고, 부품협력업체도 직접 인도에 진출할 수 있어서 시간이 절약되었다. 또한 현지인력을 사용할 수 있게 되어 인도사람들을 고용할 수도 있다. 합작투자는 나중에 이익이 나도 손익분배에 문제가 되지만, 단독투자는 이런 과정이 없어서 수월하다. 단지, 처음에 GM이 투자할 때 위험이 크다. 적자가 나거나 문제가 생겨도 혼자 책임을 져야 하기 때문이다.

인도시장에 기업들이 관심을 기울이는 것은 자동차시장이 계속 호황이면서, 현재는 자동차 세금도 줄여서 더 저렴한 가격으로 사람들에게 다가갈 수 있었다. 이런 인도시장이 인기인만큼 다른 업체들 간의 경쟁도 고려하지 않을 수가 없다. 소형차에 투자하는 기업은 GM뿐만이 아니다. 현대자동차도 계속해서 신차를 출시하고 있고, 도요타 또한 소형차 허브(소형차 생산기지)를 만들겠다고 하고, 포드도 소형차 생산시설과 엔진공장을 설립하겠다고 한다. 단지, 포드 같은 경우 합작투자로 시작하여 시간이 지연되는 현상으로 인해 나중에 파트너를 교체시키는 등 불편함이 생겼다. 하지만 현대 같은 경우 단독투자로 시작했고, 품질도 좋은 신차를 출시하고 있으므로 경쟁 상대가 되는 것이다. 특히 스즈키마루티 같은 경우 월 5만 대의 매출을 기록했으며, 델리에만 40만 대 공장이 있다. 이는 GM과는 비교가 안 되는 수치이다. 세계적으로 볼 때는 GM과 도요타가 우위를 다루고 있지만, 인도에는 그렇지 않다는 뜻이다.[28)]

---

28) 고려대학교 경영대학 김지윤, GM의 M&A Joint-venture Greenfield.

CASE 65 GM의 중국 진출

주제 / 합작투자

중국의 자동차시장은 아시아 경제위기가 한창이던 1998년을 제외하고 모두 두 자릿수 증가율을 보이며 급격히 성장하고 있다. 최근 중국 자동차 판매의 연평균 증가율은 16.8%로 동 기간의 아시아 · 태평양지역의 차량판매 증가율인 13.3%를 주도했으며, 전 세계 증가율인 2.8%에 비해 급격하게 증가했다. 현재 중국 자동차산업에는 한국의 현대기아자동차와 일본의 도요타, 닛산, 혼다, 유럽의 폭스바겐그룹, PSA(푸조(peugeot), 시트로앵(Citroen)그룹, BMW, GM, FORD, 다임러크라이슬러그룹이 중국에 투자 및 중국의 기업과 합자사업을 하고 있다.

다국적기업들은 중국 자동차산업의 성장잠재력과 승용차 부문의 수요급증과 공급부족에 주목하여 대중국 직접투자를 추진하였다. 반면, 중국 정부와 중국 기업들은 승용차부문 육성에 초점을 맞추어 자본과 기술 및 경영 노하우를 얻기 위한 목적으로 GM을 비롯한 외국의 다국적기업을 끌어들였다. 특히 중국 정부는 외자유치를 통하여 가능한 짧은 시간 내에 완성차와 부품의 국산화율 제고와 수출증대 효과를 거두고자 하였다. 당시 중국 내 승용차 생산기반은 매우 빈약하였고, 자체 개발한 승용차의 품질이나 디자인도 수입차와 큰 차이를 보였다. 따라서 급속도로 증가하는 승용차 수요량을 감당하고 수입량을 줄이기 위해 외자도입을 통한 승용차 생산기반 확충과 품질 향상이 중국 자동차산업의 시급한 과제였다. 결국 중국 정부 내부에서 외국기업과 적극적으로 협조해야 한다는 의견이 제기되었다.

한편 GM, 폭스바겐 등 외자기업들이 중국에 진출하는 과정에서 중국 정부는 신차개발과 부품 국산화 및 완성차의 수출을 조건으로 내걸었으나 GM은 기존 모델 양산을 통한 내수 판매량 확대를 우선적으로 주장하였다. GM의 경영진은 중국 현지기업들의 부품제조 능력이 현저히 떨어지는 상황에서 신차개발이나 수출은 무리라고 보았기 때문이다. 그러나 중국 정부는 어떻게든 외국기업들과 기술적 제휴를 통하여 자국의 자동차 기술수준을 끌어올리려고 노력하였다. 이는 GM, 폭스바겐 등 외국기업과 정부의 견해차를 낳았다. 결국 중국 정부는 외자기업의 지분율 100%의 자동차산업에 대한 단독투자를 금지시키는 법을 통과시키는 방법을 취한다. 이러한 자국 자동차산업을 육성하기 위한 노력 속에 결국 중국 정부는 1994년 합자기업 지분 비중 50% 제한 규정을 유지하면서 외자 유치를 외국 자동차기업들에게 강하게 장려하였고 이를 따를 수밖에 없는 GM은 1997년 중국의 상해기차유한공사와 50 : 50의 비율로 합작회사인 '상하이-GM'이라는 회사를 설립하였다. 결국 GM의 중국시장 진출과정에서 합작투자를 선택하게 된 가장 큰 원인은 외부규제(중국 정부)에 의한 비자발적 동기라고 할 수 있겠다.

상하이-GM은 15억 2천만 달러를 투자하고 상하이 지방에 공장을 건립하며 진출을 시작하고 1999년 4월부터 양산체제에 들어갔다. 주요 제품은 완성차, 엔진과 오토트랜스미션 등이며 설립 초기의 생산능력은 연간 승용차 10만 대, 엔진 18만 대 규모였다. 상하이-GM은 차별화된 기업과 제품 전략을 취하였으며 구체적으로 고급화와 대형 배기량을 목적으로 Buick 계열의 중·고급 승용차의 생산부터 추진하였다. 1999년에는 Buick GL8(8인승 MPV)를 개발하여 중국 MPV 시장에 본격적으로 진입하기 시작하였다. 날로 확대되는 소형차시장의 진입을 목적으로 2000년 12월에 소형 Sail을 정식으로 시장에 내놓았다. Sail은 브라질 GM의 기술원조, Buick과의 혼류생산, 상하이 자동차의 구매 노하우를 활용하여 판매가격을 10만 위안으로 낮추어 중국 내 가정용 승용차시장 진입에 적합한 가격을 설정함으로써 커다란 매출의 신장을 불러왔다. 2002년 상하이-GM은 중국의 WTO 가입에 이은 승용차시장의 대폭적인 성장에 따라 생산량은 11만 대 이상으로 확장하면서 생산개시 후 4년 만에 중국 제3위의 승용차 기업으로 성장하였다.[29]

GM의 입장에서는 투자위험의 분산이 중요한 사항이었다. 어느 기업이든 자신만의 역

29) KOTRA – www.globalwindow.org 발췌

량으로 세계 모든 지역, 주요 산업에서 다른 기업들보다 경쟁우위를 갖기는 어렵다. 특히 해외 현지사정에 밝지 못한 기업들이 해외시장 진출을 도모할 때에는 현지시장 상황에 밝은 적절한 현지 파트너(상하이 자동차집단 기업)의 선정 및 안정적인 제휴관계 유지 여부가 성공의 관건이 되는 경우가 많다. 해외시장 진출 초기에 법과 제도 및 사회관행, 문화의 차이 등 실제로 겪어보기 전까지는 잘 드러나지 않는 진입장벽을 효과적으로 넘어서기 위해서는 현지 파트너의 역량과 협력이 매우 중요하기 때문이다. GM의 경우 당시 중국에 진출한 선진 외자기업은 폭스바겐이 전부였으며 비록 자동차시장의 성장이 주목되는 중국의 자동차시장이었지만 상당히 많은 돈을 들여서 진출 처음부터 공장을 설립하는 것은 GM에게도 부담으로 다가왔다. 그리고 당시 자동차 생산에 필요한 부품 또한 현지에서 생산이 불가능하였다. 기존의 상하이자동차의 유통 판매망을 GM이 활용할 수 있다는 점은 GM이 합작투자로 인해 얻을 수 있는 장점이었다.[30)]

30) 고려대학교 경영대학 권오건, GM의 해외시장 진출방식에 따른 그린필드, 합작투자, M&A 사례 분석

CASE 66 르노의 한국 진출[31)]

주제 / 인수합병

르노삼성자동차의 탄생

인수란 하나의 기업이 다른 기업의 경영권을 얻고, 둘 이상의 기업들이 하나의 기업으로 합쳐진다는 것을 뜻한다. 상대 회사에서 인수 프리미엄을 지불하면 최대 지분율을 확보할 수 있다.

삼성자동차는 세계적으로 자동차 회사들의 경쟁이 극심했던 시기인 1995년에 설립되었다. 최초 설립자본금 1천억 원을 들여 본사를 부산에 두고, 2000년도에는 50만 대의 자동차를 생산할 수 있는 승용차공장을 지었다. 1995년 상반기 안에 부품업체 선정을 마무리하고, 신생 자동차로써 살아남기 위해 일본 닛산과 제휴를 통해 해외 부품업체와의 자본합작과 영국 로터스사 등의 해외 연구개발 R&D 업체 인수작업과 기술공유를 통해 기술획득을 추구해 나갔다. 하지만 1997년 IMF 외환위기를 맞게 되면서 삼성그룹 또한 타격을 입게 되었고, 이때 추진하고 있었던 신규 산업을 보류하고, 기존 주력 사업까지 투자를 대폭 축소하게 되면서, 2번째 공장 착공을 연기하게 되었다. 결국 1999년 말 아시아시장에 관심이 있던 미국, 유럽의 자동차기업들이 관심을 표했고, 외환위기로 인해 유동성 측면에서 부실한 지급 능력과 신용도 그리고 빈약한 유동성 상황을 확인할 수 있었다. 또한 1995년 법인이 설립된 이후에도 지속해서 영업적자를 기록했으며 재무적인 어려움을 겪었다. 결국 4차 매각협상을 통해 2000년 4월 27일 프랑스 르노는 삼성자동차를 공식적으로 인수하게 되었으며 르노삼성자동차가 출범하게 되었다.[32)]

31) 부경대학교, 국제기업과경영환경, 하민주, 수업과제를 참고하였음.

32) 르노의 역사 https://blog.naver.com/auto1985/80023977905

르노삼성자동차의 인수 후 시너지 효과

르노삼성자동차가 출범하게 되면서 한국에서 인지도가 없었던 르노는 르노삼성이라는 타이틀을 달고 초기에 운영되었기 때문에 프랑스 기업이라는 단점을 극복해 국내시장 진입뿐만 아니라 글로벌 기업으로 진출하는데 이점이 있었다. 국내 자동차시장 점유율에서 높은 편은 아니지만, 틈새시장인 중형차시장을 공략했고, 중형차시장에서 29% 이상의 시장점유율을 기록하게 되었다. 또한 합병 후 비약적인 매출성장을 이루어냈으며, SM5는 소비자로부터 가격 대비 좋은 차로 인정받게 되었다. 이후 지속적 성장세와 국내 타 기업의 중형차들과의 차별성을 두기 위해 광고 전략을 바꾸었다. 내구성이 좋으면서 합리적인 생각의 감각적인 소비자들이 선택하는 차라는 문구를 사용해 많은 구매로 이어졌다. 2000년 르노삼성자동차 출범 이후 2,573명이던 임직원은 5,591명으로 배 이상 늘었고, 매출액도 1,784억 6,000만 원에서 2009년 3조 6,561억 2,000만 원으로 무려 20배 넘게 증가했다. 차량 생산량도 2000년 1만 4,157대에서 2009년 19만 120대로 증가했으며, 신차 출시 효과 등에 힘입어 월 2만 3,000대를 생산해 연간 25만 대 수준을 넘어설 것으로 예상될 만큼 성공가도를 달리고 있었다. 김 교수는 "르노삼성자동차가 재출발 10년 만에 부산을 대표하는 기업으로 성장했지만, 지역경제에 회생을 가져다줄 획기적인 역할에서는 부족한 부분이 없지 않다"라며 사람들이 르노삼성자동차에 거는 기대는 아주 컸고 많은 시너지 효과를 보여주고 있었다.[33)]

르노삼성자동차의 영업실적

그러나 2012년부터 2013년까지 판매 부진에 시달리다 2013년 판매량에서 국내 자동차 제작사 중 최하위를 기록했다. 내수 60,027대, 수출 70,983대 등 총 131,010대를 판매했지만, 쌍용자동차는 내수 63,970대, 수출 81,679대 등 총 145,649대를 판매했다. 이렇게 판매 부진을 겪으면서 지난 2011년 2천149억 원, 2012년 1천720억 원 등 2년 동안 연속 2천억 원 안팎의 영업적자를 기록한 바 있다.

르노삼성은 판매 부진에 따라 연초부터 부정기적으로 공장 가동을 멈추거나 잔업을 없애는 방식으로 생산량을 조절해 나가면서 예상 생산량을 줄여나갔다. 글로벌 경기침체와 내수시장의 감소가 해소되면서 부산공장에서의 잔업을 재개하고 그 후 다시 새로운 신차들을 출시해 흑자와 적자를 반복하다 2016년 다시 매출 3조 3,000억 원, 영업이

---

33) 르노삼성자동차, 출범 10년 만에 '부산 1위 기업', 파이낸셜뉴스.
https://n.news.naver.com/article/014/0002331725

그림 6-6 르노삼성 부산공장 생산 현황 · 예상

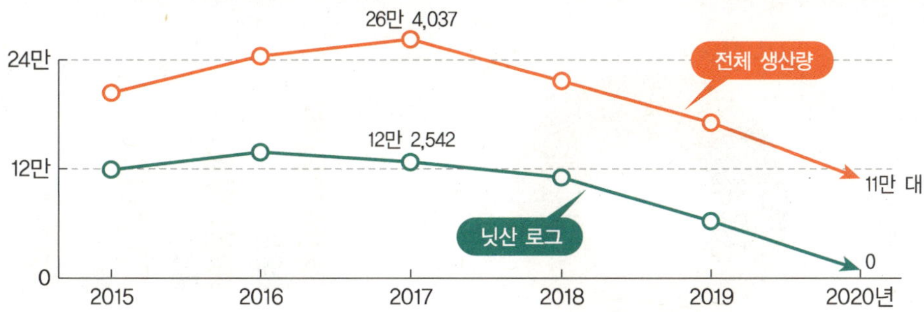

* 2019년부터는 추정치

익 445억 원을 달성하며 성공한 영업실적을 발표하게 되었다. 하지만 그 이후 여러 가지 결함들과 노사의 임금 협상과 희망퇴직 같은 파업의 문제가 발생했고, 이러한 문제들 때문에 생산물량을 증가시키는데 여러 가지 문제가 발생되었다. 또한 2019년 10월 노조는 52차례 210시간 파업을 벌였고, 2,352억 원 매출 손실을 냈다. 이로써 1차 부품사만 260여 개, 인력 5만여 명에 달하는 협력사들에 타격을 주었고, 생산량 하락과 매출 손실이 일어났다. 결과적으로 경영실적은 악화하였고, 2020년 기준 800억 원의 영업손실이 발생했다. 또 다른 적자 발생 이유에는 수출 물량 급감으로 인한 자동차공장 가동률이 저하되었기 때문이다.

르노코리아자동차의 현황

이러한 상황에서 르노는 굳이 삼성 브랜드 사용료(400억~500억)를 지출해 삼성 브랜드를 사용해야 하는지에 대한 의문이 들었고, 르노삼성 지분 19.9%를 보유한 삼성카드의 지분 전량을 재무적 투자자들을 통해 매각했다. 따라서 2023년부터는 르노삼성에서 삼성을 뺀 르노로 다시 출범하게 될 것이라고 한다.[34] 삼성의 이름이 빠진다고 해서 국내 영업을 하지 않을 것은 아니겠지만 흑자 전환을 위해 내부 경영의 쇄신이 필요했기 때문이다. 국내 생산의 이점을 살려서 르노 본사에서는 지원 강화는 물론 노사관계와 자동차 결함 문제들을 바로바로 해결할 수 있는 체계를 구축하는 것이 무엇보다 필요하다. 현재 르노코리아자동차의 임직원에 대한 처우가 지속해서 악화하고 있고 1인당 평균 급여가

34) 삼성, 르노삼성과 결별… 지분 완전 정리, 한국경제 https://n.news.naver.com/article/015/0004593321

그림 6-7 르노삼성자동차 주주 구성과 실적

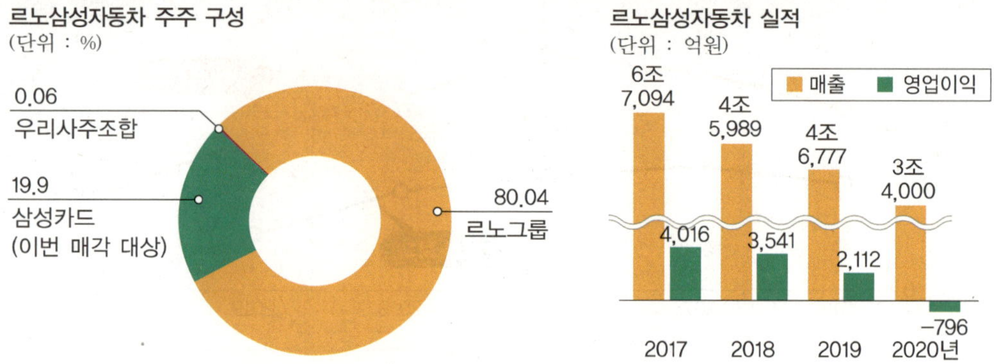

지속해서 하락하여 5,700만 원까지 떨어진 것으로 볼 때 희망퇴직으로 인한 일손 부족 현상이 계속될 것으로 생각된다.[35)]

35) 르노코리아, 직원 처우 갈수록 후퇴, 급여 줄고 업무 강도 높고
http://www.sisaon.co.kr/news/articleView.html?idxno=138573

CASE

67 현대자동차

주제 / 루트모형

현대자동차의 해외 진출에 따른 주요 과정을 루트의 진입방식 모형에서 살펴보자. 회사설립 후 서둘러 자동차 생산에 들어간 현대자동차는 1968년 2월에 포드사와 기술제휴 및 조립계약을 체결하여 자동차생산 가동에 들어가게 되었다. 그러나 다국적기업들의 합작투자 협상을 통해 배타적 조건 제시를 꺼렸고, 또한 자립정신과 훗날 세계시장에 진출하겠다는 개척정신에 입각해 독자적인 투자를 결정하게 되었다. 포드와의 사업추진이 허사로 돌아가자 이탈리아 디자이너 쥬지아로에게 스타일링을 맡겨 한국형 승용차 '포니'의 개발에 성공하였다.

1974년 10월 제55회 토리노 모터쇼에서 성공적으로 데뷔함으로써 국산 고유모델 시대를 열었다. 포니는 1975년 12월 생산에 들어가 1976년 2월 울산공장에서 첫 출고되었다. 판매 첫 해에 1만 726대가 팔려나가 국내 승용차시장 점유율 43.6%를 차지하면서 단번에 최고 인기차로 떠올랐다. 그해 7월 국산승용차로선 처음으로 에콰도르에 6대가 수출됐다. '포니'의 해외 진출은 선진외국의 자동차와 경쟁 속에서만 제품을 개선하고 기술을 향상시킬 수 있다는 믿음과 자동차산업에 대한 경영층의 자립정신, 좁은 국내시장을 벗어나 국제시장을 무대로 해야 장기적인 승산이 가능하다는 믿음으로 해외로 나가게 되었다.

현대자동차는 직접수출을 통해 좀 더 통제력을 유지하고 해외경험 축적을 위해 현지에 직접 법인을 설립하게 된다. 대규모 자동차시장이 형성되어 있는 북미지역을 집중 공략하기 위해 캐나다와 미국을 중심으로 현지법인을 설립했다. 즉, 1983년 2월 캐나다 현지법인(HAC) 설립, 1985년 2월 미국 현지법인(HMA)을 설립하여 직접수출이 가능해졌다.

그 후 현대자동차는 해외직접투자를 시도하였으나 실패로 돌아갔으며(1989년 7월 캐나다 브르몽공장 준공 실패), 1989년 9월에는 미국 현지 할부금융회사(HMFC)를 설립하였다. 확실한 시장 확보가 되지 않은 상태에서 조기에 위험이 큰 해외직접투자(FDI)를 시도하여 결국 실패하였던 것이다. 또한 저렴한 노동력을 확보하고 원자재의 가격이 저렴한 국가로의 진출이 아닌 선진국으로 진출했기 때문에 실패한 것이다. 또한 북미시장에서의 품질경쟁은 현대자동차의 예상보다 훨씬 치열한 점도 실패의 한 원인이 되었다. 다시 말해 품질경쟁에 아직 우위를 가지지 못한 현대자동차는 높은 단계의 진출방식으로 진입하기에는 역부족이었던 것이다.

품질의 향상으로 핵심역량을 강화한 현대자동차는 1995~1998년 터키합작 공작 기공의 합작투자가 이루어졌고 인도네시아 CKD공장, 이집트공장 가동, 터키공장 준공, 인도공장(1996년 12월)을 준공하였다. 현대자동차는 1995년 1월 이집트공장과 4월에 필리핀에 CKD 승용차 조립공장을 건설함으로써 자동차 수요가 급증하고 있는 중동, 아프리카 지역의 안정적 수출전진기지를 확보하였다. 유럽 등지에도 생산거점을 추가확보하여 글로벌 생산 시스템 구축을 가속화하였다. 또한 1996년 12월 인도 남부 타밀나두주 첸나이(Chennai)에 위치하고 있는 현대자동차 인도공장은 현대자동차가 65만 평의 부지에 총 9천억 원을 투입해 건설한 자족형 종합 자동차공장으로서 상트로(국내명 : 비스토), 엑센트(국내명 : 베르나), 쏘나타 등 3가지 차종을 생산하고 있다. 인도시장에 진출한 다른 선진메이커와는 달리 자족형 종합 자동차공장을 선택한 현대자동차는 급변하는 현지시장상황에 신속하고 능동적인 대처를 위해 100%의 단독투자를 결정하였다. 최근에는 2005년 5월 현대차 앨라배마공장을 준공하였다.

이상 살펴본 개괄적인 현대자동차의 해외 진출을 루트의 모형을 적용하여 분석하면 아래 그림과 같다.

그림 6-8 현대자동차의 루트모형 적용

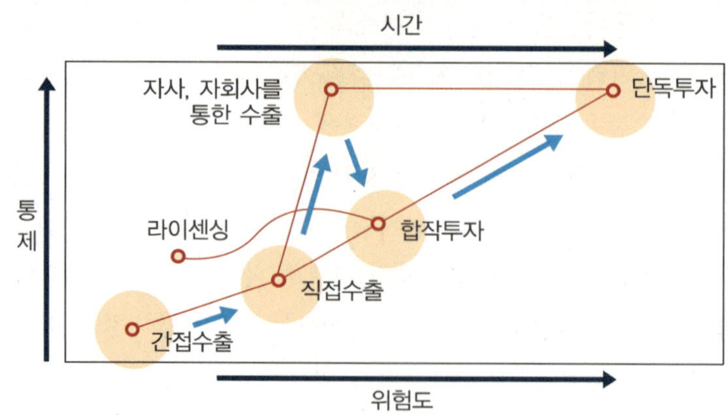

CASE 68

아모레퍼시픽

주제 / 루트모형

아모레퍼시픽(구 태평양)은 한국의 대표 화장품 업체이다. 1945년 화장품 사업을 시작한 이래로 대한민국 화장품시장의 대표 브랜드로 자리잡았다. 그러나 1986년 화장품 전 품목의 수입자유화 이후, 해외 브랜드의 적극적인 국내시장 진출과 국내 소비자들의 고급 소비 확산의 영향으로 화장품의 외국 브랜드 선호 경향이 나타나기 시작했다. 그 결과 화장품시장의 해외 브랜드 비중이 점점 높아지면서 태평양의 시장점유율을 잠식하기 시작했다. 태평양은 이러한 상황을 타개하기 위해 적극적인 해외시장 개척에 나섰다. 1982년 홍콩 지사 설립을 시작으로 LA 및 캐나다, 홍콩, 대만 등지에 현지법인을 세웠다. 그리고 1990년에는 프랑스 현지법인을 설립하기에 이른다. 프랑스시장 진출은 화장품시장의 선도 국가로의 진출이라는 데에서 의미가 크다.

아모레퍼시픽의 수출단계를 살펴보면 다음과 같다. 당시에는 정부의 외화관리 정책으로 인한 현실적인 제약을 극복하기 위해 해외사업 업무가 전개되던 시대였기 때문에 아모레퍼시픽은 해외수출에 눈을 돌리게 되었다. 그리하여 1967년 해외업무 전문화를 위하여 수출부와 외자부를 확대 개편하였으며, 1964년 8월 오스카화장품 20여 종을 이디오피아에 수출, 1970년 태국으로 수출 등을 시작하였다. 그 후 아모레퍼시픽은 1971년 도쿄, 뉴욕, 프랑크푸르트에 지사를 설립, 1982년 홍콩지사를 설립하는 등 세계 주요 중심지에 지사를 설립하게 된다. 이렇게 지속적인 수출의 확대로 1977년에는 수출과 수입이 균형을 이루게 되고 1980년 1,000만 달러 수출을 달성하였다.

1990년 9월 프랑스에 현지법인(P.B.S)을 설립한 아모레퍼시픽은 1992년 현지공장을 활용한 생산 및 마케팅 활동을 시작하였다. 디자이너 브랜드와의 라이센싱 및 선진 마케팅 자원을 아웃소싱하였으며 이러한 노력으로 세계적인 성공을 거두고 있는 '롤리타 렘피

그림 6-9 아모레퍼시픽의 루트모형 적용

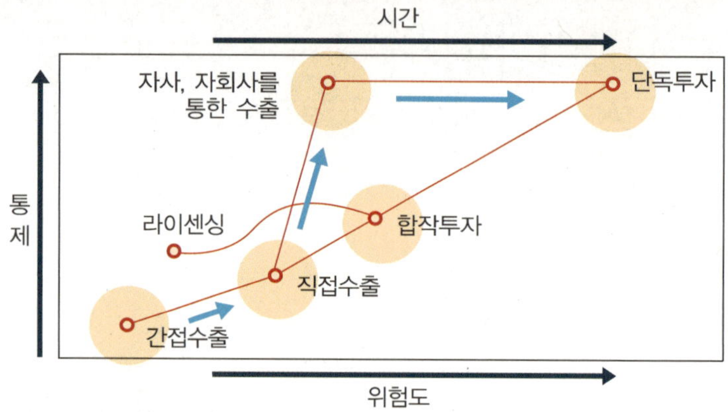

카'가 탄생하게 되었다. 아모레퍼시픽 프랑스 현지법인(Parfums Beaute deSuh : P.B.S)은 유럽의 중심부를 겨냥하고 만든 아모레퍼시픽의 글로벌 전략의 핵심이다. 화장품의 본고장 프랑스에 상륙하여 철저한 현지화 전략을 바탕으로 '현지생산 및 글로벌 브랜드 전략'을 추구하였다.

2002년 상하이공장 준공, 2004년 프랑스 현지법인 샤르트르공장 준공 등 본격적인 해외직접투자를 시작하였다. 중국에서는 상하이공장 준공 이전까지는 대리상을 통해 북경 등지에 수입 판매되었으나 상해 현지생산을 통해 본격적인 사업을 전개하기 시작하였다. 프랑스는 화장품의 본고장으로서 글로벌 기업으로 탄생하기 위해 반드시 테스트를 거쳐야 할 경쟁 무대이다. 이에 아모레퍼시픽 프랑스 현지법인은 롤리타 렘피카의 성공에 힘입어 초현대식 설비와 대규모의 생산시설을 갖춘 현대식 공장을 준공하였다. 렘피카 카스텔바작 등 프랑스 사업의 재도약을 목표로 한 것이며, 브랜드 이미지가 중요한 화장품시장의 특성상 프랑스 진출은 Made in France 원산지 효과를 노리는 전략이었다.

지금까지 살펴본 바와 같이 대부분의 기업들은 루트의 모형에서 주장하는 바와 같이 다국적기업의 해외 진출방식은 위험이 낮은 단계에서 점진적으로 높은 단계로 진행되어 가는 모습을 찾아볼 수 있다. 이것은 대부분의 기업은 위험이 적은 것부터 시작하여 현지에서 성공하면 현지에서의 경험과 성공을 기반으로 다음 단계로 진행해 나가기 때문이다. 물론 루트모형에서 제시된 모든 진출방식을 순서대로 밟고 가지는 않음을 알 수 있다. 기업 및 제품의 특성에 따라 특정 진입방식은 건너뛰기도 하지만 전체적으로는 점진적 진행과정을 거치고 있었다.

글 | 로 | 벌 | 산 | 책

6 글로벌 대학 이야기 : 미네르바 대학교

미네르바 대학교는 벤처 창업가 벤 넬슨이 기업 투자를 받아 2014년 개교한 대학이다. 캠퍼스가 없고, 학생들은 샌프란시스코 · 베를린 · 런던 · 부에노스아이레스 · 타이페이 · 서울 · 하이데라바드 등 전 세계 7국 도시를 돌아다니면서 수업은 온라인으로 듣는 교육과정으로 주목받았다. 졸업생들은 구글 · 아마존 등 우수 기업에서 데려가고, 매년 입학 경쟁률은 100 대 1에 달해 '하버드보다 가기 힘든 학교'로 불린다.[36)]

Minerva University
미네르바 대학교

재학생	학부	618명(2021년)
	대학원	17명(2020년 입학)
	졸업생	약 400명(2021년)
교직원		149명(2022년)
합격률		≤ 1%(2020년)

미네르바 대학교 – 나무위키(namu.wiki), https://namu.wiki/w/%EB%AF%B8%EB%84%A4%EB%A5%B4%EB%B0%94%20%EB%8C%80%ED%95%99%EA%B5%90?from=%EB%AF%B8%EB%84%A4%EB%A5%B4%EB%B0%94%20%EC%8A%A4%EC%BF%A8 발취

36) https://www.chosun.com/national/education/2022/08/17/7KDAIX3PVZBFJFAYM5U2NSUSAE/?utm_source=naver&utm_medium=referral&utm_campaign=naver-news에서 발췌

CHAPTER

07

해외직접투자이론

기업의 해외직접투자 현상을 체계적으로 설명하는 것이 해외직접투자이론이다. 본장에서는 다양한 해외직접투자이론 중에서 독점적 우위이론, 더닝의 절충이론, 과점적 경쟁이론을 중심으로 글로벌 기업의 해외직접투자 현황 및 동기, 결과들에 대한 사례를 분석하고자 한다.

주요내용과 사례

글로벌 기업이 왜 해외에 진출하는지, 어느 지역에 어느 방식으로 진출하는지를 이론적으로 설명하는 것이 해외직접투자이론이다. 다양한 이론 중에서 본 장에서는 독점적 우위이론, 더닝의 절충이론, 그리고 과점적 경쟁이론을 중심으로 살펴보기로 하자.

CASE **069**
현대자동차 인도 진출

CASE **070**
SCK COMPANY
(구 스타벅스코리아)

독점적 우위이론

독점적 우위이론 CASE 069~070 은 다국적기업의 해외직접투자는 독점적 우위를 확보하고 있는 다국적기업이 이를 활용하여 이윤극대화를 꾀하기 위해 해외 투자를 하면서 발생한다고 설명하고 있다. 해외직접투자의 동기를 설명해주고 있는 이 독점적 우위이론은 기업이 외국에 진출시 필연적으로 발생되는 외국비용을 상쇄할 수 있는 뛰어난 독점적 우위요소가 있어야만 해외 투자가 가능하다고 주장하고 있다. 여기서 외국비용(Cost of Foreigness)이란 해외 투자시 진출기업이 현지에서 외국기업이기 때문에 겪게 되는 제반의 불리한 점을 통틀어 일컫는 말이다. 해외 투자기업이 현지에서 불리함을 갖는 이유는 통신과 수송에 관련된 추가경비, 언어, 문화상의 차이, 소비자의 현지기업이나 제품에 대한 좋은 이미지 선호 등 다양한 요인들이 있다. 기업의 주요 독점적 우위요소로는 다음과 같다.

표 7-1 독점적 우위의 요인

요인	구체적인 예
제품시장의 불완전성	제품차별화, 특수한 마케팅기술, 재판매가격유지제도, 관리가격 등
요소시장의 불완전성	특허 및 비공개기술, 기술획득 및 자본조달상의 우위, 경영자능력의 차이 등
규모의 경제	수직적 통합요인으로서 외부경제, 수평적 통합요인으로서의 내부경제 등
정부의 규제	조세 및 관세, 금리 및 환율정책, 특정 산업의 수출입규제 등

* C.p. Kindleberger, 1969.

더닝의 절충이론

더닝의 절충이론 CASE 071~072은 진출기업이 기업특유의 우위(Ownership Advantage), 내부화 우위(Internalization Advantage), 장소특유의 우위(Location-specific Advantage)를 갖추고 있을 때 성공적인 해외직접투자가 이루어질 수 있다는 것이다.

① **기업특유의 우위** : 기업이 갖고 있는 핵심역량으로 일정기간 동안 배타적으로 사용할 수 있는 자산을 말한다. 즉 인력, 자본, 자원과 같이 물리적인 자산뿐만 아니라, 기술, 정보, 경영기술, 마케팅기술, 조직 시스템 등 보이지 않는 자산까지 포함한다.

② **내부화 우위** : 기업이 기업특유의 우위요소를 현지기업에 판매하는 것보다 이를 직접 기업에서 내부화하여 이용함으로써 얻는 이익이 더 크다는 것을 의미한다. 보다 구체적으로 내부화이론이란 시장의 불완전성(Market Imperfection)에 의해 기업은 수출, 라이센싱보다 해외직접투자를 선택한다는 이론이다.

③ **장소특유의 우위** : 위의 요소들을 현지국의 생산요소와 결합하여 이용할 때 그 이익이 커진다는 것을 의미한다. 즉 특정 지역의 천연자원, 노동력과 같은 물리적인 자원과 함께, 정부규제, 국가문화, 기업환경 등과 같은 보이지 않는 자원들은 기업경영에 혜택을 준다. 기업은 이러한 혜택을 이용하기 위해서 해외직접투자를 하게 된다. 가령, 기업이 싸고 질 좋은 노동력을 이용하기 위해서 중국에 자사의 생산기반을 마련하는 것, 용이한 정보획득을 위해 실리콘밸리에 연구소를 설립하는 이유 등이 모두 장소특유의 우위와 연관되어 있다.

CASE 071
오리온 초코파이의 중국 진출

CASE 072
미원의 인도네시아 진출

과점적 경쟁이론

과점적 경쟁이론 CASE 073~075이란 소수의 기업들이 경쟁하는 상황에서 한 기업이 해외로 진출하면, 다른 경쟁기업들이 경쟁적으로 해외직접투자를 수행하는 현상을 설명하는 이론이다. 즉 과점산업에 있어서는 차별화된 제품이나 동일제품을 취급하는 몇몇 소수 거대기업들이 시장을 완전히 지배하고 있기 때문에 해외직접투자는 경쟁기업의 행위에 민감한 반응을 보이게 된다. 따라서 과점기업이 해외에 진출하여 경쟁우위를 확보하려고 한다면 경쟁기업은 향후 자기기업에게 미치는 부정적인 영향을 방지하기 위해 선도기업의 행위(해외직접투자)를 따라하게 되는 투자를 하게 된다. 과점적 경쟁이론은 후발주자의 해외직접투자 현상은 설명할 수 있으나 최초 선도기업의 행위(해외직접투자)에 대해서는 설명을 하지 못하는 단점이 있다.

CASE 073
코카콜라와 펩시의 해외 진출

CASE 074
맥도날드와 버거킹의 해외 진출

CASE 075
삼성전자와 LG전자의 해외 진출

CASE

69 현대자동차의 인도 진출

주제 / 독점적 우위이론

인도는 1991년 '경제자유화' 발표 이후 자동차시장이 개방되면서 세계적인 자동차회사들이 진출했다. 1995년 현대자동차는 인도시장에서는 유례없이 100% 단독출자로 인도시장 진출을 결정했다. 엔진과 변속기공장을 지어 기술이전의 노력을 기울이겠다는 현대자동차의 의지를 인도 정부가 적극 수용한 결과이다. 1996년 5월 인도 타밀라두 첸나이 지역에 단독법인 HMI(Hyundai Motor India)를 설립하고 4억 달러를 투자하여 1998년 5월 공장을 완공하였다. 이어서 1998년 10월 상트로를 생산하기 시작하여 2001년 6월 총 20만 대 생산을 기록하였다. 그 결과 상트로는 소형차시장의 25%를 차지하여 2000년 6월부터 판매 1위를 고수하였다. 그렇다면 이러한 성공적인 현대자동차의 인도시장 진출을 독점적 우위이론으로 어떻게 설명할 수 있을까?

우선 외국비용은 현대가 아직 경험하지 못한 인도시장에 진출하는 외국기업으로서 겪게 되는 전반적인 불리함을 의미한다. 따라서 현지진출 다국적기업은 현지기업에 유리한 경제, 사회, 법률, 관습, 교통 및 통신비용, 공공기관으로부터 받는 차별대우, 현지국 사정에 대한 지식부족 등등 현지기업이 부담하지 않는 추가비용을 지불하여야 한다. 따라서 이러한 추가비용을 지불하고 불리함을 충분히 극복할 수 있는 독점적 우위가 있어야 해외직접투자가 가능하게 되는 것이다.

그렇다면 현대자동차의 경우 어떠한 외국비용이 발생했을까? 우선 소비자 기호의 차이를 들 수 있다. 우선 인도 소비자들은 아토스의 뒷모습을 부정적으로 인식하고 있었다. 또한 현지인들의 거친 습관은 부품수명을 단축시켰고 경적 또한 빈번하게 사용하는 운전습관을 가지고 있었다. 또한 현대의 진출 당시의 낮은 브랜드 인지도를 들 수 있다.

현지인들은 처음 현대(Hyundai)를 대할 때 혼다(Honda)로 오해하는 경우가 많았다. 기후 또한 40°를 오르내리는 더운 날씨에다 90%가 넘는 습한 날씨는 많은 어려움을 안겨주었다. 또한 인프라는 열악하고 특히 전기사정이 좋지 않을 뿐만 아니라 비포장도로가 많고, 연료의 질도 상당히 낮아 강한 성능의 자동차를 요구하고 있었다.

Drive Mein Junoon with Artjit Singh 광고 메이킹 필름에서 인터뷰에 참여하는 현대자동차 인도법인 마케팅 책임자 Puneet Anand
출처 : https://young.hyundai.com/magazine/motors/detail.do?seq=16393, 2022.9.29. 접속
https://youtu.be/e1wNVRyR06o

이러한 외국비용을 극복할 수 있는 현대자동차의 독점적 우위요소로는, 첫째 국내외에서 소형차동차에 대한 저가생산 및 디자인 능력을 들 수 있다. 이러한 소형차시장에서의 오랜 경험은 인도의 Tata 자동차회사나 현대보다 앞서 인도에 진출한 포드와 스즈끼에 대한 후발진출자로서 가질 수 있는 불리함을 극복할 수 있었을 것이다. 현지인들의 수요를 반영하기 위해 1998년 아토즈를 기반으로 인도인의 취향에 맞게 변경한 모델인 쌍트로를 제작 생산하여 큰 인기를 끌면서 인도 소형차 부문 판매 1위에 올랐다. 고온다습한 기후에 맞게 에어컨을 기본 장착하고, 비포장도로가 많은 점을 감안해 차체 지상고를 높인 것이 주효했다.

둘째, 현대자동차의 건전한 기업시민(Good Corporate Citizen) 활동이다. 현대는 인도 사회에 공헌하고 있다는 좋은 기업 이미지를 심어주기 위해서 각종 사회활동에 적극적으로 참여했다. 인도 · 파키스탄 전쟁과 서부 인도에서 발생한 지진 등에 관련된 기부 행사에 참여하고 공장 주변 의료봉사활동과 학교지원 등 기존에는 찾아보기 힘들었던 독특한 행사를 실시하였다. 이러한 노력의 결과 인도 국민들로부터 좋은 반응을 이끌어냈다. 뿐만 아니라 현대자동차는 공해검사 캠페인(Pollution Check-Up Campaign) 스티커를 고객들에게 나누어주는 등 환경보호운동을 적극적으로 실시하였다. 이를 통해 단순히 제품생산이나 이익추구의 차원을 넘어서 환경과 공익을 생각하는 기업의 이미지를 만들어내고자 노력했다.

샤룩 칸이 등장하는 그랜드 i10 광고
출처 : https://young.hyundai.com/hyundai/special/detail.do?seq=17840, 2022.9.29. 접속
https://youtu.be/3e1rc3Hi4BE

셋째, 마케팅의 현지화 능력이다. 현대자동차는 후발주자였기 때문에 경쟁사에 비해 브랜드 인지도 측면에서 불리한 점을 가지고 있었다. 따라서 광고의 초점을 현대자동차라는 기업과 제품의 브랜드 인지도 향상에 두었다. 종교적인 특성으로 인해 인도인에게 있어서 영화는 국민들의 욕구 해소를 위한 거의 유일한 방법이라고 할 수 있을 정도로 그 영향력이 굉장하다. 매년 1,000편 이상의 영화가 제작되고 있다는 사실을 통해서도 인도인들의 영화에 대한 관심도를 알 수 있다. 현대는 영화가 인도인들에게 이토록 커다란 영향을 주고 있다는 측면에 착안하여 현지에서 최고의 영화배우로 평가받는 샤룩 칸을 섭외하고 그를 중심으로 스타 마케팅을 펼쳐나가기 시작했다. 인도에서는 최초로 총 6편으로 이루어진 시리즈 형태의 영화식 CF를 제작·방영함으로써 인도 내에서 커다란 호응을 불러일으킬 수 있었다. 그리고 성공적인 프로모션 전략을 통해 짧은 시간에 인지도를 급격히 향상시킬 수 있었다.

결국 외국비용의 발생에도 불구하고 현대자동차가 지니고 있는 독점적 우위는 이러한 불리함을 충분히 극복할 수 있었기 때문에 해외직접투자를 통한 인도 진출이 가능했다고 볼 수 있다.

CASE 70 SCK COMPANY (구 스타벅스코리아)

주제 / 독점적 우위이론

스타벅스는 1999년 7월 27일 이화여자대학교 앞에 생긴 1호점인 이대점을 시작으로 2004년 100호점을 오픈했다. 2003년 이후 매장수가 급증해 2007년 200호점, 2009년 300호점, 2011년 400호점, 2012년 500호점을 오픈했으며, 2014년에 대한민국 진출 15주년을 맞았다. 2014년 7월 말 기준 매장수는 680호점을 돌파. 2016년 12월에는 한국 스타벅스 1,000호점 청담 스타 R점이 생겼다. 2022년 기준 국내 매장수는 약 1,700여 개다. 한국에서 커피 가격의 척도가 될 만한 카페 아메리카노는 3,000원(1999년)으로 시작해, 3,300원(2005년), 3,600원(2010년), 3,900원(2012년), 4,100원(2014년), 4,500원(2022년)으로 인상됐다.

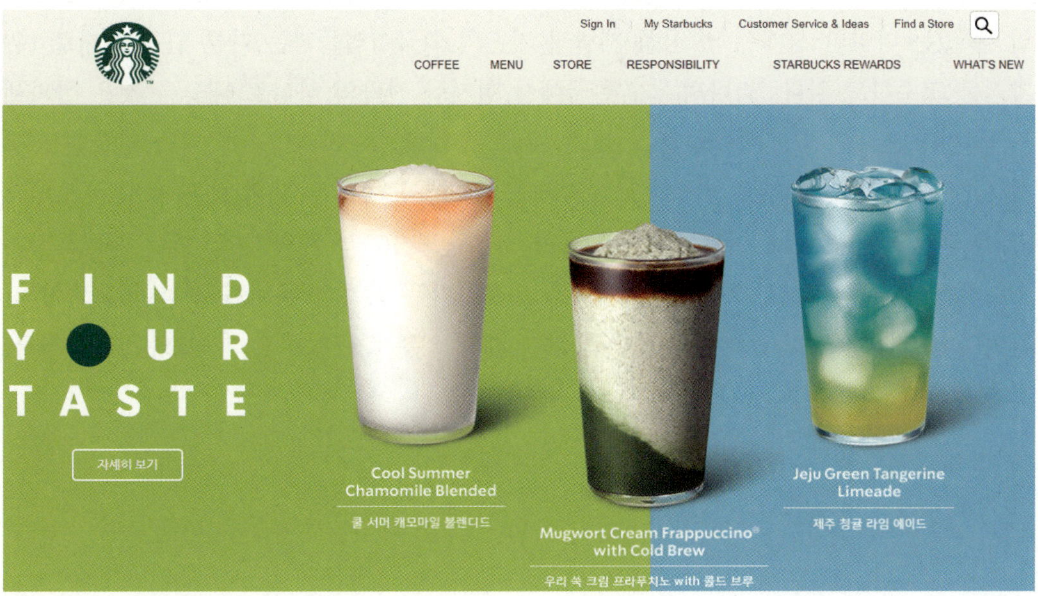

출처 : www.starbucks.co.kr

신세계그룹은 계열사인 이마트와 스타벅스 미국 본사의 Starbucks Coffee International, Inc.이 주식을 각각 50%씩 소유하고 있는 합작회사인 스타벅스커피코리아를 운영하고 있었으나, 2021년 7월 27일 계약만료 시점에서 미국 본사 지분을 각각 17.5%를 이마트가, 32.50%를 싱가포르투자청이 인수하게 되었다.

미국 본사에 매출의 5%를 로열티로 지급하는 것, 원두 구매, 매장 인테리어 협업, 글로벌 상품의 출시 등 스타벅스 본사와 협업은 계속될 예정이다. 스타벅스코리아라는 법인명 또한 변경되었는데 최초 계약상 본사의 지분이 없으면 스타벅스의 이름을 사용하지 못하게 되어 현재의 SCK COMPANY Co. Ltd. 이름으로 변경했다.[1)]

스타벅스가 한국에서 성공한 요인은 무엇일까? 첫 번째는 브랜드 이미지다. 한국의 커피시장과 독특한 한국 소비자들의 정서와 연결지을 수 있다. 특히 프리미엄 커피의 주요 타깃인 한국의 젊은 여성 소비자들은 자신의 능력보다 더 높은 수준의 제품을 구매하는 트레이딩업 현상이 심한 현상을 보여, 한때 사회적으로 된장녀 논란을 일으키기도 하였다. 스타벅스의 프리미엄 가격정책 이면에는 이러한 두터운 핵심고객층에 대한 믿음이 바탕일 것이라는 것이다. 즉, "고가의 커피를 소비한다"라는 새로운 이미지를 창출하고 있다.

두 번째 성공 요인은 현지화 능력이다. 기존 표준화되어 있던 스타벅스만의 이미지를 고수하기보다는 한국인의 취향과 기호를 철저히 분석하였다. 이를 통해 고객을 끌어들일 수 있는 다양한 신메뉴 및 상품 개발과 기존의 외국기업들과는 다른 입점 형태로 1위 자리를 고수하고 있다. 스타벅스가 한국에서 현지화 전략의 하나로 내놓은 것은 한과세트, 훈민정음 머그잔, 각종 떡 종류, 전통 음료 등이 있다. 스타벅스가 처음 입점했을 당시 미국 본사와 달리 대형 매장으로 출발하였다. 본사 미국 매장은 보통 30평 규모였지만 한국은 80~100평에 이르는 대규모에다 좌석수도 100석에 달했다. 이는 한국시장의 소비자들은 좁은 매장보다는 대형 매장을 선호한다는 독특한 문화를 생각한 고도의 전략이다. 또한 한국의 좌석 문화에 맞춰 좌식 매장 위주로 구성한 스타벅스는 '만남의 장소'로써 스타벅스를 알렸다.

---

1) https://namu.wiki/w/%EC%8A%A4%ED%83%80%EB%B2%85%EC%8A%A4/%ED%95%9C%EA%B5%AD

CASE 71 오리온 초코파이의 중국 진출

주제 / 더닝의 절충이론

오리온 초코파이는 1995년 중국시장에 대한 투자 타당성을 검토한 후 같은해 12월에 중국시장에 대한 직접투자에 들어갔다. 1,400만 달러를 투자하여 중국 하북성 랑팡경제기술개발구에 오리온식품유한공사(好麗友食品有限公司 Orion FoodCo., Ltd)라는 현지법인을 설립하였다. 이러한 오리온 초코파이의 중국 진출을 더닝의 절충이론으로 설명이 가능할까?

그림 7-1 해외법인공장 소재지

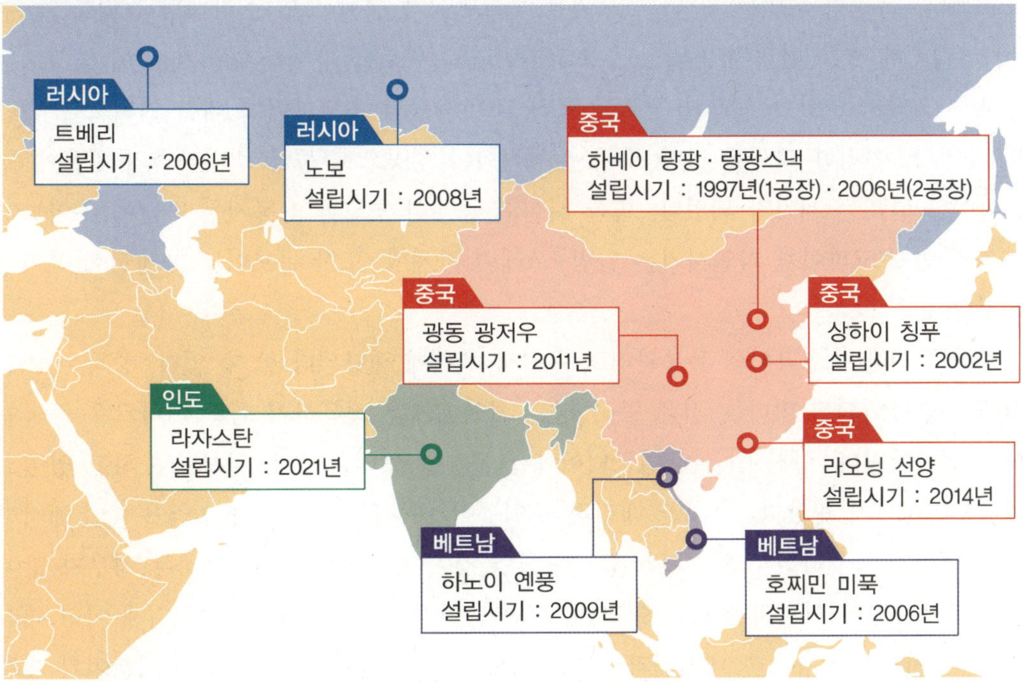

출처 : https://magazine.hankyung.com/business/article/202102014545b

우선 오리온의 독점적 우위로 제품차별화 능력을 들 수 있다. 오리온 초코파이가 한창 인기를 끌게 되자 50여 개의 초코파이 모방제품이 쏟아져 나왔다. 하지만 그 맛은 오리온 초코파이에 미치지는 못하였다. 또한 현지에 공장을 설립한 후에 무엇보다 현지재료를 이용해 한국에서와 똑같은 맛을 내는 일이었다. 그러나 재료가 조금만 변해도 형태마저 나오지 않는 것이 파이이기 때문에 쉬운 일이 아니었다. 따라서 적당한 재료들을 선택하여 그에 적합한 정확한 요리 구성표를 마련하는 것이 필요한데 밀가루에서 모양을 좌우하는 것은 전분 강도, 맛을 결정하는 것은 단백질 강도다. 이것이 적정수준에 맞아야 제대로 된 파이생산이 가능했다. 그런데 중국에서 보내온 밀가루는 현지생산이 불가능하다는 판단이 될 정도로 형편이 없었다. 우선 연구원들은 각종 중국산 밀가루로 비스켓을 만들었지만, 모두 파이가 되어 보지도 못하고 폐기처분되고 말았다. 1997년 파이개발연구소에서는 다시 중국 현지에서 공수해온 중국산 밀가루를 검토해본 결과 초코파이를 만드는 데 적당한 밀가루는 없는 것으로 결론내렸다. 결국 점도가 다른 밀가루를 섞는 것이 해결책으로 보고 수많은 실험을 거듭했다. 그 결과 동북삼성의 밀가루와 랑팡지방의 밀가루를 섞는 것이 가장 효율적이라는 것을 발견함으로써 어떤 환경에서도 똑같은 형태와 맛을 지닌 초코파이를 만들어내게 되었다.

또 다른 독점적 우위는 그 당시 오리온 초코파이가 펼쳐 보였던 마케팅 능력을 들 수 있다. 당시에 별로 알려지지 않았던 초코파이라는 생소한 과자를 알리기 위해 당시로는 별로 시도되지 않았던 입간판 광고를 통해 소비자들의 초코파이에 대한 인지도를 상당히 높였다. 이러한 여세를 몰아 준비된 시식회의 성공으로 중국 소비자들의 마음에 초코파이를 알리는 계기가 되었다. 또한 시식회 중에서 초코파이 봉지를 바닥에 흩어놓아 다시 한번 초코파이를 각인시키는 일명 '쓰레기 마케팅' 또한 돋보이는 마케팅 전략이라 하겠다.

또한 오리온 초코파이의 유통관리도 독점적 우위에 해당된다 할 수 있다. 중국은 외상거래가 일반화되어 있다는 점은 중국 진출 기업에게는 적응하기 힘든 까다로운 중국인의 상관습이었다. 당시 선금이 입금되어야만 물건을 보내는 것을 원칙으로 하고 있었고 입금확인서까지 받았다. 하지만 대리점 주인들이 대금을 보낸 즉시 입금을 취소해버리는 편법까지 동원하면서 외상거래를 시도했던 것이다. 결국 수금을 못하는 경우가 많아 생산이 매출로 이어지지 못하는 어려움 있었다. 이러한 문제를 해결하기 위해 여러 대리점 중에 지역에서 중요한 대리점과 독점거래를 하는 것이었다. 인기 있는 제품이기 때문에 독점거래권을 얻게 된 대리점에게도 이익이 되는 것이었다. 결국 북경에 있는 영향력 있는 대리점과의 독점거래가 성사되면서 골칫거리인 수금문제를 해결할 수 있었다.

내부화 우위는 외부화(계약 방식) 방식으로 진출하는 것보다 내부화(해외직접투자)로 진입할 경우 얻게 되는 이점들을 말한다. 중국시장은 계획경제의 잔재가 완전히 사라지기 전에 이미 시장이 개방되어 모든 경쟁기업들이 동일한 출발선에서 경쟁을 해야 하는 상황이었다. 13억 명의 인구를 가진 중국 제과시장은 개혁 · 개방 덕분에 세계 글로벌 기업들에게 매력적인 시장으로 등장하였고 동시에 세계 모든 글로벌 기업의 경쟁의 각축장이 되었다. 현지 브랜드의 뚜렷한 성장 없이 단숨에 가장 치열한 경쟁시장으로 변해가고 있었다. 전 세계 30여 개국에서 중국시장에 진출하여 경쟁에서 살아남기 위해 전력투구하고 있는 상황이었다. 따라서 경쟁이 치열해지는 만큼 기술유출에 대한 부담을 가질 수밖에 없게 되었다. 또한 이미 진출한 다국적기업과의 계약방식을 위한 적합한 파트너를 찾기도 어려울 것이고 설령 있더라도 이들 기업과의 라이센싱을 통한 기술유출이 있을 경우 이제 막 성장하고 있는 중국 제과시장에서의 선점기회를 놓칠 수 있을 것이다. 또한 다농과 같은 글로벌 기업은 아직 글로벌 브랜드로서의 이미지가 높지 않은 오리온 초코파이의 독점적 우위를 그렇게 높게 평가하지도 않을 것이다. 더구나 중국 진출 초기인 오리온의 입장에서 파트너를 선정해서 협상을 준비하고 조율하는 것을 꺼렸을 것이다. 즉, 시장의 불완정성이 존재한다고 볼 수 있다. 따라서 이러한 불확실성을 회피하기 위해 (주)오리온은 다수지분의 직접투자 형태로 진출했다고 볼 수 있다.

장소특유의 우위로는 우선 13억 명이라는 거대시장의 잠재력과 개혁개방 이후의 시장의 성장 가능성을 들 수 있다. 특히 공장을 설립한 랑팡경제기술개발구는 인구 2,300만 명의 북경과 천진의 중간에 위치한 지역으로 제품 공급이 용이하고 북경, 천진이라는 고소득 대형 소비시장을 근거리에 두고 있었다. 따라서 생산과 판매가 유리한 입지적 요소를 갖추고 있었다. 또한 인구 1억 명의 하북성을 근거로 향후 상해시장으로 진출하기 위한 교두보이기도 한 지역이다. 강과 공항이 가깝고 과자를 굽는 데 필요한 LPG가스가 있는 랑팡은 최적의 입지였다고 볼 수 있다.

CASE 72 미원의 인도네시아 진출

주제 / 더닝의 절충이론

출처 : https://v.daum.net/v/5be402a1709b530001d27696

미원은 1971년 인도네시아에 진출하여 11년 만에 시장점유율 1위를 달성하여 인도네시아 조미료시장을 석권하였다. 정글에서 외딴섬까지 한반도의 9배가 넘는 국토 전역을 누비며 이룬 인도네시아 석권의 과정을 절충이론으로 설명해보자.

미원의 독점적 우위요소로는 현지화를 위한 다양한 마케팅 전략과 제품차별화 능력을 들 수 있다. 이미 시장에 진입해 있던 일본의 '아지노모도'와 중국의 '사사'의 시장점유율이 90%에 달했던 점을 보면 알 수 있듯이 인도네시아인들의 높은 고객충성도는 후발주자로서 미원의 시장진입이 결코 쉽지 않았다는 점을 보여준다. 첫 번째로 오지공략 마케팅이다. 밀림과 섬으로 이루어진 인도네시아의 지리적 특성으로 아지노모도와 사사 두 기업은 운송과 관리의 어려움 때문에 판매가 도시에 집중되어 있었다. 이 점을 포착한 미원은 지방과 오지를 공략하기로 하고 미원맨들이 직접 집집마다 방문하여 미원의 제품이 아지노모도와 사사제품과 같은 맛을 내거나 더 좋다는 것을 알리는 마케팅을 펼쳤다. 지방과 오지에서의 효과적인 판매를 위해 구매력은 약하지만 오지마을을 돌며 장사하는 소매상과 도매상에게도 적극적으로 미원을 마케팅하여 단골을 확보하게 되었다. 이로써 경쟁사들의 직판과 대형 대리점을 이용한 판매방식과는 다르게 오지 공략용 판매체계를 구축하고 약 500개의 군소대리점을 통해 시장을 효과적으로 장악할 수 있었다.

두 번째로 제품차별화 능력이다. 인도네시아의 저소득층의 구매율을 높이기 위해 일회용 설탕봉지 크기의 다양한 소량 포장제품을 출시하였다. 이는 저소득층의 비율이 높은 점과 이들이 손수레에서 파는 음식이나 포장마차를 많이 이용하는 점을 파악해 미원의 주타깃층으로 잡았다. 포장비가 상대적으로 많이 들었지만 소량제품들은 시장수요에 맞는 제품이었기 때문에 날개 돋친 듯이 팔렸고 홍보 효과 또한 톡톡히 이루어냈다. 시장점유율 측면에서 미원은 저소득층과 포장마차용이나 식당 공업용에서 강세를 나타냈다. 또한 각 지역에서 선호하는 조미료의 입자 크기가 다르다는 점을 발견하고 소비자들의 입맛에 맞는 다른 크기의 입자를 얻기 위해 정제과정에서 압력을 높이고 건조과정에서 온도를 내림으로써 지역에 맞는 사이즈의 제품으로 생산·판매되었다. 이같은 노력으로 인해 해외시장 진출 3년 만에 시장점유율 38%를 기록하게 된다.

미원은 인도네시아에서 당밀을 전량 수입하고 있었으며, 반제품인 글루타민산을 현지기업에 일부 수출을 하고 있었다. 인도네시아산 당밀은 품질이 우수하고 가격도 저렴하였으나 수송비, 관세 등의 조건이 점점 수입자에게 불리해지고 있었다. 따라서 미원은 해외직접투자를 통해 수직적 통합의 이점을 살리면서 해외시장도 개척하겠다는 전략을 세웠다. 이러한 상황을 배경으로 미원은 1970년 3월 해외조사단을 파견해 당밀의 주요 생산국인 태국, 말레이시아, 필리핀, 인도네시아 등 동남아시아 4개국의 시장성과 환경을 분석하였다. 인도네시아는 다른 3국에 비해 인구 1억 8천만 명으로서 그 규모가 거대하며 인건비가 저렴한 잠재력이 있는 시장이었다. 정치적으로도 비교적 안정되어 있었기 때문에 최적 투자대상국으로 선정되었다. 이에 따라 미원은 투자자금을 끌어들이기 위한 것뿐 아니라, 기업경영에 있어서 군부와의 긴밀한 협조체제가 필수적인 인도네시아 시장 상황에 맞게 현지인들을 끌어들이기 위한 합작을 결심하게 된다. 합작파트너는 당밀 수입관계로 알게 된 중국계 인도네시아 회사 레나쟈쟈(P.T. RenaJaja)사로 정하였다. 1972년 7월에 한국이 80%, 레나쟈쟈사가 20%를 투자하는 합작투자협정을 체결하였다. 1973년 11월에 이르러 자본금 150만 달러의 P.T. 미원 인도네시아(P.T. Miwon Indonesia)를 설립했다. 해외직접투자로 인해 미원은 조미료의 주원료인 당밀의 안정적 조달과 당밀생산에 있어 대규모 경제성을 누릴 수 있게 되어 가격경쟁력이 생길 수 있었다. 또한 살림(Salim)과 합작, 대규모 현지 농장을 보유함으로써 당밀의 가격이 폭등했을 때도 능동적으로 대응할 수 있었던 것이다.

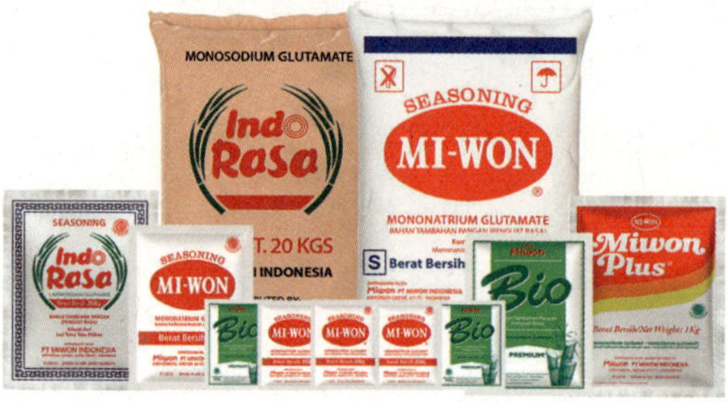

미원은 인도네시아에 진출함으로써 주원료가 되는 당밀을 안정적으로 확보할 수 있게 된다. 조미료의 주원료인 당밀시장은 영국과 일본 등지의 대기업들이 독점하고 있는 상태여서 당밀의 확보를 위해 동남아시아로의 진출이 불가피했다.[2] 이러한 상황에서 미원은 사탕수수의 보고인 인도네시아의 수라바야 지역에 공장을 설립하고 우수한 품질의 당밀을 저렴한 가격에 공급받게 된다. 또한 기후적 특성으로 인한 식생활 역시 인도네시아시장으로 눈을 돌리게 한 요인이 되었다. 더운 날씨에 음식이 상하는 것을 방지하기 위해 다량의 조미료를 사용하던 것을 시작으로 하여 점차 조미료는 음식 맛을 가늠하는 척도로써 자리잡게 되었다. 나아가 초기 중국계 소비자에게만 국한되었던 수요가 1970년대 초반부터 중산층과 저소득층까지 확대되면서 인도네시아의 조미료시장이 가진 잠재력과 시장성을 발견하게 된다. 즉 인도네시아는 품질 좋은 원료와 풍부하고 값싼 노동력, 열대음식 문화가 만들어낸 조미료시장의 거대한 잠재력을 바탕으로 미원이 해외시장을 개척하고, 조미료 사업의 국제경쟁력 확보를 위해 첫 발을 내딛은 최적의 장소였다.

---

2) 장세진, 한국기업의 글로벌 경영 사례집, 박영사, 2002.

CASE 73 코카콜라와 펩시콜라의 해외 진출

주제 / 과점적 경쟁이론

코카콜라와 펩시콜라는 전 세계 콜라업계, 나아가서는 식음료업계에서 대표되는 거대 글로벌 기업이라 할 수 있다. 두 기업의 해외 진출을 과점적 경쟁이론으로 설명이 가능할까?

코카콜라는 선도기업으로 먼저 관심을 가지고 진출한 시장은 유럽이었다. 1941년 미국이 제2차 세계대전에 참전하면서 계기가 되어 1943년 유럽 각지에 10개의 현지 생산공장을 설립하였다. 전쟁이 끝날 무렵 이미 코카콜라는 유럽시장에 널리 알려졌으며 1940년대 중반부터 1960년대까지 코카콜라의 제조업체의 수는 거의 2배로 증가하였다. 이와 같이 업계의 선도기업이었던 코카콜라는 서유럽, 라틴아메리카, 일본시장 등에 펩시보다 먼저 진출해서 시장을 선점했다. 따라서 펩시는 후발기업으로 이들 시장으로 진출하는 데 어려움을 겪을 수밖에 없었다. 식음료시장의 특성상 초기 진입자들이 지배적인 유통업체를 선점하게 되고, 현지인에게 먼저 익숙해진 입맛을 바꾸고 새로운 브랜드를 각인시키기는 여간 어려운 일이 아니기 때문이었다.

이후 펩시는 시장선점의 중요성을 깨닫고 코카콜라가 진출한 국가에 진출하는 것보다 코카콜라가 진출하지 않은 시장을 먼저 개척하는 데에 주력하면서 펩시와 코카콜라의 시장선점 경쟁은 극에 달하였다. 즉 코카콜라의 해외 진출에 따른 경쟁우위 확보에 펩시는 민감한 반응을 보이며 적극적으로 해외 진출을 하게 만드는 강한 요인으로 작용한 것으로 볼 수 있다. 코카콜라는 1979년 등소평의 경제개혁 시작 후 중국시장이 본격적으로 개방되자 '가구가락'이라는 이름으로 중국시장 공략에 나섰다. 펩시 또한 이보다 조금 늦은 1981년 중국시장으로 진출하였다. 1972년 펩시는 서방세계 제품으로는 처음으로 구소련에 진출하였으며, 1988년 인도와 협약을 체결하였다. 인도시장은 코카콜라가 1977년 철수한 시장이기도 하다. 특히 인도는 각종 규제와 문화적 차이 등 어려움이 많았음에도 불구하고 인도가 적극적인 대외개방정책을 추진하자 바로 펩시가 시장을 선점한 것이다. 펩시에게 과도하게 불리한 조건이 아니었냐는 의견이 많았지만 펩시는 인도시장 선점에 성공하였다. 그리고 코카콜라는 이보다 늦은 1993년 인도의 음료회사 파를레를 4천만 달러에 사들이며 인도에 재진입하였다. 펩시는 또한 1990년 미얀마에 코카콜라보다 먼저 진입하였으며 UAE에도 코카콜라보다 13년이나 앞장서 진입하는 등 시장 선점에 주력하고 있다. 실제로 코카콜라와 펩시가 진출한 국가는 대부분 동일하며 기존의 유럽등지뿐 아니라 공산국가나 아시아지역 및 미개척시장 선점을 위해 펩시와 코카콜라는 지금까지도 고군분투하고 있다.

CASE 74

맥도날드와 버거킹의 해외 진출

주제 / **과점적 경쟁이론**

전 세계적으로 가장 유명한 패스트푸드 기업으로 알려진 맥도날드와 경쟁기업인 버거킹의 해외 진출은 과점적 경쟁이론의 적용이 가능한지 알아보자.

맥도날드는 1955년 설립 이후 미국뿐 아니라 전 세계적으로 최고의 프랜차이즈 회사로 발전을 거듭하여 현재 121개 국가에 2만 9천여 개 매장을 보유하고 있다. 반면 버거킹은 1954년 설립 이후 현재 전 세계 65개국에 1만 1천여 개의 매장을 보유하고 있다. 버거킹은 맥도날드의 뒤를 따라 전 세계 패스트푸드 프랜차이즈 업계에서 2위를 차지하고 있으나 아직까지 두 기업 간의 현저한 차이는 좀처럼 좁혀지지 않고 있는 상태이다.

맥도날드가 프랜차이즈 사업을 시작할 당시 미국 내에는 많은 프랜차이즈 업체가 존재하고 있었다. 그럼에도 불구하고 맥도날드는 철저한 매뉴얼화와 성공적인 운영을 통해 세계 1위의 패스트푸드 프랜차이즈 기업이 되었다. 맥도날드의 해외 진출과정을 정리해보면 1971년 제2차 세계대전 당시 적대국이었던 독일과 일본에 진출하였다. 또한 1977년 샌드위치의 본고장으로 패스트푸드의 종주국임을 자부하는 영국에까지 진출하였으며 이후 남미시장으로 해외 진출이 확대되었다. 반면 버거킹의 일본 진출은 1996년으로 맥도날드와는 상당한 시간적 차이가 있으며, 버거킹의 일본 진출은 실패로 돌아가 2001년 철수하면서 일본 내에서는 맥도날드가 독보적 패스트푸드 업체로 자리잡게 되었다.

1990년대 들어서는 동구 사회주의권 붕괴와 중국의 시장경제체제 도입 그리고 우루과이라운드 체결에 따른 아시아를 비롯한 개도국의 시장개방으로 맥도날드는 더욱 성장하였다. 1990년 2월 모스크바에 체인점을 연 이후 획기적인 성공을 이루었으며 1994년 6월 쿠웨이트에 진출하였다. 또한 중국에는 1992년 북경에 세계 최대 규모의 매장을 개점하였다. 버거킹의 경우 이보다 13년 늦은 2005년 중국으로 진출하였다. 맥도날드가 중국시장에서 지속적인 성장세를 보이고 있는 것과 각종 다국적기업이 속속 중국으로 진출하고 있는 추세에 발맞추어 후발주자로 뛰어든 것이다.[3)]

한국의 경우는 버거킹이 맥도날드보다 2년 앞선 1982년 처음 진입하여 1984년 첫 매장을 개점하였다. 당시 버거킹과 맥도날드가 한국시장에 진출한 이유는 한국시장의 잠재력과 규모, 그리고 급변하고 있는 식생활을 고려하였기 때문이다. 1979년도 이후 한국의 소비지출은 계속해서 성장세를 보이고 있었고 식음료 소비지출의 경우 괄목할 만한 성장을 기록하였기 때문에 당시 한국시장에는 맥도날드와 버거킹을 비롯한 각종 외식업체가 등장한 시기이다. 한국의 경우는 버거킹과 맥도날드가 비슷한 시기에 진입하였으나 기타 국가에서는 대부분 맥도날드가 시장에 먼저 진입하였다. 맥도날드가 진출한 국가의 수가 버거킹이 진출한 국가의 수의 2배에 달하기 때문에 버거킹이 진출하는 국가의 대부분은 이미 맥도날드가 진출해 있다고 해도 과언이 아니다.

---

3) 햄버거로 세계 정복한 맥도날드 성공신화, 신동아, 2001.

CASE 75 삼성전자와 LG전자의 해외 진출

주제 과점적 경쟁이론

한국기업 중 미국 뉴욕의 중심 타임스퀘어에 거대한 전광판을 당당히 내걸어 놓은 두 개의 기업이 있다. 삼성전자와 LG전자는 국내에서뿐 아니라 전 세계적으로 널리 알려져 큰 성공을 거둔 기업이다. 이 두 기업의 해외직접투자 패턴은 과점적 경쟁이론으로 설명이 가능할까?

1969년 1월 자본금 3억 3천만 원의 삼성전자공업주식회사로 시작한 삼성전자는 현재 세계 곳곳에 24개의 생산 및 생산/판매 복합법인, 40개의 판매법인, 15개의 지점 등 48개국에 총 90개 거점을 갖추고 있다. 또한 북미, 중남미, 구주, 동남아시아, 서남아시아, 중국, CIS 및 중동과 아프리카 지역에 모두 8개의 해외 지역별 총괄 체제를 운영하고 있다. LG전자는 1958년 (주)금성사로 설립되었으며, 국내 최초로 냉장고, 흑백TV, 에어컨, 세탁기 등을 생산하며 국내에서 일등 기업으로 그 기반을 다진 후 해외로의 진출을 도모해 현재 전 세계에 87개 법인을 가지고 있다.

1978년 삼성전자의 미국 진출을 기점으로 지금껏 삼성전자와 LG전자는 세계 각국에 앞서거니 뒤서거니 하며 진출하여 왔다. 미국 진출을 시작으로 유럽, 동남아시아를 비롯하여 BRICs라 불리우는 인도, 중국, 러시아시장에도 앞다투어 진출, 최근에는 삼성전자는 헝가리, LG전자는 폴란드를 중심으로 동유럽시장 개척에 힘쓰고 있다. 최초 미국 진출시에는 삼성전자와 LG전자 모두 세계에서 가장 큰 시장이자 전 세계 유력 기업들이 경쟁하고 있는 미국으로 진출함으로써 해외시장 개척의 문을 열고자 하였다. 이후 유럽시장으로 눈을 돌려 독일, 영국, 프랑스 등에 차례로 진출하였다. 이 과정에서도 LG가 독일에 현지법인을 설립하면 2년 후 삼성이 따라 나가는 등 경쟁상대의 해외 진출 행위에 민감하게 반응하는 형태의 진출이 계속되었다. 이후 1980년대 말~1990년대 초반에는 두 기업 모두 태국, 인도네시아 등 동남아시아시장으로 눈을 돌렸으며 인도, 중국, 러시아와 동유럽시장 등 전 세계적으로 신흥시장(Emerging Market)으로 앞다투어 진출하고 있다.

이처럼 두 기업이 각국의 시장을 선점하려는 노력을 기울이고 있으며, 상대방 기업이 진출한 국가로는 즉각 진출하는 양상을 보이고 있다. 예를 들어, 헝가리의 경우 1989년 삼성전자가 현지법인을 설립하며 한국 최초로 동구권으로 진출하였다. 당시 헝가리는 초기에 일본기업들조차도 꺼렸던 국가였던 점을 고려하면 삼성의 진출은 지금까지 방어형 진출에만 관심을 보여 왔던 한국기업들의 해외 진출 패턴에 일대 변환을 가져왔다. LG의 경우 당시 현지 대리점망을 통한 약간의 교역이 있었을 뿐 적극적인 진출은 이루어지지 않고 있는 상태였다. 삼성의 헝가리 진출은 한마디로 유럽 및 동구권의 시장 진출을 위한 교두보 역할을 기대하고 공격적으로 진출한 대표적인 사례라 할 수 있다. 삼성전자가 헝가리에서의 매출액은 2002년 5억 7,800만 달러에서 2006년 16억 5,400만 달

| 표 7-2 | 삼성전자와 LG전자의 국가별 해외 진출 현황 비교

진출국가	삼성전자	LG전자
미국	1978 현지판매법인(SEA) 설립	1982 컬러TV공장 설립
독일	1982 현지판매법인(SEG) 설립	1980 첫 유럽판매법인 설립
영국	1984 현지판매법인(SEUK) 설립	
아일랜드		1990 디자인 연구법인 설립
태국	1988 현지생산법인(TSE) 설립	1989 판매 및 합작생산법인 설립
멕시코	1988 현지생산법인(SAMEX) 준공	1988 생산법인(LGEMX) 설립
말레이시아	1989 현지법인 설립	
인도네시아	1995 합작법인 설립	1990 합작계약 체결, 법인 설립
중국	1992 합작생산법인 설립	1993 LGEHZ 설립
인도	1995 합작 진출	1997 인도법인 설립
헝가리	1989 현지법인 설립	
폴란드		1999 폴란드공장 LGEMA 준공
체코		2003 판매법인 설립
러시아	1990년 모스크바 지점 SEMO 개설	2006 디지털가전공장 준공

러로 껑충 뛰어오르는 쾌거를 이룩하는 동안 LG전자는 폴란드에 업계 최초로 LCD 클러스터를 완공하였다. 삼성이 헝가리에 먼저 진출하자 LG는 폴란드에 전력 투자를 함으로써 동유럽시장에서의 경쟁이 활발히 이루어지고 있는 양상이다. 삼성전자와 LG전자가 국가별로 진출한 시기를 살펴보기 위해 아래와 같은 표를 작성하였는데, 두 기업이 지속적으로 비슷한 시기에 비슷한 국가로 진출하고 있음을 한눈에 알아볼 수 있다.

글 | 로 | 벌 | 산 | 책

7 글로벌 대학 이야기 : 포스텍

미국이 테러공격과 금융위기를 겪으면서도 굳건한 지배력을 유지하는 분야가 대학이다. 어제 영국의 더 타임스가 발표한 '2010년 세계 대학평가'도 미국 대학이 휩쓸었다. 1위 하버드대를 비롯해 톱10 중 7곳, 톱50 중에서도 27곳이 미국 대학이다. 영국의 QS대학평가에서도 세계 200위 중 53곳으로 영국(30곳)보다 두 배쯤 많다. '팍스 아메리카나'가 저물고 있다는 경고 속에서도 미국이 자신감을 잃지 않는 이유도 세계에서 가장 뛰어난 교수들과 대학교육의 경쟁력 때문이다.

더 타임스는 세계적 연구평가기관 톰슨-로이터사와 손잡은 올해 조사에선 사회적 평판 같은 주관적 평가를 줄였다. 그 대신 연구의 영향력을 보는 논문 인용을 32.5%, 연구와 교육을 각각 30%의 같은 비율로 평가했다. 포스텍(포항공대)이 세계 28위가 된 것은 평가 변경에 힘입은 바 크다. 국내 대학이 세계적 기관이 실시한 대학평가에서 30위권 안에 진입한 건 처음이다. 더 타임스는 "재능은 수입할 수 없다"며 1986년 포스텍을 세울 당시 포항제철 박태준 회장의 리더십을 소개했다.

1인 연간 교육비 6,370만 원. 포스텍의 교육투자는 국내 1위다. 등록금 540만 원의 10배 이상을 학생들에게 돌려주는 셈이다. 미국 대학의 경쟁력은 경쟁국보다 2배 많은 투자에서 나온다는 더 타임스의 분석대로 대학의 질도 상당 부분 돈에 달렸음을 포스텍이 보여준다. 스타 교수와 뒤떨어지는 교수의 연봉 격차가 50%다. 글로벌 스탠더드대로 성과연봉제를 두어서다. 국내 대학 아닌 미국의 캘리포니아공대(칼텍 · 더 타임스 랭킹 2위)나 매사추세츠공대(MIT · 3위)와 견주기 위해 경쟁 기준을 세계의 앞선 대학에 맞췄다.

이번 평가에서 중국은 톱 200개 대학 중 6곳을 올려놓았다. 무섭게 성장하는 경제처럼 글로벌 고등교육에서도 급부상 중이다. 일본은 5곳이지만 역시 경제처럼 대학교육과 연구성과도 지지부진하다는 평가가 나온다. 한국은 홍콩, 대만과 함께 4개 대학이 들어갔다. 학생 선발이나 학교의 운영과 관련해 규제를 대폭 풀고 대학의 자율권을 대폭 늘려야 세계적으로 우수한 대학이 많이 나올 수 있다. 대학교육의 질은 미래 경쟁력의 바로미터다.

동아일보, 2010년 9월 16일자 사설 횡설수설의 '세계 20위권 대학 포스텍'에서 인용

PART 3

글로벌 경영관리

Global Management
CASE 100

CHAPTER

08

글로벌 마케팅관리

본장에서는 세계시장을 상대로 활동하는 글로벌 기업이 제품, 가격, 촉진, 유통과 같은 마케팅 요소를 어떻게 표준화 또는 현지화해야 하는지를 살펴본다. 세계의 많은 기업들은 해외로 진출하여 본국에서 성공한 방식을 많이 사용하지만 진출한 나라의 문화, 가치관, 소비자의 라이프스타일 등에 맞춰 현지화하여 성공하는 기업들도 많기 때문이다.

주요내용과 사례

글로벌 기업은 마케팅 4P(제품, 가격, 유통, 촉진) 믹스를 통하여 다양한 전략적 대안을 취할 수 있다. 본장에서는 주로 4P의 현지화, 표준화 관점을 다룬다. 먼저 제품의 경우 비용상의 문제 및 해당 시장의 요구수준에 따라 표준화와 현지화 수준을 결정한다. 가격의 경우 고급제품은 주로 표준화를 시행하지만, 해당 국가의 소득수준이나 경쟁상황에 따라 현지화 정책을 시행하기도 한다. 유통 및 촉진의 경우에는 해당 국가의 시장상황, 유통구조 그리고 비용문제 및 문화성향 등에 영향을 받는다. 여기서 주의할 사항은 극단적인 현지화 및 표준화는 힘들다는 것이다. 해당 국가의 여러 고려 요인에 따라 적절한 4p 전략이 요구된다.

CASE **076**
제품의 표준화 사례

CASE **077**
제품의 현지화 사례

제품의 표준화와 현지화

제품의 표준화 CASE 076 란 각국 시장의 환경차이에 관계없이 동일화된 표준제품을 판매하는 것을 말한다. 이러한 제품의 표준화는 크게 국내에서 판매하던 기존 제품을 그대로 해외시장으로 가져가는 방법과 세계시장에 적합한 표준화된 제품을 개발하는 방법이 있다. **제품의 현지화** CASE 077 란 현지시장의 기후, 사용조건, 제품선호도 등의 차이가 존재할 경우 현지시장에 적합하게 수정·적응하는 것을 말한다. 그러나 완벽한 표준화 및 현지화는 사실상 불가능한게 현실이므로 기업들은 약간씩 변형을 하는 절충안을 찾고 있다.

글로벌 기업이 제품의 표준화를 추구하는 이유는 다음과 같다.

① **규모의 경제** : 제품 표준화의 최대 장점은 규모의 경제이다. 생산입지를 한곳에 집중함으로써 생산량이 증대됨에 따라 단위당 비용이 감소하는 규모의 경제를 누리기 위해 제품을 표준화시키는 것이 유리하다.

② **연구개발의 경제성** : 표준화된 제품을 전 세계시장에 도입하게 되면 제품단위당 연구개발비가 낮아지게 된다.

③ **마케팅의 효율성** : 표준화된 제품을 해외시장에 판매할 경우에는 현지화에 비해 훨씬 효율적인 마케팅 활동이 가능하다.

④ **소비자의 상표충성도** : 표준화된 제품을 세계시장에 판매할 경우 해외여행이 빈번한 소비자들은 세계 어디서나 제품을 구매할 수 있게

된다. 따라서 제품에 대한 소비자들의 상표충성도를 최대한 활용할 수 있다.

이러한 제품 표준화의 장점에도 불구하고 제품의 현지화가 필요한 이유는 시장(국가) 간의 차이 때문이라 할 수 있다. 기후, 온도 등 사용조건이 상이할 뿐 아니라, 구매력, 제품선호도, 경쟁상황, 제품수명주기 등 시장여건 역시 다르기 때문에 동일한 제품을 전 세계시장에 판매하는 것이 사실상 어려워지게 된다. 또한 현지정부의 강제적인 법적 규제 또한 현지화를 강요하는 요인이다.

가격의 표준화와 현지화

해외 진출 글로벌 기업의 경우 가격은 운송비, 수요조건과 가격탄력성, 경쟁제품과 대체품의 가격, 관세 및 가격규제와 같은 요인들에 의해 각국별로 가격 현지화(차별화) 정도를 결정해야 한다.

예를 들면, 소득수준이 낮거나 경쟁이 치열할 경우 가격탄력성이 높은 국가에서는 가격을 낮게 책정하고 반면 가격탄력성이 낮은 국가에서는 가격을 높게 책정하는 **국가 간의 가격 현지화** CASE 079를 통해 기업은 매출액을 높일 수 있다. 따라서 소득수준이 높은 선진국에서는 높은 가격을 책정하고 소득수준이 낮은 후진국에서는 낮은 가격을 책정하는 가격 현지화를 통해 이윤을 극대화하고 있다.

CASE **079**
가격의 현지화 사례

반면에 BMW와 벤츠는 후진국과 선진국 모두 높은 가격의 동일한 가격정책으로 고급차라는 제품으로 포지셔닝하고 있다. 이러한 **표준화된 가격정책** CASE 078의 일관성은 주로 가격이 비싼 고급제품의 경우에 많이 나타나게 된다.

CASE **078**
가격의 표준화 사례

유통의 표준화와 현지화

유통구조는 마케팅 믹스 중에서도 가장 높은 수준의 현지화가 필요한 부문이다. 높은 수준의 표준화는 상대적으로 어려우며 **유통구조의 표준화** CASE 080를 통한 조정 통제의 용이성 확보 또한 상대적으로 어렵다고 할 수 있다. 일반적으로 유통 전략은 현지의 유통업자와 직접 교섭하고 조정해야 하는 경우가 많아 현지 자회사에게 권한을 위임하는 경우가 많다. 예를 들면, 로만손(Romanson)은 해외 진출 초기부터 해외 유통상을 엄선하여 1국 1바이어 원칙을 세워 해당 현지국의 대표 유통상으로 지정하고 이들에게 적극적인 지원을 하였다. 이러한 1국 1바이어 원칙은 유통경로상의 혼선을 피하고 유통의 표준화를 통한 조정 통제가 용이하였다.

CASE **080**
유통의 표준화 사례

유통구조의 수정 없이 해외시장으로 진출할 수 있다면 해외 진출 글로벌 기업은 조정 및 통제가 용이하므로 가장 효율적으로 유통관리가 가능할 것이다. 하지만 유통구조나 유통채널의 이용 가능성 등의 국가 간 차이에 의해 **유통의 현지화** CASE 081가 필요하게 된다. 소비자들의 쇼핑패턴 또한 유통구조의 상이성은 현지화에 영향을 주는 요소이다. 예를 들면, 미국의 소비자들은 한 번에 대량구매하는 경향이 있으며 이에 따라 대형할인점이 일반화된 반면, 빈번한 소규모 구매가 많이 일어나는 개도국의 경우 소규모 상점에서 구매가 주로 이루어진다.

CASE 081 유통의 현지화 사례

촉진의 표준화와 현지화

마케팅 믹스 중에서 가장 중요한 요소 중의 하나는 제품의 특성을 소비자들에게 전달하는 촉진 활동이다. 글로벌 기업은 기존의 사업영역을 해외로 확장하면서 동일한 촉진 활동을 그대로 다수국 시장에 적용할 것인가 아니면 이질적인 현지시장의 요구에 부합되도록 수정할 것인지를 결정해야 한다. 즉 글로벌 기업이 세계화를 추진하는 과정에서 직면하게 되는 과제 중의 하나는 기업의 국제광고를 표준화해야 하는지 혹은 현지화해야 할지를 선택해야 한다. 여기서 **촉진 표준화 전략** CASE 082이란 모든 해외시장에 동일한 촉진수단을 사용하는 것을 말하며, 반면 현지욕구에 부합되는 수정된 촉진수단을 사용하는 것을 차별화 내지 현지화라고도 한다. 촉진의 대표적인 수단이 광고 활동이다.

CASE 082 촉진의 표준화 사례

광고(촉진)를 표준화해야 한다고 주장하는 근거는 세계시장이 통합되고 있어 유사한 라이프스타일을 가지게 된다는 것이다. 따라서 국가 간 독특한 차이나 문화적 차이를 중시하기보다는 소비자들이 가지고 있는 보편적인 욕구를 충족시키는 데 집중해야 한다는 것이다. 즉 특정 국가에서 좋은 광고라고 인정받는 광고는 다른 국가에서도 좋은 광고로 인식될 것이라고 주장한다. 광고의 표준화는 현지화에 비해 여러 가지 장점이 존재한다. 첫째, 비용상의 이점을 누릴 수가 있다는 점이다. 예를 들어, 본국에서 제작된 광고를 수정하지 않고 전 세계에 동일한 광고를 한다면 각국마다 상이한 광고를 제작할 경우에 비해 상당한 비용상의 이점을 누릴 수 있다. 둘째, 기업 이미지를 전 세계적으로 동일하게 유지할 수 있다는 점이다. 즉, 다양한 시장에 동일한 광고를 통해 동일한 이미지를 유지할 수 있으며 국가마다 상이한 광고를 실시함으로써 전 세계를 여행하는 사람들이 느낄 수 있는 혼란을 방지할 수 있다.

표준화 전략과는 달리 차별화 혹은 현지화를 주장하는 근거는 비록 세계화가 진전됨에 따라 국가 간 소비자들의 욕구가 비슷할지 모르지만 여전히 문화적 차이에 의한 소비자 욕구의 차이는 존재하고 있다는 것이다. 다시 말해 **촉진의 현지화** CASE 083 란 문화에 따라 소비자가 상이하며 상이한 광고를 만드는 것이 바람직하다는 것이다. 따라서 한 국가에서 만들어진 광고를 그대로 다른 국가에서 집행할 때에는 문화적 차이 때문에 그 소기의 목적을 달성할 수가 없고 오히려 광고를 통해 잘못된 메시지가 전달될 수도 있다.

CASE 083
촉진의 현지화 사례

마케팅 믹스 4P 전략

마케팅 믹스란 기업이 목표시장에서 마케팅 목표를 달성하기 위해 사용하는 통제 가능한 마케팅 수단들의 집합으로 정의할 수 있다. 여기서 통제 가능한 마케팅 수단들이란 제품, 유통, 촉진, 가격을 말한다. 통제 불가능한 요소는 정치, 법률, 문화적 환경 등을 말한다. 그러므로 글로벌 기업이 해외시장 진출시 활용할 수 있는 **마케팅 믹스의 표준화와 현지화 전략** CASE 084~085 은 제품, 유통, 촉진, 가격 등의 적절한 배합에 따라 다양한 대안이 가능해진다.

CASE 084
삼성전자 비스포크

CASE 085
아웃백스테이크하우스 한국

CASE 76 제품의 표준화 사례[1)]

주제 / 제품의 현지화 vs 표준화

한국기업 제품 표준화 사례

삼양식품 불닭볶음면

출처 : https://n.news.naver.com/mnews/article/015/0004683483

삼양식품은 불닭볶음면의 세계적 인기에 힘입어 매년 수출 실적을 갱신하며 빠르게 성장하고 있다. 삼양식품의 해외 매출은 2016년 930억 원에서 2021년 3,886억 원으로 5년 만에 4배 증가하였다. 해외 생산공장 없이 수출 물량 전부를 국내공장에서 제조하는 삼양식품은 해외 판매 호조로 2021년 3억 달러 수출을 달성했으며, 현재 한국 라면 수출의 절반을 담당하고 있다.[2)] 불닭볶음면은 SNS와 유튜브의 먹방 챌린지를 통해 소비자들 사이에서 중독성 강한 매운맛의 라면으로 인기 있는 제품이다.

삼양식품은 불닭 제품 고유의 강한 매운맛을 약하게 하지 않고, 기존 제품 그대로 수출하여 해외시장에서의 제품 표준화를 추구하였다. 그 결과 해외 소비자들은 처음 맛보는 중독성 강한 매운맛에 긍정적인 반응을 보였고, 불닭볶음면 먹방 챌린지가 유행하기 시작하며 국내뿐만 아니라 해외시장에도 큰 인기를 끌고 있다. 이러한 성공적인 제품의 표준화를 이루어낸 삼양식품은 이후 동남아시아시장을 겨냥한 커리 불닭볶음면, 중국시

---

1) 부경대학교, 국제기업과경영환경, 김경원・박수빈・김나희, 수업과제를 참고하였음.

2) "'불닭볶음면' 대박 난 삼양식품 30년 만에 새 공장 돌린다", 이데일리, 2022.5.2. https://www.edaily.co.kr/news/read?newsId=03470246632324984&mediaCodeNo=257&OutLnkChk=Y

장을 노린 마라 불닭볶음면 등을 출시하며 해외 소비자들의 입맛에 맞는 다양한 수출 전용 불닭볶음면 제품을 개발하는 등 현지화 전략에도 공을 들이고 있다.

정관장

홍삼 브랜드 정관장은 한국 드라마 속 간접광고(PPL)와 한류 열풍, 코로나19로 인한 건강에 관한 관심으로 국내뿐만 아니라 해외에서도 큰 인기를 끌고 있다. KGC 인삼공사는 지난해 3분기까지 수출실적이 전년 같은 기간 대비 20% 늘었다고 5일 밝혔으며, 이는 2020년도 연간 증가율(4.8%)을 크게 웃도는 수치이다.[3]

KGC 인삼공사는 높은 품질의 제품을 공급하기 위해 원료, 생산, 유통, 판매 전 단계마다 심혈을 기울이고 있으며, 원료 부문에서는 최고의 품질을 위해 100% 계약재배만을 고집하며 체계적 경작관리 시스템으로 청정 원료 삼을 생산하고, 식품이력 추적관리 등 엄격한 품질관리 시스템으로 제품의 안전성을 확보하고 있다.[4] 정관장은 건강식품 브랜드 인지도 1위를 바탕으로 '명품 홍삼'으로서의 가치를 인정받아 일본, 미국 등 세계 40여 개국에도 제품을 수출하며 대한민국 홍삼의 위상을 전 세계로 확대해나가고 있다.

KGC 인삼공사 정관장 홍삼의 지난해 해외시장 매출을 기준으로 국가별 1위 제품을 선정한 '홍삼 세계지도'에 따르면 넓은 국토에 비해 매장수가 많지 않은 미국과 중동지역은 한번 구매하면 오랫동안 먹을 수 있는 홍삼정 제품을 선호하고, 아시아 지역에서는 휴대와 섭취가 간편한 스틱형 제품이 인기를 끌었다. 이렇듯 성공적으로 해외시장에 진출한 정관장은 철저한 제품 표준화를 통해 우수한 품질의 다양한 홍삼 제품들을 수출하였고, 그 결과 한국 홍삼은 해외의 인삼과는 다른 고급 약재로 해외 소비자들에게 인식되어 오고 있다.[5]

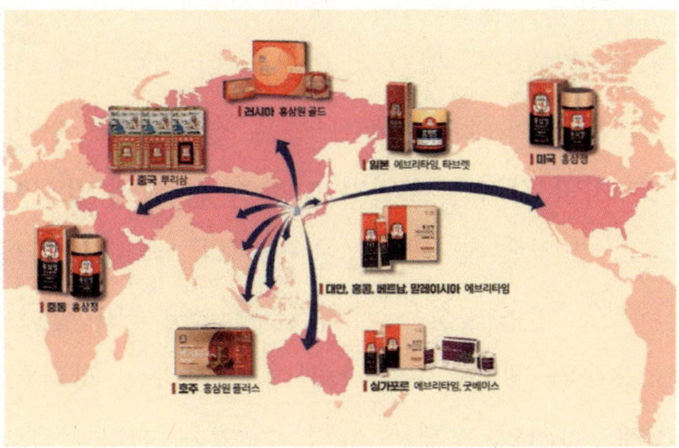

출처 : https://www.mk.co.kr/news/business/view/2022/01/13004/

---

3) "K드라마 · 한류 열풍에 … 정관장 수출 20%↑", 한국경제, 2022.1.5.
https://www.hankyung.com/economy/article/2022010585751

4) "정관장, 건강식품 브랜드 1위 … 세계 40개국 수출", 한국경제, 2021.12.21.
https://www.hankyung.com/economy/article/2021122122641

외국기업 제품 표준화 사례

Gillette

① Gillette의 표준화 전략 이유

출처 : gillette.co.kr

Gillette의 강점은 면도기시장에서 강력한 브랜드를 가졌다는 것이다. Gillette의 성공은 제1차 세계대전 당시 미군에게 Gillette의 면도기와 면도날을 보급하면서부터 시작됐다. 또한 최초로 스포츠 마케팅을 활용함으로써 세계 소비자 산업에서 유례없는 독점에 가까운 사업을 이어왔다.[6] 특히나 면도기는 소모품이고, 일상생활에서 밀접하게 사용되는 만큼 소비자들은 익숙한 것을 믿고 소비하게 되는 소비 패턴에 Gillette가 성공한 원인으로 생각할 수 있다.

두 번째 강점은 Gillette는 끊임없는 혁신을 통해 좋은 질의 상품을 만들어 왔다는 것이다. 그들은 일회용 면도기와 면도날에 대한 최초의 특허를 내고 비쌌던 면도기의 가격을 낮춤으로써 소비자로부터 선택을 받았다. 또한 끊임없는 면도기에 관한 연구와 인수를 통해 경험을 쌓고 좋은 성능의 면도기를 만들었다. 그들의 오랜 연구와 출시는 많은 경험이 되어 소비자에게 높은 신뢰를 줄 수 있었다.

마지막 강점은 소비자 타깃이 전 세계 남성이라는 것이다. 남성 대부분은 턱수염이 자라고, 그것을 밀 필요성을 느낀다. 이것은 문화적 · 사회적 특성에 영향을 받지 않는다. 그들이 원하는 것은 국적 불문 소모품인 만큼 합리적인 가격과 좋은 성능이다. 이것은 Gillette가 제품을 세분화하여 제작하는 것이 아닌 하나의 제품을 대량생산하고 규모의 경제, 범위의 경제를 누릴 수 있게 했다.

표준화 전략의 장점은 위에서 설명한 바와 같이 규모의 경제, 범위의 경제, 향상된 질, 높은 소비자 만족도, Time to Market 등이 있다. Gillette는 자신들이 가진 강점들을 잘 활용하여 표준화 전략이 줄 수 있는 이점들을 이용해 면도기시장에서 독점에 가까운 점

---

5) "해외에서도 잘나가는 정관장 홍삼", 매일경제, 2022.1.5.
https://www.mk.co.kr/news/business/view/2022/01/13004/

6) https://blog.naver.com/opecwkd/222700678801

유율을 차지해 올 수 있었다.

② Gillette의 시장점유율

Gillette는 면도기 부문에서 언제나 First Mover가 되었고, 제품을 빠르게 출시함으로써 소비자들로부터 사랑받을 수 있었다. 또한 정기적인 혁신과 소규모 경쟁업체들을 인수함으로써 면도기 부문에서 독점해오며 높은 진입장벽을 세웠다. 따라서 꾸준히 시장점유율 70%를 유지해 왔으며 현재에도 시장점유율 60%를 차지하고 있다.[7] [8]

하인즈(Heinz) 제품 표준화

'하인즈'[9]는 1869년 독일계 미국인인 헨리 하인즈가 탄생시킨 세계적인 케첩 브랜드로, 미국에서 가장 많이 팔리며, 독특한 케첩 병이 상징적인 유명한 브랜드이다. 하인즈는 미국 전역의 음식점과 간단한 조미료로써 미국인들에게 소금과 후추처럼 필수품이 되었다. 쉽게 구할 수 있고, 많은 종류의 음식들과 조합하였을 때 어울리는 소스인 케첩은 세계적으로도 널리 퍼져 있는 대중적인 소스이다.

그런데 이러한 케첩은 원래 버섯으로 만드는 소스였다. 지금 케첩이라고 하면 빨간 토마토 케첩을 떠올리는 사람이 대부분이지만, 토마토 케첩은 케첩의 한 종류에 불과했다. 지금과 같은 빨간 케첩이 주류가 된 것은 하인즈 케첩의 성공이 그 시작이라고 할 수 있다. 하인즈는 세계적으로 케첩이라는 단어의 개념과 세계 소비자들의 입맛을 동질화시키고, 표준화를 이룬 것이다. 이러한 환경을 구축한 것이 하인즈 케첩의 표준화 전략 성공의 근거라고 할 수 있다.

하인즈 케첩은 같은 맛과 상품명, 특유의 디자인을 통해 제품 표준화 전략에 한 가지 특정 제품을 사용한 사례이다. 특정 제품은 다름 아닌 토마토 케첩으로, 표준화된 제품을 판매함으로써 브랜드 이미지를 구축하고, 케첩의 상징이 될 수 있었다. 하인즈는 '한결같이 만족스러운 맛'을 강조하며, 독자적으로 개발한 토마토 종자(Heinz Seed)를 사용하여 합성보존료, 인공색소, 인공향료를 사용하지 않은 케첩을 만듦으로써 세계적으로 동일한 품질의 제품을 제공하고 있다. 이는 유전자 조작 방법이 아닌 전통적인 종묘 개량

---

7) https://georgi-georgiev.medium.com/350-mln-in-6-months-the-cost-of-the-2019-gillette-advertising-fiasco-86785f29a4bf

8) https://thestrategystory.com/2021/08/02/gillette-marketing-strategy-innovation/

9) 인수합병을 통해 현재의 사명은 '크래프트 하인즈'이지만, 이하 하인즈로 표기한다.

방식을 통해 식품에 가장 적합하고 질병에 강한 저항력과 높은 수확량을 갖는 종자라고 하며, 맛, 색깔, 점도, 고형분 함량 등의 요소에서의 장점을 강조하고 있다. 또한 특징적인 용기 또한 세계적으로 표준화하고 있다. 투명한 용기, 거꾸로 세워둘 수 있는 디자인(Top Down 방식), 특수 노즐을 도입한 뚜껑(Stay Clean Cap) 등의 특징을 상품에 같이 적용하여 브랜드 이미지를 각인시키고, 세계 어디에서 구매하여도 하인즈 제품임을 알아볼 수 있게 하고 있다. 자신들의 상품의 독창성을 인지 받는 상표 설정은 표준화 전략에서 중요한 요소이다.

출처 : 크래프트코리아 홈페이지, https://www.kraftheinzkorea.co.kr/BrandStory/HeinzKetchup, Footnote: * Source: Euromonitor International Limited; all retail channels, value sales, rsp, 2016.

CASE 77 제품의 현지화 사례[10]

주제 / 제품의 현지화 vs 표준화

한국기업 제품 현지화

오리온의 초코파이

한국기업의 제품 현지화 사례로 대표적인 것이 오리온 초코파이이다. K-스낵의 대표 주자인 오리온 초코파이가 전 세계 60여 개국에서 큰 인기를 얻고 있다. 1974년 출시돼 어느새 출시 50주년에 가까워진 초코파이는 '국민 과자'로서 명성을 자랑하고 있다. 오리온은 해외에서 이름을 높이고 있는 초코파이를 필두로 아시아 1위 제과 기업에 올라섰다. 글로벌 제과 산업 전문지가 발표하는 '2022 제과업계 글로벌 Top 100'에서 아시아 1위, 글로벌 12위에 오른 것이다.[11] '제과업계 글로벌 Top 100'은 매년 전 세계 제과 기업의 전년도 매출액을 기준으로 순위를 선정·발표하는 자료이다. 오리온은 지난해 세계 경기침체 속에서도 전 법인에서 경쟁력 높은 신제품 출시 및 시장 확대로 성장세를 이어가며 매출액 2조 3,594억 원, 영업이익 3,729억 원을 기록했다. 국내기업으로서는 유일하게 10년 연속 15위권에 진입하는 금자탑도 세웠다.[12]

오리온 초코파이는 情 캠페인으로 국내에서 성공을 거둔 뒤 이를 바탕으로 해외 진출을 본격화했다. 초코파이의 품질을 유지하기 위해 원료의 기본 배합 비율은 같게 하되, 이슬람 문화권 국가에는 돼지가죽이 아닌 쇠가죽에서 추출한 젤라틴을 사용하고, 힌두교를 믿는 인도에 판매하는 제품은 식물성 젤라틴을 사용하는 등 각국의 문화 특성에 맞

10) 부경대학교, 국제기업과경영환경, 박나경・문선영・황민향, 수업과제를 참고하였음.

11) 홍지인, 오리온 '초코파이情', 글로벌 인기…연 매출 5,000억 원 돌파, 한국금융, 2022.3.28. https://cnews.fntimes.com/html/view.php?ud=202203262017301926dd55077bc2_18

12) 오리온, 오리온, '2022 제과업계 글로벌 Top 100' 12위 등극!. 아시아 제과기업 중 가장 높은 순위 올라, 2022.2.22. https://blog.naver.com/orionblog/222654296973

출처 : https://blog.naver.com/orionblog/222654296973

는 현지화 전략을 펼쳤다.

초코파이를 가장 친근하게 받아들이는 나라는 중국이다. 한국인에게 정이 각별한 느낌으로 다가오는 것처럼, 중국인들이 인간관계에서 가장 중시하는 가치가 인(仁)이라는 점에 착안해 2008년 말부터 초코파이의 중국 명칭인 '하 오리 여우 파이'(좋은 친구 파이) 포장지에 '仁'자를 삽입했다. 이러한 현지화 전략으로 초코파이는 국내 제과 브랜드 중 유일하게 6년 연속으로 중국 상품인지도지수 파이 부문 1위에 오르기도 했다.[13)]

러시아에서의 초코파이는 차와 케이크를 함께 즐기는 러시아 식문화와 어우러지며 출시 초기부터 선풍적인 인기를 끄는 등 국민 파이로 자리잡았다. 러시아의 티타임 문화를 공략하는 전략을 통해 성공을 거둔 것이다. 오리온은 2019년 오리지널 맛 중심에서 벗어나 러시아 현지 소비자들에게 친숙한 '체리', '라즈베리', '블랙커런트' 초코파이 등 '잼'을 활용한 초코파이 신제품을 잇달아 출시하며 제2의 전성기를 맞이했다. 현재 러시아에서는 오리온 법인 중 가장 많은 12종의 초코파이를 생산 · 판매하고 있다.[14)]

베트남에서는 2009년부터 현지어로 정을 의미하는 '띤'(Tinh)이라는 단어를 활용한 마케팅 활동을 전개하면서 친근감을 심어주는 데 성공했다. 베트남은 음력 8월 15일 추석을 맞아 달을 보며 복을 빌고 베트남식 월병을 먹는 풍습이 있다. 베트남에서 이른바 '문케이크(달빵)'라고 불리는 월병은 초코파이 정도 크기에 갖가지 앙금이 들어간 전통 먹거리이다. 이러한 월병을 초코파이가 대체하게 되며 큰 인기를 얻고 있다.[15)]

---

13) 백소용, 60여 개국 '초코파이 홀릭'… 현지화 전략으로 세계인과 情 잇다, 세계일보, 2022.2.16. http://www.segye.com/newsView/20220215515519?OutUrl=naver〉

14) 김리현, 오리온, 러시아 누적 매출 1兆원 돌파… '잼 초코파이' 현지인 저격, 오피니언뉴스, 2021.7.29. http://www.opinionnews.co.kr/news/articleView.html?idxno=53313

15) 길소연, 오리온, 초코파이 베트남 추석 대목에 벌써 '품절', 더구루, 2020.9.18. https://www.theguru.co.kr/news/article.html?no=14296

출처 : https://www.segye.com/newsView/20220215515519?OutUrl=naver

이렇듯 오리온 초코파이는 인도, 중국, 러시아, 베트남 등 다양한 나라에서 각 나라의 문화에 맞게 제품을 현지화하여 수출하며 큰 성공을 거두고 있다. 초코파이가 국내시장만을 대상으로 하는 제품에서 전 세계의 다양한 지역과 문화를 대상으로 하는 제품으로 다변화하였다. 또한 지역마다 달라질 수 있는 브랜드 아이덴티티를 통합하는 전략으로 각 지역과 문화권에 맞는 '情'의 의미를 찾았다. 그리고 이를 다양한 이야기에 담아 소비자와 감성적인 커뮤니케이션함으로써 브랜드 정체성을 효과적으로 통합 관리할 수 있었다(서인경 · 김재범 · 장영중, 2016).[16)]

외국기업 제품 현지화

스타벅스(중국)

전 세계의 커피문화를 주도하고 있는 스타벅스의 중국 매장은 2021년 3월 기준 5,000개를 돌파했다. 중국 스타벅스의 2021년 3분기 매출은 9억 500만 달러를 기록하였고, 이는 글로벌 매출에서 절반 이상을 차지하는 만큼 중국이 스타벅스의 핵심 시장임을 알

청나라 시대를 재현한 베이징 매장
출처 : https://blog.naver.com/taekstory/220457525397

목재 인테리어로 멋을 낸 상하이 매장
출처 : https://blog.naver.com/ibasso/221156326462

16) 서인경 · 김재범 · 장영중, "색채를 통한 브랜드 재활성화 전략 – 초코파이 사례를 중심으로", 디자인융복합학회, 2016, p.182.

수 있다.

스타벅스가 중국에서 큰 성과를 낼 수 있었던 것은, 먼저 중국 현지의 '차(茶) 문화'를 스타벅스로 끌어온 노력 덕분이다. 중국의 차 문화는 공간을 중심으로 한 유대를 중시하는 차원에서 스타벅스가 내세운 '제3의 장소' 콘셉트와 잘 맞았다. 이를 위해 스타벅스는 중국 매장의 평균 공간을 미국보다 넓게 확보하였다. 다음으로 중국의 명절에 맞춘 디저트를 판매하는데, 중국 스타벅스에만 있는 대표적인 제품으로 '월병'과 '쫑쯔'가 있다. 또한 만리장성, 천안문 등 중국의 상징성이 담긴 텀블러와 지역 이름이 적힌 음료를 판매하며 고객들에게 더 친근한 이미지를 주었다. 그리고 내부 인테리어에 목재를 사용하여 중국만의 차분하고 편안한 느낌을 강조하였다. 이처럼 새로운 것에 선뜻 손을 내밀지 않는 중국인들에게 스타벅스는 새로움 속 느껴지는 익숙함으로 다가가 현지화에 성공했다.

또한 한국 사람들을 겨냥한 현지화 전략도 펼쳤다. 먼저 우리나라 사람들이 오래 기다리는 것을 싫어하는 '빨리빨리 문화'와 줄이 너무 길어 주문하지 못하는 손님들의 모습을 반영하여 '사이렌 오더 서비스'를 시작하였다.[17)]

사이렌 오더 서비스는 모바일 애플리케이션을 통해 주문을 할 수 있는 방법이며 오래 기다리지 않고 바로 주문할 수 있다는 장점이 있다. 이 밖에도 비싼 만큼 제값을 한다는 한국 사람들이 가진 인식을 바탕으로 매장의 질을 높이고, 대형 매장을 선호하는 것을 통해 매장을 넓혔다.[18)]

피자헛(인도)

서구의 선진국과 중국의 수요가 줄어들면서, 이를 대체할 시장이 필요했고 외식업체들은 앞다투어 인도시장에 진출하였다. 인도는 종교적인 이유로 소고기를 먹지 않기 때문에 외식업체들은 다양한 채식 메뉴 및 다른 육류 메뉴를 제공한다. 그 예로 인도에 있는 피자헛 매장에서는 베지 피자, 치킨 피자, 슈프림 피자 등을 판매하여 인도 사람들의 니즈를 충족시킨다. 특히 '치킨 띠까 슈프림 피자'는 논 베지 현지화 피자로, 치킨 피자에 인도의 향신료로 사용되는 매콤한 마살라 소스를 더하고 양파, 파프리카 등의 채소에 새우까지 더해 인도인들의 취향에 맞춰 판매되는 메뉴이다. 또한 콩을 즐겨 먹는 인도인

---

17) 스타벅스, 왜 성공했을까? 그 세 가지 비결 https://brunch.co.kr/@wellem/144

18) 현지화에 초점을 맞춰라 http://www.mknews.kr/view?no=24717; 전재욱, '스타벅스 · KFC · 피자헛 …'. 패권 다툼에도 中서 급성장하는 美 브랜드, 이데일리뉴스, 2021.

치킨을 활용한 피자 메뉴
출처 : http://naver.me/xYUItkxL

인도인의 취향에 맞춘 베지 피자

의 식성을 존중해 병아리콩을 토핑으로 사용한 메뉴도 출시되었다. 이처럼 피자헛은 인도 문화와 인도 소비자의 입맛을 고려한 제품을 판매하며 현지화 노력을 하고 있다.19)

넷플릭스(한국)

글로벌 OTT 서비스 기업인 넷플릭스는 TV 프로그램이나 영화 등 영상매체를 인터넷 및 모바일 통신망을 통해 어디서든 시청할 수 있도록 제공한다. 넷플릭스는 세계화를 위해 2010년 캐나다를 시작으로, 2016년 한국을 비롯해 190개국으로 서비스를 확장하였다. 특히 넷플릭스는 2017년 봉준호 감독의 영화 〈옥자〉를 시작으로 〈킹덤〉 등 한국 오리지널 콘텐츠를 자체 제작하여 국내 소비자들의 관심을 끌었다. 또한 막대한 자금력을 바탕으로 한류 콘텐츠의 판권을 사들임으로써, 'tvN', 'JTBC' 등 국내 방송사의 드라마 및 프로그램을 넷플릭스에서 제공할 수 있도록 하여 국내 소비자의 서비스 구독률을 높였다. 넷플릭스의 자료에 따르면, 2021년 기준 국내에서는 약 750만 가구가

---

19) 주려설. "인도시장 진출 중국 다국적기업의 현지화 전략에 관한 사례연구." 국내 석사학위논문 건국대학교 대학원, 2020. 서울; 박하나, 맥도날드·피자헛, 印에서 '현지화 메뉴' 출시. 실적 개선 나서, 파이낸셜뉴스, 2016.

이미 넷플릭스를 구독 중인 것으로 나타났다. 따라서 최근 높아진 한류 열풍에 더하여 넷플릭스가 현지화 전략을 통해 선보이는 다양한 장르의 K-콘텐츠는 넷플릭스가 한국 시장에서도 글로벌 서비스의 확장을 이어나갈 수 있는 성공 요인이라고 할 수 있다.[20]

이케아(한국)

이케아는 스웨덴의 조립식 가구나 생활용품 브랜드이다.[21] 이케아는 현지화 사례로 유명한 기업 중 하나로 꼽을 수 있다. 특히 이케아는 해외 진출 전 각 나라의 중산층 가정을 방문하여 그 나라의 라이프 스타일이 어떤지에 대해 사전 조사와 연구를 할 만큼 철저하게 현지화 전략을 펼친다고 한다. 한편, 이케아는 우리나라에서 성공적인 현지화 전략을 펼치기 위해 매장을 열기 전이였음에도 불구하고 80여 곳의 가정을 방문하여 우리나라에서 자주 사용되는 물품에 대한 조사를 펼쳤고 적정한 수량과 가격을 책정하였다.[22] 이케아는 미국이나 유럽보다 주거 공간이 작고 1인 가구의 비중이 크기 때문에 슈퍼 싱글 사이즈를 선호하는 사람들이 많다는 우리나라의 주거 환경에 대한 조사를 바탕으로 다른 나라의 이케아 매장에는 없는 '슈퍼 싱글' 침대가 있다. 또한 중국의 이케아는 중국의 주거문화의 특성을 쇼룸에 반영하기도 하였는데, 중국인은 주로 발코니가 딸린 아파트에 살고 있다는 특징을 살려 중국 매장의 쇼룸에는 발코니 부분이 반드시 있다.[23] 이 밖에도 인도의 기후를 반영하여 가구의 소재를 변경하거나 미국인의 취향을 반영하여 물컵의 크기를 늘리는 등의 다양한 사례를 통해서 이케아가 현지화 전략에 얼마나 주의 깊게 생각하는지를 확인할 수 있다.

---

20) 윤유점. "넷플릭스의 한국 오리지널 콘텐츠에 대한 연구." 동명대학교 대학원, 석사학위, 2022.

21) 김소형·김주태, "글로벌 유통기업의 한국시장 진입전략: IKEA의 한국시장 진출", 국제경영리뷰, 20(1), 2016, pp.199~218.
https://m.terms.naver.com/entry.naver?docId=1259197&cid=40942&categoryId=31915

22) [글로벌 유통기업 무덤에서 웃은 이케아의 비결은] 현지화+이케아식 독창성의 조화
https://www.joongang.co.kr/amparticle/19307148

23) '개성은 줄이고 적응력은 높이고'… 철저한 현지화로 공략하는 이케아
https://blog.naver.com/businessinsight/221347811354

CASE 78

가격의 표준화 사례

주제 / 가격의 현지화 vs 표준화

한국기업 가격 표준화

BBQ

해외에서 BBQ의 가격은 비교적 비싼 편이다. 최고급 올리브유인 엑스트라 버진을 사용함으로써 드는 원가를 위해서는 저가격정책을 쓸 수는 없기 때문이다. 현지시장에 맞게 또는 경쟁자들의 가격에 맞춰서 가격을 인하하지 않았다. 최고급 원료로 만드는 등 품질에 자신이 있었기 때문이다. 결국 가격을 한국에서와 마찬가지로 비슷하게 책정하였다.

오리온 초코파이 중국

2021년도 중국에서 초코파이 1박스(30개) 가격은 기존 33.9위안(6,470원)에서 36.9위안(7,040원)으로 3위안 올랐다.[24] 한국에서의 가격과 비슷한지만 중국에서 보면 비싼 가격이다. 가격을 현지화한다면 여타 다른 제품들과 비슷하게 가격을 책정해야 하지만 오리온은 고품질 전략을 내세워 한국과 비슷한 가격을 책정하였다. 그리고 대형 할인매장에서도 박스채 파는 초코파이를 낱개 들이로 팔라고 요구하는 소비자도 있었다. 결국 12개들이 한 박스를 파는 것이 무리라는 판단하에 6개들이 박스를 개발했다. 비록 중국에서 보면 비싼 가격이었지만 파이업체의 명품이 되었다. 오리온 초코파이가 얼마나 유명한지의 증거는 50가지가 넘는 중국의 유사품들을 보면 알 수 있다.

24) https://blog.naver.com/goodaylee/222662783745

외국기업 가격 표준화

블루보틀[25)]

블루보틀은 오늘날 커피업계의 애플로 불리는 미국 커피프랜차이즈 전문점으로 1683년 중부 유럽 최초로 커피하우스(The Blue Bottle)를 통해 비엔나에 커피를 소개시켰다. 그로부터 319년이 지난 후, 프리랜서 음악가 및 커피광인 제임스 프리먼이 미국 캘리포니아 오클랜드에서 커피 원두를 로스팅하였고 2002년 블루보틀을 설립해 오늘날 미국 70여 개, 일본 25여 개, 한국 9여 개, 홍콩 2여 개, 중국 1여 개를 5개국 총 100여 개가 넘는 점포를 통해 커피를 제공하고 있다. 커피를 예술로 보는 블루보틀을 지켜본 네슬레는 약 4,800억 원으로 블루보틀 지분 68%를 사들였다.[26)]

한국에서는 2018년 블루보틀커피코리아 법인이 설립되었고 2019년에 서울특별시 성수동 뚝섬역 앞에 국내 1호점 블루보틀 성수 카페가 개업하였다. 최근에는 2021년 제주에 9번째 점포를 냈다. 블루보틀커피코리아는 2020년 영업이익이 3억 원의 손실이 있었으나, 2021년 영업이익이 88% 증가하여 손실에서 이익으로 크게 전환되었다. 2020년 미국 전 매장이 폐쇄되었던 점을 고려해보면 코로나로 인한 피해가 가장 큰 이유로 보인다.[27)]

그림 8-1 블루보틀커피코리아 실적추이

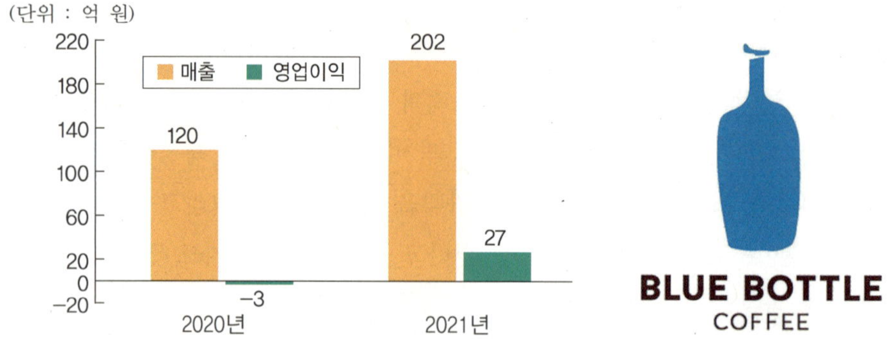

출처 : 금융감독원

25) 부경대학교, 국제기업과경영환경, 공도연, 수업과제를 참고하였음; 블루보틀 공식 홈페이지[웹사이트], (2022.5.1). https://www.bluebottlecoffeekorea.com

26) 한경경제(2017.10.5), 블루보틀이 뭐길래… 인수한 네슬레가 '악마의 기업?'

27) 조선비즈(2022.4.22), '커피계의 애플' 블루보틀, 한국 진출 3년 만에 흑자 전환

블루보틀 경쟁사 가격 비교

스타벅스도 블루보틀을 벤치마킹하여 2019년 스타벅스 리저브 매장 국내 1호점을 개업하였으며 투썸플레이스는 2019년 에스프레소 특화 매장 'TSP737'을 열었다.[28] 아래에서 커피업체들의 카페라떼 가격을 기준으로 하여 가격을 비교해보았다. 블루보틀의 커피 가격은 이디야랩 가격 다음으로 가격이 제일 높은 편으로 고급화 전략을 구사하고 있다.

표 8-1 | 경쟁사 카페라떼 가격 비교 (단위 : 원)

브랜드	TSP737	할리스커피 클럽	스타벅스 리저브	LAB1004	이디야랩	탐앤탐스 블랙	블루보틀
메뉴명	카페라떼	카페라떼	블론드 카페라떼	카페라떼	카페라떼	카페라떼	뉴올리언스
가격	5,500	4,500	5,000	5,300	6,000	5,800	5,800

출처 : 업체 메뉴판 가격 참고

블루보틀 가격 전략

블루보틀의 시그니처 메뉴인 '뉴올리언스'는 스페셜티의 원두를 치커리 뿌리와 으깬 다음에, 찬물에 우려낸 뒤 친환경 유기농 우유와 설탕을 섞어 만든 음료로[29] 한국에서 뉴올리언스의 가격은 5,800원이며 미국에서 판매되는 가격은 4.35달러로 이를 5월 2일 환율 기준으로 환산하면 5,510원이다.[30] 이는 부가가치세 8.75%를 미포함한 것이다. 또한 일본에서 판매되는 가격은 540엔으로 오늘날 환율을 고려하면 5,260원이다. 이는 부

표 8-2 | 블루보틀 메뉴 국제가격 비교 (2019년 가격 기준)

구분	미국	한국	일본
메뉴	블루보틀 뉴올리언스	블루보틀 뉴올리언스	블루보틀 뉴올리언스
가격	$4.35(한화 5,510원)	5,800원	¥540(한화 5,260원)
부가가치세	미포함	포함	미포함

출처 : 업체 메뉴판 가격 참고

---

28) 아시아경제(2019.5.30), [르포] 스타벅스와 블루보틀의 '고급 전쟁'… 스페셜티 커피 전성시대(종합)
29) 머니투데이(2019.5.13), '커알못'이 블루보틀 대표메뉴 3종을 먹어보니…
30) 이투데이(2019.6.7), '핫'하다는 쥽·블루보틀커피·인앤아웃버거, 韓·美 가격 비교해보니…

가가치세 8% 포함시킨 것이다. 한국은 일본에 비해 600원 가량 비싸며 미국에 비해 약 300원 정도 차이가 난다는 것을 알 수 있다.[31] 블루보틀의 커피 가격은 각 나라에서 1,000원 이상의 차이가 나지 않아 거의 비슷하게 책정되어 있다.

블루보틀은 한국에 법인을 설립하여 비슷한 가격에 파는 정책을 시행하고 있으나, 영업소의 위치에 따라 환율의 등락, 인건비, 원재료 등의 여러 변수가 존재한다는 점을 고려하면 가격이 거의 표준화되어 있다는 것을 알 수 있다.

---

31) 2022년 5월 2일 기준, 미국 환율 1달러당 1267.14원이며 일본 환율 1엔당 9.74원임.

CASE

79 가격의 현지화 사례

주제 / 가격의 현지화 vs 표준화

한국기업[32] 가격 현지화

현대자동차의 저가 전략(미국, 인도, 중국)

현대자동차는 제2차 세계대전 이후 유일하게 개발도상국 기업 중에서 세계 자동차 기업 순위 10위권 내로 진입한 사례이다. 자동차 산업은 전자, 제약 같은 산업에 비해 선도기업을 따라잡기 어려운 산업이다. 이러한 산업에서 후발주자인 현대자동차는 경쟁이 치열한 미국시장에서 침투가격 전략을 사용하고, 당시 떠오르던 시장인 인도, 중국시장에서도 다른 기업보다 저렴한 가격으로 진출하는 것을 택했다.

현대자동차는 'Cars that make sense'라는 슬로건을 내세우고 기술력, 신뢰성, 가격 대비 성능의 우수성을 강조하는 광고를 하며 1986년 미국시장에 진입했다. 당시 포춘이 1986년 미국에서 성공한 10대 히트 상품 중 하나로 선정했을 만큼의 성공으로 이끌었던 현대자동차의 '포니 엑셀'이라는 모델의 가격은 4,995달러였다. 이는 일본의 경쟁 차종들보다 1,000달러 이상이 저렴한 것이었다. 세금을 고려하지 않은 금액이기는 하지만, 한국과 비교해도 차종별로 약 1,000만 원 정도 저렴하게 판매되었다. 하지만 저가 전략으로 인해 미국 소비자들은 현대자동차의 품질이 다른 경쟁 차종에 하여 뒤떨어진다고 생각하고 있었고, 이를 탈피하기 위해 1998년에 10년 또는 차량 운행 10만 마일까지 파워트레인 부품들을 무상으로 교체해주는 '10년/10만 마일 보증 전략(American's Best Warranty)'을 본격적으로 실시하였다. 또한 2005년에는 미국 남동부 앨라배마 지역에 생산공장을 세웠는데, 이 공장의 인건비는 한국보다 높았지만, 공장자동화를 통해 생산원가를 낮추고 품질을 향상시킬 수 있었다.[33]

---

32) 부경대학교, 국제기업과경영환경, 김영현, 수업과제를 참고하였음.

인도의 첫 모델인 '상트로'의 가격을 경쟁사인 마루티의 Zen 가격보다 5% 낮게 책정하고, 주요 부품업체와 동반 진출함으로써 부품을 현지화하여 저가로 판매하면서도 마진을 마루티보다 높게 가져갈 수 있었다.[34] 현대자동차는 이에 안주하지 않고 2019년 동급 최저수준으로 가격을 책정한 '베뉴(SUV 초소형)'를 출시하였다. 이때 베뉴의 생산 및 판매를 인도에서 가장 먼저 했는데, 이는 그만큼 인도 내수시장을 중요하게 여기고 있다는 뜻을 보여주는 것이다. [35] 베뉴 인도 현지 가격은 가솔린 모델을 기준으로 65만~111만 1,000루피(약 1,110만~1,900만 원)인데, 한국의 베뉴(1세대, 2019년형) 가격 1,473~2,111만 원[36]과 비교해보면 인도에서 판매하는 베뉴가 약 200~300만 원 정도 저렴한 것을 알 수 있다. 현대자동차의 베뉴는 높은 가격경쟁력이라는 장점과 더불어, 인도시장에서 처음 블루링크(원격시동, 차량정보 점검 등 다양한 첨단제어기능 사용 가능한 스마트폰 애플리케이션)를 적용한 커넥티드카라는 점을 활용해 정상에 올랐다. 2021년 10월에는 1만 554대가 팔려 세계 4위 자동차시장 인도에서 소형 SUV 중 가장 많이 팔린 베스트셀러에 이름을 올렸다. 2020년 같은 기간 판매량(8,828대)과 비교해보면 20% 높은 판매율을 달성했고, 무엇보다도 경쟁업체 타타가 생산하는 '넥슨'(1만 96대)을 넘어선 결과이기 때문에 의미가 깊다.[37] 이렇게 현대자동차는 인도 내에서 '베뉴(초소형)-크레타(소형)-투싼(준중형)'이라는 3종 SUV 라인업을 만들게 된다.

한편 현대자동차는 판매가 저조한 중국시장에 기존 모델을 중국 규정에 맞게 교정한 현지형 수소연료전지차량(FCEV) '넥쏘'를 투입할 예정이다. '넥쏘'가 중국 현지 보조금 혜택을 받으면 국내 가격보다 100만 원 정도 저렴한 가격으로 판매할 수 있다고 분석된다.[38]

---

33) 최순규, "현대자동차의 국제화 : 기업가 정신, 전략, 그리고 운", *經營敎育硏究*, 33(3), 2018, p.28에서 발췌

34) 안종배, "현대자동차 사례를 통해 본 성공적 인도시장 진출을 위한 마케팅 고려 요인에 관한 연구", *經營敎育硏究*, 35(2), 2020, pp.478~479.

35) "'베뉴, 인도 경쟁차 중 가장 싸다.'… 현대차, 초저가 SUV 승부수", 전자신문, 2019.5.26.

36) 다음 자동차, "현대 베뉴 2019년 한국 가격", https://auto.daum.net/newcar/model/myt0001sxxy3?year=2019, 2022.5.3.

37) "[단독] 현대차 베뉴, 10월 인도서 소형 SUV 부문 '1위'", 글로벌이코노믹, 2021.11.5.

38) "[단독] 현대차 수소차 '넥쏘' 中 보조금 날개 달았다… 베이징 NEV 승인", 2022.4.14.

락앤락의 고가 전략(베트남)

락앤락은 2003년 중국시장에 프리미엄 전략으로 진출하여 성공을 거뒀다. 2008년에는 락앤락이 베트남시장에 진출하려고 하였는데, 그 당시 베트남 GDP와 국민의 의식수준이 높아지면서 브랜드 상품에 대한 선호도가 높아지던 시기였다. 무엇보다 35세 미만 인구가 60%를 차지해 다른 신흥국에 비해서도 장기적으로 성장 동력이 충분했다.[39] 따라서 중국 진출 당시와 비슷한 떠오르는 베트남시장에 진출하기 위한 전략으로, 중국에서 성공한 전략과 같이 프리미엄 전략으로 잡았다.[40]

2009년 약 34억 원에 이르던 매출이 2020년 677억 원으로 약 20배 가까이 성장했고, 락앤락 전체 매출에서 베트남이 차지하는 비중도 매년 증가하고 있다. 또한 라자다에서 '2020 베스트 쇼퍼테인먼트(Best Shoppertainment Growth)' 및 가장 잘 판매되는 브랜드(Top Selling Brand)'로 선정[41]되고, 베트남 대표 경제지인 베트남 이코노믹 타임스 산하 소비자 잡지의 '2021 베트남 소비자가 신뢰하는 브랜드'의 소형가전과 텀블러 부문에서 10년 연속 수상, 생활용품 및 인테리어 부문에서 1위 기업으로, 국내기업 중 유일하게 6년 연속 10대 브랜드 타이틀에 선정되었다.[42]

베트남에서 판매 중인 락앤락 제품은 한국에서 판매되는 가격과 비교했을 때는 비슷하다고 할 수 있지만, 베트남 물가와 비교해보면 저렴한 가격은 아니다.[43] 그렇지만 이런 좋은 결과를 낸 것은 가격은 비싸지만 신뢰감 있는 브랜드로 자리잡았다는 뜻이고 이는 중국에 이어 베트남에서도 프리미엄 전략을 사용한 것이 틀리지 않은 선택이라는 것을 의미한다고 볼 수 있다.

2022년 락앤락 사업보고서에 따르면 락앤락은 현재 베트남에서 매장사업을 중심축으로 하고, 온라인을 주요 성장의 축으로 강화하고 있다. 또한 락앤락 브랜드 인지도를 활용하여 소형가전 중심 성장 확대, 베트남형 베버리지 웨어 상품기획을 통한 소비자층 확대와 성장 전략을 추진 중이다.[44]

---

39) "락앤락 '베트남도 꽉 잠갔다'…'고급화'로 10대 브랜드 등극", 투데이이슈, 2019.2.28.

40) 하노이무역관 심수진, "락앤락을 통해 살펴본 베트남 주방 생활용품시장", KOTRA 해외시장 뉴스-현장 인터뷰, 2019.5.28.

41) "'9·11·12는 성공 키워드'…락앤락, 베트남서 '홈앤리빙' 1위", 매일경제, 2020.12.22.

42) "락앤락, 10년 연속 '베트남 소비자 신뢰 100대 브랜드' 선정", 매일경제, 2021.12.21.

43) 천석경(호찌민 통신원), "베트남 주방용품 리더, 락앤락", 한국국제문화교류진흥원 홈페이지-문화소식-통신원리포트, 2021.6.21.

44) 락앤락 사업보고서(2022.3.23), p.17.

외국기업 가격 현지화

스타벅스[45)]

스타벅스의 다양한 현지화 전략 중 가격의 현지화이다. 일반적인 소비자들에게 스타벅스는 카페 중에서도 상당히 프리미엄급의 카페로 인식이 될 것이다.

2017년 미국의 The Wall Street Journal에서 발표한 세계 스타벅스 Tall Latte 가격표이다. 미국은 주마다 스타벅스 라떼 톨 사이즈의 가격이 다르다는 점을 고려해서 뉴욕시의 2017년 라테 톨 사이즈의 가격 3.45달러를 기준으로 스위스 취리히(Zurich)가 67% 더 높은 5.76달러이고 다음이 홍콩으로 26% 더 높은 4.36달러이다. 한국의 서울은 9% 더 높은 3.76달러이다. 뉴욕보다 57% 더 저렴한 곳은 이집트 카이로로 1.53달러이고, 다음 요하네스버그가 48% 더 저렴하였다. 이처럼 스타벅스 라떼 톨 사이즈의 가격이 다른 이유는 여러 가지가 있으나 현지 부동산 임대료, 인건비, 마케팅 비용, 부대비용, 경쟁상황

그림 8-2 스타벅스 커피의 현지 가격

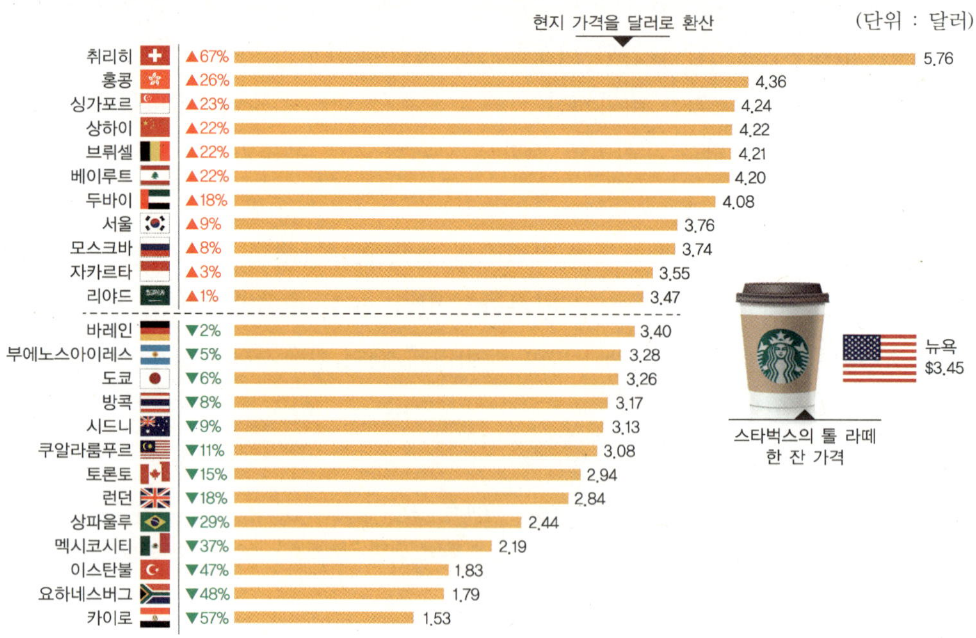

출처 : https://www.clien.net/service/board/park/13721345

45) 부경대학교, 국제기업과경영환경, 김윤규, 수업과제(2022)를 참고하였음.

등을 종합적으로 고려하여 현지 가격이 다르게 책정된다. Fastfoodprice.com에 따르면 2022년 4월을 기준으로 스타벅스의 아메리카노의 톨 사이즈 가격은 2.95달러이다.[46] 2022년 가격 인상으로 스타벅스 아메리카노는 한 잔이 한국에서 4,500원이다. 국내 커피 프랜차이즈 업체와의 가격도 차이 나지만 스타벅스는 국가별로도 다른 가격으로 커피를 판매한다.

스타벅스는 중국시장에서도 한국과 마찬가지로 가격의 현지화 전략을 도입하였다. 중국의 소비자들에게 두드러지게 보이는 문화가 있는데 그것이 바로 체면문화이다.[47] 다른 사람과 카페를 가는 경우 중국의 사람들은 지신의 체면 때문에 더욱더 좋은 커피를 마시고 싶어 한다는 문화를 스타벅스는 중국시장 진출에 도입했다. 그래서 스타벅스는 미국보다 20%가량 더 가격을 높여 고급스러운 이미지와 높은 브랜드 인지도를 바탕으로 중국시장에 진출하였다.

46) 미국 스타벅스 가격, https://www.fastfoodprice.com/menu/starbucks-prices/

47) 스타벅스가 중국시장에서 성공한 요인
https://www.forbes.com/sites/michaelzakkour/2017/08/24/why-starbucks-succeeded-in-china-a-lesson-for-all-retailers/?sh=2d7f2e6a7923

CASE 80 유통의 표준화 사례

주제 / 유통의 현지화 vs 표준화

한국기업 유통 표준화48)

파리바게뜨

1942년 서울에서 시작된 파리바게뜨는 세계적으로 3,800개 이상의 매장을 가지고 있는 한국의 글로벌 베이커리 브랜드이다. 파리바게뜨는 유통의 표준화 전략을 이용해 중국, 유럽 등에서 큰 인기를 끌었는데 특히 미국 뉴욕에서 큰 성공을 이끌었다. 파리바게뜨는 현재 한국에서 '베이크 오프 형식'으로 빵을 제조하고 유통하고 있다. 국내 최초로 '베이크 오프 시스템'을 도입해 전국 어디서나 신선하게 구운 빵을 공급, 남녀노소 누구나 식사 대용으로 빵을 먹는 시대를 열었다. 이 유통방식을 바꾸지 않고 해외에서도 그대로 사용했다.

베이크 오프(Bake off)란 밀가루 등 원료가 배합된 상태에서 발효가 중지된 휴면반죽을 가맹점에 공급해 각 가맹점에서 신선한 제품을 직접 제조하는 방식이다.

파리바게뜨의 반죽 방식을 조금 더 살펴보면 파리바게뜨만의 독특한 물류 시스템을 생각해볼 수 있다. 파리바게뜨는 공장을 세우고 휴면 반죽 방식과 파베이킹 방식을 이용해 독특한 유통구조를 만들었다.

표 8-3 파리바게뜨가 이용하는 반죽 방식

휴면반죽 방식	파베이킹 방식
성형한 반죽을 급속 냉동시켜 점포에서 직접 굽는 방식	발효 완료된 제품을 절반 정도만 굽고, 나머지는 점포에서 처리하는 방식

출처 : 파리바게뜨 홈페이지 중 브랜드 이야기

48) 부경대학교, 국제기업과경영환경, 박소연, 수업과제를 참고하였음.

① 미국 뉴욕, 프랑스 파리

파리바게뜨는 2013년 10월, 뉴욕 맨해튼점을 오픈으로 본격적으로 미국 주류시장을 공략하기 시작하였고, 2030년까지 미국 매장 1,000개를 확장하고자 하는 계획을 세우고 있다.

파리바게뜨가 쓴 유통의 표준화 전략은 바로 한국식 셀프 셀렉션(self selection)과 카페테리아형 매장이다. 파리바게뜨가 글로벌 진출을 위해 내세운 기본 전략은 고급화·다양화·고품질화였다. 한국시장에서도 파리바게뜨는 마치 파리에서 만든 고급 빵을 먹는 듯한 느낌을 주기 위해 이름부터 한 지역의 이름을 딴 '파리바게뜨'였고 일반 매장과는 다른 다양한 빵 종류, 매달 바뀌는 신선한 콘셉트 또한 큰 경쟁력이었다. 파리바게뜨는 2010년 처음 뉴욕 한인타운 32번가에 직영매장을 세웠다. 거기서 뉴욕사람들의 소비행태와 소비자들이 무엇을 목말라하는지 끝없이 분석하고 노력하였다. 첫 번째로, 한국식 셀프 셀렉션을 도입하였다. 두 번째로 한국의 카페형 매장 스타일도 뉴욕에서 큰 인기를 끌었다.

프랑스 파리에서는 조금 더 특별하게 한국식 유통 전략이 들어갔다. 먼저 파리바게뜨는 '불랑주리' 매장으로 운영한다. 블랑주리란 현장에서 반죽부터 제조까지 다 하는 고급형 매장이다. 한국 역시 완전한 블랑주리는 아니지만, 일부 케이크와 빵을 제외하고 현장에서 빵을 제조하고 바로 판다.

② 인도네시아, 중국, 베트남 등 동남아시아

파리바게뜨는 무려 인구 2억 7,000만 명의 동남아시아 최대시장인 인도네시아에서도 한국의 유통 표준화 전략을 썼다. 인도네시아의 수도인 자카르타에 파리바게뜨 1호점 '아쉬타몰점'을 열었다. 아쉬타몰점은 '수디르만 중심상업지구'인 최대 상업지역 내 유명 쇼핑몰 1층에 자리잡았다. 역시 한국 특유의 베이커리 카페 콘셉트를 적용했으며, 고객들이 제빵 과정을 볼 수 있도록 오픈키친을 적용하였다. 앞서 말했듯 커피점과 빵집을 분리하지 않고 매장 안에서 빵과 커피를 사고 바로 먹는 것은 한국 특유의 유통방식이다. 셀프 셀렉션 또한 생소하지만 풍부한 설명과 디테일을 갖추면서 개개인의 고르는 시간을 존중할 수 있어 큰 인기를 끈다. 이 밖에도 배달 서비스를 제공할 예정이라고 파리바게뜨는 밝혔다. 한국 특유의 문화이자 독특한 유통방식이라고 할 수 있는 배달 서비스를 구현한다는 것이다. 그뿐만 아니라 2022년 인도네시아에서는 자카르타와 브카시에 각각 파리바게뜨 3호점과 4호점을 잇달아 오픈한다고 밝혔다. 역시 한국과 같이 큰 쇼핑

중국 파리바게뜨 베이커리 카페 형식

미국 파리바게뜨 베이커리 카페 형식

몰 중심가에서 유통될 예정이다. 파리바게뜨 인도네시아 3호점인 '폰독인다몰점'은 하루 평균 10만 명이 방문하는 자카르타 5대 프리미엄 쇼핑몰 중 하나인 '폰독인다몰(Pondok Indah Mall)' 1층 중심부에 162㎡, 66석 규모로 선보였다. 4호점 '수마레콘 브카시점'은 자카르타 동부의 대단위 주거지인 브카시(Bekasi) 지역에 있는 수마레콘몰(Summarecon Mall) 1층에 132㎡, 40석 규모로 자리를 잡았다.

중국에서는 중국 주요 도시 중심 상권과 고급 주택가를 공략해 고급 베이커리 브랜드 전략을 선택했다. 2010년에 가맹사업을 시작해 2012년에는 중국 100호점을 돌파한 뒤 현재 상하이, 톈진, 항저우, 쑤저우 등 310개 매장을 운영 중이다. 파리바게뜨는 2018년 기존 베이징공장을 이전, 확장한 톈진공장을 준공하면서 청두, 상하이, 다롄을 포함해 총 6개의 중국 현지공장을 보유 중이다. 중국 안에서 공장을 설립해 유통의 표준화 전략을 사용했다. 공장을 설립하고, 베이크 오프 방식을 사용해 각 지점은 한국과 같이 해외소비자들에게 빵을 만들어 파는 방식이다. 파리바게뜨는 한국에서도 고급화된 빵 이미지를 고수하며 백화점, 고급 쇼핑몰 등에 입점했다. 쇼핑몰에서 가끔 파리바게뜨를 볼 수 있다. 중국에서 또한 고급화 전략을 위해 고급 백화점, 쇼핑몰에 입점해 상류층 소비자를 대상으로 유통 전략을 썼다.

파리바게뜨는 독특한 유통방식을 채택해 중국 상하이를 기점으로 베이징, 베트남, 칭다오를 비롯한 동남아시아와 인도, 더 나아가 미주지역까지 연결하는 '글로벌 벨트'를 구축할 계획이라고 한다.

외국기업 유통 표준화[49)]

자라

'자라' 브랜드는 스페인의 패스트패션 브랜드로, 아만시오 오르테가라는 자라의 설립자가 시중에 유행하는 스타일의 의류를 납품하며 얻게 된 자금으로 오픈한 의류 소매점으로 시작하게 되었다. 자라의 초기 비즈니스 모델은 '인기 있고 비싼' 브랜드의 디자인을 본떠 의류를 제작하여 판매하는 것이었다. 그렇게 세운 비즈니스 모델은 대박이 났고, 93개의 국가에 7,300개가 넘은 매장을 얻게 되는 성공을 거두게 되었다. 오르테가는 재고를 많이 쌓아두기보다는 흐름에 맞는 옷들을 가능하면 빠르게 고객들에게 제공하는 것을 중요하게 여겼다. 그렇게 하여 'INSTANT FASHION'이라는 철학을 가지고서 민감한 의류시장 트렌드를 파악해 디자인, 제조, 유통에 이르는 시간을 단축하고, 그 결과 고객들에게 도달하는 시간이 크게 감소하는 효과를 얻게 되었다. 현재 자라의 비즈니스 모델은 민첩함, 상품과 유통관리의 디지털화, 판매 온라인화로 요약해서 설명할 수 있다.

자라의 유통구조를 구체적으로 살펴보자. 일단 소비자들의 의류 구매의 욕구를 불러일으키는 디자인, 즉 자라 본사에는 약 1,000여 명의 디자이너가 있으며 1명의 디자이너는 연평균 60여 개의 상품을 디자인한다. 매장 내 재고와 제품에 대한 수요가 실시간으로 본사에 전달되고, 심지어 고객들이 쇼핑할 때 입고 온 옷과 그들의 취향까지도 보고가 된다. 그렇게 하여 완성된 디자인은 그 자리에서 바로 만들어져 모델이 착용해본 다음 바로 최종 생산 여부가 결정된다.

속전속결로 만들어진 옷들은 빠르게 본사 옆 공장에서 생산이 시작된다. 자라는 아웃소싱을 하기보다는 중앙집중화를 통하여 직접 공정을 수행하고 있다. 물론 아시아지역도 공장이 있긴 하지만 높은 부가가치(부품들의 마지막 공정 같은 예를 들어, 염색, 프린팅, 마감 등)의 생산공정은 스페인에 있어 아시아 부품들이 스페인으로 모여 다시 여러 나라로 흩어지고 있는 셈이다. 물류도 항공편을 이용해 더욱더 시간을 단축하고 있다. 그 결과 디자인, 제작, 유통은 단 2주 만에 끝이 난다.

자라의 유통 전략을 살펴보면 자라는 매장의 조명, 온도, 습도, 마네킹, 디스플레이되어 있는 옷들의 전 세계 매장 표준화로 진행했으며, 매장 주위에 물류창고를 두는 방식이 아닌 매주 두 번의 비행기를 통해 신상품을 입고시킨다. 일주일 동안 상품들의 판매

---

49) 부경대학교, 국제기업과경영환경, 윤다슬, 수업과제를 참고하였음.

추이에 따라 진열 지속 여부가 결정된다. 잘 팔리지 않는 옷들도 4주 이상 진열해놓지 않는다. 이렇게 다품종 소량 생산을 해서 필요한 수량을 제때 유통해야 하는 어려움이 있어서 매장의 데이터를 실시간으로 분석하여 소비자의 니즈에 상응하는 제품을 공급하여 높은 매출을 얻을 수 있는 유통방식을 개발하게 되었다. 즉, 한 번 출고된 제품은 매출과는 관계없이 다시 출시되지 않으며 매주 나오는 신제품으로 고객의 발걸음을 더 많이 늘렸으며, 고객들 마음에 드는 옷을 지금 사지 않으면 사지 못한다는 희소성을 인식시켰다고 할 수 있다. 이렇게 되면 재고가 쌓이지 않아 재고비용이 해결되며, 절약된 비용은 고객들에게 더 빨리 신제품을 보여줄 수 있는 방향으로 쓰이게 된다. 그리고 절감된 비용으로 임대료가 높아도 유동인구가 많은 곳에 매장을 지어 더 많은 사람에게 접근하려고 하고 있다.

자라의 유통 성공을 두 가지로 간략히 정리해보자면, 첫째 빠르고 정확한 패션이다. 유행에 뒤처지지 않는 빠른 배송, 내가 간 매장에 재고가 없다면 다른 매장에서 이른 시일 안에 받을 수 있다. 이렇게 국내에서 빠르고 정확한 배송이 가능한 이유는 오프라인 매장과 온라인 매장을 똑같이 운영하는 것을 목표로 삼고 온라인에서 원하는 물건을 찾고 마음에 들지 않는 물건을 바로 교환해주는 시스템을 활성화했기 때문이다.

둘째, 양질의 제품을 저가로 구매할 수 있다는 점이다. 자라는 재고를 쌓아두지 않기 때문에 재고처리 비용이 없고, 재고가 없으므로 세일가로 파는 것보다는 낮은 원가 판매가 이루어지기 때문에 더 높은 매출을 얻을 수밖에 없는 구조를 가지게 된다. 또한 인기 있는 모델을 사용하지 않아 광고비가 다른 기업들에 비해 많이 들지 않는다. 그렇기에 퀄리티는 높지만, 상대적으로 저가의 가격으로 상품을 판매할 수 있는 전략을 펼치게 되었다.

CASE 81 유통의 현지화 사례

주제 / 유통의 현지화 vs 표준화

한국기업 유통 현지화[50)]

하이트진로의 일본시장 진출 성공

일본 내에서 절대 성공하지 못하는 3대 사업으로 첫째 자동차, 둘째 가전제품, 셋째 맥주를 들 수 있다. 이 세 가지 제품에 대해서만은 전 세계 최고라는 일본인들의 자긍심으로 인해 세계 어느 나라 기업이 진출해도 실패하고 돌아간다는 것이다. 그만큼 일본에서 진로의 성공은 기적이었다고 말할 수 있다. 지난 1998년 진로는 진입장벽이 높기로 소문난 일본시장의 장벽을 뚫고 단일품목 시장점유율 1위를 차지한 첫 한국 상품으로 기록됐다. 진로소주가 일본에 진출한 지 20년, 현지법인 설립 10년 만에 일본 소주업계의 선두를 차지하는 데 성공한 것이다.

ⓒ 하이트진로[51)]

2004년에는 461만 상자(6,300만 달러)를 팔아 1998년 이후 일본시장 1위 자리를 7년째 고수하고 있으며, 2021년에는 2020년 224억 원 대비 27.2% 증가한 수치인 258억 원의 수출액을 올렸다.

하이트진로의 성공 비결은 일본시장 내의 유통망 현지화 전략에 있다. 일본은 다른 나라들이 물류 협상을 할 때 시작도 전에 어려움을 겪게 할 만큼 복잡하고 폐쇄적인 유통

50) 부경대학교, 국제기업과경영환경, 류민영, 수업과제를 참고하였음.

51) https://www.dailian.co.kr/news/view/1109669/?sc=Naver

구조를 가지고 있다. 먼저, 일본의 유통구조는 벤더 중심의 시장이 정착되어 있다. 따라서 한국-수입업자-벤더-소매상의 과정을 반드시 거쳐야 하며 최종 소매업자인 유통업체가 직접 수입을 하는 경우는 거의 없다. 그리고 이 과정에서 다른 나라에 비해 굉장히 많은 도·소매 업체를 거쳐야 한다는 특징을 지닌다. 둘째, 제조업체의 계열사들이 배타적 대리점 채널 방식으로 유통경로를 지배하는 특징이 있다. 마지막으로, 일본은 모든 일에 신뢰가 기반이 되어야 하는 나라이기 때문에 안정적인 유통망을 가지기까지 많은 시간과 노력이 요구된다. 즉, 위의 유통구조를 잘 파악해 유통업자와 일회성 접근이 아니라 장기적이고 신뢰가 강한 관계를 만들어야 안정적인 유통루트를 확보할 수 있는 것이다. 위와 같은 유통의 장벽을 진로가 극복한 방안에 대해 알아본다.

유통의 현지화

첫째, 하이트진로는 아래의 그림과 같은 현지의 7단계 유통체계를 따랐다. 업무점에 대해서 진로가 직접 거래하거나 도매상에서 직접 거래하는 우리나라 유통방식을 따른 것이 아니라 일본의 유통방식 그대로를 수용해서 지역 유통망인 가시마, 일본주판, 고쿠부와 협력하며 현지의 유통체계를 구축하여 유통의 현지화를 이끌어낸 것이다.

둘째, 처음 인연을 맺은 일본의 가시마 주류 도매회사와 오랜 기간 인연을 유지해 안정적인 유통망을 확보하였다. 진로는 처음 일본에 진출할 때 지방 대도매점인 가시마 주류와 인연을 맺었다. 1997년 가시마 주류와 2년에 걸쳐 일본인 입맛에 맞게 제품을 새로

그림 8-3 하이트진로의 현지 7단계 유통체계

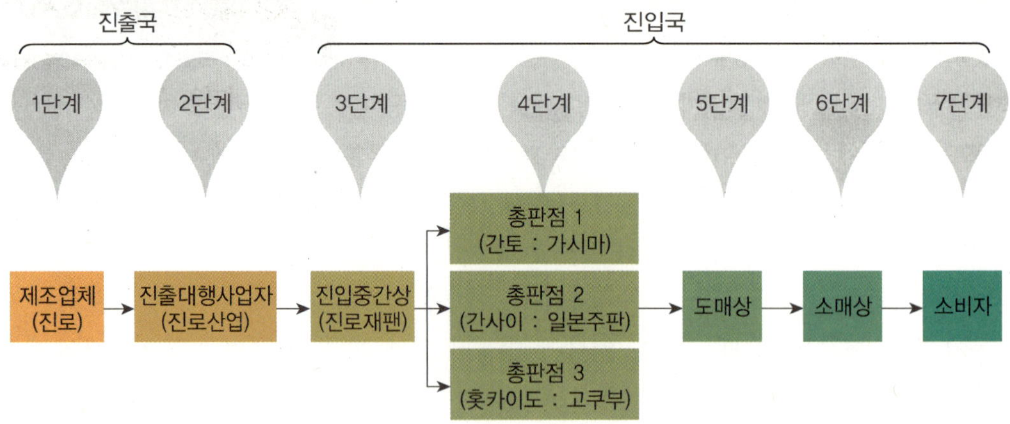

개발하고 병과 로고도 새로 개발한 뒤 일본에 진로소주를 판매하였다. 1990년대 이후 진로의 시장점유율 부분에서 높은 성장으로 각종 유통업체에서 계약 문의가 계속됐음에도 불구하고 가시마 주류와 계속 거래를 이어나갔다. 대형 유통상과 거래를 하면 단기적으로는 판매량이 늘어나겠지만 신뢰감을 심어주는 것이 중요한 일본시장에서는 장기적인 관점으로 보면 가시마 주류와 인연을 이어가는 것이 더 경제적이었다고 판단할 수 있다. 이러한 가시마 주류와의 두터운 신뢰관계 유지가 복잡한 일본 유통망을 장악할 수 있었던 큰 이유이다.

셋째, 판매 측면에서 일본 현지 유통망을 충분히 활용했다. 일본의 식당에만 납품을 하는 것이 아니라 세븐일레븐, 미니스톱 등 전국 편의점과 일본 최대 슈퍼체인 이온그룹, 로손 등 로컬 드럭스토어 매장에 참이슬, 청포도에이슬 등 주요 제품을 입점시켰다. 이를 통해 진로는 소비자 접근성과 편의성, 브랜드 이미지를 높였다.[52)]

마지막으로, 중간상에게 불리한 계약 변경을 요구하지도 않았으며 중간상에게 충분한 이윤을 보장하였다. 또한 소비자 가격을 먼저 정한 다음 소매점과 특약점, 도매상 순으로 가격을 결정하는 전략을 보였다.

외국기업 유통 현지화

리바이스코리아와 디젤

미국에서 리바이스는 주로 할인마트와 아울렛을 통한 판매가 대부분이며, 매장 전개는 거의 하지 않는 편이다. 그러나 리바이스코리아는 국내 공식 대리점이 80여 개를 넘어서고 있다. 반면 디젤의 경우는 리바이스와 같이 자회사를 통한 국내 직접 진출이 아닌 전량을 수입에 의존하고 있으며 대리점식의 유통망이 잘 발달된 리바이스의 경우와는 달리 고급 백화점에 주로 입점을 하고 있다. 그 이유는 가격에서도 알 수 있듯이 디젤은 리바이스보다 더 우위의 프리미엄 고가 전략을 고수하고 있기 때문이다. 길거리에 있는 로드샵의 경우 리바이스와는 달리 디젤의 경우 서울시 압구정동 로데오거리에 있는 본점을 제외하고는 모든 매장이 백화점에 입점해 있다. 압구정동 로데오거리는 해외명품의 고가 패션 브랜드들이 많이 입점한 곳이며, 강남의 부유한 소비층을 주요 고객으로 삼고 있다. 디젤이 백화점을 택한 이유는 프리미엄 데님 브랜드로서의 이미지를 잘

52) https://www.hankyung.com/economy/article/2022041974261

부각시킬 수 있을 뿐 아니라, 널리 알려진 대중 브랜드라는 인식보다는 희소성이 있는 브랜드 전략을 구사하기 때문이다. 반면 리바이스의 경우는 국내 전국 어디를 가나 공식 대리점을 찾아볼 수 있다. 접근경로에 있어서는 리바이스가 단연 앞선다고 볼 수 있지만, 두 회사의 브랜드 전략이 다르기 때문에 단순히 유통되는 매장이 많이 깔려 있다고 해서 기업이 경영실적에 있어서 우위에 섰다고 보긴 힘들다. 보통 청바지 제품의 원단에 있어서는 큰 차이가 나지 않는다는 점을 고려해본다면, 디젤의 40~50만 원을 넘는 초고가의 청바지 제품들은 마진구조에 있어서 리바이스보다 훨씬 뛰어나다고 볼 수 있기 때문이다.

CASE 82 촉진의 표준화 사례

주제 / 촉진의 현지화 vs 표준화

한국기업 촉진 표준화[53)]

CJ제일제당, 비비고[54)]

비비고는 글로벌 한식 대표 브랜드로서 해외 진출을 성공적으로 이루어낸 기업이기도 하다. 이들은 국내외에서 인지도가 높은 배우 박서준을 모델로 삼아 광고를 제작했다. 박서준이 출연하는 한국어 광고가 일본 지상파 TV에서 방영되고 있으며, 배우의 한국말 내레이션이 일본어로 더빙되지 않은 채 그대로 나오기도 한다. 이는 대표적인 광고의 표준화 사례인데, CJ제일제당은 배우의 일본 내 인지도를 이용하여 비비고 만두를 광고하는 전략을 사용하고 있다. 즉, 한류 드라마의 성공을 통해 형성된 한국 대중문화나 스타에 대한 호감도를 광고에 활용하고 있는 것이다. 2020년에 방영된 〈이태원 클라쓰〉에서 주인공을 맡으며 박서준은 일본 팬들에게 큰 사랑을 받기 시작했다. 또 〈김비서가 왜 그럴까〉라는 드라마가 넷플릭스를 통해 일본에서 재조명되면서 일본 내 인지도가 상당히 올라갔다.

비비고 박서준 광고
출처 : 유튜브

박서준이 출연한 비비고 광고의 효

---

53) 부경대학교, 국제기업과경영환경, 박서영, 수업과제를 참고하였음.
54) 길소연, "비비고 만두 새 TV광고 日 지상파 온에어…박서준 전면", THE GURU, 2021.10.16. https://www.theguru.co.kr/news/article.html?no=26366

과는 컸으며, 결과적으로 일본 4대 플랫폼 중 하나인 '큐텐'에서 비비고의 제품 중 추천 10선을 선정하는데 만두 제품이 1위를 차지하기도 했다. 그리고 중국을 비롯하여 다른 여러 나라에서도 동일한 광고가 방영되면서 이제는 해외 곳곳에서 배우 박서준의 비비고 만두 광고를 볼 수 있게 되었다.

넷마블, 제2의 나라[55)]

'제2의 나라' 고양이 트럭 광고 및 옥외 광고
출처 : 넷마블

넷마블이 출시한 RPG 게임인 '제2의 나라'는 한국과 일본, 대만을 중심으로 홍보에 적극적으로 나서고 있다. '제2의 나라'는 게임이 출시되는 국가 모두에서 공통 서비스를 지원하기 위해 한자 문화권인 5개 지역에 우선 출시한다고 밝혔다. 광고 모델로는 세계적인 영화 음악 거장인 '히사이시 조'를 선정하여 어느 국가에서도 큰 광고 효과를 낼 수 있도록 하였고, 예상대로 각국에서 큰 반응이 일어났다. 특히 모델의 국적인 일본에서는 통합 80만 누적 조회수가 달성되었다.

또한 넷마블은 2021년 4월 14일에 '제2의 나라' 미디어 쇼케이스를 온라인과 오프라인으로 한국과 대만, 일본에서 동시에 개최하였으며, 신사옥에 일본과 대만의 현지 미디어를 초청해 자사의 게임을 소개했다. 또한 고양이에 대한 선호도가 높은 한국과 일본에서는 거대 고양이 '우다닥' 캐릭터를 동일하게 사용하여 초대형 광고를 실행하기도 하였다.

---

55) 민단비, "넷마블 제2의 나라, 해외서도 홍보에 총력", 이코노믹 리뷰, 2021.6.8.
http://www.econovill.com/news/articleView.html?idxno=535656

외국기업 촉진 표준화

글로벌 기업들

글로벌 기업들은 과거부터 표준화된 촉진(광고) 활동을 수행해 오고 있다. 과거 코카콜라와 펩시콜라는 표준화된 광고를 주로 사용하였으며, 우리에게도 익숙한 코카콜라의 북극곰 시리즈와 펩시콜라의 펩시맨 시리즈가 바로 그것이다.

또한 질레트의 면도기, 브라운 면도기, 비달사순 샴푸 등 P&G그룹은 주로 표준화된 광고 전략을 사용하고 있다. 나이키, 아디다스, 리복 등 스포츠화 업체 등도 타이거 우즈, 앙리 등 유명한 선수를 모델로 기용하여 전 세계적으로 표준화된 광고를 하고 있으며, 모토로라의 핸드폰도 표준화된 광고 전략을 사용하고 있다. 이러한 광고 시리즈들은 전 세계에 걸쳐 공통적으로 TV를 통해 방영되었으며, 해당 국가의 언어가 자막에 추가되는 형태로 제작되었다. 이러한 표준화된 광고는 전 세계적으로 공통적인 이미지를 심어줄 수 있으며 광고 제작비도 절감이 가능하다. 그러나 맥도날드의 경우 과거 중국의 유명 농구선수 야오밍을 모델로 하여 만든 광고를 아시아지역에 방영하였으나 일부 국가에서 반발이 생겨 다른 광고로 변경하는 등 특정 국가의 문화적 특징을 반영하지 못하여 실패하는 경우도 발생하고 있다.

P&G 일본

표준화된 촉진의 실패사례로는 일본에 진출한 P&G의 표준화 광고 전략 사례가 있다. P&G가 일본에 판매한 '올 템퍼러처 치어(All-Temperature Cheer)' 제품에 대한 광고에서 미국에서의 광고와 같은 내용을 강조하였다. 즉, 올 템퍼러처 치어 세제의 특징인 "찬물과 더운물, 모든 온도에서 사용이 가능하다"는 점을 강조하며 광고를 하였다. 그러나 이러한 광고 콘셉트는 결국 실패로 돌아갔다. 왜냐하면 일본은 한국과 마찬가지로 찬물로 세탁을 하며 더운물로는 거의 세탁을 하지 않았기 때문이다. 즉, "모든 온도에서 사용이 가능한"이라는 제품의 특징은 일본인들에게 적합한 광고 콘셉트가 아니었다,

결국 P&G는 새로운 세탁세제 개발 과정에서 당시 섬유유연제 사용이 증가하는 추세에 따라 섬유유연제에 영향을 받지 않고 세탁이 가능한 특수한 세탁세제를 개발했다. 모든 온도에서 세탁이 잘되는 세제가 아닌 차가운 물에서 엄청난 세탁력을 자랑하는 새로운 세탁세제인 '치어(Cheer)'를 광고하였다.

CASE 83 촉진의 현지화 사례

주제 / 촉진의 현지화 vs 표준화

한국기업 촉진 현지화[56)]

쿠키런 : 킹덤의 일본시장 현지화 광고

[쿠키런 킹덤] 긴급 기자회견, 1억 쿠키들이여 일어나라!
출처 : 네이버블로그(naver.com)

'쿠키런 : 킹덤'은 데브시스터즈라는 중소기업에서 제작한 모바일 게임으로, 2021년 기준 한국 게임 인기 순위 구글 플레이, 애플 앱스토어, 원스토어에서 1위를 기록했다. 또한 한국 게임 매출 순위로는 구글 플레이에서 2위, 애플 앱스토어에서 1위, 원스토어에서 1위를 기록했다. 이러한 국내의 인기에 힘입어 데브시스터즈는 북미시장과 일본시장에 진출하였는데 2021년 9월 4일 일본 현지화 TV광고를 실시했다.

한국에서 실시한 '쿠키런 : 킹덤' 광고의 경우 쿠키런의 타깃에 속하는 국내 소비자들 대부분이 이미 '쿠키런 : 킹덤' 게임 내에 있는 캐릭터를 알기 때문에 유명인이 따로 등장하지 않고 게임 내에 등장하는 캐릭터들만 광고에 나와 스토리가 진행된다.[57)]

반면 일본에서 실시한 광고의 경우 일본 유명 배우인 '이케다 엘라이자'가 쿠키런에 등장하는 캐릭터들과 함께 같이 등장한다. 이는 현지의 유명인을 광고모델로 기용하는

---

56) 부경대학교, 국제기업과경영환경, 정해수 · 이나현 수업과제를 참고하였음.
57) https://www.thisisgame.com/webzine/main/nboard/225/?n=132322

전형적인 현지화 광고 사례라고 할 수 있다. 또한 일본의 경우 온라인 홍보수단만큼 오프라인 마케팅의 효과가 매우 높기 때문에 대규모 옥외 광고와 번화가에서 거대 전광판 광고, 주요 지하철역에서 옥외 광고를 실시했다. 뿐만 아니라 틱톡, 유튜브, 미러티브 등과 같은 SNS에서 '바이럴 챌린지'와 '인플루언서 활용 캠페인'으르 실시했고, 쿠키런 내에 등장하는 게임 캐릭터인 쿠키를 소재로 하여 웹툰 작품도 공개하였다.[58] 데브시스터즈 홈페이지에 따르면 이러한 현지화 광고 및 프로모션을 실시한 결과 일본 게임 인기 순위가 애플 앱스토어와 구글 플레이에서 1위를 기록했다고 한다.[59]

'쿠키런 : 킹덤', TV광고 앞세운 일본 현지 마케팅 캠페인 본격화
출처 : thisisgame.com

아모레퍼시픽의 베트남시장 및 아세안시장 현지화 광고

현재 코로나19 상황에서도 베트남시장에서는 화장품을 수출하는 국내기업에 대해 큰 관심을 가지고 있다. 또한 베트남시장에서 한류 열풍으로 인해 베트남 내의 화장품시장에서 한국 화장품이 5년 연속 1위를 하고 있는 상황이다.

| 표 8-4 | 2020년 한국 對세계 화장품 수출 상위 10개국 (단위 : 백만 달러, %)

순위	국가	수출액	증감률	비중	순위	국가	수출액	증감률	비중
1	중국	3,044.5	24.8	49.8	6	러시아	196.1	8.5	3.2
2	홍콩	614.0	−22.2	10.0	7	대만	125.6	5.2	2.1
3	일본	547.8	59.8	9.0	8	태국	106.7	−9.2	1.7
4	미국	483.1	12.2	7.9	9	싱가포르	99.4	−7.4	1.6
5	**베트남**	**227.3**	**17.6**	**3.7**	10	말레이시아	62.6	−5.1	1.0

* HS 3304 기준
출처 : 한국무역협회 TradeMap

58) https://www.ddaily.co.kr/news/article/?no=222300
59) https://www.devsisters.com/ko/company/history/

| 표 8-5 | 2020년 베트남 화장품 수입시장 상위 3개국 (단위 : 백만 달러, %)

순위	국가	수출액	증감률	비중
1	한국	227.4	17.6	48.1
2	일본	76.2	51.1	16.1
3	프랑스	51.2	30.6	10.8

그림 8-4 베트남 화장품 수입시장 내 한국 점유율 추이

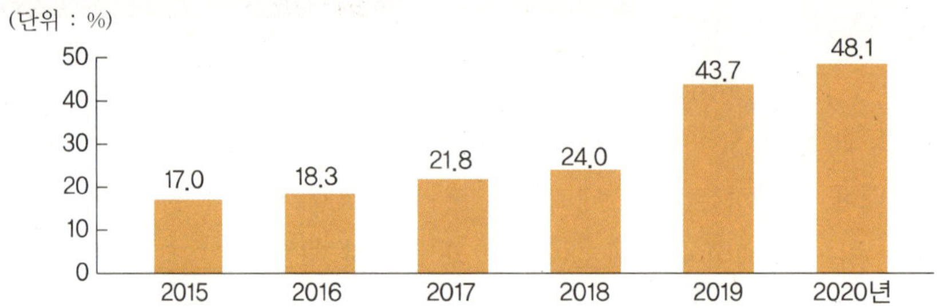

* HS 3304 기준
출처 : 한국무역협회 TradeMap

2020년 기준 베트남의 한류 연관 소비 동향을 살펴보면 뷰티가 1위, 드라마가 2위로 현재 베트남에서 뷰티가 가장 인기 있는 한류 콘텐츠이다. 뿐만 아니라 2021년부터 적용된 한 · 베트남 FTA에 따른 관세인하 혜택으로 인해 국내의 화장품 수출 기업들이 베트남시장으로 많이 진출하고 있는 추세이다. 국내의 화장품 기업 중 베트남에서 큰 인기를 끌고 있는 기업이 바로 중견기업인 아모레퍼시픽이다.[60]

우선 아모레퍼시픽에 속한 설화수, 라네즈, 헤라, 마몽드 등의 브랜드를 중심으로 베트남시장에 뛰어들었는데 현지화 전략을 추진하기 위해 한류 스타인 송혜교나 전지현을 라네즈의 광고 모델로 기용했다. 그 결과 베트남시장에서는 한류 스타들을 따라하고 싶어하는 심리가 작용하여 한국의 화장품에 대한 인지도가 높아졌고, 매출도 상승했다. 또한 아모레퍼시픽의 설화수, 라네즈, 헤라, 마몽드 등의 브랜드들은 국내에서는 중저가 브랜드이지만, 베트남시장에서는 고급화 전략을 실시하여 한국 화장품은 고급 화장품이라는 인식이 높아졌고, 라네즈의 경우 한류 모델인 송혜교로 인해서 베트남의 현지인들에게 고급 브랜드로 인식되고 있다.[61]

---

60) https://www.pharmnews.com/news/articleView.html?idxno=105934

TV광고 및 고급화 전략을 실시한 현지화 전략 외에도 아모레퍼시픽은 베트남시장을 공략하기 위해 현지 연예인 및 유명 블로거 초청 행사를 하는 등 일명 '스타 마케팅'을 실시했다. 해당 초청 행사에서는 설화수의 대표 제품인 '윤조에센스'를 적극적으로 홍보하여 베트남시장에서의 설화수의 프리미엄 이미지를 자리잡게 하기 위해 노력을 했는데, 이에 유명 연예인과 블로거들이 적극적으로 호평함으로써 이로 인해 현지 소비자들의 설화수 브랜드에 대한 인지도가 높아졌다고 한다. 이와 같이 현지에 있는 유명인을 초청하는 것도 촉진의 현지화를 적용한 프로모션이라고 할 수 있다.

베트남시장 외에도 아모레퍼시픽의 설화수는 2019년 당시 싱가포르, 대만, 태국, 말레이시아, 인도네시아에 진출하였는데, 그 중 태국은 뷰티 트렌드에 굉장히 민감한 뷰티 강국이다. 뷰티 강국인 태국에서 설화수는 고급화 전략을 통해 태국 최상류층 사이에서 인기 많은 브랜드로 이미지를 자리잡았다. 또한 한류 스타인 송혜교와 전지현을 광고 모델로 기용한 것이 아세안시장에서도 효과적으로 작용했다.[62]

외국기업 촉진 현지화

네슬레(Nestle)

① 중국-광고의 현지화

네슬레는 광고 부문에 있어서 현지화 전략을 적절하게 사용하였다. 여러 국가에서 획일화된 광고를 사용하는 것이 아니라, 중국 정서에 맞는 광고를 기획하고 사용하였다. 대표적인 사례로 80后(빠링호우) 세대를 저격한 광고와 중국의 대표적인 명절 중 하나인 춘절을 배경으로 한 광고가 있다.

출처 : Shuo Hu, "韩寒的"雀巢咖啡"活出敢性广告片", 2016.10.20. 동영상, 1:30, https://www.youtube.com/watch?v=FE6AOHrZ-Z4.

출처 : Ads CHINA, "2019.1 Nestle China The Spring Festival TVC/雀巢中国2019新春TVC", 2019.1.31. 동영상, 1:22, https://www.youtube.com/watch?v=SZzyNZwrYFY&t=82s.

빠링호우 세대란 1980년대 이후에 태어난 젊은 세대를 의미하는데, 우리나라의 MZ세대와 유사한 특징을 가지

61) https://www.theguru.co.kr/news/article.html?no=7947

62) http://kpenews.com/View.aspx?No=353411

고 있다. 대표적으로, 유행에 민감하고 체면과 개성을 중요시하며, 독립적이고 자기중심적이라는 일반적인 특징이 있다. 이러한 특징을 반영하여 빠링호우 세대를 대표할 수 있는 광고 모델을 사용하고, 빠링호우 세대의 모습을 잘 반영한 광고를 만들어 활용하였다. 중국의 대표 기념일인 춘절을 배경으로 하는 광고도 활용하였다.

② 일본-현지화가 바탕이 된 수험생 응원 캠페인

네슬레는 네슬레의 제품인 킷캣의 일본식 발음을 활용하여 촉진의 현지화 전략을 펼쳤고, 이를 통해 구전(word of mouth) 효과를 이끌어낼 수 있었다. 일본의 대입 시즌 즈음, 네슬레는 수험준비 때문에 도쿄에 숙박하는 학생들을 대상으로 킷캣을 나누어주기 시작했다. 이 전략에는 킷캣의 일본식 발음인 '킷토캇토'가 반드시 이긴다는 뜻을 가진 일본어인 '킷토캇츠(きっと勝つ)'와 비슷하다는 사실이 바탕이 되었다. 이 전략 덕분에 인터넷을 통해 수험생들 사이에서 킷캣이 수험생의 필수 부적이라는 입소문이 퍼져 나갔고, 수험생들이 킷캣을 먹는 것이 크게 유행하게 되었다. 이를 통해 당연히 판매도 촉진되었으며, 매출 또한 향상되었다.[63)]

출처 : 강윤화, "네슬레 재팬의 기적, '킷토캇토' 성공의 결정적 순간," 비즈한국, 2017.7.17. http://www.bizhankook.com/bk/article/13704.

이와 같은 킷캣을 활용한 수험생 응원 캠페인 전략은 2003년부터 시작되었는데,[64)] 아직까지도 그 문화가 이어지고 있는 것을 보면, 네슬레가 일본에서 활용한 촉진의 현지화 전략은 성공적이었다고 판단된다.

P&G

① 일본-일본인의 특성을 고려한 광고 현지화 전략

생활용품 분야에서는 경쟁기업과 성능을 비교하는 비교광고를 하는 경우가 흔하다. 하지만 P&G는 일본에서 비교광고를 활용하여 제품을 홍보하지 않았다. 이는 일본에서

---

63) 강윤화, "네슬레 재팬의 기적, '킷토캇토' 성공의 결정적 순간," 비즈한국, 2017.7.17. http://www.bizhankook.com/bk/article/13704.

64) 김성윤, "수험생에게 한국에선 엿 선물… 일본에선 '킷캣'?," 조선일보, 2018.11.13. https://www.chosun.com/site/data/html_dir/2018/11/13/2018111301145.html.

상대방을 비방하는 것은 무례하고 부적절한 행동이라고 여겨지기 때문이다. 하지만 일본인들은 사실에 입각한 객관적인 정보를 제시할 경우 잘 수긍하는 성향도 가지고 있다. 이러한 일본인들의 성향을 적절하게 분석하여 P&G는 Ariel이라는 세제를 광고할 때, 광고의 도입부에서 타사 제품과 비교를 하는 것이 아니라, 사실적이고 객관적인 태도로 제품의 성능을 제시하는 전략을 펼쳤다. 즉, 타깃국가 국민들의 특징을 파악하여 그것을 마케팅에 잘 녹여내었다고 볼 수 있다.

② 중국-중국 연예인을 활용한 광고의 현지화 전략

많은 기업이 광고에 외국 모델을 사용하여 국제화된 제품이라는 인상을 심어주곤 한다. 하지만 P&G는 중국 광고에 다른 국적의 모델이 아닌 중국인 광고 모델을 사용하였다. 대표적으로 P&G의 OLAY 광고는 중국의 유명한 영화배우인 장만옥이 맡았으며, 타이드를 소개하는 광고에서는 중국의 유명한 배우인 하이칭이 등장하였다. 특히 하이칭은 드라마에서 가정주부 역할을 많이 맡아서 중국에서 '국민 가정주부'로 불린다는 점을 잘 활용한 것이다. 이 사실을 바탕으로 P&G는 하이칭이 타이드 세제의 효과를 설명하는 광고를 만들었다.[65] 이처럼 P&G는 모든 국가에서 똑같은 광고를 단지 번역만 하여 활용하는 것이 아니라 대상 국가에서의 선호도를 잘 파악하여 광고를 진행하였다.

65) 김명신, "중국기업으로 오해할 만큼 현지화에 성공한 피앤지," Kotra 해외시장뉴스, 2011.10.28. https://dream.kotra.or.kr/kotranews/cms/news/actionKotraBoardDetail.do?MENU_ID=110&pNttSn=110592.

CASE 84 삼성전자 비스포크

주제 / 마케팅 믹스 4P 전략

삼성전자 비스포크 마케팅 믹스 4P 전략[66)]

요즘 세대들이 정보를 습득하는 방법은 과거에 TV를 보는 것에서 나아가 생활 속에서 스마트폰을 활용하여 방대한 정보 중에서 자신이 필요한 정보들을 직접 검색하고 필요한 정보를 얻는 것이다. 즉, 일방향으로 영상 매체를 시청하는 것이 아니라 쌍방향으로 영상 매체를 소비하고 소통하는 것이다.

대표적인 영상 매체 중 하나가 '유튜브' 플랫폼이다. 유튜브는 단순히 시청하는 것이 아니라 그 공간 안에 직접 들어가 보는 경험을 할 수 있으며, 또한 유튜브와 함께 생활하며 유튜브 속에서 자신만의 세계를 구축해 나가고 있다. 최근 트위터, 페이스북, 인스타그램, 유튜브 등 온라인 매체로 인한 대중문화 공간의 확대는 집단지성 및 공유경제를 디지털 공간으로 확장하고 있다.[67)]

삼성전자는 이러한 다양한 매체 환경에 적응하기 위하여 노력해 왔다. 또한 삼성전자는 일상생활 속에서 가전제품과 소비자 간의 틈을 줄이기 위한 제품 및 프로젝트를 진행하고 있으며, 이러한 노력은 럭셔리 콘셉트 제품으로 이어지고 있다.

제품 : 비스포크 시리즈

삼성전자의 '비스포크' 시리즈는 집의 인테리어를 중요하게 여기는 사람들이 증가하는 추세에 가전기기를 인테리어를 구성하는 하나의 요소로 여기고 집의 색채 및 분위기와 어울리는 심플한 디자인 및 색상을 자신들이 선택할 수 있다는 점이 장점으로 부각되면

---

66) 부경대학교, 국제기업과경영환경, 이사랑, 수업과제를 참고하였음.

67) 김지연, "매체화 시대, 유튜브 광고의 일상 전유 전략 : 삼성전자 광고의 상호텍스성 전략을 중심으로", 「미디어, 젠더 & 문화」, 한국여성커뮤니케이션학회, 2021.

삼성디지털프라자 강남본점 비스포크 매장, 브랜드브리프 http://www.brandbrief.co.kr

서 2030 세대의 인기를 끌고 있다. 이러한 비스포크 시리즈는 단순히 가전기기에만 적용되는 것이 아니라 스마트폰 시리즈에도 직접 색상을 커스터마이징할 수 있도록 적용되었으며 이러한 부분들은 트렌디한 감각을 추구하는 2030 세대에게 큰 반향을 가져왔다.

장소 : 비스포크와 협업한 프리미엄 공간

삼성전자의 프리미엄 빌트인 가전 브랜드 데이코의 체험 공간인 '데이코 하우스'가 공개되었다. 데이코 하우스에는 1도어 형태의 컬럼 냉장고와 T타입 냉장고, 인덕션, 후드, 오븐, 식기세척기까지 실제 집처럼 꾸며진 공간이 자리잡고 있다. 전시회는 6개의 글로벌 럭셔리 주방 가구 브랜드와 협업하여 이루어졌으며 데이코 하우스와 더불어 비스포크 제품으로 구성한 인프니트존도 마련되어 눈길을 끌었다.

이번 비스포크 시리즈에는 아침과 저녁을 모티브로 공간과 시간의 연결을 구현한 '블렌디드 플로어'라는 콘셉트의 공간을 조성하였다.[68)]

또한 파라다이스 시티 호텔과 함께 비스포크 라인 체험공간을 공개하였으며, 호텔 로

---

68) 이건엄, "새 단장한 '삼성 데이코 하우스'… 럭셔리 제품에 '입이 떡'", 데일리안 https://www.dailian.co.kr/news/view/1109562/?sc=Naver

비에 비스포크의 와인냉장고인 인피니트 라인을 비치하여 고객들에게 와인을 제공하였다. 그리고 CJ푸드빌과 함께 '비스포크 큐커'를 전국의 VIPS 매장에 기획존을 설치하여 운영하도록 함으로써 큐커의 기능 및 특성을 홍보하고 더하여 CJ푸드빌의 제품들도 함께 홍보할 수 있도록 하였다.

홍보 : be spoke(be : 되다, spoke : 말하다)

비스포크는 원래 삼성전자가 브랜드 출시를 준비할 때 사용하는 프로젝트명이었는데 본연의 뜻인 '맞춤 주문 제작'이 제품의 콘셉트를 가장 잘 보여주고 적합하다고 판단하여 이를 차용하였다. 이는 고객이 원하는 컬러와 소재, 타일, 용량, 기능 등을 주문제작해주는 모듈형 냉장고 브랜드이며 나만의 냉장고를 만들 수 있도록 해주는 것이 주요한 콘셉트였다. 주방이 인테리어의 범주 안으로 들어오게 되면서 소비자들의 변화하는 니즈를 정확하게 파악한 것이다. 삼성은 비스포크 브랜드의 홍보를 위해 SNS 인증 마케팅을 진행하였으며 이는 소비자들의 자발적인 확산으로 이어지게 되었다. 그리고 제품의 기능이나 용량이 아닌 디자인과 인테리어에 집중한 홍보를 통해 소비자들로부터 좋은 평가를 받았다.[69]

가격 : 프리미엄 라인

삼성전자의 비스포크는 프리미엄 라인으로서 '비스포크 인피니트 라인'을 출시하였다. 또한 럭셔리 빌트인 가전인 데이코 하우스를 통해서 국내외 시장에서 입지를 다지겠다는 의지를 보이고 있다. 데이코는 제품당 가격이 1,000만 원이 넘으며 모두 데이코 제품일 경우 4억 원 수준에 달한다. 이는 빌트인 가전 수요를 자극하기 위해 가격대를 다양화하고 많은 부가가치를 얻을 수 있는 프리미엄 라인에 집중한 것이다.[70]

---

69) 김수경, "'비스포크', 어떻게 신혼부부가 선호하는 브랜드가 됐나", 브랜드브리프 http://www.brandbrief.co.kr/news/articleView.html?idxno=2500

70) 이상현, "'74조 시장 열린다' 삼성전자, 럭셔리 빌트인 가전 본격화", 데일리임팩트 https://www.dailyimpact.co.kr/news/articleView.html?idxno=78907

CASE 85

아웃백스테이크하우스 한국

주제 / 마케팅 믹스 4P 전략

아웃백스테이크[71)]

아웃백은 1997년 한국에 입점하였고, 국내 최초로 단일 브랜드로는 최대 매장, 최대 매출의 기록을 세웠으며 지금은 80개의 지점을 보유하고 있다. 이렇듯 큰 성과를 거뒀던 아웃백이지만 7년 전에는 파산의 위기까지 몰렸으며, 모두가 대규모 적자에서 벗어나기 힘들 것이며, TGIF, 빕스 등과 같은 패밀리 레스토랑과 함께 하락세를 맞이할 것이라고 예상했다. 하지만 아웃백스테이크는 코로나19 상황의 장기화에도 불구하고 훌륭한 영업 성과를 보이고 있다.

출처 : 아웃백 홈페이지, https://www.outback.co.kr

많은 외식업체들이 코로나19의 여파로 휘청거리고 있지만, 아웃백스테이크하우스의 매출액과 영업이익은 2020년 기준으로 각각 2,979억 원, 237억 원으로 전년과 비교하여 각각 17%, 41%씩 증가했다. 1997년 한국에 진출한 이래 200억 원대의 영업이익을 낸 건 24년 만에 처음이다. 아웃백은 올 상반기 매출액과 영업이익이 각각 전년 동기 대비 34%, 193% 증가하면서 올해의 영업성과도 기대되고 있다. 그리고 최근 2021년 8월, 치킨 전문점 'BHC'에서 아웃백 국내 법인을 스카이레이크로부터 인수했다.

---

71) 부경대학교, 국제기업과경영환경, 유현정, 수업과제를 참고하였음.

그림 8-5 아웃백스테이크하우스의 최근 5년간 매출 추이

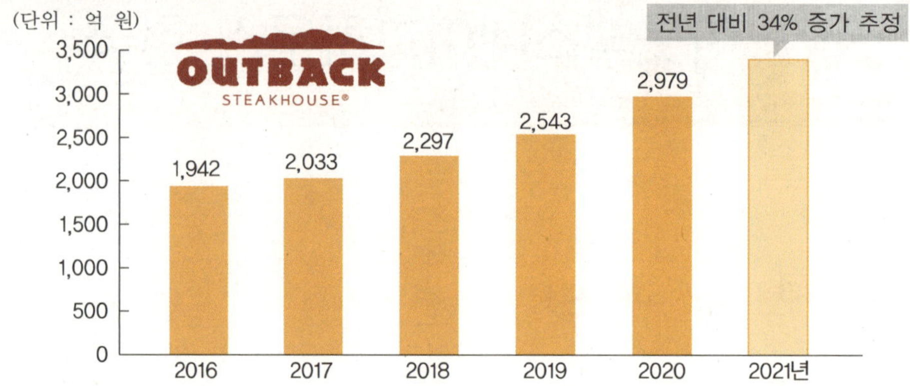

출처 : 이코노미스트

아웃백스테이크하우스 한국, 그리고 마케팅 4P 전략

아웃백이 한국에서 비교적 큰 성공을 이룰 수 있었던 것은 '마케팅 믹스(4P) 전략'이 유효했기 때문이다. 아웃백스테이크하우스의 4P 전략이 어떻게 변화해왔는가를 살펴보면 다음과 같다. 먼저 제품의 경우, 아웃백스테이크하우스는 한국에 진출하며 카카두 갈비 스테이크, 통고구마 메뉴로 한국인의 입맛을 공략했으며, 오징어, 갈비, 김치 등을 추가했다. 최근에는 현지화된 메뉴보다 아웃백스테이크 자체의 매력을 살린 메뉴가 인기를 끌고 있으며, T본 스테이크와 토마호크 스테이크 등 시그니처 메뉴의 출시로 고급 스테이크 하우스라는 인식을 각인시켜 왔다. 또한 새우살과 갈빗살, 꽃등심을 사용한 대표 메뉴인 토마호크 스테이크는 2017년부터 지난해까지 누적 판매량 100만 개를 돌파했다. 토마호크 스테이크의 출시 이후 매출이 2배 가까이 늘었으며, 경제불황에도 불구하고 가격을 낮추는 대신 제품의 프리미엄화를 지속적으로 시도하였다.

가격의 경우에도 고기의 무게를 180g에서 200g으로 과감하게 올리고, 맛없는 부위를 버려 가격을 올리고 고기의 품질을 상승시키는 프리미엄 가격 전략을 사용하여 부가가치를 창출해내고 있다.[72]

---

72) 아웃백스테이크하우스 https://www.outback.co.kr/

아웃백스테이크하우스 배달 서비스의 시작

아웃백스테이크하우스는 2019년 9월부터 배달 서비스를 시작하였는데 2019년 말 코로나19 시대라는 상황과 맞물려 집에서도 누릴 수 있는 '홈파티', '홈스토랑'이라는 키워드를 내세워 큰 인기를 끌었다. 아웃백 딜리버리 서비스를 통해 오랫동안 인기가 있었던 투움바 파스타, 스테이크 등 시그니처 메뉴들을 집에서 즐길 수 있게 되었고, 또한 딜리버리에서만 맛볼 수 있는 특별 메뉴를 만들어 소비자의 흥미를 불러일으켰다. 또한 코로나 시대 이전에는 특별한 날에 분위기 좋은 레스토랑을 가는 것이 일반적이었다면, 아웃백 딜리버리 서비스는 특별한 날에 홈파티를 통해 축하하고 즐기는 유행을 만들어 내었다.

아웃백 딜리버리 서비스 제품 사진
출처 : 아웃백스테이크 인스타그램

그리고 그동안 아웃백이 고수해왔던 스테이크의 프리미엄화, 가격 등을 유지하면서 외부 활동이 어려운 코로나19 시대에 맞게 소비자들의 니즈에 맞추어 재빠르게 딜리버리 서비스를 시작하였다. 현재 아웃백은 16개의 딜리버리 매장과 60개의 매장에서 딜리버리 서비스를 수행하고 있다.[73)]

---

73) 신윤애, "아웃백의 이유 있는 호황, 신익창 아웃백스테이크하우스 사장 인터뷰", 포브스
http://jmagazine.joins.com/forbes/view/334376

아웃백스테이크하우스의 와인 특화매장

아웃백스테이크하우스는 2021년에는 와인 특화매장을 오픈하여 매장에서 20여 종의 프리미엄 와인을 즐길 수 있게 되었다. FSI 식품산업통계에 따르면 우리나라에서 2020년 1~10월 동안의 기간에 편의점 와인 구매 고객은 한 달 평균 1.8병이었으나 2021년에는 2.3병으로 증가했다.[74] 평균 구매가격도 28.4% 증가하는 등 와인의 대중화가 진행되고 있다. 아웃백은 이러한 추세에 발맞춰 와인 특화매장을 하나씩 늘려나가고 있다. 해외 패밀리 레스토랑에서는 전체 매출의 10%를 주류가 차지하고 있지만 한국에서는 스테이크가 매출의 대부분을 차지하는 만큼 주류가 매출에서 차지하는 비율이 3%가 되지 않았다고 한다.

아웃백은 스테이크에 고급 와인을 페어링하여 마실 수 있는 문화 공간을 목표로 하여 매장을 기획하였고 와인 특화매장에는 와인셀러, 와인바, 와인 손님만을 위한 공간도 마련하였다. 와인셀러의 경우 스테이크에 잘 어울리는 와인 가이드를 제공하고 고급 와인잔과 디켄딩 서비스도 제공한다. 또한 매장이 위치한 지역적 특색과 입점한 건물에 따라 차별화된 인테리어 등 조금씩 포인트를 주고 있다. 이러한 특색 있는 특화매장으로 아웃백은 소비자들의 관심을 끌면서 제2의 전성기를 맞이하고 있다.

---

74) FSI 식품산업통계, 연합뉴스

글 | 로 | 벌 | 산 | 책

8 글로벌 연구소 이야기 : 고등학술연구소

미국 뉴저지주 프린스턴에 있는 세계적인 학술연구기관, 고등학술연구소. 1930년에 설립된 이래 순수학문과 기초과학의 산실로서 20세기 대부분의 과학자들이 이곳을 거쳐갔다.

그 중에는 14명의 노벨상 수상자와 20여 명의 필즈상(수학분야의 가장 영예로운 상) 수상자가 포함되어 있다. 한국의 물리학자 진영선, 이휘소 박사도 이곳에서 연구활동을 했다. 자기가 하고 싶은 연구를 마음껏 할 수 있는 이상적인 연구 환경을 제공하여 '꿈의 연구소', '자유로운 공동체', '지식인의 호텔' 등으로 불린다.

이 연구소의 과학자들은 자연의 산등성이에 진을 치고 가장 높은 창조의 산봉우리에서, 볼 수도 만질 수도 없는 추상적 원리를 사유하는 사람들이다. 순수하고 아주 고상한 이들은 제품을 만드는게 아니며 실험도 하지 않는다. 생애의 모든 목적은 단지 이해하는 것, 그뿐이다.

이 연구소는 지식인들의 유토피아라고 할 수 있다. 자기가 하고 싶은 연구를 자기 나름대로 계획을 세워 진행한다. 아무런 의무도 없고, 누구에게 보고하지 않아도 된다. 바야흐르 연구소를 떠나야 할 날이 오더라도 특별히 지금까지 해왔던 연구에 대한 보고서를 써내야 할 의무도 없다. 다만 자기 짐을 꾸려 이 지식인의 에덴동산을 뒤로 하고 냉혹한 현실의 세계로 돌아가기만 하면 된다.

내가 교육자로서 학자로서 꿈구어온 연구소이다. 이 연구소에 들어가는게 꿈이 아니라 이런 연구소를 만들고 운영함으로써 학자들에게 마음껏 연구하고 그 성과를 사회에 환원하게 함으로써 이러한 시스템이 한국에서도 성공적이라는 것을 증명하고 싶다.

「누가 아인슈타인의 연구소를 차지했는가」 중에서 발췌 정리

CHAPTER

09

글로벌 생산관리

글로벌 기업은 전 세계의 시장을 대상으로 글로벌 관점에서 경영활동을 수행하는 기업이다. 그러나 국제환경이 국내환경과는 정치, 경제, 사회, 문화적 측면에서 근본적으로 상이하기 때문에 해외에서의 생산관리는 국내에서보다 더욱 복잡하고 어렵다. 이러한 글로벌 생산관리의 주요 과제는 생산입지결정, 생산의 규모와 범위, 글로벌 소싱, 글로벌 로지스틱스 등으로 구분해볼 수 있다.

주요내용과 사례

글로벌 생산관리에서는 해외공장 입지선정, 글로벌 소싱, 글로벌 분업생산, 글로벌 로지스틱스 등의 다양한 주제를 다룬다. 우선 해외공장 입지는 경쟁력을 유지하기 위해서 전 세계를 대상으로 가장 유리한 생산입지에 위치해야 한다. 또한 전 세계를 대상으로 최적의 자원, 기술 등을 찾아내어 활용하는 적절한 글로벌 소싱전략이 필요하다. 제품 간 분업이란 고급제품은 본국 또는 선진국에서 제조하고, 저가품은 후진국 등 생산요소가 저렴한 국가에서 생산하는 것을 말한다. 또한 저렴한 비용을 들여 소비자들에게 자사의 제품을 전달하여 소비하게 할 수 있는 글로벌 로지스틱스 구축이 필요하다.

CASE 086 LG전자 태국

CASE 087 포스코 인도

해외공장 입지선정

전 세계시장을 대상으로 경영활동을 수행하는 글로벌 기업은 생산관리의 측면에서도 전 세계를 대상으로 가장 유리한 생산입지를 찾아 생산활동을 한다. **생산입지** CASE 086~087 를 선정할 경우 가장 고려해야 할 요인들은 다음과 같다.

첫째, 현지국의 정책제도이다. 현지국 정부의 정책 및 제도는 투자기업의 사활을 좌우할 만큼 중요한 영향을 미친다. 특히 아직도 사회주의 이념을 고수하고 있는 중국, 베트남, 북한, 쿠바 등은 기본적으로 자본가에 대한 적대감과 노동자 제일주의를 밑바탕에 깔고 있어 저임금을 겨냥한 외국기업에 결코 우호적일 수 없다.

둘째, 현지국의 기술요인이다. 현지국의 원자재, 부품 등의 현지가용성에 맞추어 기술수준이 결정되며, 그에 따라 생산공정도 변경될 수 있다.

셋째, 현지국의 생산인력문제이다. 개도국은 공장의 생산계획, 통제기능을 담당할 생산관리 요원을 구하기가 힘들고, 작업자들에게 올바른 생산기술을 익혀주고 건전한 작업태도를 심어주기가 어렵다. 또한 현지공장의 기계, 시설, 생산계획 및 통제 시스템 등을 결정할 때에는 현지 종업원의 가치관, 관습, 태도 등을 고려해야 한다.

마지막으로 현지국의 관련 산업이다. 해외생산은 현지의 관련 산업에 의해 크게 영향을 받는다. 글로벌 기업이 개도국에서 현지생산을 할 때 원부자재 구매문제와 생산문제에 당면하게 되면, 높은 원가와 저질의 제품이 이익을 압박하여 적자가 발생할 가능성이 높다. 그러므로 기업은 선진국에서 생산할 때와 다르게 자금, 기술 등을 지원하여 현지 공급업체들의 공급력을 길러주면서 원자재, 부품 등을 공급받는 경우가 많다.

글로벌 소싱

글로벌 소싱 CASE 088 이란 생산에 필요한 모든 자원과 기술, 정보 등을 특정 국가나 지역에서 조달하는 것이 아니라 전 세계를 대상으로 최적의 자원, 기술 등을 찾아내어 활용하는 것을 의미한다. 즉, 생산에 필요한 원재료 및 물품을 유리한 가격으로 필요한 시기에 적당한 공급자로부터 합리적으로 구입하기 위한 구매관리를 말한다. 글로벌 기업은 국제분업생산을 위해 필요한 소재 및 부품을 어떻게 조달한 것인가를 결정해야 하며, 원가를 절감하고 품질을 향상시키는 방향에서 글로벌 소싱을 추진한다. 그러나 글로벌 소싱을 할 때 위험한 점은 공급라인이 길어지고, 재고수준이 높아질 수 있으며, 환율변동의 위험이 존재한다는 것이다. 글로벌 소싱의 가장 대표적인 수단이 적시조달시스템(Just In Time)이다. 이것은 부품이 적시에 생산공정에 도달하게 하는 방식을 말하는 것으로써, 이를 통해 기업은 유휴재고를 줄여 자금부담 및 재고관리비용을 감소시킬 수 있다.

CASE 088
이마트와 롯데마트

글로벌 분업생산

글로벌 분업생산이란 복수의 해외공장을 상호 연계시켜 보완적인 생산활동을 전개하는 것을 말한다. 글로벌 분업생산은 크게 2가지로 구분할 수 있다. 첫째는 제품 간 분업이고, 둘째는 공정 간 분업이다. **제품 간 분업** CASE 089 이란 고급제품은 본국 또는 선진국에서 제조하고, 저가제품은 후진국 등 생산요소가 저렴한 국가에서 생산하는 것을 말한다. **공정 간 분업** CASE 090 이란 고급기술이 필요한 공정은 본국 또는 선진국에서 담당하고 표준화된 기술이 필요한 공정은 개발도상국 또는 후진국에서 담당하는 것을 말한다. 효율적인 국제분업생산을 위해 기업은 특별히 수요, 입지, 규모의 경제 및 각종 정부정책과 환경적 제약 등을 고려하여 공장별로 제품의 전문화를 시도해야 하며, 자가생산 또는 외주 여부를 결정하고 원자재, 부품, 완제품의 세계적 조달전략을 수립해야 한다. 마지막으로 원자재, 부품, 완제품 등을 표준화시키고 부품의 호환성을 증대시켜야 효율적인 분업생산을 달성할 수 있다.

CASE 089
삼성의 반도체기술과 분업생산

CASE 090
대우조선의 분업생산

CASE **091**
글로벌 타이어회사들

CASE **092**
베네통의 물류 시스템

글로벌 로지스틱스

글로벌 환경에서 기업들이 경쟁자들과 경쟁을 하여 우위를 차지하고 유지하기 위해서는 **글로벌 로지스틱스** CASE **091~092**가 잘 구축되어야 한다. 이를 통해 기업은 더 저렴한 비용을 들여 소비자들에게 자사의 제품을 소비하게 할 수 있고, 소비자 만족을 더욱 더 높여줄 수 있다. 로지스틱스의 종류에는 크게 3가지가 있다. 첫째, 직송 시스템(direct system)은 현지에 본사나 자회사가 없는 상태, 즉 직 · 간접의 수출단계, 또는 지사나 자회사가 있더라도 보관시설을 보유 및 운영하지 않고 판매만을 행하여 상품이 본사로부터 바로 고객에게 직송되는 시스템을 말한다. 둘째, 보관 시스템(warehousing system)은 현지의 지사 또는 자회사가 창고를 운영하는 경우, 통상 대량의 물품을 위탁판매조건으로 반입하여, 현지 창고에 비축해 두고 현지의 주문에 응하는 시스템으로서 흔히 말하는 비축판매를 뜻한다. 마지막으로 다국간 시스템(multi-country system)은 상품을 생산공장으로부터 먼저 주요 거점지역에 입지한 다국간 물류센터로 수송한다. 그곳에서 다시 각국의 자회사 창고 또는 고객에 배송하는 형태로써 생산공장에서 대량의 상품을 물류센터로 보내 비축해 두고 각 지역별로 배분하는 시스템을 말한다.

CASE 86 LG전자 태국

주제 / 해외공장 입지선정

1996년 당시 한국 소비자들은 2조식 반자동 세탁기를 거의 사용하지 않고 있어서 대부분의 물량을 해외로 수출하고 있는 상황이었다. 그리고 2조식 세탁기의 수출가격은 지속적으로 하락하고 있는 상황이어서 한국에서 계속 생산한다면 지속적인 적자가 발생할 것으로 예상하였다. 이러한 채산성 악화를 타개하기 위해 LG전자는 생산비용이 낮고, 향후 수요가 증대될 것으로 예상되는 동남아시아 지역으로의 공장 이전을 추진하였다. LG전자는 1996년부터 입지탐색을 시작하여, 1997년 태국 라용지역에 공장을 설립하여 1998년부터 연 100만 대의 생산에 들어갔다. 그렇다면 왜 LG전자는 태국 라용지역에 공장입지를 선정했을까?

태국은 남한 면적의 5배에 달하고 6천 2백만 명의 인구를 가지고 있어 향후 경제발전에 따른 장기적인 수요 증가 가능성이 높은 나라였다. 그 당시 태국과 함께 입지후보로 검토되었던 필리핀, 인도네시아보다 태국이 향후 더 높은 잠재수요가 있을 것으로 예측하였다. 또한 태국에서 하나의 업체가 단독으로 시장을 독점하고 있는 상태가 아니었기 때문에 LG전자가 현지공장 설립을 통해 시장점유율 1위를 차지해보고자 하는 비전을 가질 수 있었다. 반면 필리핀이나 인도네시아의 경우 한두 업체가 전체 시장의 40~80%를 차지하고 있어서 LG전자가 경쟁에서 우위를 차지하기에 버거운 상황이었다. 또 한 가지 진입시 고려해야 할 문제는 1997년 당시에는 동남아시아시장의 내수가 아직 크지 않은 상황이라는 점이다. 따라서 진출기업은 현지에서 생산해서 다른 국가로의 수출 가능성을 평가할 필요가 있었다. 이러한 측면에서 태국은 필리핀, 인도네시아와 비교하여 물류체계 등에서 더 유리한 것으로 판단되었다.

LG전자가 태국시장에 진출하고자 하는 주된 이유는 저렴한 노동력을 확보하여 생산 효율성을 높이는 것이다. 특히 라용지역은 방콕에서 멀리 떨어진 태국 외곽지역으로서 상대적으로 다국적기업들의 진출이 적은 상황이었기 때문에 저렴한 노동력의 확보가 용이하였다. 또한 라용지역으로부터 남쪽으로 1시간만 가면 태국 제2의 큰 항구가 있어 운송비가 적게 들 수 있다는 장점이 있었다. 태국에는 경쟁력 있는 부품 중소기업이 많이 있다는 것도 투자대상국으로 결정되는 데 영향을 주었다. 다만, 경쟁입찰 문화가 정립되어 있지 않았고, 담합이 성행했기 때문에 이를 극복하는 데 다소의 노력이 필요할 것으로 예상되었다.

태국 정부는 외국인 투자유치를 통한 경제개발을 추진하고 있어 외국인 기업들에게 우호적인 정책을 추진하고 있었다. 태국에서는 기본적으로 법인설립과 경영에 대한 외국자본의 참여제한이 없었다. 태국은 외국인 투자를 장려하기 위해 투자지역을 세 개로 나누어(zone 1, 2, 3) 투자 지역별로 세제 혜택을 부여했다. 가장 혜택이 많은 지역은 방콕에서 멀고 가장 낙후된 지역으로 개발 우선 지역인 'zone 3'이다. 이 지역에 투자하는 기업은 기계류를 수입할 경우 수입관세 면제, 8년간 법인세 면제, 5년간 수출품에 사용된 원료 및 부품에 대한 수입관세 면제 등의 혜택을 받게 된다. 또한 원칙적으로 외국인에 의한 토지소유가 허용되지 않았으나 투자지역 내의 외국기업에 대해서는 토지소유를 허가해주었다.

그림 9-1 LG전자 태국공장 입지

CASE 87 포스코 인도

주제 해외공장 입지선정

철강회사인 포스코는 인도 오리사주 파라딥(Paradip)에 1,200만 톤 규모로 일관제철소를 건설하였다. 최종투자비는 120억 달러(한화 약 12조 원), 공장면적 4,000에이커(약 500만 평)의 장소에 2010년까지 1단계로 400만 톤 규모의 제철소를 건설하였다. 여기서 포스코의 인도 제철소 입지선정요인을 구체적으로 살펴보자.

인도는 남한의 33배에 달하는 규모와 10억 8,000만 명에 달하는 세계 2위의 인구수를 가진 거대시장으로서의 매력을 갖추고 있다. 현재 8%대의 경제성장률을 유지하며 급속한 성장을 하고 있다. 향후 도로, 항만 등 사회인프라 투자가 급격히 증가할 것으로 예상되어, 잠재적인 철강수요 증가 가능성이 가장 큰 국가이다. 즉, 경제규모는 2050년 세계 3위가 될 것이라고 예측되고 있어 중국과 함께 최대의 잠재력을 지니고 있으며, 향후 중국보다 철강수요가 더 빠르게 증가할 것으로 예측된다. 또한 저렴하고 풍부한 노동력을 보유하고 있고 특히 경제활동인구는 세계 최대이며 매년 공학 전공자가 20만 명이 배출될 정도로 고급인력이 풍부하다. 따라서 인도는 관리자나 기술인력의 활용이 중국이나 다른 개도국보다 유리한 상황이다. 중저급 인력이 풍부한 점은 제철소 생산직근로자 확보 측면에서 유리하게 작용한다.

이러한 인적자원 외에 풍부한 양질의 철광석 보유량은 포스코가 인도에 제철소를 건설하는 데 있어서 가장 중요하게 작용한 요인 중 하나이다. 인도는 세계 6위의 철광석 보유국일 뿐 아니라 중저급의 철광석 외에 양질의 철광석을 다량 보유하고 있다. 오리사주에는 인도의 전체 철광석 매장량 중 약 절반에 해당하는 약 49억 9,400만 톤의 철광석이 매장되어 있다. 파라딥으로부터 300km 떨어진 반스파니에 철광석 광산이 있다는 점도 제철소 입지조건으로서 매우 매력적이었다.

인도정부는 제조업 육성을 위해 특별경제특구(SEZ)를 도입하여 운영하고 있었다. 따라서 포스코는 SEZ 내에 제철소를 준공함으로써 자본재, 원부자재 수입시 관세를 면제받고, 중앙정부로부터 판매세를 면제받았다. 또한 최초 5년 동안 법인세 100% 면제, 차후 5년 동안 법인세 50% 감면의 혜택을 받게 되었다. 인도 정부가 국유지를 제철소 부지로 전환하는 것을 적극적으로 협력하였고, 광권을 제공하는 주정부의 요청에 대해서도 협조적이었다.

포스코의 공장이 설립된 오리사주의 입지적인 요인도 투자에 유리한 입지적 요소들을 제공하였다. 오리사 주정부는 오리사주를 세계적인 철강단지로 육성코자 여러 세계 철강업체에 투자를 권유하고 있으며, 포스코는 외국 철강기업 중 최초로 인도에 제철소를 건설하게 되었다. 주정부 차원에서 포스코 제철소 건립을 담당하는 전담 고위공무원을 선임하는 등의 지원도 있었다. 또한 제철소가 들어서는 토지 중 80% 이상이 주정부 소유의 토지로서 공장부지 확보에서 유리하다는 점도 입지선정에 큰 영향을 미쳤다. 포스코의 인도 제철소가 들어서게 되는 오리사주 파라딥은 인도의 28개 주 중 가장 낙후된 지역 중의 하나로서 풍부하고 저렴한 노동력을 갖추고 있었고, 철도시설과 항만을 갖추고 있어 광산으로부터의 철광석의 수송과 한국, 중국 등 다른 제철소로의 철광석 수송 및 해외시장으로의 철강제품 수출에 유리한 조건을 갖추고 있었다.

기타 고려요소로는 인도의 민주주의 체제와 유리한 국제정치적 위치를 들 수 있다. 민

그림 9-2 포스코 인도공장 입지

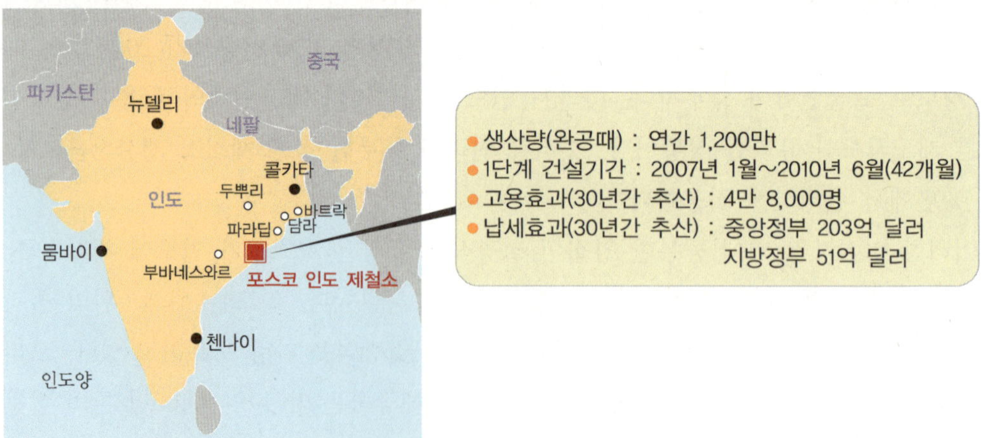

주적 제도를 가진 인도는 정치 · 문화적으로 사회주의적 요소가 강한 중국보다 한국기업들에게 더 익숙할 뿐 아니라 정치적 위험수준도 낮다. 미국이 對中 견제를 위해 인도를 중시하고 있고, 중국 또한 미국을 의식하여 대인도 협력을 강화하고 있다는 점에서, 외국기업이 활동하기에 정치적으로 더 안정적이라는 것이다. 그 밖에 포스코는 한국-중국-인도-베트남까지 아시아 전역을 잇는 철강벨트를 구축하여 글로벌 기업으로서의 입지를 다지려는 전략적 목적도 가지고 있었다. 또한 인도 제철소가 들어서는 동남부지역에는 한국의 현대차 등 대기업들이 많이 진출해 있는 지역으로서 한국기업 네트워크를 활용할 수 있다. 인도가 동방정책을 추진하는 과정에서 동아시아지역과의 산업분업이 증가하고 생산 네트워크가 형성된다면 동남부지역이 인도경제의 중심축으로 부상할 것이라는 예측도 또한 고려요소가 되었다.

CASE 88 이마트와 롯데마트[1)]

주제 / 글로벌 소싱

이마트

이마트는 지난 2007년 말부터 적극적으로 해외소싱 전담팀을 구성하여 해외의 우수한 상품에 대한 소싱에 나섰다. 2020년 말을 기준으로 총 60여 개 국가에서 약 5만 개 이상의 상품을 소싱하였고 매출규모 또한 2021년 말 기준으로 7,000억 원을 넘어서게 되었다.

2020년 3분기 이마트 매출 보고서에 따르면 이마트의 해외사업 관련 매출이 이마트 창립 이래 처음으로 연간 기준 1조 원을 돌파하였다. 이마트의 2020년 3분기 해외사업 누적 매출 합계는 1조 2,817억 원으로 전년 대비 122% 증가하였다. 해외사업 연간 매출 1조원 돌파는 이전에 중국 진출 당시에도 거두지 못했던 실적이었고 이러한 실적의 가장 큰 요인으로는 2018년 1월에 인수한 미국 프리미엄 식품업체인 '굿푸드홀딩스'의 영향이 크다고 보고 있다.

| 표 9-1 | 이마트 아메리카 · 신세계푸드 미국법인 실적 추이 (단위 : 억 원)

	이마트 아메리카		신세계푸드 미국법인	
	매출액	순이익	매출액	순이익
2019년	212	-3	12	1
2020년	287	3	33	-2
2021년	305	4	36	-6

출처 : 이효범, "이마트, 美 HMR 전략 수정 '제조 · 유통' 재결합", 더벨
https://www.thebell.co.kr/free/content/ArticleView.asp?key=202202260955490240105960&lcode=00

1) 부경대학교, 국제기업과경영환경, 레팜 티엔니, 수업과제를 참고하였음.

미국에서 유기농 식품과 프리미엄 식자재에 대한 유통 체인점을 운영하는 '굿푸드홀딩스'는 2020년 3분기에 전년과 비교하여 136% 증가한 1조 1,967억 원에 달하는 매출을 기록하여 2019년 연간 기준 매출액(7,036억 원)을 넘어섰다. 이러한 매출 증가에 대한 요인으로는 코로나19로 인해 미국 내에서 식료품 매출의 증가와 온라인을 통한 구매가 증가하면서 나타난 결과로 추정된다. 이와 더불어 신선식품의 해외 소싱을 목적으로 만든 이마트 아메리카는 전년 대비 33% 증가한 221억 원의 매출을 기록했고, 동남아시아 해외사업 추진의 일환인 이마트 베트남은 전년 대비 16% 증가한 629억 원의 매출을 올렸다.

이마트는 한국시장에서의 규제와 치열한 경쟁을 탈피하기 위하여 해외 진출을 새로운 성장 발판으로 삼고 있다. 이에 따라 미국, 베트남과 같은 새로운 해외시장 진출을 통해 사업을 키우는 것을 목표로 하고 있다. 이마트 베트남은 코로나19로 인해 매출 하락과 적자가 누적되긴 하였으나 향후 시장의 긍정적인 전망에 따라 투자를 이어나갈 것으로 보인다. 이마트는 발빠르게 베트남에 진출한 롯데마트와 비교해 베트남 진출이 늦긴 했지만 2015년 12월에 호치민에서 첫 매장을 개점하였고 이마트 호치민 고밥점은 단일점포 매출로 베트남 전체 1위 매장으로 꾸준히 인기를 유지하고 있다. 이마트가 직접 진출한 해외시장으로는 베트남이 유일하며 몽골 이마트점은 현지 기업에서 자체적으로 운영하고 있고 중국시장에서는 여러 가지의 악재로 인하여 철수하게 되었다.

| 표 9-2 | 이마트 베트남 법인

(단위 : 억 원)

구분	2016년	2017년	2018년	2019년 상반기
매출	418	520	621	360
영업손실	52	36	15	10

출처 : 김종윤, "이마트, 베트남에 4,600억 원 투자 '신규출점'… '신성장동력' 키운다", 파이낸셜뉴스
https://www.fnnews.com/news/201908190701212876

이마트가 동남아시아 국가 중에 가장 적극적으로 투자 및 점포 운영을 하고 있는 베트남은 경제성장률이 코로나19 이전까지는 7% 이상이었고 국내총생산(GDP)의 약 70%가 내수로 이루어진 시장이었으며, 베트남 사람들의 소비 패턴이 빠르게 현대식으로 전환되고 있었다.

백화점과 마트, 온라인 쇼핑몰 등의 현대적인 유통경로의 비중이 아직 베트남 전체 유통시장에서 약 25%에 불과하지만 향후 지속적으로 확대될 것으로 전망된다. 따라서 한국에서의 성장이 한계에 부딪힌 대형마트에게는 베트남은 매력적인 시장일 수 있지만

예전부터 먼저 자리잡고 있는 현지 및 유럽의 관련 업체들과 경쟁하기 위해 어떻게 차별화를 시도해야 할지는 많은 고민이 필요한 부분이다.

이마트 베트남 1호점의 경우에는 약 300명의 점포 직원 중 점장을 포함하여 약 95%를 현지인들로 채용하였고 대중교통이 불편한 도시의 여건을 고려하여 자동차 150대와 오토바이 1,500대를 수용할 수 있는 지역 내 최대 규모의 주차장을 확보하는 등 현지시장의 특성을 반영한 노력을 기울이고 있다. 이마트는 이러한 1호점의 운영 경험을 밑거름으로 새로운 현지 맞춤형 전략을 수립해 나갈 예정이다.

이마트 베트남 법인의 매출은 2016년 당시에는 418억원이었지만 2017년에 520억, 2018년 621억, 2019년에는 상반기에만 360억원을 달성하며 영업 손실을 줄여나가고 있다. 또한 이마트는 올해 2022년까지 베트남시장에 약 2,000억 원을 투자하여 신규 점포를 확장해나갈 계획이다. 롯데마트가 베트남 점포를 31개로 적극적으로 늘리는 전략을 사용하는 데 반해, 이마트는 신규 출점 속도는 조절하고 베트남을 '글로벌 소싱 기지'로 성장시킨다는 전략을 갖고 있다. 즉, 현지 점포수 확대는 신중하게 접근하는 대신 동남아시아 여러 나라의 다양한 생산품을 확보하며 사업 효율을 높여나가겠다는 것이다.

이마트 아메리카와 이마트 베트남과 같은 글로벌 사업 진출과 함께 이마트는 2017년 국내 유통업계 중에 최초로 유럽 프리미엄 분유 '압타밀' 개별 브랜드 독점 판매권 확보를 기점으로 생활가전 브랜드 스마트미, 영국 프리미엄 식기 브랜드 로얄우스터, 미국 프리미엄 기저귀 '헬로벨로' 등 해외에서 인기 있는 브랜드의 국내 판권을 확보하는 등 글로벌 소싱 역량을 강화해나가고 있으며, 2021년 9월에는 글로벌 상품 모음전 행사를

그림 9-3 이마트와 롯데마트 베트남 진출 현황 및 계획

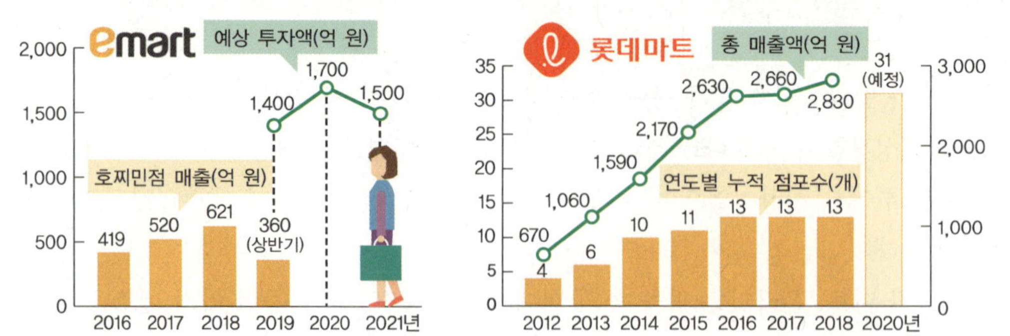

출처 : 임소형, "베트남에 눈 돌린 이마트 '4,600억 원 투자… 동남아 기지로 만들겠다'", 한국일보
https://www.hankookilbo.com/News/Read/201908191604741164

진행하면서 다양한 국가들의 인기 신선식품뿐만 아닌 가전제품과 아웃도어 브랜드 상품 등을 선보이며 이마트의 해외 소싱 역량을 키워나가고 있다.

롯데마트

LOTTE Mart

롯데마트는 2014년 전체 매출에서 글로벌 소싱 상품이 차지하는 비중이 약 6.6%에 그쳤지만, 2017년에는 약 13.5%로 3년 만에 비중이 2배 이상 높아졌다.

2017년 하반기부터 롯데마트와 롯데슈퍼는 글로벌 소싱 본부를 통합하고 규모의 경제를 통해 비용을 절감하는 사업 개편을 추진하였다. 이것은 아마존 등 해외 유통기업이 한국 진출을 목표로 하고 모바일과 온라인쇼핑 시장의 확대 등 급변하는 유통 환경에 유동적으로 대응하기 위한 것이다. 이는 글로벌 소싱 작업을 공동으로 진행함으로써 유통 계열사 간에 시너지를 낼 수 있다는 판단에 의한 사업 추진이며 불필요한 비용을 줄이는 등 중장기적으로도 긍정적인 효과를 가져오기 위한 것이다. 이 전략의 일환으로 롯데마트는 말레이시아와 태국, 인도네시아 등 동남아시아의 가공 및 신선식품을 시작으로 나이키, 폴로, 토미힐피거 등 미국의 의류 브랜드 제품에 이르기까지 글로벌 소싱 품목을 확대할 계획이다. 이와 더불어 같은 해인 2017년 국내 첫 냉동식품 전문점 '롯데프리지아'를 개점하면서 유럽 냉동과채류 수입을 확대하고 있다.

2022년 초에 롯데마트는 베트남 현지 제품 소싱 강화를 목적으로 현지상품을 롯데마트에서 판매해 소비자 선택의 폭을 확대하고, 현지시장에서의 기반을 마련한다는 전략을 수립하고 베트남 호치민시 투자무역진흥센터(ITPC)와 협력해 베트남 상품을 롯데마트 시스템에 연결하는 프로그램에 대한 컨퍼런스를 개최하였다.

그림 9-4 글로벌 소싱 상품의 매출 비중

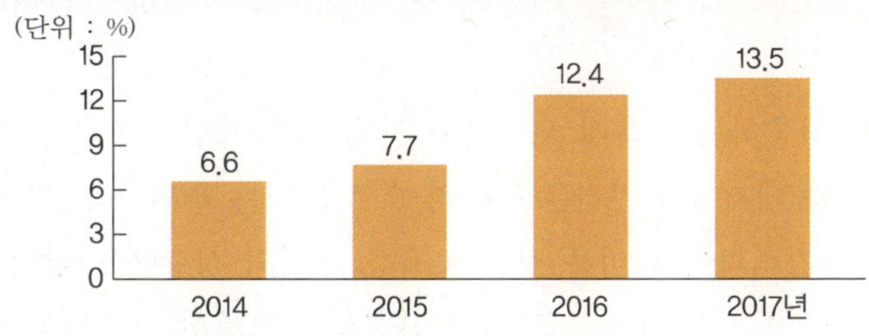

출처 : 김충렬, "더 저렴한 제품 찾아… 대형마트는 해외직구중", 조선비즈
https://biz.chosun.com/site/data/html_dir/2018/05/01/2018050100055.html

그림 9-5 롯데 베트남 · 인도네시아 할인점 사업부 매출 및 영업이익 현황

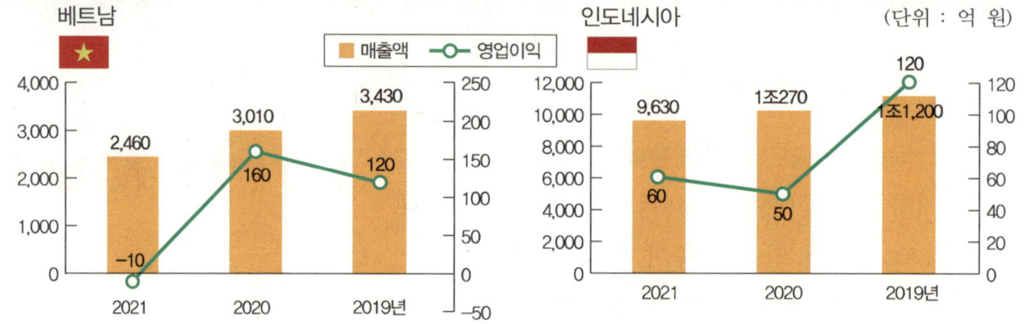

출처 : 홍정현, "롯데 베트남 · 인도네시아 할인점 사업부 매출 및 영업이익 현황", 뉴스핌
https://www.newspim.com/news/view/20220427001046

롯데그룹은 베트남과 인도네시아에 신규 점포 출점을 검토하는 등 해외사업 투자에 적극적으로 나서는 모습을 보이고 있다. 2021년 한국 내 할인점 사업부의 영업손실이 약 370억 원에 달하는 것에 반해 해외 사업부의 경우에는 영업흑자만 약 50억 원을 기록했다. 2021년 인도네시아의 할인점 사업은 기존 점포들의 매출 증가와 판관비의 절감으로 영업이익이 전년과 비교하여 21.8% 증가한 약 60억 원을 기록했다. 롯데마트는 인구 규모에 있어서 세계 4위인 인도네시아와 15위인 베트남과 같은 높은 생산가능인구를 바탕으로 안정적인 내수시장을 가진 국가에 대한 투자로 지속적인 성장을 도모하고 있으며, K푸드와 밀키트 상품을 확대하고 신선식품의 프리미엄화 전략으로 자체 브랜드(PB)를 강화해 글로벌 소싱도 확대할 방침이다.

합리적인 가격과 대용량, 엄선된 우수한 상품이라는 창고형 할인점의 기본 가치만을 고집하지 않고 기존 대형마트의 강점인 신선식품에 주력함으로써 자체 브랜드(PB) 개발을 가속화하고 차별화된 글로벌 소싱 상품 확대를 도모하고 있다. 특히 글로벌 소싱 상품 중에서 자체 브랜드(PB)의 비중을 2023년까지 전체 상품의 30%로 확대하려는 목표를 계획하고 있다.

식자재의 물가가 상승하는 가운데 코로나19 사태 이후 대한민국 가정 내에서의 육류 섭취 증가로 소고기와 돼지고기 가격은 꾸준히 오르고 있는 추세이다. 가정식에 대한 수요 증가, 가축 사료 가격과 물류비용 상승은 육류 가격의 상승에 영향을 미치고 있다. 그리고 원래부터 고가였던 한우는 물론 돼지 삼겹살의 가격도 상승하면서 이에 금전적인 부담을 느끼는 소비자들이 증가하고 있다. 이에 따라 육류의 가격경쟁력을 확보하기

그림 9-6 삼겹살 가격과 수입중량 추이

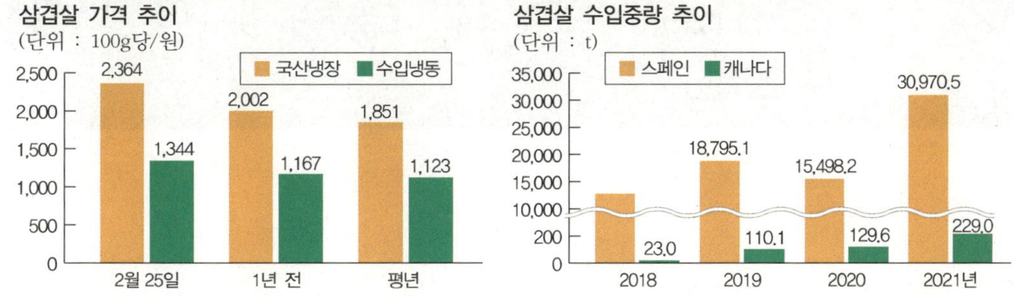

출처 : 오연주, "삼겹살 몸값 뛰자 … 비행기로 모셔온다", 해럴드경제
http://mbiz.heraldcorp.com/view.php?ud=20220228000473&a=99

위한 유통업계의 움직임도 분주해졌다.

한국의 삼겹살 가격이 급등하다보니 이에 비해 가격이 저렴한 수입산 삼겹살에 대한 수요도 증가하고 있다. 관세청 통계자료에 따르면 대표적인 삼겹살 수출국가인 스페인산 삼겹살은 2018년 1만 2,782톤에서 2021년 3만 970톤으로 수입중량이 두 배 이상 증가하였다. 또한 수입산 삼겹살 중 캐나다산 삼겹살 수입중량은 2018년에는 23톤밖에 되지 않았으나 2020년에 이르러 129톤으로 늘었고 2021년에는 229톤으로 급증하고 있는 추세이다.

코로나19 사태 이후로 캐나다산 냉장 삼겹살을 항공 직송으로 들여오게 되면서 수입은 더욱 늘어났다. 항공기를 이용한 삼겹살 직수입 프로세스의 경우 기존 선박으로 수입하는 경우보다도 유통기한이 3배 이상 길고 신선도가 매우 높다는 장점이 있어서 이러한 형태의 수입 비중은 더욱 증가할 전망이다.

CASE 089 삼성의 반도체기술과 분업생산

주제 / 제품 간 분업생산

상업세계는 변화무쌍하다. 기술변화라는 물결과 바람의 향배를 읽지 못하면 잘나가던 기업도 난파선이 되기 십상이다. 노키아의 몰락이 이를 웅변하고 있다. 2021년 2월 18일 현재 한국의 삼성전자 시가총액(4,973억 달러 · 약 560조 원)이 대만의 반도체 수탁생산회사 TSMC(5,685억 달러 · 약 640조 원)에 크게 뒤지는 것으로 나타났다. 한국과 대만의 국내총생산과 자본시장 규모 차이를 감안하면 충격적이다.

TSMC는 미 · 일 반도체 협정이 체결된 다음 해인 1987년에 설립됐다. 당시 세계 반도체시장은 일본기업이 장악했다. 위기의식을 느낀 미국이 일본을 압박해 반도체시장을 인위적으로 재편한 것이 반도체 생산의 '수직분업화'이다. 부가가치가 높은 반도체 설계 등 상류산업(up stream)은 미국 기업이 갖고, 거액의 투자가 필요하지만 부가가치가 상대적으로 낮은 하류산업(down stream)은 아시아에 넘긴다는 구상이다. 미 · 일 반도체 협정에서 거대한 기회를 읽은 인물이 TSMC의 창업자 모리스 창 전 회장이었다. TSMC는 자존심이 상할 수도 있었지만 실리를 택했다.

반도체 생산의 생태계도 크게 변했다. 팹리스(Fabless), 즉 설계에서 파운드리(Foundry), 즉 생산으로 무게중심이 이동했다. 애플, 아마존, 테슬라, 페이스북 등 소위 기술 기업들은 '자사 제품에 적합한 반도체'를 직접 설계하기 시작했다. 그들은 자신이 원하는 사양의 반도체를 적기에 생산해줄 수 있는 수탁업체를 필요로 하게 됐다. 파운드리 시장이 커지면서 자체개발을 하지 않고 수탁생산만 하겠다는 TSMC의 전략, 즉 '고객과 경쟁하지 않는다'라는 포지셔닝은 '신의 한 수'가 됐다. 고객과 경쟁하지 않는다고 못을 박아버린 TSMC에는 설계도를 넘겨도 기술유출에 대한 걱정이 상대적으로 덜하기에 많은 기업들이 TSMC를 선호했다. 반면 자체개발을 같이하는 종합반도체 회사인 삼성과 반도체 굴기 등으로 자체개발 기술력 확보에 사활을 걸고 있는 중국의 팹리스(Fabless) 기업들은 그만큼 불리할 수밖에 없게 됐다. 파운드리만을 놓고 보면 TSMC는 삼성전자를 상당히 앞서가고 있다. 빅테크 기업인 애플, 테슬라, AMD 등이 TSMC의 주요 고객이다. 종합반도체 회사 인텔도 자사가 물량을 다 소화하지 못하면 TSMC에 외주를 맡길 만큼 거래의 신뢰를 쌓았다. 하지만 삼성전자의 파운드리는 일천하다. 반도체를 생산하는 DS(device solution) 부문에서 2017년 5월에서야 독자적인 사업부로 분리됐다. 2020년 기준으로 TSMC와 삼성전자 파운드리 시장점유율은 55.6% 대 16.4%다.

파운드리의 기술경쟁은 '회로의 선폭'을 좁히는 것이다. 나노(nano)가 기본 단위다. 5나노 이하의 제품을 만들려면 극자외선 장비가 필요한데 네덜란드 ASML만이 1년에 20여 대씩 독점생산하고 있다. 일찍이 파운드리에 뛰어든 TSMC가 더 많은 장비를 보유하고 있어 유리한 고지를 선점하고 있다. 시장점유율이 압도적으로 높고 회로의 선폭 포트폴리오가 다양한 TSMC가 상당히 유리한 것이 현실이다.[2)]

이재용 삼성전자 부회장이 네덜란드 에인트호번에 위치한 ASML 본사를 찾아 김기남 삼성전자 DS 부문장 부회장과 EUV 장비를 살펴보는 모습(출처 : 삼성전자)

삼성전자가 약 40년 전 네덜란드의 극자외선(EUV) 노광장비 업체 ASML 인수를 추진했었다는 사실이 공개됐다. ASML은 현재 글로벌 반도체 업계에서 '슈퍼 을(乙)'로 통할 만큼 독보적 기술을 보유한 세계 1위 반도체 장비업체다.

ASML은 EUV를 이용해 5나노미터(nm) 이하 초미세 회로를 새겨넣을 수 있는 EUV 노광장비를 생산하는 전 세계 유일한 업체다. 초미세 공정 한계 돌파 극복과 차세대 반도체 생산을 위해 필수 장비로 평가받는다. 삼성전자, 대만 TSMC 등 반도체 기업들이 이 장비 확보를 위해 줄을 설 정도다.

권오현 고문은 '한국반도체산업협회 30년사'에서 "미국이 삼성전자나 TSMC를 반도체 회의에 초대하고 미국 내 팹 투자를 주문하는 것은 기술 때문"이라며 "이들의 앞선 반도체 제조 능력을 찾는 것"이라고 설명했다. 그는 미국과 중국, 유럽 등 주요국들의 '반도체 자립화' 움직임에 대해서는 "우리나라가 큰 피해를 볼 것으로 생각하진 않는다"고 분

2) https://www.hankyung.com/opinion/article/2021032170931에서 인용

석했다. 이어 "반도체는 국제분업이 잘 이루어져 왔고 우리나라는 반도체 제조기술이 강하다. 주요 국가에서 반도체 자립을 강조하고 있지만 이런 분업화가 쉽게 흔들리진 않을 것"이라고 예상했다.

이어 "유럽이나 미국도 반도체를 직접 다 하겠다는 것은 아니다. 협력하는 모습을 보여주고 전략적으로 대응하면 언제든 기회가 있을 것"이라고 덧붙였다.[3)]

---

3) https://www.hankyung.com/economy/article/202111237072g에서 요약 발췌

CASE 90

대우조선의 분업생산

주제 / 공정 간 분업생산

설계는 한국에서, 용접은 중국에서

중국 칭다오에서 3시간여 자동차를 달리면 도착할 수 있는 옌타이에 대우조선해양 블록공장이 자리잡고 있다.

대우조선해양이 옌타이에 진출한 첫 번째 이유는 저임 노동력이다. 최성락 옌타이법인 법인장은 "선박제조비용 전체에서 인건비가 차지하는 비중은 한국이 23%인 데 비해 중국은 8% 수준에 불과하다"며 "중국 블록공장 생산비는 한국의 약 7분의 1 수준"이라고 말했다. 설계는 한국에서, 생산은 중국에서 담당하는 체제로 시너지를 노리고 있는 것이다. 중국 블록공장에서 만들면 t당 대략 200달러가 덜 들고, 초대형 유조선(VLCC) 한 척을 건조할 때 적어도 800만 달러를 절약할 수 있다는 게 최 법인장의 설명이다. 더욱 더 눈여겨 봐야 할 것은 중국 직원들의 노동력 질이다. 한국 직원에 못지 않다는게 최 법인장의 평가다. 그는 "중국 직원들은 창의력은 떨어지지만 최소한 시키는 일은 완벽하게 처리한다"며 "가동 한 달여가 지난 지금 옌타이공장의 생산성은 옥포조선소의 30%에 불과하지만 2~3년 안에 옥포를 따라잡을 수 있을 것"이라고 평가했다.

한쪽에서는 임금 인상을 못이겨 줄행랑치고, 또 한편에서는 임금이 오히려 싸다며 중국 사업을 확대하겠다고 나서는 근본적인 차이는 무엇일까? KOTRA 베이징무역관 이종일 관장은 "중국의 비교우위를 어떻게 활용하느냐에 달렸다"며 "임금은 절대적 의존 대상이 아닌 기업경영의 한 자원으로 흡수해야 할 대상"이라는 답을 내놓았다. 중국의 싼 노동력에 '의존'한 비즈니스 시대는 갔다는 얘기다. 대신 중국이 갖고 있는 저임 노동력이라는 비교우위를 어떻게 기업경영에 끌어들이느냐에 비즈니스의 성패가 달렸다는 지적이다.

중국 공업도시 노동자의 평균 임금은 한국의 15분의 1 수준에 불과하다. 전문가들은 중국의 비교우위를 활용하기 위해서는 우선 한국기업 스스로 절대적인 비교우위를 갖춰야 한다고 지적한다. 핵심은 기술이다. 대우조선해양이 옌타이 블록공장 설립으로 선박 건조의 경쟁력을 높일 수 있는 근본이유는 선박 엔진기술 및 디자인 능력, 생산관리 노하우 등에서 절대적인 우위를 갖췄기 때문이다. 중국의 인건비 이점을 받아들여 다른 분야에서의 강점을 더욱 키울 수 있었다는 얘기다. 중국에서 성공한 대부분의 기업은 중국의 비교우위를 적절히 활용했다는 공통적인 특징이 있다.

예를 들면, 한국기업으로는 중국에서 처음 의류 유통사업 허가를 받은 상하이의 푸커리(服可利)는 지금 중국인 디자이너를 선발 중이다. 상품 기획을 현지화한다는 차원도 있지만 장기적으로는 중국의 우수 디자이너를 확보하여, 이들을 본사 차원에서 활용하겠다는 것이다. 푸커리의 경영 전략에 중국 인재 소싱 항목이 들어 있는 셈이다. 칭다오에 진출한 누가메디컬은 중국이 갖고 있는 원·부자재의 비교우위를 적절히 활용하고 있다. 이 회사의 주력 제품인 온열치료기는 핵심부품을 제외한 나머지 80%의 부품을 중국에서 조달하고 있다. 주변공장보다 임금을 약 20% 더 주고 있지만 매년 순이익이 30~40%씩 증가하고 있다. 온열치료기 제작에 필요한 본사의 핵심 기술력과 중국의 저렴한 자재를 결합한 시너지 효과다.[4)]

그림 9-7 중국와 아시아 주요 도시의 공장노동자 임금비교

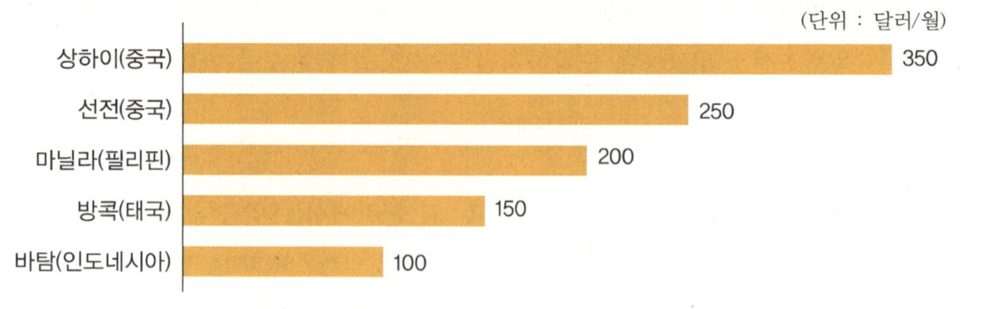

출처 : CLSA

4) 매일경제신문, 2007년 7월 17일자, 신차이나리포트 중에서

CASE 91 글로벌 타이어회사들

주제 / 글로벌 로지스틱스

미쉐린

1889년 설립된 미쉐린 타이어(Michelin Tire)는 전 세계의 자동차 5대 가운데 1대가 달고 있을 만큼 타이어업계의 선두주자라 할 수 있는 글로벌 기업이다. 프랑스에서 출발한 미쉐린은 세계 170개국에 진출해 있다. 2004년 기준으로 세계시장에서의 지역별 판매분포를 보면 유럽에서 53%, 북미에서 33%, 그 밖의 아시아, 남미, 아프리카 지역에서 14% 정도의 매출을 올리고 있다.

미쉐린의 핵심 R&D센터는 유럽과 미국, 일본에 있다. 또한 생산공장은 타이완과 프랑스, 독일에 가장 큰 대규모 공장을 가지고 있으며 총 19개국에 75개의 공장을 가동 중에 있다. 미쉐린은 특히 효율적인 생산 시스템을 가지고 있다. 타이어 생산의 주원료인 생고무를 브라질과 나이지리아의 24,000헥타르에 달하는 6개의 고무농장에서 직접 조달한다. 이러한 후방 라인 통합을 이룸으로써 원재료 가격변동에 따른 완성품 가격변동을 줄이게 되어 원가절감을 통해 가격경쟁력을 확보했다. 생산기지는 대부분 유럽에 집중되어 있다.

또한 미쉐린이 프랑스 기업임을 감안할 때 프랑스에 가장 많은 16개의 생산공장을 두고 있는 것도 이해할 수 있는 부분이다. 결국 미쉐린의 본사, 생산기지, 기술센터의 위치를 종합해보면 로지스틱스 측면에서 두 가지 특징을 파악해볼 수 있다. 전략상의 주요 지역인 유럽에서는 대부분의 국가에서 생산공장을 갖춤으로써 각국의 수요는 각국의 생산공장에서 충족시키고 있다는 점이다. 반면에 아시아와 남미지역에서는 주변 국가로의 물류운송이 용이한 해안가에 비교적 규모가 큰 생산공장을 입지시킴으로써 주변 국가의 수요에 대처하고 있다. 즉, 한국의 경우에는 한국 내 생산공장이 존재하지 않고 중국과 같은 주변 국가에서 생산된 제품을 미쉐린 한국지사가 수입해서 이를 다시 미쉐린 측의 인증을 받은 공급상들에게 위탁판매 형식으로 공급하는 것이다.

이와 같은 보관 시스템(warehousing system)을 적용하는 이유는 무엇일까? 그것은 타이어 제품의 특성에 있다. 즉, 완성품의 보관이 용이하고 규격화되어 있는 제품의 특성상 운송이 쉬울 뿐만 아니라 실제 판매로 이어지는 데 있어서 판매자의 역량이 다른 제품에 비해 적게 필요하다는 점이다.

브릿지스톤

브릿지스톤(Bridgestone)은 1931년에 창립한 일본을 대표하는 타이어 제조 기업이다. 1988년 당시, 미국 내 타이어 업계 2위 업체였던 파이어스톤(Firestone)사를 26억 달러에 인수해 세계를 놀라게 한 브릿지스톤은 그 후 일본과 미국에서 두드러진 성장을 했다.

브릿지스톤의 생산공장, 연구소 분포를 봤을 때 미쉐린과 비교해 전략적 판매지역이 상이한 것을 알 수 있다. 미쉐린이 유럽지역에 많은 공장과 판매처를 두고 있는 데 비해 브릿지스톤은 일본에 17개, 북미지역에 17개로 북미와 일본 중심의 생산시설을 두고 있는 것을 볼 수 있다. 이는 브릿지스톤이 1988년 파이어스톤을 인수하기 이전에는 일본 내수시장에 주력하다가 1988년 인수 이후 북미시장까지 영역을 점차 넓혀 나갔기 때문일 것이다.

로지스틱스 측면에서 살펴봤을 때도 큰 차이점을 발견할 수 있다. 즉, 미쉐린이 주력시장인 유럽 이외에 남미나 아시아시장에서도 상당한 인지도를 키워가며 판매지역의 다각화를 시도하고 있다. 반면 브릿지스톤의 경우에는 일본과 미주지역에 판매가 편중되어 있다. 결과적으로 브릿지스톤은 미쉐린에 비해 생산공장이 없는 인접국가 창고(warehouse)로의 물류비중은 적을 것이다. 이러한 구조는 주력시장의 시장점유율이 위협받을 경우 회사 전체의 위기가 찾아올 수도 있는 약점이 있는 반면, 인접국가에서의 수요예측과 물류비용, 벤더관리 등의 추가적인 비용을 상대적으로 절감함으로써 집중효과를 가져올 수 있는 장점이 있다.

유통에 있어서도 미쉐린과 비교했을 때 차이를 보인다. 미쉐린이 각국의 판매 지사에서 인증받은 소규모 벤더들에게 다시 제품을 위탁판매 형식으로 유통시킨다. 이에 반해 브릿지스톤의 경우 판매 자회사를 설립하고 직접 판매한다는 점이다. 물류적인 측면에서 봤을 때 브릿지스톤과 같은 전략은 상대적으로 재고관리비용이 많이 들고 모든 판매를 직접 관리함으로써 판매·관리비의 증가를 가져올 수 있다. 하지만 가짜 타이어의 유통에 따른 브랜드 이미지에 악영향을 줄 수 있는 가능성이 낮고 소비자들과 직접 대면해 의견을 수렴할 수 있는 장점을 가지고 있다.

결론적으로 로지스틱스 측면에서 관리비용은 미쉐린이 브릿지스톤에 비해서 적게 들 수 있지만 일정한 브랜드 이미지 및 품질관리에 허점이 생길 수 있다. 반면 브릿지스톤의 경우 일본 또는 동남아시아 생산품을 한국 판매 자회사가 직수입해 직접 판매함으로써 추가적인 물류비용과 관리비용이 들 수 있지만 품질관리가 가능하다.

한국타이어

한국타이어는 1941년 설립되어 국내와 해외에 승용차와 상용차의 타이어를 생산하고 있다. 2005년 기준으로 세계시장점유율은 5% 정도이며 이는 11위권에 해당된다. 2005년에 처음으로 매출액 2조 원을 넘어섰으며 1996년 중국의 청강타이어를 인수하여 설립한 현지공장에서의 성과도 두드러져 중국시장점유율이 20~25%에 달해 업계 선두를 다투고 있다.

미쉐린과 브릿지스톤이 세계 전역에 100개 이상의 생산공장을 보유하고 있는 반면 한국타이어의 공장은 한국에 2개, 중국에 2개만을 가동 중에 있다. 한국타이어의 주요 시장은 크게 한국과 중국 생산공장을 중심으로 한 아시아시장과 북미, 유럽시장이다. 한국, 중국시장에서는 현지에 있는 생산공장에서 별다른 물류비용 없이 일정기간만 공장 인근의 창고에 보관했다가 전국의 수요처에 공급하는 직접물류형식(direct system)을 이용하고 있다. 반면에 북미와 유럽에서 판매되는 한국타이어는 수출을 통해 이루어지기 때문에 상당한 물류비용이 요구된다. 이는 세계시장에서 글로벌 경쟁기업에 비해 높은 브랜드 파워를 가지거나 고가 타이어시장을 공략하는 것이 아니기 때문에 가격경쟁력으로 승부하는 한국타이어 입장에서 볼 때 상당한 부담이 될 것이다.

유럽이나 북미의 경우에는 판매를 담당하는 판매 자회사가 설립되어 있다. 더구나 개별 국가마다 물류창고를 두고 판매를 하기에는 판매 규모가 작기 때문에 유럽 본부가 있는 독일에 물류창고를 두고 여기서 다시 영국, 프랑스를 비롯한 유럽의 각 지역으로 제품을 보내고 있다. 이는 로지스틱스 측면에서 다국간 시스템(multi-country system)에 가장 근접한 물류방식으로 한국과 중국의 완제품 생산공장으로부터 유럽본부인 독일에 위치한 물류창고에 집중시켰다가 다시 유럽에 흩어져 있는 자회사에 분산해 유통시키는 방법이다.

다국간 시스템(multi-country system)은 각국의 자회사가 제품을 보유 · 유통시키는 보관시스템(warehousing system)을 이용하는 미쉐린과 브릿지스톤과 같은 글로벌 기업에 비해 매출액 규모가 크지 않은 한국타이어 같은 기업이 유럽에서 실행하기에 좋은 물류전략이다. 즉, 유럽과 같이 인접국가들 간의 지리적 거리가 가깝거나 소비성향이 비슷한 지역에서 효과적일 것이다. 그러나 다국간 시스템은 각국의 판매 자회사와의 원활한 의사소통이 이루어져야 할 것이다.

CASE 92 베네통의 물류 시스템

주제 / 글로벌 로지스틱스

UNITED COLORS OF BENETTON.

베네통은 1955년 이탈리아 트레비소의 폰자노지방에 살던 루치아노 베네통이 형제들과 함께 호구지책으로 의류장사를 시작하면서 시작된 기업이다. 베네통은 재고를 줄이기 위해 신속공급체계(Quick Response)를 갖추어 주문접수, 주문상품의 생산, 선적 및 개별 소매상으로 배송까지의 모든 과정을 일주일 이내에 완료할 수 있는 능력을 갖추고 있다. 1986년 베네통의 물류센터가 처음 건립되었을 때 이는 동종업계에서 세계 최초의 일이었으며, 이로 인해 베네통은 국제적인 유통 시스템을 구축하고 있는 대표적인 기업으로 평판받고 있다. 베네통의 뛰어난 물류 시스템에 의해 성수기 때에도 일주일 이내에 전 세계에 퍼져 있는 판매망에게 부족물량을 공급할 수 있는 능력을 갖추고 있을 정도이다.

연간 8천만 가지 정도의 제품을 생산하고 있는 베네통이 무재고경영(JIT)을 실시하기는 쉽지 않을 것이다. 그러나 베네통은 이러한 무재고경영의 실현을 위한 일환으로 단계별 생산 및 물류정책을 실시하고 있다. 단계별 생산 및 물류정책은 우선 수요량의 80%에 해당하는 것을 미리 생산하여 보관해 두고 나머지 20%는 판매시기에 맞추어 생산하게 된다. 80%에 해당하는 제품들은 매우 천천히 전 세계 소매점들로 배송된다. 나머지 20%에 해당하는 제품들은 주로 긴급성을 요하므로 주로 항공을 통해 수송되는 특성을 보이고 있다. 베네통의 입장에서 20%에 해당하는 부분을 관리하는 것이 많은 부담을 안기게 만드는 것은 당연하다. 그러나 이러한 단계별 생산, 물류, 재고정책을 통해 재고량을 줄이고 소비자요구에 보다 탄력적으로 대응할 수 있다는 장점이 있다.

이러한 시스템이 가능한 이유는 매장별 코드체계와 중앙정보처리 시스템, 대형 자동 물류센터가 모든 활동을 지원하고 있기 때문이다. 모든 제품들은 기계적으로 움직이며 판매시기에 맞게 각 매장별 코드 티켓을 국가별 도착지에 따라 표시해 정확하게 공급하게 된다. 또한 정교한 중앙정보처리 시스템은 각국 판매 대리회사에 설치된 네트워크 컴퓨터를 통하여 모든 수주사항이 직접 폰자노 본사의 대형 중앙컴퓨터에 전달될 수 있도록 하고 있다. 베네통은 전 세계적으로 판매망이 구축되어 있으며 다수의 생산시설을 보유하고 있다. 게다가 중간 유통채널까지 포함한다면 그 유통은 매우 복잡하다. 따라서 베네통은 복잡한 전 세계 유통구조를 글로벌 물류정보 시스템을 활용하여 단순화시키려고 노력하였다.

공장 및 대리점들은 네트워크를 통해 기존 데이터베이스 활용은 물론 지역 간, 본점과 대리점 간의 커뮤니케이션 활동이 가능하게 된다. '글로벌'이라는 이름의 신청 시스템이 구축되어 있는데 이 시스템을 통해 일종의 전자주문이 이루어지고 있다. 한편 이 시스템을 통해 본사의 대리점 및 공장관리가 원활해지고 고객위주의 경영을 이룰 수 있게 되었다. '글로벌' 시스템은 전 세계 30여 개국에 설치되어 기존 데이터베이스와 함께 소비자 동향, 제품스타일, 가격 등이 계속적으로 최신 데이터베이스화되고 있다. 물론 상품주문의 접수, 공장에 대한 생산주문 및 베네통 상점의 관리, 판매분석 등에 대한 관리도 같이 이루어지고 있다.

베네통의 물류창고 시스템의 운용은 크게 3가지 범주인 정보처리기능, 행정과 문서화 기능, 그리고 물리적인 생산기능으로 구분된다. 정보처리기능은 전 세계 베네통 고객으로부터 접수된 주문은 네트워크로 직접 연결돼 주문명세표에 자동 입력되게 되며 이후 생산계획 설정으로 연결된다. 여기에는 포장의 종류와 매장단위의 라벨명기 등이 포함된다. 행정과 문서화 단계에서는 주문을 받는 등 여러 단계의 업무 수행이 제대로 진행되고 있는지 확인하는 것이 주 업무이다. 물리적인 생산기능은 공장에 원료가 도착하는 것에서부터 생산, 그리고 모든 제품이 포장되고 상표가 붙여지는 작업까지의 일련의 활동을 포함한다.

생산된 제품에는 포장단위별로 고객명과 매장표시가 바코드로 붙여지게 된다. 무게 측정, 분류 등의 모든 생산관련 활동들은 모두 바코드 등의 자동화설비로 이루어지고 있다. 물류센터의 보관타워에는 단지 로봇들이 보관과 입출고를 위한 작업을 하고 있을 뿐 사람의 출입이 금지되어 있다. 베네통은 물류효율화를 위해 포장단위를 표준화하여 보관시 보관공간의 효율성과 수송적재율을 높였다. 포장단위의 표준화는 생산설비의 교체 문제나 제품의 특성에 따른 문제 등을 고려해야 하기 때문에 어려운 작업이다. 그러나 베네통은 제품의 특성을 고려하여 포장단위를 크게 3단위로 구분하여 표준화를 시행하고 있다.

베네통의 물류 시스템은 자회사인 Benlog사를 통해 효율적으로 운영되고 있다. Benlog사를 통해 기존에 분산화된 수송관련 업무를 중앙에서 통제할 수 있게 되었다. 따라서 그동안 운송시간이 더디고 비효율적으로 운영되었던 제3자를 이용한 운송업무를 효율적으로 처리할 수 있게 된 것이다. 또한 북부 이탈리아는 물론 북유럽에 이르기까지 철도 등을 이용한 복합운송이 가능하게 되었다. 즉, 유럽지역의 경우 다양한 수송수단이 발달되어 있다. Benlog사의 뛰어난 스케줄 능력 또한 베네통의 물류 리드타임 단축이나 물류 비용을 감소시키는 데 도움이 되고 있다.

글 | 로 | 벌 | 산 | 책

9 글로벌 소비 이야기 : 코로나19로 글로벌 소비 트렌드는 어떻게 변화되고 있나요?

출처 : https://home.kpmg/kr/ko/home/newsletter-channel/202109/experts-advice.html

코로나19 대유행 사태로 글로벌 소비 트렌드 변화가 가속화되고 있다. KPMG 글로벌이 전 세계 16개국 1만 8,657명 소비자를 대상으로 조사한 결과를 담은 '나, 나의 삶, 내 주머니'(Me, my life, my wallet) 보고서에 의하면, 소비자의 76%는 이커머스를 통한 온라인 구매가 '매우 중요하다' 또는 '중요하다'고 응답해 코로나19 이후 높아진 온라인 소매 비중을 방증했다.

디지털 테크인 인공지능(AI), 가상현실(VR) · 증강현실(AR), 음성 활용 기술 등을 경험한 소비자도 증가한 것으로 나타났으며, 이에 따라 향후 오프라인 매장과 디지털 공간을 연계하는 전략이 더욱 고도화될 것으로 전망된다. ESG(환경, 사회, 지배구조) 등 비재무적 가치를 고려하는 소비자도 늘고 있다.

소비자는 기업 및 브랜드의 상품을 구매할 때 기업이 윤리적이고 진실하며 투명성을 지니고 있는지를 예전보다 각별히 살펴보는 경향을 보이며, 기업 가운데 반윤리적 · 비인도적 사업을 하고 있거나 기업 프로세스에 불투명성이 발견되면 외면하는 경향을 보이는 것으로 조사됐다.

코로나19로 변화된 소비자와 소비 트렌드는? - KPMG 한국(home.kpmg), https://home.kpmg/kr/ko/home/newsletter-channel/202109/experts-advice.html 발췌

CHAPTER

10

글로벌 조직 및 인사관리

전 세계시장을 기반으로 기업의 장기적 이윤을 극대화하는 것이 글로벌 경영 활동의 주된 목적이라면 조직과 인사관리는 그러한 목적을 달성하기 위한 수단이 된다. 따라서 글로벌 경영의 환경변화에 부합되도록 적절하고 효율적인 구성이 이루어져야 할 것이다.

주요내용과 사례

본장에서는 글로벌 조직관리와 글로벌 인사관리를 살펴보고자 한다. 글로벌 조직관리의 경우 크게 국제사업부제, 국가별 조직구조, 글로벌 조직구조를 중심으로 정리하였다. 아울러 글로벌 인사관리의 경우 현지인 선발, 교육, 보상의 측면을 중심으로 사례들을 정리하였다.

글로벌 조직관리

글로벌 기업이 해외로 진출하는 과정에서 분류할 수 있는 조직구조는 크게 국제사업부제 조직구조, 국가별 조직구조, 글로벌 조직구조로 구분할 수 있다.

CASE 093 P&G

국제사업부제 조직구조 CASE 093는 주로 규모의 경제를 활용하거나 자국에서 형성된 비교우위를 경쟁우위의 원천으로 이용하는 데 역점을 두는 글로벌 기업의 조직형태이다. 이러한 조직구조는 세계시장을 염두에 두고 제품과 절차 표준화를 통한 비용우위를 확보하기 위해 현지 사업장들을 조정하게 된다. 이러한 표준화를 통해 제조, 개발, 브랜드 등의 비용을 많은 사업장에 분산시킴으로써 규모의 경제를 누릴 수 있고 이를 통해 획득한 비용우위를 기타 시장에도 적용할 수 있게 된다. 결국 국제사업부제 조직구조는 전 세계가 하나의 시장으로 통합되어 있고 현지화의 압력이 거의 없다면 효과적으로 사용할 수 있는 조직구조이다. 그러나 각국의 기호와 요구사항에 적절하게 대처하기 힘들다는 것이 단점이다.

CASE 094 유니레버

국가별 조직구조 CASE 094는 현지화 요구 대응에 적절히 대응할 수 있는 조직구조라 할 수 있다. 즉 이러한 조직구조는 현지시장을 위해 의사결정, 활동, 역량을 분권화하는 데 역점을 둔다. 현지 국가별 관리자는 그 회사의 전반적인 경영활동에 대한 일차적인 책임과 권한을 가진다. 국가별 조직구조에서는 사업장들은 상대적으로 독립적으로 운영되며 사업장과 본사와의 결합은 최소한으로 유지된다. 결국 국가별 조직구조는 세계화와 현지화의 상충되는 면에서 현지화를 강조하는 조직구조라 할 수 있다.

CASE 095 나이키

글로벌 조직구조 CASE 095는 현지시장을 대상으로 현지대응을 높이는 한편, 비용을 낮추어 경쟁우위를 확보하는 데에도 역점을 두는 형태이다. 이 조직형태는 각 시장의 비교우위를 적절히 활용하기 위해 의사결정, 활동의 균형과 조화를 추구한다. 따라서 글로벌 조직구조에서는 전략적 의사결정의 일부는 본사에서, 일부는 현지에서 결정되어 관리자들은 세계화와 현지대응에 대한 책임을 동시에 지고 있다. 또한 자사와 본사 간의 연결관계도 긴밀한 결합과 느슨한 결합을 혼합하여 활용한다. 즉 다른 지역에 특별한 경쟁우위를 창조하고 유지하기 위해 느슨한 결합을 유지하지만 필요할 경우 효율성을 확보하기 위해 긴밀하고 수직적인 통합과 조정을 한다. 결국 글로벌 조직구조는 세계화와 현지화의 압력에 대한 적절한 균형점을 찾으려는 조직구조이다.

글로벌 인사관리

본장의 사례들은 **글로벌 인사관리** CASE 096~097 주제 중에서 주로 현지인 관리를 중심으로 정리되었다. 한국의 관리자는 국제화 경험이 아직 짧은 상황에서 상이한 문화적 배경을 가진 현지 종업원을 다룬 경험이 부족하다. 더구나 국제화의 증대에 따라 다양한 인종구성, 다양한 종파, 상이한 문화를 가진 종업원을 효과적으로 다룰 필요성이 증대되고 있다. 따라서 본 사례에서는 글로벌 인사관리와 관련해 현지인 고용, 훈련, 임금, 노사관계와 관련된 사례들을 제시하였다.

CASE **096**
Honda Motor 미국

CASE **097**
현대자동차 인도

CASE 93 P&G

주제 / 국제사업부 조직

현지대응보다는 효율성을 강조하는 세계화의 압력에 효과적으로 대응할 수 있는 조직형태인 국제사업부제 조직을 취한 대표적인 기업으로 프록터 앤 갬블(P&G) 기업을 들 수 있다. 1837년 미국 오하이오주 신시내티에 설립된 P&G는 전 세계 80여 개국에 진출하여 11만여 명의 직원을 거느린 세계 최대의 종합 생활용품회사 중 하나이다. 크레스트치약, 미스터클린, 아이보리 비누, 팸퍼스 기저귀와 같은 잘 알려진 제품을 만들어낸 P&G는 약 100년 동안 자국에서 역량을 갖춘 후에 해외 시장으로 진출을 시도하였다.

P&G는 브랜드 관리, 시장조사, 철저한 제품검사와 실험을 통해 경쟁우위를 공고히 해왔다. 국제사업부 조직하에서 P&G의 유럽지사는 오하이오주 신시내티에 있는 본사와 긴밀하게 연결되어 있다. 이러한 긴밀한 연결관계가 다양한 제품개발의 전략적 필요성에 대한 효과적인 정보교류가 가능하게 하였다. P&G의 의사결정은 신시내티 본사로 집중되었다. 인적자원의 구성에서도 미국 출신의 직원을 중요한 관리직에 배치시켜 P&G 본사의 정책과 철학을 잘 이해하는 직원을 유럽지사에 배치시켰다.

또한 P&G는 국제사업부 조직의 특징인 하향수직적 의사소통구조를 보여주고 있다. 최고경영진은 신제품, 직원채용, 승진과 같은 주요 의사결정 사항에 모두 관여한다. 예를 들면, 헤드앤숄더(Head and Shoulders) 샴푸 라벨 변경안 결제를 위해 무려 55명의 서명을 거쳐야 했다. 결국 P&G는 세계화의 압력에 효과적으로 대응할 수 있는 조직인 국제사업부 조직을 통해 표준화와 국내 경쟁우위를 글로벌 경쟁우위로 연결시킬 수 있었다.

CASE 94 유니레버

주제 / 국가별 조직

현지대응을 효율적으로 수행할 수 있는 국가별 조직구조를 가지는 대표적인 기업으로 소비재 부문의 세계 최대 기업 중 하나인 유니레버(Unilever)를 들 수 있다. 유니레버는 1930년 네덜란드의 마가린 기업인 마가린 유니(Margarine Unie)와 영국의 비누회사인 레버 브라더스(Lever Brothers)가 합병해 탄생하였다. 현재 샴푸, 치약, 바디클렌저를 비롯한 생활용품과 차, 아이스크림, 식용유 등의 식품을 생산하고 있다.

합병 당시 이미 유니레버는 40개국 이상에 지사를 두고 있었다. 이후 현지 브랜드와의 치열한 경쟁과 무역장벽의 강화에 효과적으로 대응하기 위해 현지 지사를 독립적으로 운영시키기 위해 국가별 조직구조를 선택하였다. 또한 지역경제와 긴밀한 관계를 유지하면서 장기적인 관점에서 투자를 해오고 있으며 현지의 욕구에 효과적으로 대응하기 위해서도 국가별 조직구조를 선호하였다.

유니레버가 선택한 국가별 조직구조는 특히 현지화를 강요하는 하나의 요인이라 할 수 있는 정치적 위험의 회피에 효과적이었다. 즉, 제2차 세계대전 당시 나치가 네덜란드를 침공하여 런던과의 통신에 어려움을 겪고 있을 때 현지법인은 자율적으로 운영되어 이러한 정치적 위험에 효과적으로 대처할 수 있었다. 이미 국가별 조직구조에 익숙한 자회사들은 자율적 의사결정으로 가장 어려운 시기에 효과적으로 살아남을 수 있었다. 인력충원에서도 본사에서 핵심 관리직을 파견하기보다는 실력을 검증받은 현지인을 주로 채용하여 배치하였다.

CASE

95 나이키

주제 / 글로벌 조직

나이키는 필 나이트(Phil Knight)와 빌 보어만(Bill Bowerman)에 의해 1964년 오레곤주의 포틀랜드에서 설립되었다. 1970년대 미국을 휩쓴 건강에 대한 관심의 증대로 상당한 성장을 이룰 수 있었다. 1980년대에는 아디다스를 제치고 미국 내 시장점유율 면에서 1위를 차지했으며 유럽진출을 본격적으로 모색하기 시작하였다. 나이키가 국내시장의 성장을 발판으로 해외시장에 본격적으로 진출하기 시작하면서 여러 가지 난관에 직면하게 되었다. 그러나 나이키는 여러 어려움을 세계화와 현지화의 적절한 균형으로 경쟁우위를 유지할 수 있었다.

먼저 세계화 측면에서 세계화를 강요하는 측면을 충분히 활용하였다. 예를 들면, 아시아지역의 저렴한 노동력을 활용할 수 있는 글로벌 공급망을 구축함으로써 비용 효율성을 강조하는 세계화의 압력에 효과적으로 대응하였다. 이와 더불어 현지대응 측면에서도 본국에서 축적된 브랜드 관리기법을 적용하고 현지 계열사들이 현지시장에 적합한 마케팅을 개발하도록 유도함으로써 경쟁우위를 유지하였다.

또한 나이키 본사와 해외자회사 간 긴밀하고도 느슨한 결합형태를 유지하였다. 즉, 나이키는 제품품질, 전체적인 브랜드 관리, 생산라인의 선택과 같은 중요한 의사결정에 대해서는 자회사들과 긴밀한 연결관계를 유지하였다. 반면 현지국에 적합한 마케팅에 관한 의사결정은 현지에 맡기는 느슨한 결합관계를 유지하였다. 예를 들면, 나이키는 선수들의 홍보는 지역에 관계없이 그 지역 취향에 적절한 현지화를 추구하였다. 미국 소비자들은 마이클 조던이 화려한 슛동작을 보여주는 마케팅에 열광하지만 미국 이외의 다른 소비자들은 이러한 공격적 마케팅에 잘 호응하지 않을 수도 있다. 따라서 자회사가 현지 고객에 호소할 수 있는 인물을 선정하도록 자율권을 부여하였다.

의사결정 측면에서도 나이키는 글로벌 조직구조를 가지고 있음을 알 수 있다. 예를 들면, 제품품질 기준과 같은 의사결정은 중앙집권적으로 이루어졌고 현지고객의 선호도에 대응하기 위해 호주에서는 크리켓 운동화, 유럽에서는 축구화를 생산하도록 하여 생산라인을 현지에 맡겼다. 또한 제품을 광고하는 운동선수도 현지 자율에 맡겼다. 이와 같이 나이키의 조직구조는 일부 의사결정은 중앙집권화하여 효율성 확보를 통한 세계화를 추구하고, 다른 일부의 의사결정은 분권화를 통해 현지에 효율적으로 대응함으로써 현지화를 추구하는 글로벌 조직구조를 가지고 있다.

CASE 96 Honda Motor 미국

주제 / 인사관리

1946년 일본 도쿄에서 설립된 혼다는 자동차 및 부품, 모터사이클을 생산하는 기업이다. 1958년 혼다는 전 세계에 걸쳐 해외시장 진출 타당성을 검토한 결과 미국으로의 진출은 매우 어려울 것이라는 판단이 나왔다. 그러나 이미 일본 국내시장은 도요타 등 기존 업체들이 시장을 선점하고 있어 국내시장에서 안정적인 시장점유율을 기대하기가 어려운 상황이었다. 따라서 혼다는 가장 어려운 시장인 미국시장에서 성공하지 못하면 다른 어느 시장에서도 성공하지 못한다는 혼다 특유의 도전의식, 혼다 자체의 기술력 보유에 대한 자신감, 그리고 미국시장이 가장 큰 구매력을 보유하고 있다는 점 때문에 미국시장 진출을 결정하게 되었다. 혼다는 1959년 미국시장에서 오토바이 판매를 목적으로 혼다 오브 아메리카(Honda of America)를 설립하였다. 1982년 11월 일본업체로서는 가장 먼저 미국 현지 자동차생산을 개시하였으며, 1987년에는 미국 본사에 해당하는 혼다 노스 아메리카(Honda North America)를 설립 운영하였다. 그렇다면 혼다의 현지인 관리는 어떻게 이루어졌을까?

현지인 고용

혼다 아메리카사 및 일본 부품업체들은 대부분 현지인을 고용하였다. 그러나 자동차에 대해 경험이 많고 혼다방식에 능통한 일본인과 북미지역 문화에 익숙한 일본인도 일부 고용하였다. 혼다 아메리카사가 고용 전략상 가장 큰 관심을 가지고 추진한 것은 일본 경영기법을 북미로 이전하는 것이었다. 일본 근로자들의 사고방식은 노조는 불필요하고, 기업의 목표가 개인의 목표보다 상위에 있으며, 갑작스런 잔업에 대해 불평하지 않는 것이었다. 물론 이러한 이유 때문에 북미 현지 근로자들은 일본인들을 로봇, 혹은 개미로 비아냥거리기도 했다. 혼다 아메리카사는 이러한 합리적이고 개인주의적인 사고

방식을 가진 현지 미국인의 고용을 염려하여 어느 곳에 현지공장을 설립할지 고심하였다. 그 결과 공장설립을 오하이오주의 Marysville로 선택했다. Marysville의 주민들은 일본인의 사고방식과 흡사한 점이 많았으며, 이곳의 지역적 특징은 일본과 비슷한 점이 많은 곳이었다. 혼다 아메리카사는 다음과 같은 고용 전략을 사용하였다.

혼다 아메리카사와 현지 부품업체 간의 임금격차로 인한 부품업체의 종업원들의 이탈을 막기 위해 부품업체에 한 번 고용된 사람은 혼다 아메리카사에서 절대 고용하지 않았다. 또한 혼다 아메리카사에 입사를 원한 사람들의 지원서를 장기간 유지하여 혼다 아메리카사 입사를 기다리지 못하여 부품업체에 고용된 사람이나 입사를 거부한 사람들은 절대 고용하지 않았다. 그러나 이러한 고용정책은 일본식 장기고용의 형태를 취하는 것이기도 했으나 부근에 또 다른 고용시장이 없다는 것을 악용한 것이라고 비판을 받기도 하였다. 대대적인 광고나 인터뷰를 통해 현지인을 고용하는 것이 아니라 현지 변호사에 의해 추천된 미국인 관리자를 고용하였다. 또한 이들과 친분이 있는 사람들을 고용하는 정책을 사용하였다. 이를 통해 광범위한 인적 네트워크를 형성하였다. 혼다 아메리카사는 참을성이 있고 자기제어를 할 수 있는 성실한 고등학교 졸업자를 선호하였다. 이들은 대체적으로 성실하기 때문에 결근율과 이직률이 낮을 것이라고 판단했기 때문이다. 나이든 사람들의 경우 은퇴 후 퇴직금 등 각종 비용부담을 갖고 있었기 때문에 선호하지 않았다.

교육훈련 전략

혼다 아메리카사의 교육 전략은 주로 혼다인을 양성하기 위해 현지 고용인을 대상으로 기술교육보다는 정신교육을 실시한 것이 대부분이었다. 혼다 아메리카사가 실시한 정신교육의 주요 내용은 장기간 근속 장려, 경쟁시대에서 생존하기 위해 기업의 변화와 더불어 자신을 기꺼이 변화시킬 수 있는 유연하고 개방적인 태도, 사고와 행동을 폭넓고 깊이 있게 할 수 있는 인간상을 강조하였다. 이와 더불어 종업원들의 기술교육을 위해 1988년 Marysville에 ADC(Associate Development Center)를 개관하여 운영하였다.

임금 전략

혼다 아메리카사의 임금인상은 두 가지 방법으로 이루어졌다. 첫째, 모든 종업원들에게 정기적인 임금인상을 하였다. 특히, 처음 입사한 종업원들에게는 18개월 동안 3개월의 기간을 두고 여섯 번의 기본급을 인상하여 그들에게 인센티브를 제공하였다. 또한 6개월을 주기로 정기적인 임금인상을 하여 혼다 아메리카사에 근무하는 종업원들은 미국

제조업체에 근무하는 종업원들에 비해 기본급을 많이 받을 수 있게 하였다. 둘째, 출근율과 같은 회사의 규칙을 잘 지킨 종업원들에게 매년 말 정규급여의 5%를 인센티브 차원에서 보너스를 지급하였다. 특히 혼다 아메리카사는 출근율에 대해 매월 집계하여 보너스를 지급하였다. 예를 들어, 종업원이 1일 무단결근시 매월 말 정기급여에서 150달러를 제외하였고, 출근율이 100%인 경우에는 일정비율의 보너스를 지급하였다.

노사 전략

혼다 아메리카사의 종업원들은 고용인(Employees), 종업원(Workers)이라는 용어 대신 동료(Associates)로 불리워졌다. 혼다 아메리카사는 종업원들이 동일한 혜택을 공유하고, 동일한 음식, 동일한 복장, 동일한 휴가 등 동일한 지원 혜택을 누릴 수 있도록 하였다. 또한 종업원들의 고충은 고용인이 어떠한 부서 및 위치에 있든지 상관없이 직접 관리자들과 상의해서 해결할 수 있도록 하였다.

1980년대 초부터 미국 빅 3의 생산 종업원을 대표하는 미국 자동차노조(UAW : United Automobiles Workers)는 혼다자동차 종업원들의 지지를 얻고자 노력했다. 이에 대해 혼다 아메리카사의 경영진은 종업원들이 미국 자동차노조를 지지하지 못하도록 노력을 기울였다. 미국 자동차노조는 1985년 Marysville에서 사무실을 열고 노조 캠페인을 본격적으로 하기 시작하였으나 1986년 노조 캠페인은 실패로 돌아갔다. 혼다 아메리카사는 미국 자동차노조가 지지자들을 얻기 시작하자마자 미국 자동차노조에 가입하지 않은 새로운 근로자를 고용하여 미국 자동차노조의 근로자 비율을 계속 감소시켜 노조활동을 막는데 성공하였다.

또한 미국 자동차노조의 확산을 방지하기 위해 다음과 같은 노력을 하였다. 첫째, 미국 빅 3에 있는 미국 자동차노조의 근로자들보다 높은 임금을 주어 미국 자동차노조 가입이 의미 없게 만들었다. 둘째, 고충처리, 불만족 요인을 상시 체크하여 개선을 시키고자 노력하였다. 셋째, 노동관계 문제를 전문적으로 연구하는 관리팀을 만들어 혼다 아메리카사에서 발생하는 각종 분쟁 및 해결방안을 마련하도록 노력하였다. 이러한 혼다 아메리카사의 노력은 미국 자동차노조에 대한 철저한 준비에서 비롯된 것이었다. 반면에 미국 자동차노조는 혼다 아메리카사의 이러한 노력에 아무런 대응을 하지 못하였다. 이로써 미국 자동차노조가 혼다 아메리카사에서 대대적인 노조결성을 하고자 했던 노력은 수포로 돌아갔다. 이와 같은 임금 전략 및 노사 전략을 통해 혼다는 종업원들의 평생직장이 될 수 있는 암묵적인 약속과 지원을 하였다. 그대신 종업원들은 규칙적인 출근과 소비자들의 만족을 유도할 수 있는 좋은 품질의 제품을 생산할 의무를 지도록 유도하였다.

CASE

97 현대자동차 인도

주제 / 인사관리

현대자동차는 1996년 5월 6일 인도 남부 타밀나두주(州) 첸나이에 1공장이 설립된 뒤 1998년 9월부터 양산에 이어 그해 곧바로 판매에 들어갔다. 인도공장은 1, 2공장을 합쳐 총 60만 대 생산체제를 갖췄다. 이들 공장에는 90명의 한국 주재원을 포함해 모두 5,369명의 근로자가 일하고 있다.

첸나이지역의 종업원들은 열대몬순기후, 농업위주의 전통사회, 카스트제도, 힌두교의 윤회사상, 200년간에 걸친 영국 식민지생활 등의 영향으로 정서적으로 여리고 온순한 성격을 가지고 있다. 반면에 체질이 허약해서 결근율이 높으며, 계급의식이 강해 서로 배타적인 태도를 보이고 있다. 또한 성실하고 권위에 순종하나 목표달성의식과 책임의식이 부족하고 회사에 대한 충성심이 없어서 자주 직장을 옮겨 다닌다. 한편 사회주의와 영국 식민지의 영향으로 노동조합이 매우 강하다. 복수노조가 인정되고 있으며, 제3자 개입의 허용으로 정치조직과 연계를 많이 하고 있다. 또한 정식직원의 해고는 매우 어렵다. 현대자동차는 이러한 노동시장 환경으로 인해 발생할 수 있는 문제점을 파악한 다음 직원모집과 선발, 교육훈련, 보상과 승진, 노사관계 등의 차원에서 사전에 철저하게 준비하면서 인도 현지인들의 관리에 적합한 대응책을 마련하였다.

| 표 10-1 | 인도인의 특성과 대응책

구분	특성	나타난 현상	대응노력
신체특성	허약한 체질	결근율이 높고 시간준수의식이 부족함	명확한 지시, 목표의식 지속교육
신분제도	신분제도 영향 잔존	타계급에 배타적으로 조직단합 저해	공정한 대우를 하는 기업이미지 부각
종교영향	강한 윤회의식	성실하나 목표달성의식이 부족함	각종 포상을 통해 목표와 책임의식 교육
업무추진방식	오랜 식민지생활로 복종과 반항의식 병존	권위에 복종하나 책임회피 경향이 강함	철저한 중간점검
의사소통	작업자 대부분 서툰 영어	현지인 관리자를 통해 간접대화	제안제도와 간담회 통해 의견수렴
정서특질	농업위주의 전통사회	정서적으로 여리고 상처받기 쉬움	정서적 배려

인력고용 전략

우선 회사가 직접 직원을 모집하는 한국과 달리 컨설팅회사를 통해 경력직원을 뽑는 인도의 관행대로 컨설팅회사를 통해 3~4배의 인원을 추천받아 관리자를 선발했다. 해당 업무의 한국인 주재원이 업무관련 능력을 평가하고 나면 인도인 인사부장과 한국인 인사차장이 품성을 평가하여 선발하고 급여를 협상한다. 한편 인도 남부지역을 돌면서 기술전문학교를 갓 졸업한 사람들을 학교장의 추천을 통해 작업자들을 모집했다. 이들을 대상으로 1단계 체력테스트(50미터 달리기, 팔굽혀 펴기, 윗몸 일으키기 등), 2단계 업무관련 필기시험, 3단계 면접 등의 과정을 통해 선발하고, 채용 신체검사를 한 다음 일부 직원에 대해서는 신원조회를 하였다.

인적관리 측면에서는 인도현지법인사장으로 인도인을 고용했다. 한국기업이 아닌 인도기업이라는 이미지를 심어주어 현지 고용인들과의 관계를 더욱 돈독히 할 수 있었다. 핵심 요직인 공장장에는 모두 한국인을 배치함으로써 공장 전체에 대한 실질적인 통제력을 강화하고 라인에 대한 기술력과 생산력을 현대의 의지대로 가져갈 수 있었다. 즉, 총 2,545명의 인원 중 단 45명의 한국인으로 공장의 모든 통제를 현대의 의지대로 끌어가는 반면 인사문제에 대한 마찰을 최소화할 수 있는 이상적인 인사구조라고 평가된다.

교육훈련 전략

현지인의 교육 및 훈련을 위해 1997년 3월부터 장비보전, 프레스, 차체, 도장, 의장, 생산관리, 품질관리 등의 분야에서 총인원 약 200명의 조반장 후보자들을 1~2개월의 일정으로 울산공장으로 보내 관련 기능과 지식을 익히게 하였다. 이러한 교육프로그램의 목적은 자동차 생산 및 관리에 필요한 기능을 단기간 내에 익히게 하는 것 외에도 한국의 종업원들이 열심히 일하는 모습을 보고 현대자동차에 대한 충성심을 심어주기 위한 것이었다. 이를 위해 많은 비용이 소요됨에도 불구하고 울산공장 파견교육을 시켰고 이들은 인도로 돌아와 동료들에게 자신들이 배운 기능과 지식을 전수해주는 역할을 담당하였다. 결국 한국인 관리자는 프로그램에 참여한 이들을 직접 관리하여 회사에 우호적인 태도를 갖는 핵심요원으로 양성했다. 한편, 한국인 주재원들은 인도인 종업원들에게 열심히 일하는 모습과 솔선수범하는 자세를 보여주었다. 아울러 공정하게 대우하고 각종 포상을 통해 목표의식을 고취하도록 지속적으로 노력하였다. 그 결과 인도인들의 작업태도가 책임을 회피하는 수동적인 태도에서 매사에 책임감을 갖고 최선을 다하는 모습으로 바뀌게 되었다. 이런 결과 결근율도 인도평균 10~12%에 비해 2.5% 이내로 줄어들었다.

보상과 승진 전략

현지인의 동기를 부여하고 성과에 대한 보상을 통해 현지인을 만족시켜 앞으로 더 나은 성과를 기대하기 위해서는 현지인에게 적합한 보상과 승진 전략이 필요했다. 인도에서는 한국에 있는 현대자동차와 유사한 보상 및 승진체계를 도입하고 운영하였다. 그러나 인도인들이 자주 직장을 옮기는 문제를 줄이기 위해 급여와 승진을 통해 보상하는 방식을 도입했다. 처음 뽑을 때는 낮은 임금과 낮은 직급을 부여한 다음 급여인상과 승진기회를 제시하면서 이들의 이직을 막고자 하였다. 즉, 급여는 처음부터 외국업체에서 받을 것으로 기대했던 것보다 낮게 시작하여 점점 인상하는 방식을 채택하였다. 예를 들면, 기능공의 초기 임금은 동종업체 평균의 80~90% 수준이었으며, 이익이 나면 그때가서 인상하겠다고 설득하였다. 또한 임금이 적은 대신 좋은 작업환경하에서 고급기술을 배우고 있으며, 의료보험과 같은 복리후생 수준이 뛰어나다는 점을 강조하였다. 따라서 필요한 직급보다 한 단계 낮은 직급의 사람을 뽑아서 일을 열심히 하면 승진시키는 방식을 채택하였다.

노사 전략

인도는 복수노조 허용, 제3자 개입 허용, 노조의 정치활동 허용, 해고 불가능 등의 요인으로 노조활동이 활발하고 강력하였기 때문에 현대자동차가 인도에 진출할 때 가장 우려하고 고심하였던 문제는 노사관계였다. 우선 학교를 갓 졸업한 사람들을 선발하여 현대자동차의 기업문화와 정신을 교육시키는 한편 인도인 관리자들을 통해 기능공들을 관리하게 함으로써 불필요한 충돌을 피하였다. 공장별 복지위원회, 식당운영위원회, 안전활동위원회 등의 각종 소위원회 활동을 통해 종업원들의 각종 불만을 조기에 청취하여 신속하게 해결하였다. 아울러 직원가족들을 공장에 초청 및 견학시키면서 노사 간의 일체감을 형성하도록 노력했다. 이와 더불어 회사 자체에서 다양한 문화행사와 종업원들의 화합을 도모하는 사내활동들에 종업원들의 자발적인 참여를 유발함으로써 더욱 돈독한 노사관계를 유지하려 하고 있다.

캠페인과 의식변화 추진

현대자동차는 캠페인을 통해서 인도종업원의 의식변화를 추진하였다. 사장과 공장장을 비롯하여 모든 중역들이 장비를 하나씩 맡아 정비하는 운동으로 알려진 '마이 머신 캠페인'과 '엔비로 2000 캠페인'을 전개하였다. 이를 통해 카스트 계급 간의 배타적인 의식을 타파하고 동료의식을 심어주는 한편 자발적으로 현장을 정리 정돈하는 마인드를 정착시켰다. 대부분의 직원들이 시골에서 올라온 자취생들로서 아침을 굶고 오는 경우가 많았기 때문에 오전 중에 간식을 제공하여 체력을 보강시켜 주었다. 또한 두 달에 한 번씩 야유회와 단합대회를 실시하여 스트레스 해소와 애사심 고취를 도모했다. 종업원에 대한 애정을 보여주기 위해 '인재제일(People First)'이라는 모토 아래 직원들 모두의 사진을 공장과 사무실에 걸어두었다.

글 | 로 | 벌 | 산 | 책

10 글로벌 경영 이야기 : MIKT

'브릭스(BRICs : 브라질, 러시아, 인도, 중국)'라는 말을 처음 만들어낸 짐 오닐 골드만삭스 자산운용 회장은 2003년 '브릭스 4국이 2050년이 되면 독일, 영국, 프랑스, 이탈리아 같은 전통 강국을 제치고 세계 6대 경제강국에 들어갈 것'이라고 전망했다. 당시에는 반신반의하는 사람이 많았다. 이들 국가가 덩치는 크고 잠재력이 풍부했으나 선진국에 비해 여러 면에서 크게 뒤떨어졌기 때문이다.

오닐 회장이 이번에는 믹트(MIKT)라는 신조어를 내놓았다. 그리고 브릭스와 함께 멕시코, 인도네시아, 한국, 터키 등 믹트 4국이 내년에 세계 경제를 이끌 것이라고 내다봤다. 믹트 4국을 내년도 성장국가군(群)에 새로 포함시킨 것이다. 성장국가란 자체적으로 성장할 수 있는 동력을 가진 나라로 주요 7개국(G7) 등에 의존하는 신흥국가와는 다르다. 그는 내년에 투자자들이 성장국가와 신흥국가의 차이를 배우게 될 것이라고 강조했다.

믹트 4국 가운데 가장 주목받는 나라는 인도네시아와 터키다. 세계 4위의 인구를 거느린 인도네시아는 글로벌 경제위기에도 불구하고 지난해 4.5%의 성장을 기록했고 올해도 6%대 성장을 기대하고 있다. 풍부한 천연자원을 보유한 덕분이다. 터키도 유럽 재정위기의 풍파 속에서도 올해 8%의 높은 성장률을 바라본다. 한국과 멕시코는 경제위기의 직격탄을 맞았으나 올해 빠른 속도로 회복하고 있다는 점이 높이 평가됐다.

한국이 성장국가군에 포함된 것은 미래에 대한 우리의 기대치를 높인다. 오닐 회장의 예언대로 브릭스 4국은 급부상했고 발전 속도는 눈부셨다. 2015년 전후 일본을 앞설 것이라던 중국의 국내총생산(GDP) 규모는 올해 일본을 제쳤다. 한국은 2002년 GDP 기준 세계 11위였으나 2004년 인도에, 2006년에는 브라질과 러시아에 추월당했다. 믹트 4국이 브릭스 4국만큼 성장할 수 있을까? 한국은 세계 11위에 올랐을 때 곧 10위권으로 진입할 것처럼 큰소리친 적도 있지만 백일몽이었다. 우리 국회는 세계 최악의 국회로 낙인찍힐 정도로 싸움으로 지새우고 있다. 여기에 포퓰리즘까지 가세한다면 비관적 전망을 하지 않을 수 없다.

동아일보, 2010년 12월 24일 사설 횡설수설의 'MIKT'에서 발췌

CHAPTER

11

글로벌 재무관리

글로벌 기업의 재무관리는 투자, 자금조달, 자금운영으로 구분할 수 있다. 본장에서는 한국기업이 가장 큰 영향을 받고 있는 환율변동으로 인한 환위험에 대한 사례를 정리하였다. 즉, 환위험의 종류 및 환위험 관리방안에 대한 사례를 중심으로 다룬다.

주요내용과 사례

환위험은 미래의 예상하지 못한 환율변동으로 인한 기업 또는 경제적 주체의 가치변동 가능성을 의미한다. 한국기업이 환율변동에 얼마나 영향을 받는가에 대해 500개의 수출업체를 대상으로 1995년 상공회의소의 진행으로 설문조사가 이루어졌다. 표본조사 대상 업체의 과반수가 넘는 56.6%가 환율변동이 이익에 미치는 영향이 크다고 응답하였으며, 37.8%가 약간 영향을 미친다고 응답하였다. 이에 비해, 환율변동이 이익에 미치는 영향이 거의 없다고 대답한 업체는 불과 5.6%에 지나지 않았다. 특히 규모가 클수록 환율변동의 영향이 크다고 대답하였고, 수출규모가 10억 달러가 넘는 업체 중 86.6%가 환율변동의 영향이 크다고 한 점이 주목할 만하다. 이와 같이 한국기업은 환율변동으로부터 크게 영향을 받고 있는데, 이에 대비하는 기업의 환위험관리 사례를 정리하였다.

환위험의 종류

환노출(foreign exchange exposure)이란 환율변동으로 인하여 기업이 보유하고 있는 외화표시 순자산의 가치 또는 현금흐름의 순가치가 변동될 수 있는 불확실성을 말한다. 환노출은 환차손과 환차익을 포괄하는 중립적인 개념이지만, 환위험은 일반적으로 환차손의 발생 가능성만을 의미한다. 환노출은 회계적 환노출(translation exposure), 거래적 환노출(transaction exposure), 경제적 환노출(economic exposure)로 구분할 수 있다.

회계적 환노출(translation exposure)은 연결재무제표 작성을 위하여 자회사 또는 지사의 외화표시 재무제표를 모기업의 보고통화로 환산할 때 환산차손익이 발생할 수 있는 가능성을 말한다.

거래적 환노출(transaction exposure)은 거래 모기업의 보고통화 이외의 통화표시로 거래가 이루어진 후, 결제 이전에 환율이 변동함으로써 환산차손익이 발생할 수 있는 가능성 또는 모기업국 통화 이외의 통화표시로 계약이 체결된 후, 계약이행 이전에 환율이 변동함으로써 모기업국 통화표시 현금흐름에 변동이 발생할 수 있는 가능성을 말한다.

마지막으로 경제적 환노출(economic exposure)은 환율변동으로 인하여 매출 및 매출원가 등이 변동함으로써 모기업국 통화표시의 순이익 및 순현금흐름이 변동할 수 있는 가능성을 말한다.

환위험의 대응방안

기업의 환위험 노출에 대한 관리방안 CASE 098~100 에는 내부적 관리방법과 외부적 관리방법이 있다.

CASE 098 삼성전자
CASE 099 LG전자
CASE 100 현대자동차

1. 내부적 관리전략

① **상계**(netting) **전략** : 환위험관리에 가장 간단하고 효과적인 방법으로 채권 · 채무 결제시에 일정기간 경과 후 그 차액만을 결제하여 결제를 축소시킴으로써 환위험을 줄이는 방법

② **매칭**(matching) **전략** : 외화자금의 흐름을 일정하게 일치시키는 전략으로써, 외화자금의 유입과 지급을 통화별 및 만기별로 일치시킴으로써 외화자금 흐름의 불일치에서 발생할 수 있는 환위험을 원천적으로 제거가 가능함

③ **리딩과 래깅**(leading & lagging) **전략** : 환율변동에 대비하여 외화자금 흐름의 결제시기를 의도적으로 앞당기거나 지연시키는 방법으로, 리딩(leading)은 결제시기를 앞당기는 것이고, 래깅(lagging)은 결제시기를 지연하는 것

④ **결제통화조정 전략** : 거래의 결제통화를 신축적으로 선택함으로써 환위험을 회피하는 전략이다. 적극적 전략은 수출의 경우 결제표시통화를 강세예상통화로, 수입의 경우에는 약세예상통화로 거래계약을 체결하는 것이고, 소극적 전략은 모든 수출과 수입거래를 통화의 강약에 구분 없이 모국통화로 표시하려는 전략

⑤ **재송장**(reinvoicing) **전략** : 재송장 센터를 설립하여 본 · 지사 간 이종통화 표시, 채권 · 채무를 이 센터와의 단일통화거래로 단순화하는 전략을 말한다. 즉, 송장을 직접 판매자회사로 발송하지 않고 재송장 센터로 발송하고 이 송장을 판매자회사가 원하는 통화표시로 재발송하는 것으로써 모든 환위험을 재송장 센터 내에서 관리하는 기법

2. 외부적 관리 전략

① **선물환**(forward exchange) **전략** : 외환거래에서 거래쌍방이 미래에 거래할 특정 외화의 가격을 현재시점에서 미리 계약하고 이 계약을 미래의 특정 시점에 이행하는 것

② **통화선물**(currency futures) **전략** : 선물환거래와 같이 일정통화를 미래의 일정시점에서 미리 약정한 가격으로 매입 · 매도하기로 하는 금융선물거래의 일종

③ **통화옵션**(currency options) **전략** : 통화옵션시장에 상장된 특정 통화를 미래 일정시점 또는 일정기간 내 거래일에 약정된 가격으로 매입 또는 매도할 수 있는 권리

④ **통화스왑**(currency swap) **전략** : 두 거래당사자가 계약일에 약정된 환율에 따라 해당 통화를 일정시점에서 상호 교환하는 외환거래

⑤ **단기금융시장이용 전략** : 단기차입하고 예치하는 단기금융거래와 현물환거래를 동시에 이용하는 것으로 이 전략을 이용하면 선물환거래와 동일한 환위험 관리 효과를 거둘 수 있음

⑥ **팩토링 전략** : 기업이 소유하고 있던 외상매출금인 매출채권을 상환청구권 없이 외부기관인 팩터(factor)에게 매각하여 결제기간 동안의 환율변동위험에서 벗어나는 것

⑦ **할인 전략** : 수출거래가 수출환어음에 의하여 결제되는 경우에 어음만기까지의 환율변동위험을 회피하기 위하여 어음할인시장에서 자국통화로 어음을 할인하는 것으로써, 수출업자가 수출환어음을 어음의 만기일 이전에 은행에 할인 매각하여 수출대금을 조기에 회수할 수 있는 방법

⑨ **환변동보험 전략** : 중장기수출거래에서는 환율예측의 불확실성이 증대 으로써 단기선물환거래로는 환위험을 방지하기 어렵기 때문에 이 점을 제도적으로 뒷받침하기 위하여 만들어진 것으로써 환율의 변동에 의한 환차손을 보상하고 플랜트수출과 같은 장기수출의 안정화를 꾀하는 보험(수출보험제도의 일환)에 가입하는 것

CASE 98 삼성전자

주제 / 환위험관리

삼성전자는 매출의 70%를 수출을 통해 올리고 있고 연간 환율변동에 영향을 받는 자금이 125억 달러에 달한다. 만일 원·달러 환율이 100원 하락했을 때 다른 조치를 취하지 않으면 1조 2,500억 원의 순이익이 줄어들게 된다. 이 때문에 환위험관리는 실제 영업활동 못지않게 회사 순이익에 커다란 영향을 미치는 요인이 되고 있다.

삼성전자의 환율관리는 기본적으로 '장기적으로 원가절감, 단기적으로 환관리 통합시스템 구축'이다. 그 중에서도 원가절감을 경영의 최우선 과제로 추진하고 있다. 즉, 파생상품을 활용한 금융시장에서의 헤지 같은 단기적인 처방을 이용하지 않고 사업조정 등을 통한 원가절감으로 원화강세에도 버틸 수 있는 근본적인 구조를 구축하는 것이 환관리 기본정책이다. 삼성전자는 하루 평균 700~800건에 달하는 외환거래가 발생하기 때문에 환헤징을 할 수도 없으며, 외부부채가 10억 달러에 불과해 환헤징을 하기가 쉽지 않다. 또한 제조업체의 경우 파생상품 등에 손을 대면 위험요소가 너무 많기 때문에 강력한 구조조정 등을 통해 환율변동에 따른 영향을 최소화하는 방식을 선호한다.

따라서 환율 움직임과는 별도로 강력한 비용절감과 구조조정을 통해 경쟁력을 강화함으로써 환율변동에 대처한다. 이를 위한 구체적인 경영혁신 활동 중의 하나인 6시그마 활동을 전개하며, 판매제품을 고부가가치 제품위주로 재편하는 데 주력한다. 이와 함께 부품의 해외구매 확대를 통한 원가절감에도 노력하고 있는데, 해외에서의 부품조달을 40%까지 늘리는 계획을 세우는 등의 원가절감을 위해 노력한다.

삼성전자의 단기적인 환율관리 대책으로는 '환관리 통합 시스템 구축'을 통해 본사와 해외법인 간 실시간 환변동 상황을 파악할 수 있도록 하고 있다. 이와 함께 런던, 뉴저지, 베이징, 싱가포르, 도쿄 등 5곳에 글로벌금융센터(RTC)를 운영하고 있으며 생산법인 · 판매법인 · 지주회사 등의 법인을 실시간으로 연결해 이자가 발생하지 않는 돈은 예치하지 않도록 하고 있다.

삼성전자는 환율변동에도 불구하고 '달러 70%, 유로 20%, 엔 10%'라는 결제구조를 그대로 유지하고 있다. 다만, 단기적으로는 사업부별로 강세통화로 결제비중을 높이는 방식으로 환율영향을 최소화하고 있다. 최근에는 원/달러의 약세의 영향으로 유로화 결제비중을 높이는 전략을 이용하고 있다. 달러화로의 결제비중을 최대한 낮추고 유로화의 결제비중을 높이는 전략을 2001년부터 추진하여, 2002년에는 전년 대비 유로화 결제비중은 100% 이상 늘어났다. 이는 유럽지역으로 수출을 늘린 점에서만 기인하는 것이 아니라 중남미, 동남아시아 등으로 수출할 때에도 유로화로 결제하는 사례가 늘고 있기 때문으로 분석된다.

그 외에도 받을 채권은 최대한 조기에 결제하도록 하고, 갚아야 할 채무나 물품대금에 대해서는 최대한 늦추는 방법, 즉 리딩과 래깅도 적절히 병행하고 있다. 또한 보유 달러를 가능한 한 조기 환전하고 외환 자산운용 규모를 최소화하는 기본적인 전략위주로 원화강세에 대응하고 있다.

CASE 099

LG전자

주제 / 환위험관리

삼성전자가 금융헤지를 거의 활용하지 않는 반면, LG전자는 헤지거래를 다소 적극적으로 활용하는 편이다. LG전자는 단기적으로는 결제통화방식의 변경과 함께 금융헤징에 주력하는 한편, 장기적으로 국제금융이나 외환시장에 대한 예측기능 강화와 해외직접금융시장에서의 자금조달을 확대할 계획으로 환관리를 지속해 왔다.[1)]

LG전자의 금융팀에 의하면 환율변동에 적극적으로 대처하기 위하여 기본적인 헤지원칙을 수립해 놓고 이에 따라 환위험을 관리하고 있다고 한다. 기본적인 헤지원칙은 6개월 단위로 유입될 달러와 나갈 달러를 예상하고, 외환전문기관의 환율방향에 따라 일정 부분에 대해 헤지하는 방법을 택하여 익스포저(순보유달러) 관리에 주력하는 것이다. 그러나 유입되는 달러가 압도적으로 많을 때는 환헤징을 통한 위험관리로는 한계가 있다는 약점이 있다.[2)]

원화강세의 경향이 지속되는 현 상황에 대응하기 위해 LG전자는 선물환거래 등을 통해 환위험을 회피하는 헤지비율을 종전보다 10% 높이고 유로화 결제비율을 확대하는 방법을 이용한다. 또한 외화예금과 매출채권을 거의 없애 환율 하락에 따른 피해를 최소화하는 한편, 외화의 수입 및 지출시기를 조정하는 등의 '환리스크 증폭에 대한 시나리오 경영'을 강화하고 있다.[3)] LG의 계열사들은 내부환율을 보수적으로 잡고 수출이 많은 기

1) 급변하는 국제외환시장 재계 공격대응 나섰다, 1994.7.8.

2) 환율하락 기업 외환관리 어떻게, 2002.7.9.

3) 환율급락 … 산업계 '초비상', 2005.2.22.

업은 달러당 1,050원, 수입이 많은 기업은 1,250원으로 각각 기준환율을 적용하고 있다.[4]

[표 11-1]에서처럼 원화가 절상되면 수출기업은 영업이익률이 감소하는 한편, 수입을 주로 하는 업종에서는 국내에서의 가격이 낮아지는 만큼 이익이 된다. 이러한 원화 강세, 즉 달러 약세가 장기화될 것으로 판단한 LG전자는 2003년 보유하고 있던 3,000만 달러의 달러예금을 모두 원화로 교환했다. 달러를 보유하고 있으면 계속되는 달러 약세에 기업의 자산규모만 하락될 뿐이나, 원화로 보유할 경우에는 다른 통화로 변환시에도 유리하게 적용되기 때문이다.

| 표 11-1 | 원화 10% 절상 때 업종별 매출액 영업이익률 변화[5] (단위 : %포인트)

제조업 평균	–2
도 · 소매	–6.6
전자	–4.3
화학	–2.7
건설	–0.4
전기 · 가스	0.4
통신	0.4
석유	0.8

출처 : LG경제연구원

4) LG그룹 換관리 제대로 해보자", 2004.2.15.

5) LG, 달러예금 모두 원화로 바꿔, 2003.10.9.

CASE 100 현대자동차

주제 / 환위험관리

수출비중이 75%인 현대자동차는 그동안 추진하던 결제통화 다변화, 수출단가 인상 추진 등과 함께 해외 생산확대를 앞당기는 데 주력하고 있다. 현대자동차 관계자는 "마진이 높은 차량 판매비중과 수출단가를 올리고 유럽 수출비중을 확대하는 다양한 전략을 펼치고 있다"고 밝혔다.

또한 현대자동차는 해외생산기지 확충 작업을 앞당기고 있다. 연산 25만 대 규모인 인도공장에 15만 대 규모의 제2공장 추가를 조기 착공하기로 했고, 중국에도 연산 30만 대 규모의 제2공장을 곧이어 건설하기로 했다. 현대자동차 달러 결제비중이 70%가량이나 헤지와 유로화 강세로 상쇄되는 것을 감안하면 40% 정도이며, 앨라배마공장의 가동으로 20% 선으로 떨어져 원 · 달러환율 하락에 따른 민감도는 많이 줄어든 것으로 판단된다. 또한 현대자동차의 해외생산비중은 1996년 터키공장을 가동한 이래 2005년 27%, 2007년 35%, 2008년 40%, 2009년 48%로 지속적인 증가세를 보여 왔고 2010년에는 해외생산비중이 국내생산비중을 초과하였다.

해외현지 생산 조기 확장과 함께 현대자동차는 유럽수출 확대도 꾀한다. 현대자동차는 올해 서유럽 수출을 지난해보다 15% 이상 늘려 40만 대로 책정한 상태다. 기아자동차도 유로화 결제비중을 높이기 위해 유럽수출비중을 늘리고 있다. 지난 해 유럽수출을 26만 7,412대로 전년보다 70.7% 증가시킨 데 이어 올해도 58.9% 늘려 42만 5,000대를 수출하기로 했다.[6)]

6) 매일경제, '원화값 한때 1,000원 붕괴' 중에서, 2005.2.23.

그림 11-1 현대의 환위험관리

글 | 로 | 벌 | 산 | 책

11 글로벌 경영 이야기 : 소림사

중국공부경천하 천하공부출소림(中國功夫驚天下 天下功夫出少林, 중국무술은 천하를 놀라게 하고, 천하의 무술은 소림에서 나온다). 맨손으로 돌을 부수고 벽돌을 가루로 만든다. 수행 중 적이 다가오면 나뭇잎의 움직임과 바람만으로 위치를 파악, 뒤도 안돌아보고 물리친다.

소림사(少林寺 · 샤오린스) 스님의 무공에 대한 얘기는 이밖에도 끝이 없다. 이연걸 주연 영화 '소림사' 시리즈는 물론 무림고수의 영웅담을 담은 '화소홍련사' '소림연의' 같은 무협소설은 소림무술을 전설로 만들고도 남는다. 소림사가 창건된 건 서기 496년. 불교 선종(禪宗)의 창시자인 달마대사가 세운 것으로 돼 있지만 실은 그보다 30년 전 인도에서 온 발타선사가 터를 잡았다. 스님들이 무술을 익힌 이유는 두 가지. 참선과 채식으로 약해진 체력을 기르고 언제 달려들지 모르는 숲속 맹수를 비롯, 적으로부터 자신을 보호하기 위한 것이었다. 실제 이곳 무술의 비법을 담았다는 '역근세수경' 중 지금까지 전해지는 세수경의 내용이 실은 특별한 게 아닌 신체단련법이라는 얘기도 있다. 어쨌거나 소림사의 무술이 세상에 널리 알려진 건 서기 618년 '왕세충의 난' 당시 담종 등 13명이 후에 당 태종이 된 이세민을 구하고부터이다.

다섯 가지 동물의 움직임을 본떠 만들었다는 권법과 함께 곤술이 유명한 건 절로 쳐들어온 홍건적을 긴나라 스님이 밥주걱으로 쫓아낸데서 비롯됐다고 한다. 수많은 전설에도 불구하고 1928년과 1944년 연이은 화재 등으로 황폐해졌던 소림사가 재건된 건 1974년. 이후 1987년 MBA 출신 스융신(釋永信) 스님이 방장에 오르면서 소림사는 완전히 달라졌다.

600여 명이 출연하는 대규모 공연물을 제작, 비싼 관람료를 받는가 하면 사찰 내부와 주변은 물론 세계 30여 곳에 무술학교를 개설하고 관련 상표만 100여 개를 등록하는 등 기업처럼 경영하는 게 그것이다. 거금을 벌어들이지만 지나치게 상업화한다는 반발도 심해 11월엔 두 번이나 해커의 공격을 받았다는 마당이다.

그런데도 이번엔 증시 상장까지 추진되고 있다는 소식이다. 덩펑시와 홍콩 기업인 중여(中旅)그룹이 '숭산소림 문화여행유한공사'를 설립하고 2011년 홍콩증권거래소에 상장할 계획이라는 것이다. 소림사 측에서 반대한다니 두고 볼 일이지만 참선 도장의 변화가 어디까지 진행될지 실로 궁금하다.

한국경제, 2009년 12월 17일 천자칼럼 '소림사'에서 발췌

참고문헌

제1장

조지입(Georgy Yip)/국제경영연구회 옮김, 국제화 시대의 세계경영전략, 김영사, 1995.

중앙일보, 한국 너무 비싸다 시리즈 참조

박의범 · 권종욱, 세계화와 글로벌 기업, 두남, 2004.

남도영, "수입차 4,000만원→7,000만원의 비밀", 국민일보, 2016.3.1. http://news.kmib.co.kr/article/view.asp?arcid=0923446983

이준규, "자동차 2,500만 시대 … 수입차 12% · 친환경 차 5% 진입", 노컷뉴스, 2022.4.13. https://www.nocutnews.co.kr/news/5739061

김지윤, "3월 수입차 2만 4,912대 팔렸다 … 벤츠 'E-클래스' 1위", 헤럴드뉴스, 2022.4.5. http://news.heraldcorp.com/view.php?ud=20220405000446

프리보이, "2022년 3월 수입차 판매량(메르세데스 벤츠 1위의 복귀, BMW, 볼보, 폭스바겐 그룹, 일본 브랜드), 2022.4.16. https://blog.naver.com/freeboysy/222702742915

구은모, "'홈술'과 '혼술' 사이, 농익은 와인 시장", 아시아경제, 2022.4.20. https://view.asiae.co.kr/article/2022041915323613647

홍성용, "이마트, 가성비 끝판왕 와인 … 현지가격으로 즐긴다", 매일경제, 2022.4.21. https://www.mk.co.kr/news/economy/view/2022/04/354249/

김동현, "라이벌 신세계 vs 롯데 … 와인 · 위스키 시장에서도 격돌", 뉴시스 ,2022.4.12. https://newsis.com/view/?id=NISX20220411_0001828191&cID=13001&pID=13000

한영선, "와인에 승부 걸었다 … 현대 · 롯데 · 신세계 승자는?", 머니에스, 2022.4.29. https://moneys.mt.co.kr/news/mwView.php?no=2022042814194071487

유선준, "요즘은 고가 와인사러 편의점 간다", 파이낸셜뉴스, 2022.4.28. https://www.fnnews.com/news/202204281803285818

유승호, "'비주류에서 주류된 와인' … 2030, 지갑 활짝 열었다", 뉴스토마토, 2022.4.24. https://www.newstomato.com/ReadNews.aspx?no=1118965&inflow=N

"샤넬 플랩백 가장 비싼 나라" … 韓 호갱 덕에 웃는 명품브랜드, 2022.5.1. https://www.edaily.co.kr/news/read?newsId=02847046632266272&mediaCodeNo=257

297만 원 명품 재킷, 한국선 417만원 … 한국 소비자만 봉, 2022.5.1. https://www.chosun.com/economy/market_trend/2022/02/18/FGZOF7ZBNFBHJPHQZGOAO5NA2I/

톰브라운 미국 공식 홈페이지, 2022.5.1. https://www.thombrowne.com/us

국내에 수입된 '톰 브라운' 향수, 해외와 왜 가격 차이 날까?, 2022.5.1.
http://www.mediapen.com/news/view/586480

에르메스 공식 홈페이지, 2022.5.2.
https://www.hermes.com/fr/fr/category/homme/cravates-echarpes-et-carres/cravates-noeuds-papillons-et-pochettes/#

프라다, 저렴하게 구입할 수 있는 있는 나라는?, 2022.5.1.
https://brunch.co.kr/@dailynews/1362

왜 한국의 물건 값은 비쌀까 2022.5.1.
https://www.mk.co.kr/news/culture/view/2014/06/850963/

제2장

김원태, 글로벌 시대의 WTO 이해, 한경사, 2006.

김형재 · 박종훈, GATT와 WTO 세계로의 여행, 법률출판사, 1999.

대외경제정책연구원, http://www.kiep.go.kr(한 · 칠레 FTA 협정 2년 평가 발표자료)

박노형, GATT의 분쟁해결사례연구, 박영사, 1995.

박노형, WTO의 분쟁해결제도연구, 박영사, 1995.

박형래, 국제무역환경의 이해, 두남, 2001.

신동철, GATS에서의 최혜국대우원칙에 관한 연구, 고려대학교 국제경제법학과, 2006.

여택동 · 전정기, WTO와 국제통상, 율곡, 2002.

재정경제부, http://mofe.go.kr(한 · 칠레 FTA 협정 3년 평가 발표 자료)

최홍배, WTO 분쟁처리, 법경사, 2000.

프레시안, 한 · 미 FTA 뜯어보기, www.pressian.com

한국자유무역협정정책자료센터, http://www.kiep.go.kr/fta/fta.nsf/web_home?OpenFrameset

"샤넬 플랩백 가장 비싼 나라"… 韓 호갱 덕에 웃는 명품브랜드, 2022.5.1.
https://www.edaily.co.kr/news/read?newsId=02847046632266272&mediaCodeNo=257

297만원 명품 재킷, 한국선 417만 원… 한국 소비자만 봉, 2022.5.1.
https://www.chosun.com/economy/market_trend/2022/02/18/FGZOF7ZBNFBHJPHQZGOAO5NA2I/

톰브라운 미국 공식 홈페이지, 2022.5.1. https://www.thombrowne.com/us

국내에 수입된 '톰브라운' 향수, 해외와 왜 가격 차이 날까?, 2022.5.1.
http://www.mediapen.com/news/view/586480

에르메스 공식 홈페이지, 2022.5.2.
https://www.hermes.com/fr/fr/category/homme/cravates-echarpes-et-carres/cravates-noeuds-papillons-et-pochettes/#

프라다, 저렴하게 구입할 수 있는 있는 나라는?, 2022.5.1.

https://brunch.co.kr/@dailynews/1362
왜 한국의 물건 값은 비쌀까?, 2022.5.1.
https://www.mk.co.kr/news/culture/view/2014/06/850963/
미국 일자리 감소 그래프, https://www.federalreserve.gov/data.htm
나프타 발효 후 미국의 무역적자 그래프, ttps://www.ajunews.com/view/20170816151630133
USMCA 세부내용 USMCA 세부내용
https://www.kiep.go.kr/gallery.es?mid=a10101010000&bid=0003&list_no=3406&act=view
미주 한국일보, 미 · 멕시코 · 캐나다 '3자 무역협정' USMCA 체제 출범
http://www.koreatimes.com/article/20181001/1206072
한겨레신문(경제 산업 · 재계), "USMCA는 미국 'TPP 양자화' 전략의 승리", 2018.11.1.
대외경제정책연구원(조문희 · 권혁주 · 강민지), NAFTA 재협상(USMCA) 결과 : 평가와 시사점, 2018.10.19. kiep.go.kr
KOTRA 해외시장뉴스
https://dream.kotra.or.kr/kotranews/cms/news/actionKotraBoardDetail.do?MENU_ID=90&pNttSn=191176
기획재정부, "NAFTA에서 USMCA로, 무엇이 바뀌었는가?", 신우철, 2019.2.8.
미국 관세청 홈페이지, 뉴욕타임즈, 미국 상공회의소, 월스트리트저널, 블룸버그통신, InsideTrade 및 KOTRA 워싱톤 무역관 보유자료 종합자료
유인코퍼레이션, "USMCA(미국 · 멕시코 · 캐나다 협정) 발효와 전망", 2020.7.10.

제3장

대한무역투자진흥공사, 무당미디어, 해외투자환경과 성공사례, (주)태창-필리핀, 1996.
대한무역투자진흥공사, 무당미디어, 해외투자환경과 성공사례, 진로(주)-일본, 1996.
박양수, 문화일보, 〈러시아서 펄펄 나는 중소기업 2題〉 카스저울, 수입저울 시장 부동의 1위, 2006.9.29.
박의범 · 권종욱, 세계화와 글로벌 기업, 두남, 2004.
박형래, "WTO의 다자간 투자규범 쟁점과 개도국의 정책과제," 국제경영리뷰 제8권 제2호, 2004, pp.159~188.
오경희, "해외직접투자기업의 정치적 위험인식에 관한 연구: 부산 · 경남 소재 해외직접투자기업을 중심으로," 외대논총 17, 1979.8. pp.601~629. 부산외국어대학교
윤일진, "한국기업의 해외직접 투자에 관한 연구," 석사학위논문, 호서대학교 산업경영벤처대학원, 2001.
장세진, 글로벌 경영, 박영사, 2005.
한국전산원, 유비쿼터스 사회를 읽는 시나리오기법 현황과 과제, 2006.1.
Siemens AG Horizon2020 homepage, http://w3.siemens.de/horizons2020/index_en.htm

UNCTAD 홈페이지, www.unctad.org
OPEC 홈페이지, www.opec.org/home
SK 홈페이지, www.sk.co.kr
http://www.emars.co.kr
http://blog.naver.com/jei,se/20007068473
http://blog.daum.net/kh135/3900391
http://blog.naver.com/punsudek/140008563508
황지혜, "1,000원 원가에 세금 1,029원 종가세 넘으니 코로나가", The JoongAng, 2021.6.17. https://www.joongang.co.kr/article/24084823#home 참고
진민경, "[2021 세법개정안] 생맥주 주세 감면 2년 연장…'주류업계 지원 차원'", 2021.7.26. https://www.tfmedia.co.kr/news/article.html?no=109866 참고

제4장

김종윤, 세계 시장을 알자 1, 해돋이, 1993.
김종윤, 세계 시장을 알자 2, 해돋이, 1993.
김종윤, 세계 시장을 알자 3, 해돋이, 1995.
이노미, 말하는 문화, 청아출판사, 2004.
오수연, 색의 유혹 : 색채심리와 컬러마케팅, 살림출판사, 2004.
니혼게이자이신문사, 경제의 심리학, 밀리언하우스, 2005.
이희수 · 이강온, 80일간의 세계 문화기행, 청아출판사, 2007.
전경수, 문화가 장사밑천, 지식마당, 2006.
정수원, 일본문화 이해와 연구, J&C, 2003.
강헌만, 중국문화의 이해와 창업, 한올출판사, 2006.
맹한승, 당신도 접대의 달인이 될 수 있다, 책이 있는 마을, 2006.
이장로 · 신만수, 국제경영, 홍문사, 2006.
방호열, 국제경영학, 법문사, 1990.
한국외국어대학교 외국학종합연구센터, 지구촌 상관습, 한국외대출판부, 2002.

제5장

강인혜, 외국인 직접투자의 경제적 영향 및 한국 수출입과의 연관성, 2001.
글로벌윈도우 홈페이지, www.globalwindow.org
신만수 · 이장로, 국제경영, 홍문사, 2003.
장세진, 글로벌경쟁시대의 경영전략, 제3판, 박영사, 2002.
한국무역진흥공사 홈페이지, www.kotra.or.kr
한국수출입은행 홈페이지, www.koreaexim.go.kr

Beamish, Paul W., 사례 국제경영, 다국적기업의 아시아 경영, 2000.
Dominique Lapierre and Javier Moro. Five Past Midnight in Bhopal(Warner Books, 2002).
http://blog.naver.com/zlrzlr324?Redirect=Log&logNo=10007756937 인도 보팔사건
http://blog.naver.com/okchoi9?Redirect=Log&logNo=90004938442 인도의 경제성장정책
http://kr.blog.yahoo.com/milleolle/1820 영국석유회사환경파괴
http://kr.blog.yahoo.com/milleolle/1820 환경파괴 사진자료들
The China Business Review 2001, www.chinabusinessreview.com

제6장

이장로 · 신만수, 국제경영, 2006.9.
LG경제연구원, 2005년 국내외 경제전망, 2004.9.
LG경제연구원, 2005년 국내외 경제전망, 2004.10.
매일경제, LG화학 PVC 원천기술 획득, 2005.8.17.
최원조, 합작투자 기업의 성공요인에 관한 연구, LG필립스 LCD와 삼성 SDI의 사례를 중심으로, 경성대 석사논문, 2005.
윤종훈 · 이호준 외, M&A 전략과 실전사례, 매경출판(주), 2005.
LG화학 홈페이지, http://www.lgchem.co.kr
LG화학 기술연구원 홈페이지, http://www.rnd.lgchem.co.kr
삼성경제연구소 홈페이지, http://www.seri.org
김경준 · 국제경영원, 대한민국 초우량 기업7, 원앤원북스, 2007.
오로라월드, www.auroraworld.co.kr
삼성경제연구소, http ://www.seri.org/
장세진, 한국기업의 글로벌경영 사례집, 1999.
제갈정웅 외 2명, 글로벌 시대의 M&A 사례1, 창해, 2004.
오로라월드 국내기업 성공사례, http://cafe.naver.com/fiyjfkf.cafe?iframe_url=/ArticleRead.nhn%3Farticleid=491
네이버뉴스, 오로라, 대만 · 중국서 캐릭터 라이센싱 사업, http://news.naver.com/main/read.nhn?mode=LSD&mid=sec&sid1=101&oid=018&aid=0000075747
파이낸셜뉴스, 오로라월드-캐릭터완구 인지도 1위 추진, http://www.fnnews.com/view?ra=Sent0601m_01A&corp=fnnews&arcid=0920927829&cDateYear=2007&cDateMonth=02&cDateDay=11&
캐릭터완구의 명품, '오로라월드', http://blog.paran.com/yagoldenida/28703002
https://www.qualcomm.com/company/about
https://zdnet.co.kr/view/?no=20220203081104
https://www.etoday.co.kr/news/view/2123868

https://dbr.donga.com/article/view/1202/article_no/2997/ac/magazine
https://www.theguru.co.kr/news/article.html?no=34163
https://www.joongang.co.kr/article/25026735
https://economist.co.kr/2021/09/11/industry/distribution/20210911123200428.html

제7장

김영한, 스타벅스 감성 마케팅, 넥서스북, 2003.
김용준, 신화창조의비밀-한국기업의 세계시장공략기, (주)한국씨네텔, 2005.
노택환, 국제통상의 이해, 박영사, 2004.
맹명관, 스타벅스 100호점의 숨겨진 비밀, ㈜비전피앤피 · 비전코리아, 2005.
식품음료신문, 세계일류상품 성공비결-오리온 '초코파이', 2005.
신동아, 햄버거로 세계 정복한 맥도날드 성공신화, 2001.
어윤대 외, 국제경영(2판), 학현사, 1996.
이장로 · 신만수, 한국기업과 신흥 해외시장 – 국제경영사례, 무역경영사, 2000.
이장로 · 신만수, 국제경영, 홍문사, 2003.
장세진, 글로벌경영(3판), 박영사, 2003.
장세진, 글로벌경영(2판), 박영사, 1998.
장세진, 글로벌경영시대의 경영전략(5판), 박영사, 2007.
장세진, 한국기업의 글로벌경영 사례집, 박영사, 2002.
헤럴드미디어, 똑같이 맥킨지 컨설팅 받은 삼성 · LG전자에 무슨일이, 2007.4.1.
KOTRA, 중국진출 성공사례 – 동양제과 '초코파이', 2006.
KOTRA, 중국 제과제빵 시장 동향, 2004.
LG전자 홈페이지, www.lge.co.kr
LG경제연구원, www.lgeri.com
삼성전자 홈페이지, www.sec.co.kr
삼성경제연구소, www.seri.com
한국맥도날드 홈페이지, www.mcdonalds.co.kr
한국코카콜라 홈페이지, www.cocacola.co.kr
한국코카콜라 보틀링, www.cckbc.co.kr
한국펩시 홈페이지, www.pepsicola.co.kr
한국버거킹 홈페이지, www.burgerking.co.kr
아모레퍼시픽 홈페이지, www.amorepacific.com
한진 중공업 홈페이지, www.hanjinsc.com
한국 타이어 홈페이지, www.hankooktire.com
매일경제신문 홈페이지, www.mk.co.kr

한국경제신문 홈페이지, www.hankyung.com
KBS 신화창조, 미원의 해외진출기(www.kbs.co.kr/1tv/sisa/myth/vod/1372892_15468.html)
대상 홈페이지, http://www.daesang.co.kr/
한국경제, http://news.naver.com/main/read.nhn?mode=LSD&mid=sec&sid1=102&oid=015&aid=0000534432
꿈꾸는 자만이 세상을 갖는다, http://blog.naver.com/maximys?Redirect=Log&logNo=6372031

제8장

김익수, 중국시장 마케팅, 박영사, 2005.
동아일보, 세브 한국 지사장 삼겹살 구이기 만든 테팔의 변신 놀랍죠?, 2007.4.5.
한국일보, 깐깐한 한국 소비자 세계시장 쥐락펴락, 2004.11.14.
아웃백스테이크하우스 공식 홈페이지, www.outback.co.kr
테팔 한국 공식 홈페이지, www.tefal.co.kr
"하인즈 케첩", 크래프트 하인즈, https://www.kraftheinzkorea.co.kr/BrandStory/HeinzKetchup
Kasey Feigenbaum, Justin White, Elliott Matticks, "H.J. Heinz Inc: Industry Analysis", Furman University,
https://www.culturaldiplomacy.org/academy/content/pdf/participant-papers/2011/april/biec-roa-nua/h.j._heinz_inc-_industry_analysis-_kasey_feigenbaum.pdf
구유나, "144년 하인즈를 잡은 기숙사케첩 켄싱턴", 머니투데이, https://news.mt.co.kr/mtview.php?no=2019040317163316380
매일경제, "[글로벌기업] 하인즈, 각국 食습관 맞춰 맛 차별화", https://www.mk.co.kr/news/home/view/2001/02/35365/
증권플러스인사이트, "[나스닥 100] 25편 : 토마토케첩의 대명사 – 크래프트 하인즈(KraftHeinz)", https://insight.stockplus.com/articles/5238
김수경, "150년 된 케첩 브랜드 '하인즈', 단순한 위대함을 로고에 담다", brandbrief, http://www.brandbrief.co.kr/news/articleView.html?idxno=3410
김수경, "'케첩을 그려보세요' … 1등 브랜드만 할 수 있는 하인즈의 크리에이티비티", brandbrief, http://www.brandbrief.co.kr/news/articleView.html?idxno=3803
https://wasred.tistory.com/13
https://clomag.co.kr/article/1220
https://clomag.co.kr/article/2375
http://m.apparelnews.co.kr/news/news_view/?idx=183340
https://www.chosun.com/site/data/html_dir/2019/06/06/2019060600954.html
https://blog.lgcns.com/593
http://www.sobilife.com/news/articleView.html?idxno=16382

https://www.joongang.co.kr/article/17526726#home
https://dbr.donga.com/article/view/1203/article_no/4229/ac/magazine

제9장

권영철, 국제경영, 무역경영사, 2000.
교통개발연구원, 물류체계 효율화 및 물류산업 경쟁력 강화 방안, 2003.
금종수 · 윤명오, 물류정보시스템, 효성출판사, 1999.
매일경제, 인도 오리사주, 철광석 50억톤 매장에 항만도 갖춰, 2006.8.17.
박정동 · 김경희, 세계의 공장 중국, BOOK & BOOK, 2003.
송계의, 물류경영론, 문영사, 1999.
이장로, 해외경영성공노하우, 무역경영사, 2000.
오승구, 새로운 경제대국 인도 – 삼성경제연구소
이덕훈, 국제기업과 환경, 교우사, 2002.
이위식, 로지스틱스 관리론, 한올출판사, 2000.
장세진, 글로벌 경영 4판, 박영사, 2006.
전준수, 종합물류의 이해, 박영사, 2006.
전형인 · 정홍주, 국제물류의 이해, 박영사, 2002.
정홍주 · 진형인, 국제물류의 이해, 박영사, 2003.
G. J. Davis, The International Logistics Concept, international Journal of Physical Distribution & Management, Vol.7, No.2, 1987, p.52.
KOTRA 해외조사팀, 현대자동차 앨라배마공장 준공의 영향과 의의, 2005.
https://www.metroseoul.co.kr/article/20210815500065
https://news.einfomax.co.kr/news/articleView.html?idxno=4029632
https://www.news1.kr/articles/?4403378
https://www.edaily.co.kr/news/read?newsId=01371046625969328&cateNo=&mediaCodeNo=257
https://www.mk.co.kr/news/business/view/2017/09/610308/
https://www.hankookilbo.com/News/Read/201908191604741164
https://www.news1.kr/articles/?3697049
https://biz.chosun.com/site/data/html_dir/2018/05/01/2018050100055.html
https://www.theguru.co.kr/news/article.html?no=32166
https://www.newspim.com/news/view/20220426000539
http://mbiz.heraldcorp.com/view.php?ud=20220228000200
이비슬, "'치솟는 물가 해외소싱으로 잡는다' … 이마트, 최대 규모 '글로벌 상품 모음전'", 뉴스원, 2021, Available at: https://www.news1.kr/articles/?4403378

제10장

박의범 · 권종욱, 세계화와 글로벌기업, 두남, 2004.

제11장

지호준, 환위험관리, 경문사, 1997.

대한상공회의소, 환율변동이 지역별 수출입에 미치는 영향과 수출기업의 환위험관리 실태조사, 1995.11.

성용모, 외환위험관리, 형설출판사, 2003.

한국금융연구원, 국내 기업 및 금융기관 환위험 관리시스템의 현황과 선진화방안, 2001.5.10. 세미나 자료 중 [국내기업 및 금융기관 환위험관리 현황과 문제점] 차백인 연구원(한국금융연구원)

한국은행, 2007년 6월중 수출입물가 동향, 2007.7.13.

찾아보기

| 저자약력 |

권종욱은 2003년 2월에 고려대학교에서 국제경영학을 전공하여 경영학 박사학위를 취득하였다. 현재는 강원대학교 경영대학 국제무역학과 교수로 재직 중이며 국제경영과 글로벌 문화 관련분야의 강의를 담당하고 있다. 주요 연구분야는 글로벌 문화, 비교문화와 관련된 분야가 주를 이루고 있다.

오대혁은 2009년 8월에 고려대학교에서 국제경영학 전공으로 경영학 박사학위를 취득하였다. 현재 강릉대학교, 강원대학교 비교경영연구센터, 고려대학교에서 강사로 활동 중이며 강의분야는 글로벌경영과 글로벌경영전략을 담당하고 있다.

이춘수는 2006년 8월에 고려대학교에서 국제경영학을 전공하여 경영학 박사학위를 취득하였다. 현재는 부경대학교 경영대학 국제통상학부 교수로 재직 중이며 국제경영과 국제마케팅, 국제기업과경영환경, 글로벌경쟁론의 강의를 담당하고 있다. 한국무역학회, Journal of Korea Trade 편집위원 역임 및 부회장과 한국경영학회, Korea Business Review 편집위원을 역임했고 저서로 국제마케팅(공저, 한빛아카데미), 무역개론(공저, 한빛아카데미)가 있다. 또한 Youtube 이춘수교수TV를 통하여 국제경영 관련 강의정보 등을 제공 중이다.

100가지 사례로 이해하는
글로벌 경영 CASE 100 (제2판)

2011년 8월 30일 1판 1쇄 발행
2023년 2월 25일 2판 1쇄 발행

저　자 | 권종욱 · 오대혁 · 이춘수
발행인 | 이수영
발행처 | 도서출판 청람
서울시 마포구 독막로 288(대흥동, 세양상가 109호)
전　화 | 02)3272-2601~2
팩　스 | 02)3272-2603
이메일 | crbooks@daum.net
홈페이지 | http://www.crbooks.co.kr
등　록 | 2000년 8월 26일 제6-0509호

ISBN 978-89-5972-935-7 93320 [정가 28,000원]